HANS-JÜRGEN HEINRICHS

DER KÜRZESTE WEG FÜHRT UM DIE WELT

Die Andere Bibliothek

Begründet von
Hans Magnus Enzensberger

HANS-JÜRGEN HEINRICHS

DER KÜRZESTE WEG FÜHRT UM DIE WELT

MAN MUSS
SEINE
VERGANGENHEITEN
IN
SICH
VERSÖHNEN.

△

DAVID
BOWIE

INHALT

8 *Der Mann, der aus dem Fenster stieg*
VORREDE VON DURS GRÜNBEIN

20 *Erste Szenen*
VOM GLÜCK SICH ZU BEGEGNEN
und VOM UNGLÜCK SICH ZU VERFEHLEN

42 WELT EROBERN
Vom Abenteuer des Unterwegsseins

98 REISE-BEGLEITER

112 MIT UDO LINDENBERG
»Bis ans Ende der Welt«

122 MEHRSTIMMIG VON EUROPA ERZÄHLEN
Auf der Suche nach einer lebbaren Zukunft

130 EINE LIEBE IN ROM
Ingeborg Bachmann, Literatur und Film

268 MARINO / ROM
Hans Werner Henze und die Musik

298 ISTANBUL / ROM
Artischocken, poetisch

304 NACHSPIEL IN BERLIN
»Böhmen liegt am Meer« und *»Der Sand aus den Urnen«*

310 PARIS. MICHEL LEIRIS
UND FRANCIS BACONS MANTEL
Literatur, Kunst und Ethnologie

328 MICHEL LEIRIS
Versteckspielen im Tagebuch

342 MIT MICHEL FOUCAULT UND NATHALIE SARRAUTE
In den Falten der Worte

358 KOSMOS PARIS

386 PARIS UND ANDERSWO. PETER HANDKE
Poesie und Leidenschaft

414 CAP VERDE AM BERLINER LIETZENSEEPARK
Liebende als die letzten tollkühnen Reisenden

460 NACHSPIEL IN PARIS
»Bonjour, I am Donald Sutherland.«

476 NACHWORT AUS GEGEBENEM ANLASS

DER MANN, DER AUS DEM FENSTER STIEG

VORREDE VON DURS GRÜNBEIN

Wir waren uns noch nie zuvor begegnet, und dann genügten ein paar wenige Erkennungsworte und es schien, als sei man seit Jahren schon miteinander bekannt. Ein beunruhigender Effekt: Wenn es mit rechten Dingen zugeht, tasten sich Fremde, erst recht, wenn der Altersunterschied doch erheblich ist, erst einmal ab, bevor ein Vertrauen entsteht, am Anfang war mir das etwas unheimlich. Aber nicht so bei Hans-Jürgen Heinrichs, das lässt sein Stil der Menschenumarmung nicht zu. Da war einer, der die seltene Gabe besaß, sofort ins Gespräch einzusteigen, wie man es als Leser gern umstandslos macht, plötzlich ist man schon mittendrin in der Lektüre. Aber ein Buch ist etwas anderes, hier ist man allein mit der Schrift und hütet sogleich eifersüchtig den Schatz, der nur für einen selber bestimmt scheint und den man im besten Fall nie wieder hergibt. Mit ihm war alles anders: Er kam, sah und nahm ein, und plötzlich war man in ein Gespräch verstrickt, das nie mehr enden würde, das spürte man.

Was war da geschehen, konnte der Mann etwa Gedanken lesen? War hier so etwas wie psychische Magie im Spiel, die alle Distanziertheit beiseite zauberte, einen unmerklich aufschloss und zum Reden brachte? Das vorliegende Buch, der Lebensbericht dieses Mannes, gibt ein paar Antworten auf die Frage. Schon sein Titel umreißt das Programm wie eine Verheißung: »Der kürzeste Weg führt um die Welt«.

Von den ersten Zeilen an führt es den Leser auf die Wege geheimnisvoller Freundschaften und hinaus in die weite Welt eines manisch Reisenden, eines nach Begegnungen hungernden Menschen. Da ist einer unterwegs als Bote, der seinen Gesprächspartnern Kunde bringt von den anderen Abgeschiedenen auf ihren Inseln inmitten der Öffentlichkeit. Gäbe es den Beruf des Leuchtturm-Inspektors, eines Spezialisten, der die Küsten bereist, um die Hüter der Leuchtfeuer mit Informationen übereinander und von ihren Standorten zu versorgen, der Weltreisende Heinrichs wäre sein erster Anwärter. Hier schreibt ein Empathiker, ein unbedingt zur Einfühlung Begabter, der mit dem Fieber des Ethnographen in die Biographien von Künstlern und Schriftstellern vordringt wie in fremde Kulturen und abgeschiedene Orte. Ein Stenograph, den Berühmtheit so wenig abschreckt wie Entrücktheit und hoheitsvolle Isolation, für den die Schutzwälle der Reserviertheit, der Charakterpanzerung so wenig gelten wie Sprachbarrieren oder die Anstrengungen, sich in physisch oder psychisch unverträglichen Klimazonen zu bewegen. Sein Zugangscode ist die gründliche Recherche, sein Trick (wenn das Wort nicht so hässlich wäre) die Mimikry an das Andere und die Anderen. Er geht dieselben Wege, die das Subjekt seiner Begierde ging, lernt Städte und Landschaften so gründlich kennen wie sie, hat alles gelesen, was sie schrieben und dachten.

Sogleich zur Sache zu kommen, den anderen zu behandeln wie einen Altbekannten, ist in Künstlerkreisen, erst recht unter Theaterleuten nicht unüblich, Hans-Jürgen Heinrichs aber treibt diese Kunst bis zum Äußersten. Er verliert keine Zeit mit der Annäherung, für ihn scheint es keine Peripherien zu geben, alles wird sofort Mittelpunkt, heimisches Gelände. Es gilt für ihn, was er einmal über einen dieser Stammesfürsten und seine autonome Künstlerexistenz sagt, den in Paris lebenden Schreib-Eremiten Paul Nizon, er entfalte »seine Poetik im Wechselspiel von Gehen und Schreiben, von Sprache und Leben«. In solcher fortwährenden Verschränkung operiert auch der Forschergeist des Autors dieser Aufzeichnungen. So wird ihm zum Beispiel Paris zum Kosmos einer Weltmetropole, deren Arrondissements er sich systematisch erwandert auf den Spuren jener Kosmonauten, mit denen er innerlich in fortwährendem Funkverkehr steht: Versprengte Pioniere ihrer je eigenen Mission, Denker und Dichter wie Michel Foucault, E. M. Cioran, Claude Lévi-Strauss, Michel Leiris, Jorge Semprun, Nathalie Sarraute, Samuel Beckett, Marc Augé, Peter Handke oder eben Paul Nizon. Das ist seine Methode: Er sucht diese seltenen Vögel an ihren Lieblingsorten und Arbeitsplätzen auf, knüpft an Gespräche an, die er seit Jahren mit ihnen geführt hat, überprüft ihren Lebensentwurf wie ein Feldforscher, der sich vom Stammesleben seiner Schützlinge im Amazonasurwald mit eigenen Augen ein Bild macht. Der ethnologische Blick ist sein Rüstzeug. Er spricht über sie, als handelte es sich tatsächlich um Vertreter von Indianerstämmen, deren Dasein vom Aussterben bedroht ist und deren Zeugnisse man bewahren muss, bevor sie und ihre Werke dereinst untergehen in der allgemeinen Massenkultur. Der Verdacht, es mit Paradiesvögeln zu tun zu haben, muss ihn schon früh verlockt haben.

Einer der Nebeneffekte dieser emphatischen Identifikation mit den stets Bedrohten ist dann auch die ganz persönliche Verstrickung. Übertragung nennt man das in der Sprache der Psychoanalyse. Und solche Projizierung von Wünschen und Rollenerwartungen auf den Analytiker war unter den Seelenärzten aus der Schule Sigmund Freuds ein Tabu. Hier kommt wieder das Unheimliche in den Annäherungen dieses Autors ins Spiel. Ich weiß noch, wie ich manchmal zurückschreckte vor seiner überraschenden Verständnisinnigkeit – mich lieber entzog und dann doch seinen Nachfragen öffnete.

Die Indiskretion als Triumph im Spiel mit den Hütern der Diskretion ist ein Geschenk an den Leser. Schafft er es, fragt er sich, den Tresor dieser Biographien zu öffnen? Und Heinrichs Lebensroman, der kürzeste Weg zum Verstehen der ihm so hochinteressanten, ungewöhnlichen Menschen, führt uns in Gebiete, die vor ihm keiner betreten hat. Wir sind dabei, wenn die Diven, die Künstler, die Philosophen, allesamt vertieft in das Versteckspiel mit sich selbst, sich plötzlich öffnen. Um das herauszufordern, musste der Autor sich oft verwandeln. Ganz Ethnologe, zog er alle Register, um sich dem Gegenüber in den Farben der eigenen Erwartungen zu präsentieren. Nicht nur, dass er alles gelesen und im Bildgedächtnis gespeichert hatte, was diese Schwierigen je gemalt, geschrieben oder verfilmt hatten, nicht nur, dass er sich mit großem Aufwand in ihre Nähe brachte, detektivisch ihr Umfeld erkundete, er ging so weit, dass er sich ihnen auch in der Bekleidung, im Tonfall, in den Gewohnheiten, in den Speisevorlieben anpasste, in allen notwendigen Accessoires, auch darin seine Vorbilder kopierend, um diesen Leuten das Gefühl einer wundersamen Vertrautheit zu vermitteln. Man stelle sich einen Menschen vor, der immerfort mit der Anverwandlung von Besonderheiten der von ihm verehrten Dichter, Denker und Theatraliker beschäftigt ist – was für ein Lebenskonzept. Auch wenn er nur vor den verschlossenen Türen der abgöttisch Bewunderten stand, tief in der Nacht, arbeitete die Phantasie in ihm weiter und produzierte, nein reproduzierte Bilder von ihrem Leben. Dabei wusste er sich immer auf sicherem Terrain. Denn erstens funktionierten diese Leute auch nicht so anders als er, und zweitens waren sie doch selber alle nur Amateure in einem Feld (dem der Kulturdeutung, der Übersetzung von Lebensformen in Text, Bild oder Film), das er als studierter Ethnologe mit einer gewissen Methodik anging – aber das durfte er ihnen natürlich nie sagen. Sie waren die leidenschaftlich, oft auch zutraulich Agierenden, er war der Fragesteller auf dem Beobachterstandpunkt, der längst sein Netzwerk geknüpft hatte und wandernd von einem zum anderen streifte. Ich stelle mir sein Adressbuch vor mit den unsichtbaren Verbindungslinien, die ihn quer durch Europa und darüber hinaus führten. Sein Geschenk waren die Anekdoten, mit denen er diese Einzelgänger gegenseitig versorgte. »Es gab viele Tage«, heißt es, »an denen ich vollkommen sicher war, alle Personen und Figuren meines Lebens in ein Gespräch *miteinander* verwickeln zu können.«

Elfriede Jelinek, die manisch Produzierende, erfährt von ihm zwei, drei Geheimnisse, die nur er über Ingeborg Bachmann weiß. Und Peter Handke, den er einmal, in ungewohnter Schärfe, einen *Liebesräuber* nennt, muss von ihm hören, wie knapp er mit dem Leben davongekommen ist. Denn es gab eine Zeit, da träumte der Erzähler davon, den Egomanen, der ihm die Freundin ausgespannt hatte, kurzerhand zu erschießen.

Ein Höhepunkt in dieser nicht mehr ganz wissenschaftlichen Einlassung auf seinen Gegenstand war die Affäre mit der Dichterin Ingeborg Bachmann in Rom. In diesem längsten der Kapitel, könnte man sagen, lässt unser Gewährsmann für einmal die Zügel schießen. Aber er war noch jung und noch längst nicht so weltenkundig und bei seinem Thema. »Eine Liebe in Rom« schildert uns die Begegnung mit einer Verzweifelten. Das war die Frau, die sich aus der Dichtung zurückgezogen hatte. Die geschrieben hatte »ein Böhme, ein Vagant, der nichts hat, den nichts hält ...« In dem viel Jüngeren trifft sie auf eine jüngere Variante ihrer selbst im anderen Geschlecht, den Seelenfreund, nach dem sie sich immer gesehnt hat. Eine rührende Romanze entspinnt sich in jenen Jahren der Bitterkeit, als die Bachmann längst jeden Glauben an die Möglichkeit einer Liebesbeziehung verloren hatte. Versuch der Erinnerung an eine geträumte Intensität: Er erzählt von einem Rettungsschwimmer, der die Erschöpfte an ein gemeinsames Ufer zu retten versucht. Die Seiten, nicht zufällig die dialogreichsten, nehmen den breitesten Raum ein, Filmszenen der siebziger Jahre blitzen hier auf. Man hat den Eindruck, als habe die traurige, von ihren Geistern getriebene Frau hier einen späten Frühling erlebt. Und das nach den berühmt-berüchtigten Affären mit Paul Celan und Max Frisch, aus denen sie, wie alle Welt weiß, als Geschlagene hervorging. Für die Bachmann-Biographen tut sich hier ein unbekanntes Kapitel auf mit vielerlei neuen sprechenden Details, die das Bild der von so vielen Männern enttäuschten Poetessa um einige Aspekte bereichern. Von der Intimität, auch Koketterie dieser Schilderungen mag der Leser stellenweise unsicher berührt sein, aber was die beiden da erlebt haben, zeigt auch den Autor in einer anderen Façon, in der ganzen Unschuld seiner großen Gefühle. Und das ist, was dieses Buch ausmacht: Heinrichs scheut sich nie, seinen Emotionen freien Lauf zu lassen. Damit, und das sei als Warnung gesagt, fällt das Buch aus dem ironischen Mainstream unserer Zeit heraus. Denn hier geht einer aufs Ganze, beinah schlafwandlerisch nähert er sich den Namhaften, wild entschlossen, sie alle persönlich kennenzulernen, unbekümmert um seine eigene Namenlosigkeit. Er wird ihre Wege kreuzen, wird seine Geschichte mit ihnen erleben, das steht ihm auf der Stirn geschrieben.

Wie aber fing das alles an? Am Anfang stand die Flucht, ein Grundmotiv in der Familie. Die Mutter war eine aus dem Treck der Ostflüchtlinge, aus Danzig geflohen damals am Kriegsende, als vierzehn Millionen Deutsche nach dem Desaster der Hitleraggression ihre Heimat verloren. Nicht viel hat gefehlt, und sie wäre an Bord der »Wilhelm Gustloff« gelangt, dann hätte dieser Lebensfilm, bevor er beginnen konnte, durch ein russisches U-Boot sein vorzeitiges Ende gefunden. Hans-Jürgen Heinrichs hat Glück gehabt, er kommt 1945 auf der sicheren Seite des nachher geteilten Landes zur Welt in Wetzlar, der Stadt, die Goethe mit seinem Werther-Roman in der Weltliteratur verortet hat. Eine Jugend am Rhein zwischen Wiesbaden und Ingelheim schließt sich an. Zur Urszene wird ihm der Sprung aus dem Fenster seines Gymnasiums, unter dem Gekicher der Mitschüler, die seine Kühnheit bewundern – so wie der Leser dem weiteren Lebensweg dieses geborenen *Homo fugiens* zunächst verwundert, dann mit wachsender Bewunderung folgt. Sein Leben, das teilt sich von der ersten Seite an mit, ist der Stoff, aus dem die Abenteuerromane gemacht sind. Ein Mensch verlässt, wie wir alle von der Schule gelangweilt, das Klassenzimmer durchs Fenster – und findet sich eines Tages in Bagdad wieder und in Ostafrika, in den Bergen der Nuba, an der Seite von Leni Riefenstahl. So etwa könnte man den Lebensentwurf des Abenteurers Heinrichs kurzfassen. Oder wie es im Märchen der Brüder Grimm heißt: Von einem, der auszog – nein, nicht das Fürchten zu lernen, sondern die Welt mit eigenen Augen zu sehen. Denn Furcht scheint dieser Mann aus der deutschen Provinz nie gekannt zu haben, er ist einfach immer nur seinen Träumereien hinterhergereist. Am Ende wird daraus ein sehr deutscher Lebensweg: der eines zur Neugier Entschlossenen, nur hat er sich, so scheint es, im Jahrhundert geirrt. Ein gewisser Faust kommt einem in den Sinn, Vorname Heinrich, und trug nicht auch der Entdecker des alten Troja denselben?

Mit dem Moped macht er sich auf nach Paris, ein Schwärmer für die Filmhelden der *Nouvelle Vague*: So wie sie will er leben. Überhaupt eifert er Idolen nach, denen in den Büchern, die er verinnerlicht hat, und denen in den Filmen und Songs, die eine ganze Generation prägten, *like a rolling stone*. Film und Theater und die Seminare der Philosophen und Ethnologen sind dann die nächsten Stationen. Immer wieder überkommt ihn beim Studium das Reisefieber, und er steigt aus, verlässt die Luft der stickigen Seminarräume, schwimmt sich frei. Es ist das Leben eines Getriebenen, von der Liebe und von den Fernen Angezogenen. So heißt es dann, im Jargon des Weltreisenden, der gerade erst nach Mali vorgedrungen war: »Einmal wollte ich mit Kamelen wieder zurück nach Niger ...«

Man fragt sich, wie er zwischen den immer weiter ausgreifenden Expeditionen über mehrere Kontinente hinweg die Zeit für ein Studium fand. Aber es herrschten andere Freiheiten damals, auch akademische Spielräume, die einem Grenzgänger zwischen den Fächern und den Erdteilen zugutekamen. Er studiert Germanistik, Theaterwissenschaften, Philosophie und Ethnologie in Köln und Rom, acht Jahre braucht es, bis er, wieder daheim, an der Universität Bremen im Fach Sozialpsychologie promoviert. »Neue Modelle in den Humanwissenschaften«, der Titel seiner Abschlussarbeit, erinnert in seiner interdisziplinären Kühnheit an die Projekte der Brüder Humboldt. Noch einmal der Kosmos, noch einmal das große Ganze der Weltkulturen. Von solcher Sehnsucht ist alles geprägt, was diesen seltsamen Sucher antrieb und immer weiter hinaustrieb aus seinen angestammten Verhältnissen. Es muss eine besondere Begabung sein, die einen Menschen dazu bestimmt, sich dem Zufall zu überlassen und die Grenzen und Ordnungssysteme seiner Zeit zu überwinden und zu durchkreuzen. Es gibt nicht viele, die das Zeug dazu haben. Bruce Chatwin war einer von ihnen. Hans-Jürgen Heinrichs gehört, wenn er denn irgendwo hingehört, in diese Klasse.

Man könnte den publizistischen Abenteuerweg dieses Völker- und Menschenkundlers nachlesen und würde auf einige interessante Titel stoßen. Man könnte auch den Übersetzer, den Dichter, den Essayisten, Verleger und Dialogpartner kennenlernen. Legendär in den achtziger Jahren war der Qumran Verlag für Ethnologie und Kunst, seine Zentrale, von deren Publikationen wir damals alle profitierten wie von den leicht in die Tasche zu steckenden Bändchen der Merve-Reihe, die eine Zeit lang jeder bei sich trug, der sich als Intellektueller fühlte. Man müsste begreifen, wen man hier vor sich hat: den deutschen Herausgeber der Schriften einiger der wichtigsten Ethno- und Soziologietheoretiker des zwanzigsten Jahrhunderts, Autoren wie Victor Segalen, Alfred Métraux, Michel Leiris, aber auch von Grundlagentexten zur Psychoanalyse, Kunstgeschichte und Literatur. Dann hätte man das ganze geistige Programm dieses Mannes auf dem Schirm, seine DNA. Ich muss sagen, ich verdanke ihm vieles. Kein Wunder, dass manche der Autoren, die ihn geprägt haben, nun auch in seinem Lebensbericht auftauchen, Leute wie Michel Butor, Francis Bacon oder sein großer Lehrmeister Fritz Morgenthaler. Von ihm handeln einige der schönsten Passagen des Buches.

Sagen wir so: Als er begriffen hatte, dass die Literatur ein riesiger Spielraum der Freiheit sein kann, das größte Projekt der Welterkundung überhaupt, schreibt er einen Abschlussbericht, seine »Literaturtheorie zwischen Kunst und Wissenschaft« – und befreit sich aus allen akademischen Zwängen. Von nun an war klar: Da war einer, der die Welt mit den Augen der Schriftsteller sehen wollte, er folgte den Pfaden der Dichter. Vermutlich hat uns das irgendwann zusammengeführt, in einer Whiskybar in Berlin, eines Nachts in Rom an einem Restaurant-Tisch gegenüber vom Kolosseum und wer weiß noch wo. Mich, den Streuner um die ewig gleichen Hundeecken, und ihn, den Mann, den es im Laufe seines Lebens bis auf die Osterinsel verschlagen hatte, nach Feuerland, in die Syrische Wüste, die Archipele des Südpazifiks und bis ins innerste Afrika. Mir blieb nur das bisschen Draußen, die Kälte der Städte, ein Stück Fußgängerzone nachts, wo die Vertriebenen umherirrten, mir blieben die Momentaufnahmen der großen Migration. Ihm eilte der Ruf des Reisenden voraus, eines manischen Unterwegsmenschen, der auf dem Weg nach draußen, an die entlegensten Orte der Erde, schließlich im Innersten, bei sich selbst angelangt war. Das Abenteuer der Sprache als eine Expedition nach innen, in den Schwarzen Kontinent der Psyche und des noch nie zuvor Wahrgenommenen – davon war er beseelt.

Hans-Jürgen Heinrichs, so lernte ich ihn kennen, war ein Pionier in der Kunst des dialogischen Denkens. Ein Mann scheinbar ohne Eigenschaften, der als Regisseur die Eigenheiten der anderen hervorkitzelte. Hier war ein Autor am Werk, der die Fremdanalyse als Selbstanalyse auf die Spitze trieb – was manche seiner Gesprächspartner ihm niemals dankten. Von den Kränkungen ist hin und wieder die Rede. Und doch waren sie alle von seiner entwaffnenden Eindringlichkeit, seinem Auftauchen in ihren Biographien, die er mitschrieb, seiner Zuneigung, seiner Selbstlosigkeit verführt, wenn ich es recht sehe. Er brachte sie alle zum Reden, das war sein Geschick. Ein Leben unterwegs zwischen Menschen und Büchern, Büchern und Menschen, ein Leben, das einem Suchbefehl folgte. Man ist erstaunt, wenn man liest, wie mächtig auf einen Menschen des Jahrgangs 45 noch immer die Fernstenliebe (im Sinne Nietzsches) wirkte. War die Welt nicht schon völlig entzaubert und mit ihr alle Zeitgenossen? Nicht so für einen wie ihn. Hoch anzurechnen ist ihm sein Nachfragen gegen alle Widerstände, sein Sprung über alle Gräben und jede Eitelkeit, seine Kunst des Zunahetretens und der Überwindung von Grenzen. Davon handelt dieses Buch.

ERSTE SZENEN

VOM GLÜCK SICH ZU BEGEGNEN

UND

VOM UNGLÜCK SICH ZU VERFEHLEN

Ein mit der Welt des Films bestens vertrauter Mann soll einmal alles darangesetzt haben, Ingmar Bergman und Woody Allen miteinander bekannt zu machen. Es kam auch tatsächlich zu einer Begegnung, die allerdings, so heißt es, zu einem *veritablen* Desaster geriet. Sie hatten sich wohl nichts zu sagen, und ihre Blicke rutschten ab vom Gesichtsfeld des Gegenübers und landeten im Nirgendwo. Die beiden Großmeister des szenischen Blicks vermochten in gefilmten Szenen allen Begegnungen eine ganz besondere Gestalt zu verleihen; in der von ihnen selbst handelnden Szene aber erwiesen sie sich als Gefangene ihres Lebens. Dabei waren die Voraussetzungen eher günstig gewesen, hätten sie doch zum Beispiel stundenlang, auf Augenhöhe, über technische Details wie die Hell-Dunkel-Ausleuchtung von Szenen, über Fragen der Kameraführung und der Schnitttechnik sich austauschen können. Sie ergriffen die Chance nicht.

In einer Variante der Geschichte heißt es, Woody Allen habe selbst das Treffen herbeigeführt. Und sie hätten äußerst angeregt die ganze Nacht über geplaudert, Ingmar Bergman habe sogar einen angsterfüllten Traum offenbart. Liv Ullmann allerdings erinnert sich nur an ein bedrückendes Schweigen. Ich weiß nicht, mit welchen Gesten und Grußformeln die beiden sich verabschiedeten. Am Ende wortlos? Waren sie einander nicht ebenbürtig? Aber in welchem Sinn? Lebenserfahren oder künstlerisch? In welchem Augenblick gewann das Trennende die Oberhand?

So saß ich eines Tages in einem Pariser Restaurant von schlichter Eleganz an der Place Dauphine, in unmittelbarer Nähe der Rue Dauphine, in der ich, im Haus mit der Nummer 34, eine Ein-Zimmer-Mansarde gemietet hatte, in der man an wagemutigen Tagen durch die Fensterluke aufs Schieferdach steigen und den Panorama-Blick über die ganze Stadt hinweg genießen konnte. Zur einen Seite unmittelbar vor mir die Place de Furstenberg, zur anderen Seite die Place Dauphine. Beide Plätze waren für mich tägliche Durchgangsorte, die mir wie eine Verlängerung meines knapp Zwanzig-Quadratmeter-Ess-Schreib-Schlaf-Raumes vorkamen. An manchen Tagen verweilte ich aber auch hier und dort, ging in einen Laden, setzte mich auf eine Bank oder aufs Pflaster oder kehrte, so wie heute, in diesem Restaurant ein.

Auf dem Tisch am Fenster hatte ich neben dem Wein- und Wasserglas, dem Besteck und der Serviette die mitgebrachten Bücher und ein Heft ausgebreitet. Da mich der Ober wiedererkannte, arrangierte er ohne Murren, fast liebevoll, das Brotkörbchen, die Wasser- und die Weinflasche, später auch noch einen Beilagenteller, um meine eher restaurantfremden Mitbringsel herum.

Ohne dass dies den Genuss der Ravioli-Pasta und des Weins eingeschränkt hätte, sogar ganz im Gegenteil, hatte ich damit angefangen, mir Notizen zu dem Buch eines in Frankreich sehr geschätzten, ja verehrten Schriftstellers und Chansonniers zu machen, der zeitweise so populär gewesen war, dass man ihn, wenn er irgendwo anrief und seinen Namen etwas undeutlich aussprach, fragte: »Jacques Prévert, so wie der Dichter?«

Ich wollte einen Text von ihm, der erstmals 1936 verlegt worden war, auf Deutsch unter dem Titel BEFEHLS-

VERWEIGERUNG herausbringen, eine Art Prosagedicht, das mich von den ersten Zeilen an in Bann gezogen hatte – in seiner direkten, um keine Tabus sich scherenden, ebenso szenischen wie poetischen Sprache. Prévert hatte ganz entscheidend das intellektuelle und künstlerische Flair von Saint-Germain mitbestimmt. In den Keller-Studios und Cafés sangen Juliette Gréco und viele andere, berühmt gewordene Sänger seine Texte. Seine Poesie eroberte das große Publikum, von dem er einmal sagte, es sei eigentlich sein Co-Autor; die Poesie halte sich überall auf, sie sei ein anderer Name für das, was man Leben nennt. Leben verstanden Prévert, viele Künstler und Schriftsteller als ein pulsierendes, von Revolte und Aufbegehren erfülltes, glühendes Leben. Wenn sie von der Nähe zum Volk sprachen, war das mit der Phantasie einer weltoffenen Gemeinschaft, fern von Dogmen, verknüpft.

Nur einen Tisch von mir entfernt speisten ein Mann und eine Frau, die ich kaum anzuschauen wagte, zumindest nicht länger als ein paar Sekunden, und dann eher verstohlen. Von ihnen, ihrer Physiognomie und der Art und Weise, wie sie einander zugewandt waren, ging eine beispiellose Intensität aus. Ich geriet in den permanenten Zwiespalt, mich ihrer (zumindest nahm ich es so wahr) geheimnisumwitterten Präsenz zu erfreuen und sich ihr doch nicht gewachsen zu fühlen, nicht Teil ihrer Welt zu sein.
  Natürlich hatte ich inzwischen in ihnen – ihre Gesichter waren doch längst schon zu Kultursymbolen und -insignien geworden – zwei der aufregendsten Schauspieler und Sänger jener Jahre erkannt. Augenblicklich sah ich in ihnen, in dieser unmittelbaren situativen Nähe, noch

viel mehr als nur *DARSTELLER*. Es kam mir vor, als seien die Musik, der Film, das Theater und die Bühne selbst im Raum leibhaftig gegenwärtig. Sie anzuschauen bedeutete, sich in die Zuschauerräume der Theater dieser Welt zu versetzen und einen vielleicht heimlichen Blick hinter die Bühne zu werfen, teilzuhaben an ihrer Nervosität vor dem Auftritt, sie in Landhäusern und Hotels mit all den anderen, die Gegenwart prägenden Künstlern, Schriftstellern und Regisseuren zusammen zu sehen. Und natürlich auch auf den politischen und kulturellen Bühnen, zum Beispiel in Moskau, wo *er*, Yves Montand, 1956 im Luschniki-Stadion gesungen hatte. Nach der russischen Invasion in die Tschechoslowakei endete Montands Verbundenheit mit dem Kommunismus.

Vor mir zogen all die Bilder vorüber, die von den politischen Idealisierungen und Enttäuschungen, von Heldenverehrungen und den Stürzen der Denkmäler von Machthabern seit den 1968er Jahren erzählten; Bilder aus der Ferne angeschaut. Mir gegenüber aber saßen Zeitzeugen und Mitgestalter weitestreichender Räume der Weltgeschichte – und der Kunst.

Wie hätte ich *ihn* und *sie* ansprechen können? Mit welcher Legitimation? Schamerfüllt wäre ich auf der Stelle im Holzboden des Restaurants versunken. Ich sah mich sogar schon, wie ich zwischen zwei Dielen hindurchrutschte. Also aß, trank, las, schrieb ich weiter.

Einmal blickte ich auf, eigentlich nur, um einem vage ins Auge gefassten Gedanken unbeirrt zu folgen, und sah, ins Leere blickend, wie der Mann sein Glas (das er gerade in die Hand genommen hatte, um mit seiner Begleiterin anzustoßen) noch ein wenig höher, und in meine Richtung weisend, hob. Ich griff hastig nach dem meinen, erwiderte den Gruß und war über alle Maßen verwundert, dass mein Glas beim Absetzen nicht zersprang.

Sofort vertiefte ich mich wieder in mein Buch und mein Schreibheft, so wie es Kinder tun, wenn sie nach einer winzigen Überschreitung nur, zum Beispiel einem Jungen oder einem Mädchen einen ersten Kuss gegeben zu haben, unmittelbar weglaufen.

Ich war auf den letzten Seiten von Jacques Préverts Band PAROLES (in dem die BEFEHLSVERWEIGERUNG von 1972 wieder aufgenommen worden war) angelangt und hatte, glücklich, das Buch zur Seite gelegt, unabsichtlich oder unbewusst willentlich so, dass Autor und Titel zu meinen Nachbarn hinwiesen. Es dauerte gar nicht lange, da richteten sie, geradezu synchron, das Wort an mich und sagten, es freue sie sehr, dass ich Prévert lese, und fragten, wie ich auf seine Texte gestoßen sei. Zögerlich, stockend begann ich zu erzählen, erst einmal von meiner Begeisterung für die Surrealisten und ebenso für die Abweichler. »Mögen Sie sich an unseren Tisch setzen?«, unterbrachen sie mich. Das Gespräch entfaltete dann seine Spannung gerade aus dem Gefälle zwischen uns, ihrer viel größeren Lebenserfahrung und Souveränität und meinem Unwissen. Es war mir auch entgangen, dass Yves Montand schon 1946/47 Gedichte von Prévert gesungen hatte und dass im Laufe der Zeit Prévert, Montand, Simone Signoret und Jorge Semprun (der später sogar Montands Biograph werden sollte) enge Freunde geworden waren. Im Grunde habe er es Prévert zu verdanken, sagte Montand und fasste dabei liebevoll nach Simone Signorets Arm, dass er ihr begegnet sei.

Ich war jemand, der sich nur erst in die Literatur einzulesen, in den Film und das Theater einzusehen, in die

Musik einzuhören und ins Leben einzuleben begonnen hatte. Und doch war ich als einer, der im Restaurant – für nahezu alle eher befremdlich – geschrieben und gelesen hatte (und zudem Jacques Prévert!), ein augenblickshafter Teil ihrer Wirklichkeit geworden, hatte das Szenario an diesem Abend in diesem Restaurant ein winziges Stück erweitert. So waren die Welten, die uns trennten, bedeutungslos für die Begegnung geworden. Ja, im Gegenteil, die Freude am Austausch war aus der *Differenz zwischen uns* situativ entstanden. Kaum wiederholbar.

Das hätte sich ein anderes Mal so auch im Café de Flore ereignen können, als ich an einem Tisch mit einem Philosophen und einer Schriftstellerin (die sich ein Leben lang mit *Sie* ansprachen) saß. Es war allerdings eine Begegnung, die nicht zufällig zustande gekommen war – was sich auch als ein Makel erweisen sollte –, sondern sich der Vermittlung eines gemeinsamen Freundes verdankte. Es gab, so stellte sich schnell heraus, zu wenig begehbare Brücken, über die man leichtfüßig hätte gehen können. Auch unternahmen die beiden Berühmtheiten nichts, um die eherne Größe ihrer Namen für einen Augenblick einzutauschen gegen die Haltung ungeschützter Neugierde einem Menschen gegenüber, der nicht mehr als seine Leidenschaft für das Denken, Schreiben und Reisen in die Waagschale zu werfen hatte. Noch deutlicher als zuvor sah ich in ihnen große Denker, Vor-Denker und Sprecher, die schon – stets auf Einladung politisch und kulturell Mächtiger – die ganze Welt bereist hatten, während ich mir nur Ausschnitte der Fremde auf eigene Faust zu erobern versucht hatte. Wo hätten sich unsere Wege kreuzen sollen, ob auf Reisen oder jetzt im Sprechen über das Reisen?

Schön war der Abschied, als ich sagte, ich hätte mir als Schüler von erspartem Geld sein Buch LA NAUSÉE in weinrotes Leder einbinden lassen. Da legte sich kurz ein Glänzen auf das Gesicht des Philosophen, der sich so gerne auch als Schriftsteller sah.

Diese Szene noch vor Augen, folgte ich eines Tages der Einladung einer Bekannten, mit ihr ins siebte Arrondissement zu Georg Stefan Troller zu gehen, mit dem sie befreundet war. »Er wird dir gefallen. Und du vielleicht auch ihm.« – »Wer weiß das schon. Bin gerade, nach einem letzten Erlebnis im Flore, eher skeptisch!« – »Erzähl ihm unbedingt von deiner Rapallo-Reise zu Ezra Pound, über den er einen Film gedreht hat.« – »Begegnet bin ich ihm freilich dort, wo er gelebt hatte, nicht. Ich fuhr aber weiter nach Venedig. Vielleicht erzähle ich nachher noch davon. Mal sehn.«

Wie auch bei der Spurensuche in Lissabon und Triest, als ich den Wegen von Fernando Pessoa und James Joyce folgte und mir in den alten, am Meer gelegenen Begegnungsorten vieler Kulturen die ganz und gar singulären Lebenswelten der beiden Dichter vorstellte, so reiste ich einmal auch nach Rapallo und Venedig, um mir die Welt Ezra Pounds vorzustellen, die Welt eines Sprachmagiers, dem exemplarische poetische Verdichtungen und Konstellationen gelungen waren und der sich doch in *beklommen* machende Irrwege bei der Deutung von Mussolinis Faschismus verstrickt hatte. In dessen Rede vom 6. Oktober 1934 fühlte er sich an den Bildhauer Constantin Brancusi und an »Steinquader, denen kein Makel anhaftet« (Canto 45) erinnert. In Rapallo soll er, 1944, seine letzte schriftliche Notiz gemacht haben: »Nein, das Geld ist nicht die Wurzel des Übels. Die Wurzel ist Habgier ...«

Es war nicht so, dass ich von dem Glauben besessen gewesen wäre, durch das Aufsuchen von Orten, an denen Schriftsteller lebten, die Spurensuche in ihren Werken auf irgendeine Weise ersetzen zu können. Es waren vielleicht nur ergänzende Landschaftsbilder und deren Farben, die ich suchte – Anstöße für die eigenen Imaginationen und Assoziationen, zum Beispiel in Pounds Rapallo, durch die Stadt und die Landschaft gehend, noch einmal seine hagere Gestalt und die Züge seines mythisch anmutenden Gesichts zu sehen und in seiner Stimme den Sänger der CANTOS zu hören.

Ich studierte zur Zeit dieser Reise noch, hatte wenig Geld, trampte überallhin. Ich war dann schon in Südfrankreich gelandet, hatte Marseille und Nizza hinter mir gelassen, vor mir lag eine teils kurvenreiche Strecke Richtung Italia, Richtung Genua. Von einer Fahrt mit dem Bus – nachdem mich Autos immer nur kurze Strecken mitgenommen hatten – war ich aber schließlich so genervt, dass ich mich wieder an den Straßenrand stellte. Da hielt, nach vielen Stunden, in unmittelbarer Nähe ein roter Rennwagen, tatsächlich ein Ferrari, wie unschwer zu erkennen war. Der Fahrer wollte aber nur urinieren, bevor es auf seine Rennstrecke ging. Meiner Frage, ob er mich mitnehmen könne, begegnete er zuerst schroff abweisend, ließ sich dann aber doch auf ein kurzes Frage-Antwort-Spiel ein, kritzelte auf einen Zettel, dass er keinerlei Verantwortung übernehme. Ich unterschrieb und zwängte mich in den Wagen. Die Überholspur, auf der er fast durchweg, selbst in Kurven, fuhr, versuchte ich mir als einen Wanderweg auf der Insel Bora Bora vorzustellen. Irgendwann stoppte er, bat mich auszusteigen, es sei ihm doch zu riskant, mich an Bord zu haben, Genua hatten wir schon hinter uns gelassen. Die weitere Strecke nach Rapallo ging ich zu Fuß, aber in des Canto-Dichters Welt vorzudringen (die er sich 1925 mit seiner Frau erschaffen hatte, er in einer Dachterrassenwohnung, Olga Rudge in einer kleinen Wohnung oberhalb von Rapallo), blieb mir verwehrt.

»Du musst die Geschichte Troller unbedingt erzählen.« – »Wozu dieses Misslingen wiedergeben? Den Irrsinn einer selbstmörderischen Fahrt und eine Nicht-Ankunft?« – »Die darin liegende Absurdität wird ihm gefallen. Er wird bestimmt eine ganze Reihe viel absurderer Geschichten erzählen. Auch Hintergrundgeschichten seiner (ich weiß gar nicht mehr, wie viele es waren) Porträtfilme, ob mit Orson Welles und Romy Schneider oder den Modemachern, obwohl er nichts mit deren Arbeit am Hut hatte.«

Zum Glück war meine Reise ja nicht bei Rapallo zu Ende gewesen. »Zum Glück?«

Ich nahm verquere Wege durch die Emilia Romagna, mit einem längeren Aufenthalt in Parma, und landete schließlich in Venedig, wohin Ezra Pound nach den grauenerfüllten sechs Monaten in dem eisernen Käfig des amerikanischen Straflagers bei Pisa gezogen war. Dem Venedig-Aufenthalt vorausgegangen waren noch seine Zeit auf der Brunnenburg unterhalb des Dorfes und Aufenthalte in Rapallo und Rom. Inzwischen war er entmündigt worden – und verstört. Meine Begegnung mit ihm (der einmal gesagt haben soll, alles sei umsonst gewesen) *vollendete* sich, in höchstmöglicher Verdichtung, als *Nach*-Begegnung mit dem am 1. November 1972 verstorbenen Dichter auf der Friedhofsinsel San Michele.

Auf den letzten Metern zu Georg Stefan Trollers weiträumiger Wohnung im obersten Stock (ich sage, oberster Stock, da ich immer noch den weiten Blick über die Dächer von Paris zu erinnern glaube) spielte ich tatsächlich mit dem Gedanken, ihn darauf anzusprechen, ob er sich vielleicht schon einmal oder gar ganz oft gefragt habe, was es eigentlich mit den Nicht- und den Nach-Begegnungen auf sich habe. Zu sehr berührt war ich von diesem Mann und seinen Bekenntnissen zur Lebenslust (die sich in seinem Gesicht widerspiegelte im Wechsel mit Einsamkeit und Verlorenheit), als dass ich mich jetzt, nach vierzig Jahren, trauen würde, den Gesprächsverlauf noch wiederzugeben. Aus Szenen und Geschichten setzt sich das Bild zusammen, das mir von ihm geblieben ist.

Einmal mehr bin ich überwältigt, wenn ich heute, im Februar 2020, da er 98 Jahre alt geworden ist, sehe, dass er sich immer noch daran erfreut, wie er einst lebenstrunken neben Leonard Cohen, Yves Montand, Melina Mercuri oder einer Schönen am Strand von Cannes posierte. Erstaunlich der ungebrochen scheinende Wille zum Leben, den viele der wegen ihrer Herkunft Verachteten und zum Tode Verurteilten aufzubringen in der Lage waren. Zum Beispiel auf extreme Weise Ephraim Kishon. Nie vergessen werde ich, wie er mir davon erzählte, dass er sich in Augenblicken eines unaushaltbaren Erzitterns Reden von Hitler und Goebbels anhörte, so lange, bis sich das Bild des erlebten Grauens in Satire verwandelte und er laut loslachte, ein Lachen in unmittelbarer Nachbarschaft zu einem Todesschrei. Selbst in seinem Haus in der Schweiz, in das er mich eingeladen hatte, und sogar in seinem Swimmingpool hatte er eine Anlage installiert, von der er mir einen Verschnitt von Hitler und Goebbels vorspielte.

Auf dem Rückweg von Georg Stefan Trollers Wohnung schlug ich meiner Begleiterin vor, in ein jüdisches Restaurant (das berühmte »Jo Goldenberg« in der Rue des Rosiers im Marais) zu gehen. Ich erzählte ihr, wie ich – gerade erst zurückgekehrt von einem Aufenthalt in Mali, Niger und Tschad – noch am selben Abend einer verehrten Dichterin in dem indischen Restaurant »Tausendundeine Nacht« einen über drei Meter langen Schal (wenn ich ihn in der Vorstellung jetzt nicht länger mache, als er tatsächlich war) schenkte, den sie sogleich liebevoll berührte, als der damalige Direktor der Deutschen Bank in das Restaurant trat und sich einen Tisch von uns entfernt niederließ, was sie veranlasste, augenblicklich ihr gesamtes Gesicht, die Augen ausgenommen, zu verhüllen, da sie und ihr Mann den Herrn Direktor am nächsten Abend bei sich zu Hause zum Abendessen eingeladen hatten. Sie befürchtete, der Bankdirektor könne bei ihrem Mann unangenehme Fragen stellen.

Dieser Herr also, der sie beim Abendessen am nächsten Tag aufs Herzlichste umarmen sollte, wie mir die Dichterin einen Tag später erzählte, hatte die ganze Zeit über im indischen »Tausendundeine Nacht« so unverhohlen missmutig zu ihr herübergeschaut, dass man seine Gedanken lesen konnte, die darum kreisten, dass es doch höchst unangenehm und lästig sei, einer voll verschleierten Frau aus der arabischen Welt in Frankfurt-Sachsenhausen gegenübersitzen zu müssen. Ihm erschien die streng muslimische Identität der Frau derart unzweifelhaft, dass sie sich am nächsten Abend sogar einige kleine Spielereien erlauben konnte, um ihn zu verunsichern, was natürlich nicht gelang. Zu fest eingemauert war seine Gleichsetzung von Verschleierung und Muslimin, dass er sich in ihr keine deutsche Frau vorstellen konnte. Er wusste gar nicht, welches Glück ihm entgangen war, die Gastgeberin schon vor dem gemeinsamen Abendessen hier als inszenierte Tuareg-Frau zu umarmen. Das so nahe Glück der Begegnung hatte er verscheucht. Es blieb das ihm unbewusste Unglück des Verfehlens.

Eine Zeit lang glaubte ich in den unterschiedlichsten Frauen, die mir auf der Straße oder in Metro-Stationen begegneten, meine vor langer Zeit verstorbene Freundin Maria wiederzuerkennen. In wildfremden Gesichtern und Körpern – sogar in eher voluminösen – sah ich sie, dieses gazellenartige Wesen. Manche Frauen wandten sich augenblicklich von mir ab oder schauten mich eher misstrauisch an. Weil sie sich von meinen Blicken belästigt fühlten? Mich störte es nicht weiter und ich hielt fest an meiner Freude über die unerwartete Begegnung.

Natürlich wünschte ich mir, die geschaute (vermeintliche) Maria würde meine Blicke erwidern. Ich stellte mir vor, dass sie an sich selbst die Konturen des Gesichts meiner geliebten Maria nachzeichnen würde, so, wie es einmal ein Mädchen getan hatte, als es beim Anschauen eines Porträts die Umrisse des fremden Gesichts an ihrem eigenen nachgezogen hatte, so lange, bis es sich in dem gemalten

Bild erkannte. Höchst verwunderlich mag es erscheinen, da das Mädchen doch erst sechs oder sieben Jahre alt gewesen war und es sich bei dem Porträtierten um einen älteren Herrn, einen Dichter und Ethnologen handelte.

Nicht weniger verwunderlich ging es in einer Szene zu, in der die eher unschuldige, ganz der Jugend und dem zukünftigen Leben zugewandte Patricia, gespielt von Jean Seberg, am Ende des Films AUSSER ATEM sich so über die Lippen streift, wie es der leichtlebige Gauner Jean-Paul Belmondo zu tun pflegte, den sie gerade verpfiffen hatte und der vor ihren Augen von der Polizei erschossen wurde.

Ist nicht ein jedes Leben eines der Anverwandlungen an ein inneres Bild, das Menschen in uns hinterlassen haben und auf diese Weise weiterleben? Leibhaftig zugegen sind? Nicht länger sind sie dann ein Gegenüber. Vielmehr ein In-(uns)-Bild.

Von Anverwandlungen – man möge sie auch Metamorphosen nennen –, vom Weiterleben anderer Gesichter und Figuren, aber auch von heute vielleicht verblassten oder gerade wieder neu aufgegriffenen und verlängerten Zeitströmungen und Theorien, von inzwischen beschädigten oder bedrohten Naturen und Kulturen erzähle ich. Und von den zumeist unvorhersehbaren, oft geheimnisumwitterten, glück- und oft genug schreckerfüllten Wegen, die zu einem Verstehen der Menschen und der Welt führen sollten, allen Widerständen und Verhinderungen zum Trotz.

Die Reise beginnt.
   Auf dem Arm der Mutter.

Gesten und Wörter
vermitteln zwischen den beiden
Seiten eines *Paares*.

Ein fragiles Gebilde. Ungleichgewichtig. Schutzbedürftig das Kind. Schutzbedürftig aber auch die Mutter zu jener Zeit, nach '45. Dem heranwachsenden Kind wird die Aufgabe übertragen werden, das Verhältnis versuchsweise umzudrehen und der Mutter Schutz vor der sie überfordernden Wirklichkeit anzubieten. Wie soll das gelingen? Hier entwickelt sich zum ersten Mal das Zauberwerk *Resonanz*. Als Bürde und als Potential.

Bei der Ankunft auf der Osterinsel – von San Francisco über Los Angeles und Tahiti kommend, hat man das Gefühl, über eine nordfriesische Insel fehlgeleitet worden zu sein – stehen die gewaltigen Steinfiguren urzeitlich verloren in der Landschaft. Ich vertraue mich dennoch für eine Weile (aus Mangel an einem Gegenblick und ohne Echoraum) einer Figur an.

△

◁

Ein Freund sagt über das Bild mit meiner Mutter, sie und ich seien nicht innig miteinander vertraut – aber ist es denn verwunderlich! Was haben Krieg und Flucht anderes als Risse, Spalten, Gräben, wüstes Land hinterlassen? Mein Blick sei, sagt der Freund, schon auf Reisen. So wird es bleiben.

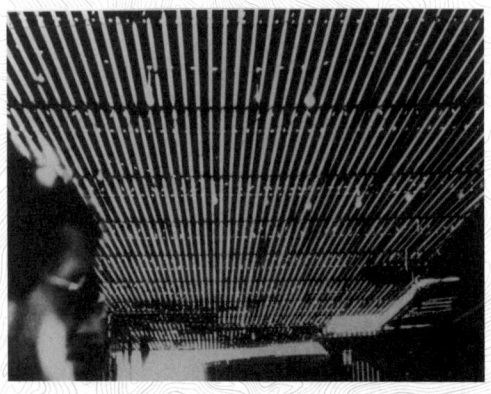

Auf Reisen. Ich probiere Resonanz mit außereuropäischer Welt. In Licht und Schatten eines arabischen Bazars. Blicke und Gegenblicke im Austausch. Wer schaut zurück? Auf welche Weise treffen unvertraute Blicke auf mich?

Auf dieser Reise, die das Leben meint und umfasst, gibt es besonders markante Schnittstellen, an denen verheißungsvolles Sich-Begegnen einen Anlauf nimmt, dann aber versandet oder nicht über den Augenblick hinauskommt. Mehr Resonanz war, so mag man sich trösten, nicht vorgesehen im uneinsehbaren Plan.

Ein solch verheißungsvolles Sich-Begegnen nahm einmal seinen Ausgang auf der Schwelle einer Wohnung im Pariser Marais. Mit der Geschichte, die dies erzählt, wird das Buch enden. Der Schauspieler Donald Sutherland war tatsächlich zum Eintreten bereit gewesen, hatte schon da, vis-à-vis, gestanden und sich, von weit herkommend, in den verwinkelten Gassen seinen Weg gebahnt und ein freudiges Hallo mir zugerufen.

Trotz ihrer Einzigartigkeit waren Donald Sutherland oder der Regisseur Franco Brocani, für den ich Schauplätze für seine Filme ausfindig machen sollte, immer auch vorläufige Entwürfe einer Figur, die auf eine andere, weiterführende verwies. Auf sie schaue ich wie auf mein Leben: verwundert.

Seinen Weg gesucht hatte sich das Unterwegssein in den Echoräumen der Kulturen in Europa und außerhalb Europas.

Zu Anfang des Jahres 2020 flackerte dann nicht nur in meinem Leben der Gedanke ans Reisen oft nur noch kraftlos auf. Wenn auch unmittelbar verschont von der verordneten Stubenhocker-Existenz, schaue ich doch wehmütig der Stagnation zu. Wie ein Märchen aus vergangenen Zeiten erscheint mir da die einst erfahrene und exzessiv gelebte Freiheit, Welten zu erobern. Es war eine den Gefahren auf fremdem Terrain zuweilen abgetrotzte Freiheit. Heroisch empfand ich dies in keinem Augenblick, glaubte ich doch nichts anderes zu tun, als meine Neugierde geographisch und kulturell auszuweiten. Wenn ich dann zum Beispiel in der Syrischen Wüste nicht mehr genügend Wasser für die nächsten Tage hatte, erlebte ich dies als eine nur mich betreffende und sich nur in mein Leben einfügende Notlage, die für niemand sonst von Interesse war. Freilich geriet ich auch in gewaltsam ausgefochtene Konflikte und war bedroht von Krankheiten unterschiedlichster Ausmaße – was meine singuläre Verantwortung überstieg.

Die katastrophische Entwicklung der Pandemie scheint gelegentlich die einmal erlebten Gefahren auf einzelne, verstreute Situationen und lokale Ereignisorte zusammenschrumpfen zu lassen und sie ihrer komplexen Dichte zu berauben. Verwoben ist die Teilhabe des Reisenden an der unabhängig von ihm sich ereignenden Gefahr mit der Möglichkeit, dass das Rettende auch in seinem Leben zur Entfaltung kommt.

Mit jeder Wortfolge, die ich in diesen Tagen in Zeitungen und Zeitschriften lese, im Fernsehen und im Radio sehe oder höre oder die mir Freunde aus den Sehnsuchtsländern und -orten schicken, sehe ich, selbst wenn sie von ganz anderem handeln, Hinweise auf das jetzt Drohende. Rom, Venedig und Paris sind innerhalb von Wochen in unerreichbare Ferne gerückt, eingehüllt in Szenarien eines großen, oft unvorstellbaren Leids, das die *gloire universelle*, in der sie einmal erstrahlten, vergessen machen könnte. Nur die Wege über die alten Filme, die Musik, das Theater, die Literatur beider Länder sind weiterhin in Freiheit zu beschreiben – allerdings begleitet von den täglichen Bildern der Todesgefahr und des eingetretenen Todes.

Als die Rettung vieler Infizierter in Gefahr geriet, wurde von Ärzten die Situation beschrieben, in der sie vor die Entscheidung gestellt werden könnten, einem alten Menschen das zu seinem Überleben notwendige Beatmungsgerät abzunehmen und einem jüngeren, ebenfalls lebensgefährlich Erkrankten zu überlassen. In einer einzigen Szene sah sich die gesamte Zivilisation mit den Grundfesten ihrer Ethik konfrontiert.

In einem vergleichsweise bedeutungslosen Fall setzte sich auch einst eine am Rande der Welt und der Zeit lebende Gemeinschaft mit der Frage nach Leben und Tod im grundsätzlichen Sinn auseinander. Wenn ich mich richtig erinnere, hatten die Ainu auf Hokkaido ein fest ins soziale Leben integriertes, unumstößliches Ritual: Die zum Zeitpunkt der Geburt eines Kindes älteste Person in der Gemeinschaft wurde gebeten (und falls sie dem nicht nachkam, mit Nachdruck aufgefordert), den Platz für den Neuankömmling zu räumen und sich zum Sterben in die Einsamkeit zurückzuziehen. Eines Tages aber hinderte ein junger, schmerzerfüllter Mann seine dem Leben noch von ganzem Herzen zugewandte Mutter daran, den Weg in die eisige Landschaft des Todes anzutreten. Nie zuvor hatte es jemand gewagt, sich dem Ritual zu widersetzen. Die Gemeinschaft hatte lange schon, stelle ich mir vor, insgeheim diesen Augenblick tief empfundener Humanität herbeigesehnt und mit großer Erleichterung die zum Gesetz erhobene Tradition aufgegeben. Man hatte sie seelisch, religiös und sozial hinter sich gelassen.

Welche Sprachen werden wir erfinden: für das Gespräch miteinander? Erschließen wir uns bislang verborgene Gedankengänge, Diskurse und Assoziationsketten? Und auch Poesien mit einer nur ihnen eigenen Präzision; Poesien, die uns ermöglichen, das uns seit Anfang 2020 in Haft nehmende Bedrohliche in Sprache verdichtet darzustellen?

Wie werden wir eines Tages auf das Jahr 2020 zurückblicken? Und haben dann die Wissenschaft, die Literatur und die Künste gehalten, was wir von ihnen erwarteten?

Meine Geburt fiel in eine Zeit, in der auch gerade eine Zivilisation zerbrochen war. Und als ich in den 1970er Jahren unentwegt aufbrach, um lebbare Gegenwelten zu entdecken, war auch jedes Mal das Europa, in das ich zurückkehrte, ein in vielerlei Hinsicht (politisch, sozial und kulturell) grundlegend verändertes. Und bei jeder neuerlichen Reise, vor allem in den Nahen Osten und in die Länder Afrikas, sah ich mich konfrontiert mit dem Zerfall der Traditionen, mit Konflikten und Kriegen, deren Ausmaße man noch nicht abschätzen konnte.

So ist der Titel dieses Buches DER KÜRZESTE WEG FÜHRT UM DIE WELT auch um diesen Nachsatz zu ergänzen: »... und führt, auf ebenso unbekannten Wegen, zurück in ein immer wieder neu zu erschließendes, zu gestaltendes und zu erzählendes Europa.«

WELT EROBERN

VOM ABENTEUER DES UNTERWEGSSEINS

Die Kindheit war ein Stückwerk. Die Jugend versuchte, die Teile zu verknüpfen. Für vieles gab es noch keine Sprache, und doch schienen sich die Geschichten schon auf eine Erzählebene einzuschwingen. In Großbuchstaben stand da geschrieben: Aufbruch, ein Wort, das sich auch als Unterwegssein lesen ließ.

Weg von Hier, hin zu einem recht vagen Dort, das irgendwo auf dem Weg um die Welt angesiedelt war. Vielleicht führte ja am Ende der *kürzeste* Weg zum eigenen Leben.

Die ferne Kindheit und Jugend und ihre Ablagerungen in der Gegenwart waren und sind weiterhin ineinander verwoben. Erst nachträglich zum Erlebten offenbaren sich deren Bedeutungen und können erzählt werden. Das Erzählen selbst macht das Erfahrene zuallererst wirklich, im Sinne von »So kann es gewesen sein, so kann es sich zugetragen haben, gegen mich oder für mich«.

Da gab es zum Beispiel das Unikum eines bäurischen Apparats, den der Junge für die Schweine zu heizen hatte und der ihn oft genug ausschloss vom Spiel mit den Freunden. Da gab es aber auch ein nicht weniger seltsames Gerät, das der genialische Schriftsteller und Denker Oswald Wiener für uns beide geheizt hatte. Die Glut des gusseisernen Ofens öffnete den Weg zu einem Spiel, das man nicht Kindheitsdrama, sondern Denken und Schreiben nennt. Gut, es lagen einige Jahre zwischen dem Niederdrückenden und dem Erhebenden. Aber nicht die zeitliche Differenz ist entscheidend, sondern wie sich beide Geschehnisse ineinanderfügen und wie sie aus einer dem Kind abgewandten Welt eine ihm zugewandte machen.

So geschichtet und verknotet sehe ich auch meine Reisen. An ihrem Anfang stand die Flucht. Ein Unterwegssein aus Not. Die Tragödie ließ sich aber – wie unerwartet! – verwandeln in ein Füllhorn an Absurditäten, zum Beispiel als ich, der ehemals im Leib der Mutter Geflüchtete, eines Tages im Lastwagen eines Irakers gelandet war, der immer wieder fünf Wörter wiederholte: Alemania, Adenauer, Magirus Deutz, Hitler, Autobahn.

Tag und Nacht waren die Fenster des Wagens geöffnet. Der Sand hatte sich in alle Poren des Reisenden, der längst jede Orientierung verloren hatte, ausgebreitet. Gefühle waren einer (ihm unbekannten) Gleichgültigkeit gewichen. Sie half ihm dabei, das Rattern des Wagens, den Sand und die Kälte in der Nacht, die Hitze am Tag, den Hunger und den Durst am Tag und in der Nacht zu ertragen. Er wusste nicht, warum der Mann die Steine durch die Wüste fuhr. Und er wird es nie erfahren.

Der Lust am Reisen ist es egal. Was weiterhin insistierte, war die Frage: Wann war diese unerschrockene Lust entstanden, und welche wohlwollenden Gegenfiguren zu den Schreckfiguren der Kindheit hatten eine solche Wandlung allererst ermöglicht?

Das Unterwegssein ließ sich feiern mit Menschen, deren Lebensform das Nomade-Sein war. Auf zu den Tuareg in die Sahelzone und in die Sahara. Immer wieder. Nicht mit Traktoren. Sondern zu Fuß und auf Kamelen.

Und es gesellten sich Freunde im Geiste hinzu. Natürlich Bruce Chatwin. Auch in Künstlern und Schriftstellern erkannte ich Nomaden in der offenen Welt der Gedanken, der Worte und Klänge.

Einen von ihnen wählte ich zu einem ganz besonderen Zuhörer, der die Zeile »Born to be wild« gedichtet und vertont hatte. Es war Udo Lindenberg, dem ich von den großen Liebhabern der Fremdheit erzählte, die er sehen konnte, wenn er – das versuchte ich ihm einzureden – durch ein Fernrohr in seinem Hotel Atlantic schaute: ob Hubert Fichte und Roger Willemsen oder Victor Segalen, Michel Leiris oder Paul Parin und Fritz Morgenthaler.

Wie aber sollten sich meine Erzählungen von den Aufbrüchen in der Kindheit und Jugend und die sie überlagernden Erprobungen anderer Lebensformen und Weltentwürfe zu einer in sich geschlossenen Form fügen? Aber war das überhaupt anzustreben? Stünde das Spätere nicht eigenartig freischwebend im Raum, ohne die sich zuallererst ausprobierende Tonlage? Holprig beginnt das Leben.

Mögen einem Einzelheiten zuerst als überflüssig vorkommen, können sie sich gerade in ihrem unscheinbaren Erscheinungsbild als bedeutsam erweisen: die Schnürsenkelverknotungen eines Theater-Regisseurs, die wilde, am Augenblick orientierte Arbeit eines Film-Regisseurs, der Goldreif meiner Mutter, den sie trug, wenn sie für andere Leute putzte, und den ich in einem Köcher aufbewahre, den eine alte Nuba-Frau um den Bauch eines Ochsen verknotet hatte, wenn sie in sumpfiges Gelände ritt und ich ihr hinterher. Bedeutsame Szene bei der Suche nach den Lebensspuren des am Geschehen Teilhabenden? Oder auch, auf Umwegen, für einen daran gänzlich Unbeteiligten?

Dem Nebensächlichen eigen ist, dass es im Verborgenen wirkt. Zum Vorteil oder zum Nachteil. Vielleicht gibt jede der im Folgenden erzählten Geschichten Aspekte einer möglichen Antwort frei, einer Antwort, die sich vom Singulären meines Lebens auf das Singuläre eines mir unbekannten Einzelnen, zum Beispiel den Leser, auswirkt. Hinüberschwappt. Vielleicht ist es ja so, wie der Autor zu glauben geneigt ist, dass dem Individuellsten die größte Chance eingeschrieben ist, Potentiale des Allgemeinen zu offenbaren. In Bewegung zu setzen.

An Gepäck kann ich mich nicht erinnern. Wahrscheinlich eine Tasche mit Kleinkram und etwas zu essen. Die Höchstgeschwindigkeit des Mopeds betrug knapp dreißig Stundenkilometer. Die erste Nacht – Rheinland-Pfalz lag hinter mir – verbrachte ich auf einem Feld, nahm einen Strohballen als Unterlage und zwei weitere für eine Art Spitzdach. Heute, über fünfzig Jahre später, stelle ich mir das ungläubige Kopfschütteln des Komponisten Hans Werner Henze vor, wenn ich ihm von dieser Nacht im Sommer 1968 erzählt hätte. In aller Frühe brach ich wieder auf.

Am dritten Tag wurde es hektisch auf den Straßen. Irgendwann muss ich auf einem Autobahn-Zubringer gelandet sein und wurde von den Autos und Lastwagen geradezu verfolgt. Ich fuhr aber in Paris ein, in die Metropole der Phantasien und Sehnsüchte. Sah die Metros und die Busse, die Dächer, von denen die Film-Szenen mit Jean-Paul Belmondo erzählten. Sah ihn vor mir, wie er sich genüsslich über die Oberlippe strich, dabei im rechten Mundwinkel eine Zigarette geparkt hatte, die er, wenn ihm danach war, anzündete und mit ihr schon sehr rasch wieder die nächste zum Glühen brachte. Wahrscheinlich dachte ich: So also macht man das. Und wenn er Patricia zurief »Mailand Genua Rom«, stellte ich mir vor, es ihm gleichzutun, wie auch immer die nächste Schöne in Paris heißen sollte. Wie aber konnte ich seine Lügen und Trickserein in Einklang bringen mit meiner Vorstellung vom Leben? Er war ein *Star*, aber an seinem Drehbuch gab es noch einiges zu verbessern. Sollte ich tatsächlich vorgeführt bekommen, dass die Frau den Mann mehr liebt, wenn sie weiß, dass er von der Polizei gesucht wird, und ihn verpfeift, um zuzusehen, wie er erschossen wird, und er im Sterben noch Grimassen zieht und ihr sagt, sie sei zum Kotzen?

Ohne Umwege war ich direkt ins Quartier St. Denis gegangen. Noch Jahre später glaubte ich, den süßlich-fauligen Geruch des überall herumliegenden Mülls in der Nase zu spüren. Auf eine verborgene, vielleicht auch abwegige Weise trug früher ein solcher Geruch zum sinnlichen Erleben der Welt bei.

Der Plastikmüll jedoch, die Baumarktreste und Computerteile, die heute ganze Kolonnen von Abfalltonnen und Wagen füllen, bieten den Sinnen nichts Verdorbenes mehr an. Die Männer, die jetzt die Müllautos vor sich herschieben, sehen aus, als gingen sie neben sich. Sie wirken unbeteiligt und so, als wollten sie sagen: Verwechselt uns bloß nicht mit denen, die ihr Müllmänner nennt. Auch wir möchten, dass unsere Kinder stolz auf uns sein können und sich mit unserem Geld das geilste Smartphone und die noch cooleren Turnschuhe von Nike kaufen. Dieser

Job, der heute den Ärmsten der Armen in Afrika und Lateinamerika ein vergiftetes Überleben sichert, bündelt einige der Hoffnungen, die auf ein besseres Leben und eine Zukunft für die Kids gerichtet sind.

Früher gab es noch Mülltonnen, die man über die Pflastersteine *rollte*. Mit den viel zu großen Handschuhen steckte man eine Hand in den Griff, der in der Mitte des Deckels angebracht war, winkelte die Tonne etwas an, und los ging's raus auf die Straße, durch einen Hof, wo die Kinder spielten und die Frauen schwatzten. Am Wagen angelangt, schob man die Tonne in eine Halterung, inspizierte kurz den Inhalt, bevor man den gelben Knopf mit der Aufschrift *Hoch* drückte, und schon vermischten sich verdorbene Essensreste und Verpackungen in der Trommel des Wagens. Man gab dem Fahrer, ein König in seinem Führerhaus, der niemals auch nur ein Wort sagte, ein Zeichen, er fuhr ein paar Meter weiter, und wir schwärmten wieder aus in die Höfe, manchmal auch in die Keller. Wir, das waren Ali, »der Türke«, Paolo aus Neapel, Franco aus Sizilien und ich, der in den ersten Tagen der Osterferien jobbte, um dann bis zum Ferienende mit dem Moped nach Paris fahren zu können. Die Bäcker gaben uns Brötchen, die Metzger Fleischwurst, die Gastwirte Bier, die Ärzte 50 Pfennig. Vor sechs Uhr früh bereits brachen wir vom Depot auf, mittags speisten wir zusammen, oft an die Tonnen wie an griechische Säulen gelehnt. Auf den Deckeln breiteten wir die Schätze aus, als hätten die Götter zum Mahl geladen. Am Abend teilten wir das Geld.

Aus Paris, das schon vom entzündeten revolutionären Feuer erhellt war, brachte ich eine ganze Garnison von Flöhen und Läusen mit, ein Geschenk der Schönen aus

Trinidad, die in der Rue St. Denis arbeitete. Der Hautarzt in Wiesbaden, dem ich die Parasiten im Schamhaar zeigte, sagte:

»Ich kenne Sie doch.«

»Ich habe mit Ali, Paolo und Franco die Mülltonnen aus Ihrem Hof geholt.«

»Sind Sie nicht Schüler?«

»Ja, aber um Geld zu sparen für die Fahrt nach Paris, habe ich als Müllmann gearbeitet. Ich wollte zu den Dichtern, besuchte auch den Club des Poètes, und dann lockte mich Nathalie, die Tochter der Club-Besitzerin. Kaum war sie zurück nach Deutschland gefahren, ging ich, weil ich gerade an der Lust geschnuppert hatte, zu den Frauen in der Rue St. Denis. Und das hier habe ich jetzt mitgebracht.«

Der Arzt gab beiläufig den Rat, die Unterwäsche, die Laken und Bettbezüge auszukochen. Im Kolpinghaus, in dem ich ein Zimmer mit einem Maurerlehrling teilte, erhielt jeder Bewohner das Bettzeug nur in einfacher Ausführung. Ich steckte das ausgebleichte, ehemals blaue Laken, den grauen Bettbezug mit dem einen Knopf und den viel zu großen Kopfkissenüberzug in einen Kochtopf, ließ die Sachen vor sich hinköcheln, als sei es zähes Kamelfleisch, nahm sie nach einer Stunde wieder raus, legte sie auf den von der Sonne beschienenen Resopal-Küchentisch und kochte mir dann im selben Topf Pellkartoffeln.

Das Zimmer kostete dreißig D-Mark und befand sich neben elf anderen Zimmern in einem eng verlaufenden Korridor. Es gab drei Toiletten und einen Waschraum für alle achtzehn *Gesellen*. Der Zugang zu den Zimmern führte über eine gusseiserne Hintertreppe, die wir die Hitchcock-Leiter nannten. Ich lernte Adam kennen, der mir abends aus JOSEPH UND SEINE BRÜDER vorlas, ein Buch, das ich erst für einen Abenteuerroman hielt, weil Adam es, sobald er auf der Baustelle tausend Mark verdient hatte, auf seine Reise nach Ägypten mitnehmen würde. Das Fenster seines Zimmers war auch im Winter Tag und Nacht geöffnet. Er wollte sich, wie er sagte, »stählen wie Ernst Jünger«, den ich auch für einen Reisenden oder Extremsportler hielt.

Einmal erzählte mir ein Freund, er habe Handke, unterwegs nach Alaska, getroffen. Er sei nur mit einem T-Shirt bekleidet gewesen, fast ohne Gepäck, und habe das Bild eines unerschrockenen, wie Ernst Jünger gestählten (gar nicht schreckhaften) Reisenden vermittelt. Da ich mich ein bisschen auch so fühlte, ja vielleicht glaubte, wirklich so zu sein, berührten mich solche Erzählungen.

Unter meinem Bett hatte ich – als monatliche Ausstattung der Eltern – stets zwei Kisten Rotwein verstaut. Neben dem Wein lagerte ein Koffer mit Blut- und Leberwurstdosen und gekochtem Fleisch. Meine Mitschüler zog es immer zu mir, sie wollten Wein bei mir trinken, ich wäre lieber mit zu ihnen gegangen, hätte mich gerne an den gedeckten Tisch gesetzt. Von diesem Wunsch ahnten sie aber nichts.

Ich schaute nun, mit den Läusen aus Paris zurückgekehrt, mal auf den Küchentisch, mal auf den Herd: War das Bettzeug schon trocken und waren die Kartoffeln und das Fleisch schon gar?

Das alles spielte sich in Wiesbaden ab. Wie war ich überhaupt dorthin gekommen, warum hatte ich das Elternhaus in Ingelheim, auf der anderen Seite des Rheins, verlassen, das Gymnasium nach der Mittleren Reife abgebrochen und eine Stahlbauschlosser-Lehre begonnen? Das aus Schrottteilen von mir selbst zusammengebaute Moped gab es in dieser Zeit bereits, auch das von Nachbarn ausrangierte Fahrrad. Dazu hatte sich ein kastenförmiger Mercedes-Benz, Baujahr 1958, gesellt, mit Türen, die man noch nach hinten öffnete, und einer Windschutzscheibe, die sich mit einer Kurbel hochdrehen ließ. Es war der ganze Stolz meiner Brüder. Dass sie ihn mir heimlich ausliehen, war heroisch. Abwechselnd mit einem dieser recht unterschiedlichen, zwischen technischer Frühzeit und Moderne angesiedelten Fahrzeuge fuhr ich täglich zur Schule.

Es waren selbst inszenierte Szenen eines klein-heldischen Lebens auf dem Land, am Rande der Kleinstadt Ingelheim, täglich neu aufgeführt zwischen dem Elternhaus, der Layenmühle, und einem Gymnasium, dessen Fenster zu einem Garten hinausgingen, in dem muntere Hühner herumliefen. Einmal hangelte ich mich durch die eher notdürftig in Holz eingefassten und mit einem Griff versehenen Scheiben hindurch ins Freie, während der Lehrer etwas an die Tafel schrieb. Dass die Schüler gar nicht mehr zu kichern aufhörten, machte den von uns ohnehin wenig geachteten Mann noch unruhiger. Er drohte mit Strafen, bestimmte einen Schüler zum Schuldigen für die Unruhe, stellte ihn in die Ecke rechts der Eingangstür, konzentrierte sich ganz auf ihn und holte zu einem ersten Schlag mit seinem Zeigestock aus. Da zwängte ich mich wieder durch die Öffnung hindurch ins Klassenzimmer, lief nach vorne, platzierte mich vor dem Mitschüler und sagte zu dem Lehrer: »Hier wird nicht geschlagen. Ich werde dem Rektor sagen, dass Sie einen Unschuldigen bestrafen wollten. Dann müssen Sie seine Schuld beweisen.« Die Schüler applaudierten. Der Lehrer verließ den Raum.

Es waren nicht die Dächer von Paris, auf denen Jean-Paul Belmondo als Junge in schwindelerregender Höhe herumkletterte und seinen Übermut später vor der Filmkamera fortsetzte; es war kein Hechtsprung in ein Cabrio; es war kein Bus in Paris, an dem ich hier vor laufender Kamera mitten im Verkehr entlangturnte und mich dann durch ein Fenster ins Innere hievte; es war nur das sogenannte Fenster eines Klassenzimmers, das zu einem von gackernden Hühnern bevölkerten Hof führte, durch das ich mich raus- und wieder reinschleuderte, und der Applaus kam nicht vom Publikum im Kinosaal, er kam nur von Mitschülern. Aber AUSSER ATEM waren wir auch, im Kleinformat. Und der Reiz der Überschreitung war vielleicht so deutlich zu spüren, als wären es die Dächer, die Fenster und die Straßen von Paris gewesen. Es gab eine innere Notwendigkeit aufzubrechen. Wie im Film.

Einmal sagt Belmondo, »ein wenig mehr als natürlich sollte der Schauspieler sein«, und der Regisseur hätte dem Schauspieler nicht im Detail vorzugeben, wie er die Szene zu spielen habe. Wenn er es nicht in sich trage und fühle, nütze das ohnehin nichts. Ja, so folgte mein Hechtsprung, zumindest im Ansatz, auch einem inneren Drehbuch und der darin vorgegebenen Verknüpfung von Ernsthaftigkeit und Leichtigkeit. Die Leichtigkeit aber war noch fragil, durch nichts begründet.

Der Regisseur muss wissen, wie er die Kamera richtig platziert. Und dann heißt es: Action!

Die Kamera trägt man in sich selbst, sagte ich mir. Sie filmte meine Fahrten mit Fahrrad-Moped-Mercedes in die Schule, den Sprung aus dem Klassenzimmer – und eines Tages ein über viele Monate hindurch praktiziertes Spiel: Meine Auftritte mit dem Auto hatten zwar für mächtig Wirbel gesorgt und mir Anerkennung bei den Jungs und Mädchen verschafft. Das war aber zu wenig für eine anhaltende Wirkung. Da kam mir die Freundschaft mit Pieter gerade recht, der schon bei Boxkämpfen erste Erfolge feierte und sich nicht lange mit Diskutieren aufhielt. Er hatte eine geradezu filmische Idee: Wir gehen lässig durch die Straßen. Du vorneweg, pöbelst die Leute an, stänkerst rum. Wenn die zum Schlag ausholen, trete ich auf den Plan, versetze ihnen einen Haken, der sich gewaschen hat … Auch wenn Pieter keine Vorstellung von Belmondos Boxer-Einlagen in AUSSER ATEM hatte, seiner lässigen Art, den Körper beim Gehen mitschwingen zu lassen, und seiner Selbstdarstellung (»Eigentlich bin ich ja ein Schwein, aber was ist, es muss sein«), und nicht wusste, dass es Belmondo als junger Schauspieler über alles geliebt hatte, vorgetäuschte Schlägereien zu inszenieren (»… zu überraschen, zu erstaunen«), so trug er doch schon ein solches gestisches Repertoire in sich. Wir konnten von unserer Performance gar nicht mehr loslassen, und er kam bald auf die Idee, ein Auto zu knacken. Glücklicherweise reizte mich das überhaupt nicht, konnte ich doch das meiner Brüder benutzen.

So fing ich kein Feuer an dem Coup und entdeckte andere Leidenschaften. Und fühlte mich angezogen von neuen Haltungen des Heldischen, fundiert weniger im Äußerlichen und in nur körperlich fixierten Auftritten. Es sollte begleitet werden von der Weiterentwicklung innerer Bilder, und die unternommenen Fahrten mussten die Grenzen von Rheinland-Pfalz überschreiten. Das Moped hatte sich zu erproben auf den Landstraßen von Ingelheim nach Paris und anderswo.

Auf ins innere Paris!

Und dieses Paris lag überall. Auch in Rom.

Gerade auch in Rom!

Das war aber erst nur das schemenhafte Bild eines Sehnsuchtsortes. Viele Wege führen nicht nach Rom.

Erst einmal erfuhr das Kind die Grenzen seiner Aufbrüche und Wandlungen als eine Folge zuweilen ganz unscheinbarer, aber schreckhafter Augenblicke. Zum Beispiel, als ein Mitschüler, ein Arztsohn, mich fragte, ob ich den neuen Spiegel schon gesehen hätte, und er mich höhnisch lachend stehen ließ, als er von meinem Gesicht die pure Ahnungslosigkeit ablas. Der Spiegel war für mich eben nur ein Objekt, in dem ich mich selbst, aber nicht die Welt sah, wie sie hier beschrieben und gedeutet wurde – was ein *Magazin* eben so tut. Und dann gab es da noch den neuen Klassenlehrer, der mit meiner Bildungsferne sein Spiel trieb: Jedes Mal, wenn er mich aufrief, verband er dies mit dem Faustschen »Heinrich! Mir graut's vor dir«. Einfach so, aus Lust und Laune. Und er empfand seine *Anrede* als vollkommen unbedenklich.

Zuweilen drangen später noch solche mit Angst beladenen Erlebnisse des Nichtigen durch, mitten im scheinbar sicheren Gefühl, in einer anderen Welt angekommen zu sein. Einmal produzierte ich im Südwestfunk in Baden-Baden eine Sendung über Ethnologie und Reisen. Am Abend ging ich, verwöhnt vom überraschenden Gelingen, in eine Bar. An der Theke saß der Schauspieler Hardy Krüger, der für mich eine Zeit lang der Inbegriff des Abenteurers war. Ich schlenderte, natürlich mit einer Zigarette im Mundwinkel, Belmondo-like, auf ihn zu mit den lässig hingesprochenen Worten: »Hardy Krüger?« – »Na, und!«, ließ er mich abblitzen. Dies war so ein Moment des Gefühls, fehl am Platz zu sein. Verloren am falschen Ort.

Das Erstaunliche aber war, solche Augenblicke beeinträchtigten überhaupt nicht die Unerschrockenheit, mit der ich weiterhin auf die Menschen zuging, zu denen ich – wodurch eigentlich begründet? – eine wahlverwandtschaftliche Nähe empfand. Dann ein kleines Debakel, das in Erinnerung geblieben ist. Ich war von der Berliner Akademie der Künste eingeladen worden, eine Diskussion zu moderieren zwischen einer damals berühmten Psychoanalytikerin und feministischen Vorkämpferin und, ihr zur Seite, einem an außereuropäischen Kulturen besonders interessierten Analytiker und einem Soziologen. Günter Grass begrüßte uns respektvoll, ohne dabei seine Pfeife aus dem Mund zu nehmen. Wir *schritten*, so, als wollten wir, jeder auf seine Weise, Souveränität ausstrahlen, in den überfüllten Saal.

Ich hatte die Sache nicht ernst genommen und mich kurz zuvor noch auf einen Kaffee mit einer Ethnologin getroffen, deren Schönheit und sanfte Stimme miteinander wetteiferten. Vom Café aus begleitete sie mich zur Akademie am Hanseatenweg, und ich war in Gedanken mehr bei ihr als bei der Frage, was wir von Schriftstellern, Psychoanalytikern und Ethnologen für die Lösung gesellschaftlicher Probleme lernen können. Irgendwie gelang dann nichts: Die Teilnehmer hatten nur den einen Wunsch, sich als kundig zu präsentieren, und überboten sich in ihren

Selbstdarstellungen. Mich beschäftigte nach dem Ende der Veranstaltung vor allem eins: War's das mit Heike?

Jenseits solcher heilsamen Einbrüche – heilsam, da sie doch der Selbstüberschätzung rechtzeitig Einhalt geboten – entwickelte sich kontinuierlich das unbeschwerte Zugehen auf andere, ganz unabhängig von ihrem Rang oder Ruhm. Es war der Vorteil dessen, der sich für jede Etappe seines Lebens selbst verantwortlich fühlte. Auch dafür, dass er es nicht dabei beließ, sich von etwas Neuem nur anziehen zu lassen, sondern sofort den nächsten Schritt tat, um sich aktiv auszutauschen. Und einzutauchen in künstlerische Experimente, wie sie Arnulf Rainer an den scheinbar fest vorgegebenen und konturierten Körpern und Gesichtern vornahm. Ich spürte sofort, dass seine ÜBERMALUNGEN und sein Entschluss, »vom Papier in das Fleisch hinüberzuwechseln«, eine existentielle Dimension berührten, die etwas mit mir zu tun hatte. Hier wurden Flächen übermalt und dabei nicht zugedeckt, sondern bloßgelegt. Und dahin ging ja auch mein Wunsch: Möglichkeitsfelder hinter den starren Ich-Grenzen zu entdecken, Tiefenschichten freizulegen, die weit über das Persönliche hinausreichen.

So war es mir denn, gleich beim ersten Augenblick des Berührtwerdens von den ÜBERMALUNGEN und Aktionen, geradezu als selbstverständlich erschienen, nach Wien zu reisen, Arnulf Rainer anzurufen und um einen Besuch in seinem Atelier zu bitten. Er ging tatsächlich selbst ans Telefon und sagte, eine halbe Stunde habe er Zeit, sein Flug nach New York ginge heute noch.

»Guten Tag, Herr Rainer.« – Ich weiß nicht, woher ich die Unbekümmertheit nahm, ihn wie einen guten Bekannten zu begrüßen. Auch er verhielt sich völlig informell: »Kommen Sie, gehen wir in meine Wohnung.« Er zeigte mir seine Bilder, erzählte vom Leben auf dem Land, seiner Reise nach New York, dass er dort sehr geschätzt werde, während er jetzt in Österreich so viel Ärger habe, nach dem Einbruch in sein Atelier. Und dass es hier einen gewissen Überdruss an seinen Arbeiten gebe. Er litt an dem Vorwurf, er würde doch immer nur dasselbe tun. Ich wusste noch zu wenig über die Mechanismen des Kunstbetriebs, künstlerische Entwürfe, Variationen und Visionen erst in den Himmel zu heben – und sie dann kleinzumachen. Auch wusste ich nicht, dass alle Künstler und Schriftsteller, so bedeutsam sie auch geworden sind, ein Leben lang unter der Macht der Kritiker und ihrer Verrisse leiden.

Einmal saß ich mit Paul Virilio in einem Bistro in Paris. Tief betrübt erzählte er, in Le Monde habe es einen dummen Artikel über ihn gegeben und jetzt schrieben alle anderen davon ab – so entstehe *ein* Bild, *eine* Herabwürdigung. Also beziehe man sich wieder auf die eigene Arbeit, mache einfach so weiter, als sei nichts geschehen.

Virilio, der Urbanist, der Theoretiker der Stadt und der Geschwindigkeit. »Wissen Sie«, sagte er, »der Westen ist an die Macht des Feuers gebunden. Selbst wenn er nicht das Schießpulver erfunden hat, so hat er doch das Feuer, einschließlich des nuklearen Feuers, erfunden. Ich glaube, dass wir hier an eine Grenze gestoßen sind. Wir müssen den Westen vor dem Feuer retten. Das Feuer ist zwar das Feuer der Wissenschaften, aber wir müssen es überwinden. Und zwar nicht wie einige Ökologen vorschlagen, indem man zur Schubkarre oder zum Anbau kleiner Blumen zurückkehrt, sondern vielmehr, indem man durch das Feuer hindurchgeht. Auch dafür gibt es ein Zitat aus der Heiligen Schrift: Ihr werdet gerettet, in dem Augenblick, in dem ihr durch das Feuer geht.«

Mitten in unserem Gespräch bezieht er seine allgemeine Erkenntnis auf unsere augenblickliche Gesprächssituation, zeigt, wie sie situativ von uns, im Austausch, gefunden und entwickelt wurde: »Wenn Sie mich also nach meiner Hoffnung für das neue Jahrhundert fragen, so kann ich Ihnen das genau jetzt sagen. Der Tag, an dem diese Feststellung, die wir hier gemeinsam in diesem Gespräch entwickelt haben, eine geteilte Feststellung sein wird, mit den verschiedenen Interpretationsformen – es geht nicht darum, eine bestimmte Interpretation zu verteidigen –, ich glaube, genau in dem Augenblick wird eine neue Hoffnung geboren. Ich glaube nicht, dass es eine Hoffnung geben kann, wenn man nicht den Weg geht, den wir gerade gemeinsam gegangen sind, durch das Feuer des Jahrhunderts, durch das Feuer dieser ganzen westlichen Welt.«

Eines Tages erinnerte ich mich wieder jenes Lehrers, der mir die unheilvolle Anrede »Heinrich, mir graut's vor dir« entgegengeschleudert hatte und auf eine solche Weise das Zerstörerische auch in der Nachkriegszeit noch weitertrug. Ich klingelte an seiner Haustür – er lebte tatsächlich noch, da stand sein Name *Maar*. Ich hatte ihm einfach nur sagen wollen: »Mir graut's vor Ihnen.« Aber mir blieben beim Anblick dieses alten, gebrochenen und vielleicht auch von seiner Nazivergangenheit eingeholten Mannes die Worte im Halse stecken. Ich verweilte sprachlos ein paar Augenblicke, schaute ihn flüchtig, auch verzeihend?, an und machte dann kehrt.

An seine Stelle war nach dem Abitur ein Lehrer getreten, der mir häufig, mit Zustimmung der Mitschüler, die Deutschstunde übertrug. »Heute liest Jürgen mit euch Goethes FAUST, ... heute Hölderlins ODEN, ... heute Celans TODESFUGE ...« So war mir *Faust* nicht länger als Erniedrigung entgegengetreten, sondern als Geschenk zur Weitergabe überreicht worden. Und dieser Lehrer, Paul Pfaff, war es auch, der mir eines Morgens für die Dauer von zwei Stunden freigab, damit ich den Intendanten des Wiesbadener Staatstheaters, Claus Helmut Drese, um ein Gespräch bitten konnte.

Mit den recht forsch gesprochenen Worten »Ich möchte gerne den Intendanten sprechen« bat ich den Pförtner, mir den Weg zu zeigen. Er führte mich durch labyrinthische Gänge zur Sekretärin. »Dieser junge Mann möchte zum Intendanten.« Ohne aufzusehen, weiterhin mit ihren Papieren beschäftigt, fragte sie, was ich denn wünsche. In einem Satz fasste ich mein Anliegen zusammen: Ich stünde ein Jahr vor dem Abitur und würde gerne danach Theaterwissenschaften studieren und hier eine erste Regieassistenz machen.

»Und dafür möchten Sie den Intendanten sprechen?«

»Ja, warum denn nicht! Immerhin ist es eine lebenswichtige Entscheidung. Zumindest für mich.«

Die Dame zeigte sich wenig beeindruckt, ließ mich einfach stehen, was sich aber als Glücksfall erwies, da kurz darauf ein quicklebendiger Mann, der Chefdramaturg Hanno Lunin, mit dem Intendanten noch im Gespräch, aus dessen Zimmer trat. Kurz bevor sie sich voneinander verabschiedeten, erblickten sie mich in meiner Lederjacke und mit den langen Haaren. »Sie wünschen?«, wandte sich Hanno Lunin zu mir. »Ich möchte gerne zum Theater. Wissen Sie, es ist nämlich etwas, wie ich finde, höchst Ungewöhnliches passiert. Eigentlich wollte ich, wie mein Bruder Peter, Ingenieur werden. Nach der Mittleren Reife war ich in eine Stahlbauschlosser-Lehre gegangen. Da gab mir eines Tages meine Mutter ihre Karte vom Mainzer Stadttheater, wo sie ein Abonnement hatte, aber an diesem Sonntag wegen eines Familienfestes verhindert war. Etwas unwillig nahm ich die Karte und sah Federico García Lorcas Stück BERNARDA ALBAS HAUS. Von einer solchen Gegenwelt zu meiner ganz von Ländlichkeit und Technik erfüllten Welt hatte ich nichts gewusst. Ich simulierte in der Lehrwerkstatt von Magirus Deutz einen Unfall beim Anheben eines Ambosses (was wir untereinander oft als Jux betrieben), um aus meinem Vertrag rauszukommen. Dann bin ich nach Wiesbaden gezogen, wieder aufs Gymnasium gegangen, mit dem klaren Ziel, nach dem Abitur Theaterwissenschaften zu studieren. So stehe ich nun hier und mein Deutschlehrer hat mir heute Morgen, nicht nur für seine Deutschstunde, auch für Mathe und Physik!, freigegeben, um mich Ihnen vorzustellen.«

Etwas verdutzt, aber erheitert von der Dringlichkeit meiner skurrilen Selbstdarstellung, meinte Herr Drese: »Also gut, kommen Sie mit in mein Zimmer. Zehn Minuten habe ich. Sind Sie auch dabei, Herr Lunin?« Die Tür zu dieser anderen Welt hatte sich einen Spalt weit geöffnet. Meinem Deutschlehrer und den Schülern gegenüber war ich zurückhaltend, stellte die neuen Erlebnis-Bilder nicht in den Vordergrund. Zu fragil waren sie noch, nicht, dass jemand mit ihnen sein Spiel treiben würde.

Hanno Lunin – für mich war er fortan verkörpertes Theater: Alles ereignete sich in Szenen und Erregungen auf der Bühne und vor und inmitten von Kulissen. Von den ersten Augenblicken unserer Zusammenarbeit an tänzelte er um mich herum, so geschmeidig und immer in Erregung, besessen von der In-Szene-Setzung der theatralischen Abläufe.

Offenbar ohne Bedenken hatte er mir, diesem Newcomer, der doch keinerlei Erfahrung, nur Leidenschaft mitbrachte, die Regieassistenz für die deutsche Erstaufführung (in Hochdeutsch) von Edward Bonds Stück GERETTET, in der Übersetzung von Klaus Reichert, übertragen. Das Textbuch hatte er mir in einer für die Bühnenarbeit aufbereiteten Form zugeschickt: Die Schrift und die Zeilenabstände waren deutlich größer, sodass es genügend Raum für Streichungen, Neuformulierungen und Zusätze gab.

Es ist ein Wunder, dass bei all meinen Umzügen das (inzwischen vergilbte) Textbuch noch erhalten ist. Und dass die in fast jeder Zeile vorgenommenen und oft auf der gegenüberliegenden leeren Seite ergänzten Korrekturen und Anmerkungen mit Bleistift noch zu entziffern sind. Im Band aufgehoben habe ich Lunins Brief, adressiert an mich in Frechen bei Köln im Rosenweg 1, am 13. Juli 1967: *Lieber Herr Heinrichs, besten Dank für Ihre Karte und die Zusage. Ich freue mich, Sie bei den Proben dabeizuhaben, und hoffe, daß Sie den Verzicht auf die Weltreise nicht bitter bereuen. Es handelt sich um das Stück* GERETTET *von Edward Bond. Ich veranlasse, dass Ihnen ein Textbuch zugeht, damit Sie das Stück vor Spielzeitbeginn schon lesen können.* Welch eine Geste: sich bei mir noch für die Zusage zu bedanken und liebevoll darauf einzugehen, dass ich eine Weltreise geplant hatte.

Parallel probte Hansgünther Heyme, der damals viel Aufsehen mit seinen Inszenierungen, zum Beispiel von Schillers RÄUBER, erregte. Er war sehr streng und ernst, ganz anders als der spielerische, jünglingshafte Lunin, der vom Typ her Hans Magnus Enzensberger ähnelte.

Mit einigen Schauspielern, vor allem Matthias Ponnier, freundete ich mich sehr schnell an, und wir trafen uns gelegentlich mit gemeinsamen Freundinnen. In GERETTET spielte er eine tragende Rolle, galt als begnadeter Darsteller, dessen Theaterkarriere durch einen Sturz auf der Bühne jäh beendet wurde und ihn in das Fach des Rundfunk- und Synchronsprechers wechseln ließ. Seine betörend weiche, melodische Stimme machte ihn schnell zu einem der begehrtesten Sprecher.

Hanno Lunin und er strahlten eine fesselnde Erotik aus, die immer wieder von eruptiven Zurechtweisungen Lunins unterbrochen wurde. Mitten in einem intensiven kooperativen Austausch bei der Suche nach der richtigen Intonation, Körperhaltung und Ausgestaltung einer Szene wechselte er seine Rolle, wies den Schauspieler zurecht. Es gehörte zu meiner Aufgabe als Regieassistent, zwischen diesen allzeit gekränkten Mimosen ausgleichend zu vermitteln. Irgendwie besaß ich, trotz meiner Unerfahrenheit, für beide Seiten genügend Autorität (vielleicht auch einfach nur Freundlichkeit und Empathie), um nach kurzen Unterbrechungen wieder eine kreative Atmosphäre herstellen zu können. Dann umarmten wir uns herzlich und freuten uns wie Verliebte auf das nächste Mal.

Lunins zeitweilig aufbrausende Art bekam ich noch auf andere Weise zu spüren: Bei den Probedurchläufen einzelner Szenen saßen wir in einer der ersten Reihen des Zuschauerraums so dicht beieinander, dass sich unsere Körper fast berührten. Zugleich aber trennte uns ein Knie von Lunin, er hatte nämlich die Angewohnheit, die Schnürsenkel eines Schuhs so oft wie nur irgend möglich zu verknoten, um seine Höchstspannung etwas umzulenken und zu lockern. Wenn immer ihm etwas auf der Bühne auffiel, stieß er mit einem Ellbogen in meine Rippen, ohne es zu kommentieren. Für mich war dies eine Geste tiefsten Vertrauens und entsprach zudem ganz meiner Überzeugung, mich grenzenlos in den anderen einfühlen zu können und das zu sehen, was er gesehen hatte.

Ich notierte eifrig. Dann gingen wir auf die Bühne zur Probenbesprechung. In der Regel verlief es gut und reibungslos, und alle, Regisseur und Schauspieler, fanden sich bestens verstanden. An einem Tag aber sprengte Lunin die Probe. Ständig wiederholte er, trotzig wie ein Kind: »Das habe ich nicht gesagt.« Bis es mir zu viel wurde und ich lautstark entgegnete: »Ja, Sie haben das nicht gesagt. Sie waren mit Ihren Schnürsenkeln beschäftigt. Ich habe es aufgeschrieben und es jetzt gesagt. *Ich habe es gesagt!*« Die Probe war beendet. Alle verließen wortlos das Theater.

Am Abend rief mich Hanno Lunin an und fragte, ob ich zum Abendessen zu ihm und Karin kommen möge. Natürlich sagte ich, glücklich, zu. Karin Rasenack – die später, nach der Zeit als Theaterschauspielerin, noch viel in Fernsehfilmen zu sehen war – öffnete mir mit einem strahlenden Gesicht, führte mich zu Lunin auf die Gartenterrasse des Bungalows, wir aßen, tranken, lachten und tauschten uns aus über das Theater, den Film, das Reisen und die Liebe. Und dann am Schluss seine Worte:

»Schön, dass Sie mir das nicht nachtragen. Sie hatten ja recht. Ich bewundere es, dass Sie sich gegen mich behauptet haben. Das traut sich sonst nie ein Assistent. Und Sie machen doch auch, wie besprochen, das Programmheft?«

»Was denn sonst!«

Ich war dann noch sein Regieassistent bei Mrozeks TANGO, bevor ich die abenteuerliche Fahrt in den Iran und Irak antrat. Die Tatsache, dass ich in sieben Tagen und Nächten ein Auto von Duisburg nach Teheran, Shiraz und Isfahan überführt hatte, veranlasste ihn, mir die Rolle eines Chauffeurs in seiner Giraudoux-Inszenierung DIE IRRE VON CHAILLOT – inzwischen war er als Dramaturg und Regisseur in Köln gelandet – anzubieten. Ich sollte einen Citroën Pallas auf die Bühne fahren. So balancierte ich also den Wagen in der Eingangsszene auf die Bühne, spielte dann mit Schauspielern in der Kantine Karten, trat wieder schweigend auf und fuhr den geliebten Pallas weg von der Bühne. Die Technik dieses Kult-Autos hatte allerdings ihre Tücken: Man musste geduldig warten, bis er *hochgefahren* war, und dann sanft Gas geben. Einmal überhörte ich meinen Aufruf. Da schallte es aus allen Lautsprechern: »Heinrichs sofort auf die Bühne!« Ich riss die gesamte Bühnendekoration mit einem Pallas-Hechtsprung um. Der Eiserne Vorhang wurde geschlossen.

Ein Eiserner Vorhang, ob geöffnet oder geschlossen, verkörperte in meinen Augen eine magische Gegenwelt zur Welt meiner Kindheit und der noch nachwirkenden Macht schreckbesetzter Objekte.

Das Kind begleitet die Dinge, die es zum ersten Mal erblickt, mit einem zaghaften *Da* und versucht auf diese

Weise ängstliche Annäherungen an das Befremdliche, das Nichtvertraute. Sofern Krieg und Nachkrieg die Nähe und den emotionalen Austausch nicht völlig zerstört haben, hat sich im Kind, dank der frühen engen Beziehung zur Mutter, ein mehr oder weniger festes inneres Bild des Vertrauten herausgebildet.

Darauf greift es zurück, wenn es lernt, mit dem Nichtvertrauten umzugehen und es anzunehmen. Das Gesicht der Mutter und ihre Gesten der Zuwendung stecken ein Terrain des Bekannten ab. In diese Schutzzone dringen, unerwartet, gerade aus dieser Zone heraus, Fremdbewohner ein, die als bedrohlich erlebt werden können: ein anderer Mann der Mutter oder ein *Schwesterchen* und *Brüderchen*, wie die Mutter verniedlichend die emotionale Gefahr im Erleben des Kindes nennt.

Mir war das erspart geblieben. Meine Mutter, schon dreiundvierzig Jahre alt, brachte mich nach ihren beiden Söhnen, Wolfgang und Peter, als letztes Kind zur Welt. Emotional gebunden blieb ich lange Zeit an ihren Wunsch nach einem Mädchen und versuchte, ihn auf Umwegen zu erfüllen, stand ihr so helfend beiseite, wie es dem Jungen eher fremd ist, trug unbewusst etwas von ihrem existentiellen Leid mit.

Die vage Benennung der Gegenstände mit *Da* mindert das Fremdheitsgefühl, rückt die Dinge ein Stück weit in die Nähe des Kindes. Alles Widerständige kann sich im Laufe der Zeit auch als etwas offenbaren, das Vertrautheit und Schutz anbietet: die Puppe, der Teddybär, der Schnuller, ein Foto, ein Ball, in früheren Zeiten das Poesiealbum. Viele Objekte aber verbreiten Schrecken, gepaart mit Faszination (zum Beispiel ein Flugzeug oder ein Lastwagen). Andere Objekte erweisen sich als Sinnbilder des Nützlichen und Lebensnotwendigen für die Erwachsenen und als Sinnbilder der Fremdbestimmung für das Kind.

Oft sieht man den Dingen des Alltagslebens nicht an, wozu sie von den Eltern *missbraucht* werden und in welch ein extremes Befremden sie das Kind und den Jugendlichen stürzen können.

Wahrscheinlich findet sich nirgendwo auf der Welt auch nur ein Exemplar noch jenes unförmigen Apparats, der in den Jahren nach '45 zum Überleben einiger geflüchteter bäurischer Familien beigetragen hatte. Ich kann die Existenz eines solchen aberwitzigen Geräts, an dem viele Menschen heute berechtigte Zweifel hegen mögen, bezeugen. *Ich* – für die anderen eher ein anonymer *er* – war im Arbeitsplan der Familie für die Bedienung des Geräts vorgesehen, hatte dafür zu sorgen, es in Betrieb zu halten, sobald das Feuer erst einmal entfacht war. Was passierte, wenn ich das Feuer ausgehen ließ? Ich musste wieder Anmachholz fertigen und die ganze Prozedur von vorne beginnen. Während die Schulfreunde zum Fußballspielen auf den *Acker*, wie wir den Platz nannten, eilten, war ich mit *ihm*, dem Dämpfer beschäftigt, trabte bedrückt in den Hof unseres gepachteten Hauses, suchte bereits zerkleinertes Holz zusammen, zerteilte Äste und Stämme mit dem Beil und zersägte sie so lange, bis sie in die Öffnung passten. Zerknäulte Zeitungen, feine Späne und viel Puste waren nötig, um das Feuer zu entzünden.

Später habe ich einmal erlebt, dass ein anderer an meiner Stelle und für mich vor einer Feuerstelle kniete und mit einem Atem, so kräftig, als käme er aus einem Blasebalg, ein loderndes Feuer entzündete und es uns, mitten in der Nacht, gemütlich machte: Von ihm, diesem bulligen Mann mit der durchdringenden Stimme und dem kahlen Schädel, war gerade erst ein wahrhaft avantgardistisches Buch, DIE VERBESSERUNG VON MITTELEUROPA, erschienen. Mit seinem braunen Pappumschlag gehörte es für mich zu den Büchern, die man nur anzuschauen brauchte, um ihren aufrührerischen Geist zu spüren und von ihm durchdrungen zu werden. »... wie kann ich dir das knäuel in meinem hirn ins maul stopfen«. Besonders einladend war das nicht, wie der Autor seinen Leser empfängt. Aber vielleicht war es gerade dieser bedingungslose, abrupt einsetzende Ton, der mich anzog. »... einfach einwirken auf andere, auf sich selber einwirken, sätze nehmen wie sonst pillen, sich wohin führen lassen.« Sich führen lassen von der Sprache, vom Sprachspiel, von der Sprachbeherrschung und sich auflehnen gegen die Behauptungen von Kontinuität und Objektivität, gegen die Idee einer »abgerundeten, stimmigen, einhelligen welt ..., wie sie uns in jedem augenblick an den kopf geworfen wird«. Gerade das lud mich ein: die Rebellion in sich zu spüren, ihr Raum, Leben und Sprache zu geben.

Da saß ich ihm nun gegenüber. Weniger forsch als Herrn Rainer hatte ich Oswald Wiener begrüßt. Zwischen den Bieren, die er in seiner Berliner Kneipe *Exil* eigenhändig zapfte, las er meine Zeilen, die ich ihm, natürlich etwas ängstlich, mitgebracht hatte, blickte immer wieder mit einem schwer zu deutenden Grinsen zu mir rüber und lud mich schließlich frühmorgens ein, mit ihm nach Hause zu fahren, um über seine Freunde der »Wiener Gruppe« und über die Umgestaltungen und Verbesserungen, nicht nur von Europa, zu reden. Alles, was uns dabei durch den Kopf ging, notierten wir auf Bierdeckeln, die wir gleich danach ins Feuer seines archaisch anmutenden, gusseisernen Ofens warfen.

Die Wandlung eines Kindheitstraumas in ein Glückserleben. Eine wärmende Feuerstelle statt eines Dämpfers mit Kartoffeln für Schweine.

Jenes monströse Gerät, das ich so früh schon zu befeuern hatte, stand im Hof, zwei, drei Meter vom Küchenfenster entfernt, und ebenso weit vom hoch aufgetürmten Misthaufen, hinter dem der Stall begann. Dort war gleich am Eingang eine handbetriebene, für einen Jungen viel zu mächtige Mühle aufgestellt, mit der man Zuckerrüben zermahlte, nachdem man sie mit einer Art Machete einmal in der Mitte gespalten hatte. Die Rübenmühle hatte zwar nicht unmittelbar etwas mit dem ominösen Apparat des Dämpfers zu tun, diente aber dem gleichen Zweck, folgte der gleichen Zielrichtung oder, wenn man so will, der gleichen *Teleologie*. Sie stand nur ein paar Schritte von der Außentoilette entfernt, die alle benutzten: Vater, Mutter, Großmutter, Onkel, meine beiden Brüder, ich und die Besitzer des Hauses, Herr und Frau Doll, deren stundenlanges Stöhnen auf dem Plumpsklo, mit den Zeitungen als Toilettenpapier, sogar noch bei den Nachbarn, die eine Straußenwirtschaft betrieben, zu hören war.

Im Kreuzungspunkt von Küche, Scheißhaus, Misthaufen und Stall, genau dort befand sich das tägliche Betätigungsfeld des Jungen, des *Heizers*, wie ich mich einmal nannte, nachdem ich von Kafkas Erzählung – *gelesen* ist übertrieben, richtiger – *gehört* hatte. Sobald man den Namen des Apparats mit allen augenblicklich auftauchenden Assoziationen verknüpft, bekommt man eine Ahnung von seiner dunklen Macht, die er auf mich ausübte. Schon der Name des Geräts hatte einen unheimlichen Klang, der Klang besaß den schwarzen Zauber eines unbelebten, aber eigenständigen Wesens. Vor der Feuerstelle an diesem ganz und gar unheiligen Ort kniend, erschien mir die verschlossene Öffnung am oberen Ende des monumentalen Gebildes unerreichbar fern. Aber es half alles nichts. Dort hinein sollte ich mehr als einen Zentner Kartoffeln füllen. Also hievte ich, auf einem Schemel stehend, den Deckel in die Höhe, verschloss das Ding wieder, und die Kartoffeln begannen, vor sich hin zu dämpfen.

Der Kartoffelberg hätte unsere ganze Straße, die Ringgasse mit ihren sicher hundert Bewohnern, verköstigen können. Er war aber für unsere Schweine bestimmt. Die Schweine waren wichtig, sie sicherten der Familie das Überleben. Dadurch, dass sie sich *wohl*fühlten, schnell an Gewicht zunahmen, gleichsam all die Liebe der Familie erfuhren, konnten sie bald schon geschlachtet werden – allen zum Wohle. In dem ausgeklügelten System der Aufgaben und Funktionen hatte ich die Rolle eines Zuträgers inne. Das Augenmerk der Familienmitglieder lag auf den Schweinen – solange sie lebten. In Kauf nahm man die für das Kind durch diese Rangordnung entstehende verstörende Fremdheit.

Ein Dämpfer im Kleinformat, aber ohne jede Begleitmusik des Schreckens, und doch für den Jungen ebenso fremd, wenn auch nicht unheimlich, aber viel zu schwer, war die handbetriebene Buttermaschine, ein bauchiger Glasbehälter, leicht gerippt, mit einem Schraubverschluss, an dem ein Schneebesen befestigt war. Wie oft nur, während ich die seitlich befestigte Metallkurbel drehte, fragte ich die Mutter, ob die Milch schon Butter sei! »Nein, sie ist ja noch ganz flüssig.«

Zu den viel zu großen Geräten im Haus und Hof kamen noch die riesigen Strohballen, die ich mit einer Mistgabel auf den Erntewagen zu werfen hatte. Wenn sie von tagelangem Regen durchnässt waren, stützte ich die Mistgabel kurz in der Bauchkuhle ab, um mehr Widerstand zu haben und nicht rückwärts umgeworfen zu werden. Es bestand ein Missverhältnis von Anfang an zwischen der eigenen Kleinheit, dem Erleben der Schmächtigkeit, und der Größe und Unheimlichkeit der Objekte, die mir das Gefühl gaben, an den Rand der Welt katapultiert worden zu sein.

Mir war auch die unlösbare Aufgabe – unlösbarer noch als das Heizen des Dämpfers – *zuteil* geworden, das Pferd beim Pflügen des Feldes zu führen. Unlösbar und unsinnig, weil das Pferd von alleine richtig ging. So wie es in Sigmund Freuds Gleichnis beschrieben ist. Fragt man den Reiter, wohin er reite, wird er, sofern er ein erfahrener Reiter ist, sagen: »Weiß ich's, frag's Pferd.« So ist es auch mit dem Unbewussten, das mehr weiß, als wir über uns zu wissen glauben. Erst in dem Augenblick, da ich auf Befehl des pflugführenden Onkels »mehr rechts«, »mehr links« das Pferd zu dirigieren versuchte und die Zügel viel zu heftig nach rechts oder links zog, verlor es seinen instinkthaft richtigen Gang – und so gerieten wir beide, das Pferd und ich, aus der Balance.

Das war die Macht des Onkels: sein Wahn, seine eigene Gestörtheit im Verhältnis zu sich selbst und zur Welt auf mich abzuwälzen. Wenn aber am Abend Besuch erwartet wurde, verwandelte sich der Von-allen-guten-Geistern-Verlassene in einen liebenswürdigen devoten Gastgeber, von dem alle schwärmten. »Schön, Hänschen, dass du so einen lieben Onkel hast.«

Nur eine begrenzte Zeit sind der Vater und die Mutter dafür anzuklagen, dass sie dem Onkel diesen Übergriff nicht untersagten, dass sie zuließen, das Kind einer personifizierten, unerträglichen Feindseligkeit auszusetzen. Ab einem bestimmten Lebensalter kann man keinen Anspruch mehr auf die elterliche Abwehr individueller *barbarischer* Entgleisungen geltend machen. Dann ist das eigene, selbstbestimmte Handeln gefordert.

Die axtschwingenden Väter und die »mehr rechts, mehr links« brüllenden, in sich selbst das Trauma des Krieges tragenden Onkel sterben nie aus, treten in neuer Gestalt wieder auf die Bühne.

Aus solchen Erlebnissen der Ausweglosigkeit und des existentiellen Bedrohtseins erwächst manchmal ein Staunen darüber, dass das Leben tatsächlich zu bewältigen ist. Das Staunen richtet sich auf die Erfahrung, dass die Erde auch von *Menschen* bevölkert ist, für die ein Kind ein Kind ist. Und für die der andere der Nächste ist.

Wie kann man beweisen, ein Mensch zu sein?

Um diese Frage in ihrer ganzen Dringlichkeit zu stellen, muss man sie auf eine geschichtliche Extremsituation rückbeziehen: Im Lager Auschwitz wurde dem Häftling mit der Nummer 174517 befohlen, vor den Ingenieur Pannwitz hinzutreten. Was wie eine einfache Prüfung aussehen konnte – ein Test sollte herausfinden, ob der

Häftling für bestimmte Arbeiten geeignet war –, erweist sich als ein Schauspiel von ungeheurer Tragweite.

In den Augen des Prüfers ist der Gefangene, es handelt sich um den Chemiker und Schriftsteller Primo Levi, kein Mitglied der Gemeinschaft der Menschen, noch nicht einmal einer, der bestraft oder gefoltert werden müsste, sondern schlicht und einfach ein Nichtmensch. Der Ingenieur Pannwitz tritt aber nicht als dämonisches Nazi-Ungeheuer auf. Gerade deswegen erschüttert uns seine Haltung, die sogar mit praktischer Vernunft liiert zu sein scheint. Er prüft Inhaftierte auf ihre Nützlichkeit hin. Sie könnten sich als verwertbar erweisen – bevor sie liquidiert werden.

Ein im Lager herumstreunender Hund wird nach einigen Wochen von den Wärtern verjagt, weil er in den Gefangenen Menschen sieht.

Alain Finkielkraut schreibt darüber in seinem Buch VERLUST DER MENSCHLICHKEIT. Als ich es gelesen hatte, schrieb ich dem Philosophen, und wir trafen uns in Paris bei Radio France zu einem Gespräch. Mit einer einzigen Geste, noch nicht einmal Geste, sondern nur einem kaum wahrnehmbaren Stirnrunzeln berührte er diese tiefsitzende Wunde in mir: vielleicht *doch* nicht am richtigen Ort zu sein.

Die Welt, in die die Nachkriegsgeneration hineingeboren wurde, war aus einem Raum der Unmenschlichkeit hervorgegangen. Später versuchte diese Generation, die Folgen eines Schreckens, der sich im Leben festgesetzt hatte, aufzulösen, und entfaltete die Sehnsucht nach Dialogpartnern, denen man vertrauen kann und in denen man Menschen erkennt.

Einmal sagte ich als Dreijähriger voller Emphase zu meiner Mutter, mit der ich nach gelungener Flucht auf einem Nordseedeich spazieren ging, auf einen Spaziergänger deutend: »Mutti, ein Mensch!«

Von heute aus gesehen gewinnt dieser Ausruf für mich eine sprengende Bedeutung. Er hat ein Gewicht und bringt mich auf den Gedanken, dass die globalen Reise-Abenteuer und die Wissenschaft vom Fremden, der ich mich später mit so viel Leidenschaft zuwendete, eine Suche nach dem Menschen sind und den Wunsch ausdrücken, »den Menschen« und die Liebe zu ihm nicht verloren zu geben.

Der das Leben und seine Vitalität ergreifende Ausruf »Mutti, ein Mensch!« kennzeichnet den in jedem von uns angelegten Übergang von der elementaren Fremdheit gegenüber der Welt zu einer, wie es Peter Sloterdijk in einem unserer Gespräche sagte, »Weltaufgangs-Euphorie«. Eng verknüpft ist sie mit einer »musique maternelle« und einem ursächlichen Mit-dem-anderen-zusammen-Sein. Indem der Mensch den Schritt des Zur-Welt-Kommens tut, nimmt er die »Kolumbusfahrt ins Potentielle« auf.

Erst einmal fand ich mich eingeschlossen in einen Zustand der Fragilität. Viele mögen skeptisch der Vorstellung gegenüberstehen, dass das ungeborene Wesen bereits etwas spürt von den Dramen im Außen, einer Weltkatastrophe gar. Stellt man sich aber den Körper der Mutter als einen seelischen Resonanzraum vor, wird man fest daran glauben, dass sich die Gefechte, die Einschläge und der Kanonendonner als ein Erzittern in das beginnende menschliche Wesen eingeschrieben haben, das, wenn es dann geboren wird, in der zerstörten Welt den Naturzustand wahrnimmt, gar nicht ahnend, dass eine Welt ohne Trümmer, ein sanftes Gleiten zwischen Eigen und Fremd möglich ist. Die im Mutterleib vernommene Weltfremdheit war für mich von lange nachhallender Wirkung. Mit einem Wagen und zwei Pferden war meine Mutter im Dezember 1944 von Danzig aufgebrochen. Bei minus zwanzig Grad aber kollabierten die Pferde, die Mutter musste einen Zug nehmen und noch glücklich sein, dass sie überhaupt mitfahren durfte. An der Hand die sechs und drei Jahre alten Söhne Wolfgang und Peter und mich in ihrem Bauch. Im Zug gab es Mütter, die ihren Kindern auftrugen, den Geschwächten und Halbtoten Kleidungsstücke und Essensreste zu entreißen.

Meine Mutter war heilfroh, ein Ticket für die »Wilhelm Gustloff« in der Tasche zu haben. Als wir am Hafen eintrafen, war aber das Lazarett- und Flüchtlingsschiff mit über 10 000 Menschen längst schon überfüllt, und uns wurde der Zutritt verwehrt. Wie man weiß, ist das Schiff, das für ein Kriegsschiff gehalten wurde, nach einem Bombardement mit Torpedofächern des sowjetischen U-Boots »S-13« in den eisigen Fluten der Ostsee gesunken, kurz nachdem es abgelegt hatte. Gedacht war es als ein »Kraft durch Freude«-Vergnügungsdampfer der »Deutschen Arbeitsfront«.

Später hat mich dann oft die Frage gequält: War mein Leben todgeweiht, bevor ich das Licht der Welt erblickt hatte, oder war ich, ganz im Gegenteil, zum Leben bestimmt? Das Leben selbst sollte mir die Antwort geben.

Sosehr ich mich auch an meiner Mutter festklammerte, erfüllt von der Angst, ohne sie verloren zu sein, musste ich doch erkennen, dass ihre Macht im Alltäglichen begrenzt war. Sonntagmorgens holte der Vater die drei Kinder aus den Betten, uns zuerst liebevoll zugewandt, dann aber wurde er immer fordernder, verbunden mit einer Aufzählung der dringend notwendigen Arbeiten auf dem Feld und in den Weinbergen. Das *Verziehen* der Zuckerrüben und das *Drähtehochhängen* waren bevorzugte Sonntagsarbeiten. Wie recht die Sprache hat! Ja, es war tatsächlich ein *Verziehen*, eine Pervertierung des Erziehens. Wir mussten überflüssige Rübenpflänzchen ausreißen, damit immer nur eines übrig blieb und für das Wachstum genügend Raum um sich hatte. Für die Pflanzen wurde gesorgt: Sie sollten frei stehen, wurden als *Individuen* geachtet, alle arbeiteten ihrer »singulären Daseinsform« zu. Gut hatten es die Rüben, dafür aber wurden sie – recht so – an die Tiere verfüttert, sobald sie ausgewachsen waren! Und das Drähtehochhängen? Den Weinreben halfen wir dabei, sich an die Drähte anzulehnen, wenn sie im Frühherbst zu wachsen begannen.

Diese Arbeiten, das mussten wir doch einsehen, waren dringend notwendig. Es gab kein Entrinnen. Kein von mir vorgebrachter Grund zählte. Einmal versuchte ich meinen Vater, der den bezeichnenden Namen *Ernst* trug, mit dem Hinweis zu erweichen, dass in wenigen Stunden ein wichtiges Fußballspiel stattfände und ich im Tor aufgestellt sei. »Nimm dein Fahrrad mit zum Weinberg, dann bist du schneller dort.« Als er mir schließlich die Erlaubnis zum Aufbruch gab, hatte ich gerade noch eine halbe Stunde Zeit bis zum Beginn des Spiels. Ich raste mit dem Rad einen steilen, mit Wurzeln und Steinen übersäten Hohlweg hinunter. Als ich ankam, liefen die Mannschaften bereits aufs Spielfeld. »Zu spät«, rief mir der Trainer im Vorbeigehen zu.

Heute, da ich nun endlich wieder einmal, nach der Zeit in Paris, zum Haus meiner Eltern gefahren bin, kommt es mir vor, als hätte ich mich an meinem Vater für alle seine *Untaten* gerächt, als ich einmal die Weinreben so schnitt, dass die neuen Knospen gerade *nicht* überlebten. Unübersehbar hatte ich meinen Wunsch zum Ausdruck gebracht, dass keine neuen Triebe mehr aus dem väterlichen Stamm, seinem Lebensbaum, wachsen sollten, um weiteren Nachkömmlingen ein Schicksal wie das meine zu ersparen.

In größter Not hatte ich das Überleben geprobt. In der Rolle des Aufbruchsphantasten, der den vaterlosen *Nicht-Ort* und den vom Wahn des Onkels verdunkelten Ort neu zu besetzen hatte.

Auf dem Weg zum Elternhaus begegnete ich als Erstem auf der Straße außerhalb des Dorfes François Lachenal, der seine Wochenendspaziergänge vorbei an unserer alten Mühle machte und sich bei meinen Eltern nach dem Stand der jeweiligen Ernte erkundigte. Er hatte stets ein offenes Ohr für die bäuerlichen Sorgen. Ehrfurchtsvoll grüßte ich ihn, wurde er doch als Erfinder und Leiter der »Ingelheimer Tage« hoch verehrt. Viele der berühmten Maler, Musiker und Schriftsteller hatte er für Ausstellungen und Lesungen in den Ort gebracht, der ansonsten wegen seines Rotweins bekannt war. »Sie studieren Philosophie und Theaterwissenschaften in Köln, habe ich gehört. Sehr oft kommen Sie ja nicht ins Elternhaus.« Ich zeigte auf meinen Rom-erprobten Fiat 500, erzählte von der stundenlangen Fahrt und den Kämpfen mit den Lastwagenfahrern, da ich bei den Steigungen auf deren Spur wechseln musste und langsamer als sie war.

Ich begleitete ihn dann noch ein Stück weit den Berg hinauf in Richtung des Gestüts der wohlhabenden Familie von Opel. Auf diesem Spaziergang erfuhr ich zum ersten Mal von dem Dichter Stefan George, der aus dem benachbarten Bingen stammte, und von dem Maler André Masson, den Lachenal 1947 in seinem Verlag in Lausanne verlegt hatte und der, als einer von Michel Leiris' engen Freunden, später für mich so bedeutsam werden sollte. Lässig sprach Lachenal über die Schriftsteller und Künstler und fragte zwischendurch, wie selbstverständlich, nach den von mir besonders geschätzten Philosophen, Theaterautoren und Regisseuren. Ich erzählte von meiner Regieassistenz und der bevorstehenden Persien-Reise: von Duisburg nach Teheran. Am Schwarzen Brett der Uni Köln hatte ich einen Aushang entdeckt, in dem Studenten mit Führerschein für einen Autotransport gesucht wurden.

Was wir nicht wussten: Am Ende würden Stempel in unseren Reisepässen belegen, dass wir Autos eingeführt haben und das Land erst wieder verlassen können, wenn die (sehr hohen) Zollgebühren bezahlt sind. Natürlich hatten die Auto-Dealer Zweitschlüssel und konnten mühelos, nachdem sie uns im Hotel untergebracht hatten, die Autos verschwinden lassen. Ich hatte Glück, der Besitzer überließ mir den Wagen für fünf Wochen, und so bereiste ich die mit viel Sehnsucht und Phantasie besetzten Orte im Süden des Landes.

Einige Monate nach der Reise rief ich dann François Lachenal an und fragte ihn, ob wir uns denn nicht wieder einmal treffen könnten, ich würde ihn gerne besuchen und ihm von Teheran, Shiraz, Isfahan, der Syrischen Wüste und der magischen Wirkung seiner Visitenkarte erzählen. In großer Umsicht und nicht ohne Risikofreude hatte er mir seine Karte (mit Professor und allem Drumherum) gegeben »für alle Fälle«. Und ich sollte sie tatsächlich gut gebrauchen. Am Ende dieses Besuchs, bis spät in die Nacht hinein, schenkte er mir eine chinesische Wandmalerei. Darauf waren mehrere Hasen zu sehen, die sich gegen die Kälte in eine Grube zurückgezogen hatten und sich geradezu zärtlich aneinanderschmiegten. Eines Tages aber glaubte ich anstelle der Hasen den blutunterlaufenen Unterkiefer im Gesicht eines alten Mannes zu sehen, der unverkennbar die Züge Sigmund Freuds trug. Von dem Augenblick an, da ich dem Schreck-Bild Raum in mir gab und es sich in mir wie ein angenehmes Bild auszubreiten begann, verlor es seinen Schrecken.

Auch wenn ich damals noch keine Ahnung von der Tragweite dieses Erlebens hatte, dann doch sicher eine vage Vorstellung davon, wie abhängig meine Erfahrungen von den Bewertungen sind, die ich ihnen zuspreche. Können aber nicht willkommen geheißene oder aber strikt abgewertete Erfahrungen jederzeit ins Gegenteil kippen, außer in den Fällen, in denen sie als existentiell tief bedrohlich erlebt wurden und für immer abgespalten und ausgeschlossen bleiben? Das Wort *Introspektion* gehörte nicht zum Vokabular in meinem Elternhaus. Selbsterforschung war nicht gefragt. Und wenn von Untergeschoss die Rede war, dachte dabei niemand an das *Unbewusste*. Erlebnisse, die in ein Untergeschoss abgeschoben werden, wirken von dort aus weiter, auch gegen den eigenen Willen. Sie wurden verbannt, weil sie in irgendeiner Weise als nicht zumutbar erschienen.

Ein Schreckerleben meiner Kindheit wiederholte sich: Begonnen hatte es beim Baden im Rhein. Wir schwammen als Kinder immer wieder zu einem Kahn hinaus, bei dem wir uns eine Weile aufhielten. Einmal aber versuchte ich kurz davor, Halt auf dem Boden zu finden, obgleich ich wusste, dass es hier besonders tief war. Mein Fuchteln mit den Armen, das Unter-und-wieder-Auftauchen wurde von den Freunden als Ulk aufgefasst. Erst als ich nicht mehr auftauchte, riefen sie nach einem Helfer.

Immer wieder schwamm ich im Mittelmeer so weit hinaus, bis ich fast nicht mehr zurückfand. Aber auch an Land schien ich manchmal eher einer verschlüsselten Todesspur zu folgen. So beim Trip durch die Syrische Wüste, per Autostopp, ohne Wasservorrat.

Am frühen Morgen war ich in Bagdad aufgebrochen und am Rande der Stadt, die man »Die Schöne« nennt, von einem Lastwagenfahrer mitgenommen worden. Tage und Nächte im Nirgendwo, und auf einmal, als wir bei einer Hütte anhielten, ein weiterer Fahrer, der mir zu verstehen gab einzusteigen und das wenige, bräunliche Wasser mit mir teilte.

»Eines Tages« erreichten wir Amman. Wie in Trance hatte ich immer wieder vor mich hingesprochen »kurz vor Amman«. Es gab nur noch eine Fixierung, einen Haltepunkt: diese Stadt. Dann endlich fuhren wir auf einer Piste in dieses Amman. Mein erster Gedanke: Ich habe mir diese Stadt anders vorgestellt. Nach acht Tagen Wüste stellt man sich vieles anders vor.

Aber ich war auf Reisen. Was wollte ich mehr! Die Geister und andere Phantome der Wüste hatten mich mit Attacken verschont. Am letzten Tag verspürte ich sogar einen leicht kühlenden Hauch. Phantasien einer glücklichen Weiterreise machten sich breit.

Die jetzt noch vor mir liegende Strecke sollte doch eigentlich *locker* zu bewältigen sein. Eine Stunde vielleicht, höchstens zwei. Stutzig hatte mich allerdings die skeptische Geste des Busfahrers gemacht, den ich gebeten hatte, mich an der Biegung der Straße, die weiter nach Jericho führte, rauszulassen. Ich war in Jerusalem in den vollbesetzten Bus gestiegen, mit dem nur die ärmeren und älteren Leute fuhren, die sich kein Auto leisten konnten.

Etwas fremd kam ich mir unter ihnen schon vor. Links von mir saß ein alter Mann, rechts eine vielleicht fünfzigjährige Frau, beide sprachen, obwohl ich sie ehrfürchtig gegrüßt hatte, kein Wort mit mir. Um mich herum wieselten Kinder und bestaunten mich, lachten immer wieder und liefen dann schnell weg.

In der Ferne sah ich schon das Tote Meer, es konnte aber auch eine Fata Morgana sein, so schemenhaft wirkten die Umrisse, so silbrig glitzerte die blaue Oberfläche. Selbst eine Fata Morgana hatte noch mehr Bestand, dachte ich nach fast zwei Stunden, gedehnte Stunden, in denen alles in der Ferne schon Erblickte immer wieder vollständig verschwand, sobald der Bus in die gerölligen Senken abtauchte.

Was ich zu Anfang nur als ebenerdige Strecke wahrgenommen hatte, erwies sich als eine beständige Berg-und-

Tal-Fahrt, ein Versinken, als würden wir vom Erdboden verschluckt werden, und ein Wiederaufstieg, als nähme uns die Erde noch einmal gnädig auf.

Aber nur weil der Boden heilig war, waren es nicht auch selbstverständlich die Gedanken. Sie schweiften ab zu den Sehnsüchten, dem Wunsch, berührt zu werden und sich selbst zu berühren. In Moscheen und Kathedralen, in Pyramiden und in geweihten Höhlen einander und sich selbst zu lieben, warum war das verboten, welche Orte könnten dafür geeigneter sein als diese? So gut es ging, legte ich mich, als die Nacht hereinbrach und mir bewusst wurde, dass ich bei Dunkelheit den Weg nicht mehr zurückfinden, mir höchstens alle Knochen brechen würde, auf den sandigen Untergrund, den ich notdürftig von Steinen und Geröll befreit hatte. Am Anfang noch fühlte ich mich als Abenteurer, zündete die mir verbliebene eine Zigarette an und sog genüsslich den Rauch ein. Dann aber schlich sich die Angst ein, und ich rollte mich wie ein Tier zusammen, wollte mich unsichtbar für die Dschinns, die Geister der Höhle machen.

Für mich war das Zur-Welt-Kommen ein philosophisches Abenteuer und eine Abenteuerreise gleichermaßen. Die Stationen reihten sich wie Perlen an einer Schnur. Jede Reise folgte einer eigenen, vorab unbekannten Gesetzmäßigkeit, die stärker war als der ins Auge gefasste Plan.

So schien die Idee meiner Reise in den Sudan durch ein Projekt festgelegt, das ich gerade mit dem befreundeten Psychoanalytiker Alfred Lorenzer verfolgte. Er hatte die Deutung des Unbewussten ein Stück weit aus dem naturwissenschaftlichen Rahmen befreit und sie in die Nähe des Deutens oder Lesens von Texten gerückt. In diesem Sinn hatten wir auch schon eine gemeinsame Arbeit zum Verhältnis von Psychoanalyse, Literaturwissenschaft und Literatur veröffentlicht. Die psychoanalytische Deutungskunst sollte ich nun im Austausch mit außereuropäischen Kulturen ausprobieren. Es kam aber ganz anders: Die Reiseform gab die Textform vor.

Ich war mit einem Schiff, das aus drei lose miteinander verknüpften floßartigen Teilen bestand, den Nil von Ägypten aus so weit wie möglich in Richtung Sudan gefahren.

Der Fluss gab die Form eines langen Gedichts vor. Der Blick war nach vorne gerichtet, schweifte zu den Uferlandschaften, verweilte dort gedankenverloren mit nur wenigen Abstechern in das, was ich von der Vergangenheit dieser Natur und Kultur gelernt hatte. Bald schon hatte ich das vereinbarte Projekt einer neuen Deutungslehre ganz vergessen und schrieb nur noch an meinem langen Gedicht mit dem Titel ENTLANG DES NILS IN DIE BERGE DER NUBA und druckte es, inspiriert von den Qumran-Rollen, in der Form einer Schriftrolle.

Der Reisende in meinem Gedicht nimmt sich Zeit. Schreibend lernt er, es nicht eilig zu haben. Darin folgt er allen anderen Reisenden, die wie er mit dem Stift in der Hand unterwegs sind.

Jetzt / auf dem Weg in die Berge der Nuba / wir hinterließen /
viel Gut und Plunder / Abschied von alten Bezügen – /
was wir nicht wollten / blieb ohnehin liegen.
Wir gehen zuletzt von denen die uns lieb sind.

Nach der Fahrt von Patras rüber / und zwischen den Bussen /
zu einem Blick von der Akropolis /
wir lieben uns auf einer hölzernen Bank /
und fliegen morgen nach Cairo.

Wir lernen gehen essen und reden. /
Wir leben und üben uns im Sehen. / Wir stottern uns staunend /
durch Menschen Häuser und Autos / zu den breiten Ufern des Nils.

Unser Essen suchen wir / wie schon in Griechenland /
aus den reichgefüllten Töpfen zusammen. /
Du lernst schmatzen / in den arabischen Straßenrestaurants /
Wir trinken Tee Säfte / aus frischem Obst und ägyptischen Wein.
...

Ob auf dem Nil oder im Zug von Kairo in den Süden, ich bin ein Staunender und Lernender, sehe, wie die Menschen, wenn ihnen danach ist, sich kunstvoll in Decken, Tücher und Schals hüllen, zusammengekrümmt hockend oder liegend. Wir üben uns langsam ein in einen anderen Rhythmus des Lebens.

Heute am Rande der Stadt: / Männer mit Hörnern / bemalt /
in Röcken aus Gras und Amulette drauf /
Rasseln an den Beinen und Ketten /
zum Schmuck am Hals zum Geräusch in den Händen /
stampfen mit dem Körper zuweilen wedelnd /
im Kreis in den die Frauen gelöst hineinspringen /

sich annähern ohne Verhaltenheit /
die Kraft der Männerbewegungen /
in sich aufnehmen und zurückgeben /
durch ihre Körper im leichten Heben und Senken /
Kreisen Schütteln und Stampfen.

Ein Alter in Asche umgeht mit erhobenem Schwert /
und einem Gesicht in Wahnsinn oder Trance die Gruppe /
singend eine Frau hängt sich ein. /
Darin ist die Kraft einer anderen Welt und /
deren Magie die uns ängstigt / setzen wir uns ihr aus.

Einer aus dem Süden geht / in einem Fetzen wie ein junger König /
mit goldbestickten Ohren Ringen an den Armen /
Haare weit abstehend nach hinten /
ganz aus dem Gesicht heraus braun gefärbt
einen Stab in der Hand hoch gewachsen und schmal /
das Ringkämpfen an manchen Tagen /
mehr Karneval die einen in Asche /
bemalt und Rasseln an den Beinen /
andere im Tropenhelm mit Vogel drauf /
unter Sonnenschirm und Mützen aller Art /
die einen kämpfen angefeuert / von rasselnden streitenden und /
stampfenden Frauen und Mädchen andere /
in Turn- und Badehosen tragen /
Speere Körbe und auf einer Stange einen Nivea-Ball /
mit bunten Segelschiffen
...

Ich weiß nicht, wie ich ohne Bewertungen beschreiben soll, dass *Ordner* im Stile von *Irrenhauswärtern* mit Stöcken einen Kreis ausschlagen, in den Männer in Reihen tanzen, dann herausgehen, neue Kreise bilden und einer von ihnen zum Sieger eines harten Kampfes erklärt und auf Schultern herausgetragen wird. Andere aschen neue Kämpfer ein. Alles wirkt wie Maskerade, *verdorben* durch Kleiderzwang.

> *Entsetzen im Gesicht einer Frau / der ein Junge von hinten entreißt /*
> *was sie mit List unter den Augen der anderen / aufhob /*
> *eine Keksschachtel ohne Inhalt aus Pappe /*
> *wir schenken ihr eine andere Box /*
> *noch fassungslos verjagt sie damit den Dieb. /*
> *Wir fahren weiter / ein Junge wirft seinen Schuh /*
> *vor unseren Lastwagen hoffend / diesen stolpern zu sehen.*
> *...*

☆

Sein Gedicht führte den Reisenden dorthin, wo weißer und blauer Nil (richtig übersetzt eigentlich »Dunkler Fluss«) zusammenfließen, und weiter in die Berge der Nuba und weiter »kreuz und quer« bis ans Ende des Vorstellungsrepertoires. Welch ein Glück! Für den Schreibenden hat jeder Ärger einen Sinn. Was Willkür und Unsinn war, hielt er fest als Realität und Gestalt. Ich erinnere mich an Kinder in Afrika, die mich anschauten, als entdeckten sie jede kleine Lüge in meinen Gedanken, und beim Anblick ihrer schönen Köpfe war ich manchmal traurig über ihre Verstricktheit in Kolonisation-Fortschritt-Education-und-Vergangenheit.

In wenigen Gegenständen und Wörtern aus der Zeit /
erhalte ich mir zuhause das Leben derer / bei denen ich gerne war /
und höre zuweilen ihre Musik und / denke an ihre Körper und Gesten.

Wir gehen zurück und sehen uns zu /
wie sich neue Sehnsucht in uns sammelt /
und gehen dann den Weg / den wir jetzt noch längst nicht wissen.

Oft blitzt das Erlebte wieder auf mitten im Alltagsleben, in einem Bus in Berlin oder der Metro in Paris. Zum Beispiel eine Szene am Ende des Nassersees. Man hatte uns in eine Art Niemandsland entlassen. Mit Koffern, Taschen und allem, was Menschen so mit sich tragen, ja, auch einem Rucksack, liefen wir zu einem Außenposten der Stadt Abu Sunbul, wo ein Bus, einige Taxis und Privatautos herumstanden. Irgendwann stieg ich um auf den Zug.

Yes – Yes – Yes – Yes

Auf jede meiner Fragen antwortet er mit diesem einen Wort, salutiert und strahlt. Er spricht die Sprache der Fremden. Auch ich sage schließlich nur noch *Yes*, salutiere, schaue den Kindern zu, wie sie mit Stoffballen Fußball spielen, und den Erwachsenen, wie sie von den fliegenden Händlern mit einem Imbiss versorgt werden. Ohne ein Signal zu vernehmen, springen wir auf den Zug, der sich so gemächlich in Trab setzt, als sei sein Fahrplan nicht von unserer Welt.

Da ich mich auf die Reise sehr gut vorbereitet, mich in die Kultur der Nuba eingelesen hatte, ergaben sich abwegige Situationen, in denen ich die Menschen, hartnäckig insistierend, nach alten Riten, Begräbniszeremonien und ihrem Verhältnis zur Natur fragte. Sie aber wiesen mich darauf hin, dass sie keine Zeit hätten, um sich dem Sonnenuntergang zu widmen, und fragten mich, nicht weniger hartnäckig, ob es stimme, dass wir Straßen mit vier Fahrspuren und Häuser hätten, in denen man wirklich alles kaufen könne. Wo anders als im Nirwana sollten sich unsere Blicke – der meine in eine idealisierte Vergangenheit und der ihre in eine mit Phantasien erfüllte Gegenwart gerichtete – treffen?

Als ich mich dann weiter in die Berge aufmachte, war ich eines Tages ganz unerwartet Zuschauer eines Rituals, bei dem nackte, mit Asche eingeriebene Nuba tanzten – einige von ihnen eingehüllt in englische Filzmäntel und mit einem Niveaball in der Hand. Ich war bedrückt über den miterlebten Zerfall der Tradition und hätte doch eigentlich jubilieren können angesichts dieser einzigartigen synkretistischen Performance! Nach dem Ritual bot mir der Dorfälteste an, in einer Steinhütte zu übernachten, die früher als Gefängnis gebaut, aber nie benutzt worden war.

Die sprachliche Kommunikation mit den Nuba war, wie auch mit den Tuareg in Mali und Niger, von einer sprengenden Komik, hatte ich doch in beiden Fällen rudimentäre Bausteine ihrer *Hochsprachen* gelernt und sie mit jedem Ausdruck zu einem unbändigen Lachen gebracht – so, als hätte ich in einem Wirtshaus in Bayern oder Sachsen in Alt- oder Mittelhochdeutsch gesprochen.

Dann erfuhr ich, dass ich nicht der einzige Weiße in den Bergen war. Eine Frau sei hier schon seit Monaten, unterwegs mit einem Lastwagen voll beladen mit Fässern. Sie benötige, habe sie gesagt, einen ausreichenden Wasservorrat, weil sie für drei Monate in ein schwer zugängliches Sumpfgebiet aufbrechen wolle. Alle im Dorf aber waren überzeugt davon, dass die Fässer mit Öl oder Gold gefüllt waren.

Ein Nuba *geleitete* mich auf höchst abenteuerliche Weise an den Ort, an dem sie sich aufhielt. Ich traute meinen Augen nicht, fast wäre ich zu einer Salzsäule erstarrt: Vor mir stand eine Frau, die trotz ihres unschwer zu erkennenden hohen Alters nur leicht, auch ein wenig obszön, zumindest für diese Umgebung, gekleidet war und uns mit lebhafter Geste und einer Kamera in der Hand begrüßte, Leni Riefenstahl.

Sie führte mich in die Hütten, in denen Fotografien von ihr aus ihren berühmt gewordenen Filmen hingen. Über Erotik und über Gesten der Verführung hatte sich hier eine sonderbare Lebensgemeinschaft zwischen einer Weißen und den Nuba im Spannungsfeld von Tradition und Moderne etabliert, wie ich sie so nirgendwo sonst erlebt habe.

Sie versuchte, mich in diese von Fremdheit erfüllte Lebensgemeinschaft hineinzuziehen, was sehr schnell dadurch ein Ende fand, dass ich ihre Überzeugung, sie würde die Nuba authentisch fotografieren – so, als sei gar keine Fotografin anwesend –, als abwegig bezeichnete. Ich weiß noch, wie ich hier in den Bergen, fernab von westlicher Kultur und Wissenschaft, den Physiker Niels Bohr zitierte, der herausgefunden hatte, dass sich ein

Elektron unter Beobachtung anders verhält, als wenn es nicht beobachtet würde. Wie muss es da erst den Nuba in Anwesenheit von Leni Riefenstahl ergangen sein!

Dennoch verband uns der Wunsch, mit den Nuba für eine gewisse Zeit deren Lebenswelt zu teilen, wobei mir die Fotografin eine längere und auch engere emotionale Verbundenheit mit ihnen voraushatte. Aber kann man in ihrem Fall überhaupt von *emotional* sprechen? War ihre Emotionalität nicht ganz und gar durchdrungen von ideologischer Vereinnahmung des Fremden und, wie sie meint, des *Wilden*? Wer so wie sie von der sozialen Lebenswelt und den politischen Widersprüchen des Landes zwischen Norden und Süden, Arabern, Niloten und Nuba abstrahierte, hatte leichtes Spiel, vom *Wilden* in den von den »Kau-Nuba« (oder Südostnuba) praktizierten Riten, Tänzen und Kämpfen zu sprechen. Hier glaubte sie, nach der enttäuschenden Wiederbegegnung mit den »Masakin-Nuba« (und ihres von der Zivilisierung geraubten »paradiesischen Zustands«) noch einmal einer archaischen, ekstatischen Ästhetik, einer mythischen Gegenwelt zur Moderne und den vermeintlichen *Naturkindern* zu begegnen.

Angesichts ihres Films über den Reichsparteitag, TRIUMPH DES WILLENS, löste sich ihre ethnographische Ästhetik und Liebe zur ursprünglichen Schönheit im Medium einer Propaganda für Zerstörung auf.

In ihrem Band DIE NUBA VON KAU hatte »Mrs. Leni«, wie sie sich hier nennen ließ, 1976 geschrieben, das Wissen der Nuba über den menschlichen Körper sei so groß, dass sie für jeden Muskel und für jede Körperhaltung einen anderen Namen hätten. Sie wollte die »Wahren Wilden«

sehen – ihre nackte, tiefschwarze, eingeölte zerritzte und bemalte Haut, ihre Tätowierungen, ihre Kampflust (bei den einzigartigen Messerkämpfen) und ihr Blut –, und sie nahm sie als willige Objekte für ihren manischen Fotografier-Eifer in *Besitz*. Als es ihr bei einem nächtlichen Tanz nicht gelang, die Tanzenden ins Scheinwerferlicht zu locken, um eine erotische Szene festzuhalten, hätte sie »vor Wut schreien können«.

Jedes Ereignis war für sie – ich konnte das aus nächster Nähe miterleben – mit dem Griff zur Kamera verbunden, ausgelöst durch einen Vorzeigezwang, natürlich auf dem Hintergrund, eine untergehende Kultur im Bild festhalten zu wollen. Sie hat die Nuba nicht mit Geldschenkungen verdorben, wie viele andere, aber sie hat sie mit Bonbons und Perlen verführt.

Ihre mit extremen Anstrengungen verbundene Leidenschaft war giftig. Die Nuba wurden – obwohl sie schwarz und nicht arisch waren – ausgestellt als vorbildhafte Kämpfer für die Stärke des Mannes. Die Schriftstellerin Gisela von Wysocki hat Riefenstahls Ästhetik präzisiert als eine »Entdeckungsreise in die Systeme der männlichen Repräsentationen«: Patriarchalische Zeichen wurden mit Poesie, Licht und Macht ausgestattet. So entstand im Kamera-Blick eine Schönheit, die das Männliche und Triumphale sogar noch erhöhte. Leni Riefenstahl versetzte die Nuba in eine den geschichtlichen Wandel überdauernde Zeit und kolonisierte sie als »meine Nuba«.

Auch wenn meine Abenteuerlust damals nahezu grenzenlos war, hatte ich doch noch nicht, wie sie, ins Auge gefasst, mit Ochsen in ein schwer zugängliches Sumpfgebiet vorzudringen. Einige Tage vor der Begegnung mit ihr hatte mir eine alte Nuba-Frau einen geflochtenen Köcher geschenkt, den sie, wenn sie mit Ochsen unterwegs war, um deren Leib gebunden hatte. Darin trug sie ihren Schmuck und ein paar Kleinigkeiten mit sich. »Den brauche ich jetzt nicht mehr« – so verstand ich ihre Worte, was nicht einfach war, konnten sich doch die Dialekte schon von einem Tal zum nächsten sehr stark unterscheiden. Heute bewahre ich den Schmuck meiner Mutter, vor allem ihren Goldreif darin auf – *beschützt* von der Rababa eines alten Mannes.

Ich erzählte Leni Riefenstahl, dass ich vorhatte, nach Äthiopien und dann in den Jemen weiterzureisen. Mit glänzenden Augen erzählte sie, nach ihrer Rückkehr würde sie sich auf Tiefseefotografie spezialisieren und im Roten Meer filmen. Und tatsächlich realisierte sie das Vorhaben. Ich hatte den Eindruck, sie würde auch ohne jede Ausbildung in die Tiefe der Meere hinabsteigen, so wie sie für eine Filmaufnahme auf Skier stieg – und dies zum ersten Mal in ihrem Leben.

Ich erhielt dann kein Visum für Äthiopien, nahm direkt von hier aus den Auftrag wahr, eine Reportage über die sich immer weiter zuspitzende Dürrekatastrophe in der Sahel-Zone und die fürchterlichen Zustände in den Lagern der Tuareg zu schreiben, und flog von Al-Khartoum nach Kairo und weiter nach N'Djamena im Tschad.

Dort fragte ich aber zuerst Mitglieder einer Hilfsorganisation, ob sie mich in ihrem voll beladenen Lastwagen in ein Lager im Norden des Landes mitnehmen würden. Ich zwängte mich zwischen Fahrer und Beifahrer und richtete mir aus meiner Reisetasche und einem Getreidesack einen Notsitz her. Dies erwies sich aber letztlich als unnötig, da ich mich die etwa vierstündige Fahrt sowieso nur an einer Art Stange über mir und einem Griff rechts des Beifahrers festzuhalten versuchte, um den angsterregenden Sprüngen des Wagens auf den Pisten und durch Gestrüpp nicht völlig ausgeliefert zu sein. Der Fahrer hatte dafür sein Steuer, das er umklammerte, der Beifahrer sein unbändiges Lachen und einen Dreißig-Liter-Wasserkanister, den er, wenn er sich nicht an ihm festhielt, uns herüberreichte. Wie ich dieses Ungetüm mit nur einer Hand an meinen Mund führte, ohne mir den Kopf an der Scheibe aufzuschlagen oder mir die Zähne rauszuhauen, hat sich meiner Erinnerung entzogen. Und auch ob der Fahrer für die Dauer des Trinkens einfach nur seine Beine fest um das Lenkrad drückte, weiß ich nicht mehr, nur, dass wir nach unserer Ankunft Menschen mit den Lebensmitteln glücklich machten und dass wir schließlich in einen Schlaf fielen, aus dem wir mit völlig vom Sand verstopften Nasen aufwachten. Und dass ich einen Ort erleben durfte, der tatsächlich Mao (!) heißt und der in ein so nie wieder erlebtes Licht eingehüllt war, das ständig changierte zwischen hellster Klarheit und sanddurchwobener Dunstigkeit.

In Mali erwies es sich aber als völlig unmöglich, in die streng bewachten Lager der Tuareg vorzudringen. Da entdeckte ich eines Tages in der Nähe spielende Kinder, wie sie mühelos durch ein Loch im Zaun schlüpften und so – es gehörte zu ihrem Spiel – ständig die Seiten wechselten. Ich mischte mich unter sie und in ihr Spiel ein, warf meinen rot-gelben Anorak (und damit einen Teil meiner fremdartigen Erscheinung) irgendwo in die Ecke, bekam den Ball zugeworfen und warf ihn wieder zurück. Mit jedem Ballwechsel, mit Lachen und Rufen rückte ich dem Lager näher.

Die Kinder hatten sehr schnell in mir einen Freund gesehen, so wie einmal in Frankfurt in den achtziger Jahren, als ich, wenn es mit einem Buch nicht voranging, zum nahe liegenden Fußballplatz lief und die Jugendlichen fragte, ob ich mitspielen dürfte. Einmal löste sich die Gruppe schon nach einer knappen Stunde auf, weil gleich drei von ihnen, wie sie sagten, die Klassenarbeit am nächsten Tag vorbereiten müssten. Beim Weggehen fragte mich einer von ihnen: »Hast du morgen auch Klassenarbeit?« Durch das gemeinsame Spiel hatte ich meine Fremdheit wie einen Mantel abgelegt, es hatte aus mir einen der ihren gemacht, zwanzig, fünfundzwanzig Jahre Altersunterschied hin oder her.

Und so war es auch hier am Zaun des Flüchtlingslagers. Ich schlüpfte mit den Kindern durch das Loch. Mit ihnen zusammen fiel keinem im Lager meine Andersheit auf. Eigentlich muss sie ihnen aufgefallen sein, sie blendeten sie aber aus, so, als wischten sie etwas Störendes, etwas, das hier drinnen gar nicht *sein konnte*, einfach weg. Ich war ein Fremder, aber als solcher unsichtbar geworden.

Eigentlich wollte ich mit einer Karawane wieder zurück nach Niger ziehen, entschied mich schließlich aber für Nigeria – in Afrika verliert man jede Ehrfurcht vor Entfernungen und großräumigen Umorientierungen –, erhielt ein Sieben-Tage-Visum und flog ins feucht-heiße Lagos, das trotz seiner peripheren Weltlage zeitweise eine der teuersten und korruptesten, aber auch eine der billigsten Städte war, in der das Leben sich einzwängt zwischen Häusern und Autos. Ich wohnte in einer Pension (in der sonst nur Afrikaner abstiegen) in einem kahlen Raum mit Betonfußboden, aber mit einem angrenzenden paradiesischen Garten, in dem Papaya-, Ananas-, Zitronen- und Orangenbäume wuchsen, und, zur anderen Seite hin, einem belebten Innenhof, in dem die Frauen arbeiteten, schwatzten und lachten und die Kinder ausgelassen spielten.

Bei der Fahrt ins Zentrum passierten wir endlos aneinandergereihte Schrottautos auf einem Mittelstreifen, die man hier einfach abgestellt hatte. Sie sind Symbol für ein Land, von dem der nigerianische Schriftsteller Wole Soyinka einmal gesagt hat, es verkörpere einen »abgeschmackten Kapitalismus«. Aber genau genommen sei dies nicht einmal Kapitalismus. Für diese Gesellschaft gäbe es keinen Namen, sie sei »überhaupt nichts«, höchstens ein Knäuel aus Mehrdeutigkeiten und Unwägbarkeiten.

Nach stundenlangen Fahrten zu verschiedenen Institutionen hatte ich von den Hilfsgütertransporten nach Mali gehört und den Goethe-Instituts-Direktor dazu bewegen können, mir ein Empfehlungsschreiben für den Leiter (General?, Oberoffizier?) der Bundeswehrtruppe auszustellen. Ihm erschien ich von meinem Aussehen und der Kleidung her nicht gerade vertrauenswürdig, und er wollte mich zuerst »näher kennenlernen«, wie er, mehrdeutig, sagte.

Nach dem Treffen fuhr ich mit einem Taxi vom Interconti in meine Pension, verabschiedete mich dort mit tausend Bekundungen der Liebe und Freundschaft von den Männern, den Frauen und Kindern im Haus, im Garten und Hof, klemmte meine Tasche unter den Arm, fuhr zurück ins Interconti, checkte ein und legte dem Portier das Schreiben des Goethe-Instituts – anstelle einer Kreditkarte, die ich nicht besaß – als *Beleg* meiner Seriosität und Kreditwürdigkeit vor.

Irgendwie fand die Besatzung des Hilfsgüterflugzeugs Gefallen an mir, einem bunten Vogel, wie sie sagte, und entwickelte tatsächlich eine Neugierde auf die synkretistische nigerianische Gesellschaft mit ihren über vierhundert ethnischen Gruppen und dann sogar noch auf die traditionelle Kultur der Tuareg und »was die so treiben«, wie die Besatzung das nannte.

Eines Abends sagten sie: »Morgen geht's nach Timbuktu. Du kannst mitfliegen.« In Timbuktu luden sie die Lebensmittel aus und wollten nur schnell wieder zurück. Ich ließ sie wissen, dass ich hierbleiben und gerne mit ihnen bei ihrer nächsten Lieferung zurückfliegen würde. Ich bezog eine Lehmhütte, lernte rudimentär Tamashek, die Sprache der Tuareg, hörte mit ein paar jungen Leuten, die ein Transistorradio besaßen, afrikanische und westliche Musik und ging immer wieder aus der Stadt hinaus in eine grenzenlose Weite, ohne die Gewissheit, den Weg aus der Wüste noch einmal zurückzufinden. Dies erschien mir – bei aller Abenteuerlust – auch als eine versteckte Todessehnsucht wie bei der Durchquerung der Syrischen Wüste.

Eines Tages dann landete die Maschine der Bundeswehr wieder. Ich begrüßte die Crew mit großer Herzlichkeit. Sie aber war wie versteinert. »Bei uns ist kein Platz mehr für dich, für einen Spion.« – »Aber, um Gottes willen, wie kommt ihr denn darauf?« – »Was hast du hier getrieben? Freiwillig will hier doch niemand bleiben.« – »Spion? Für wen und was soll ich spioniert haben?« Widerwillig nahmen sie mich mit zurück nach Lagos. Am Abend vereinten uns dann die Drinks in der Bar – dieses Mal widerwillig von meiner Seite aus.

Mich zu weit auf sie und ihre Einstellung zum Leben einzulassen, hätte mich in eine unerträgliche Spannung zu dem versetzt, was ich gerade noch in Timbuktu erlebt hatte. So erzählte ich von den Absurditäten in Lagos wie zum Beispiel von einem fertiggestellten Hochhaus, in dem man vergessen hatte, in den unteren Stockwerken den Aufzug einzubauen. Treppen gab es keine. So kam man in *keines* der Stockwerke. Das heiterte alle auf.

Nach neun Tagen ließ mich die Crew wissen, ich solle am nächsten Morgen ganz früh in der Rezeption sein, wir führen geschlossen direkt vom Hotel zum Militärflughafen. »Und ab nach Old Germany.«

Am Abend stand mir noch die heikle Aufgabe der Bezahlung bevor, besaß ich doch keine Kreditkarte und noch nicht einmal 1000 Dollar, zum Glück wenigstens einige Travellerschecks. Alles zusammen hätte vielleicht für drei Nächte gereicht, ich wäre dann aber absolut mittellos gewesen. Da bat ich um ein Gespräch mit dem Generalmanager: »Ich möchte mich ganz herzlich von Ihnen verabschieden. Es war mir eine große Freude, Ihr Gast sein zu dürfen. Und erst die Bar Ihres Hauses!! Als Ausdruck meiner Dankbarkeit möchte ich Ihnen mein erstes Buch – natürlich mit einer persönlichen Widmung für Sie – überreichen.« Ich übergab es ihm, schüttelte ihm eine gefühlte Stunde lang die Hand, sagte noch, das Goethe-Institut würde ihm Belege meiner Reportage sowie ein Dankschreiben zusenden. Er war so beeindruckt, dass es ihm schäbig und unter seiner Würde vorgekommen wäre, hätte er nach der Art meiner Bezahlung gefragt.

Bei meinem Buch handelte es sich um ein denk- und dichtungsexperimentelles Gesellenstück, so eine Art aufgebohrter Trabi auf dem Nürburgring: SPIELRAUM LITERATUR. LITERATURTHEORIE ZWISCHEN KUNST UND WISSENSCHAFT. Die von mir verehrten Ethnologen hatten mir empfohlen, möglichst immer ein eigenes Buch als Gastgeschenk mitzunehmen – »für alle Fälle«. Das noch druckfrische, mit einem giftgrünen Umschlag versehene Buch war meine (exotische) *Währung. Geld* in Form von Aufsätzen zur Literatur, Kunst, Ästhetik, Logik, Linguistik, Philosophie und Psychoanalyse. In diesem Augenblick legte also die Posse der Übergabe von SPIELRAUM LITERATUR im Salon des Generalmanagers im Interconti von Lagos den geträumten Grundstein für die Weltgeltung experimenteller westlicher Literatur und avantgardistischer Theorien auf dem afrikanischen Kontinent ...

REISE-
BEGLEITER

Auf den Reisen nach Afrika, in den Vorderen Orient und den pazifischen Raum hatte ich Begleiter im Geiste, Ethnologen und Ethnopoeten, die schon zu Freunden geworden waren oder im Laufe der Zeit dazu wurden. Leicht zu fesseln waren wir für wagemutige, ins Offene strebende Gedanken, Assoziationen und Verknüpfungen von bisher separierten Sujets in der Ethnologie.

In den 1970er Jahren hatte ich über Hubert Fichtes und Leonore Maus Projekt DIE AFROAMERIKANISCHEN RELIGIONEN einen ersten umfassenden und euphorisch gestimmten Text geschrieben, in dem ich die Veröffentlichung der Bände als ein ethnopoetisches Ereignis feierte. Postwendend war eine Einladung zu einem Besuch bei ihnen in Hamburg-Othmarschen gekommen. Welch eine Vertrautheit vom ersten Augenblick an. Und diese Gastfreundschaft! Champagner wurde zur Begrüßung gereicht und dann ein Abendessen mit vielen Gängen serviert, als Hauptgang ein französisch verfeinerter Sauerbraten, dazu ein erlesener Bordeaux.

Schließlich blieb ich ein paar Tage. Wir diskutierten und forschten über Ethnologie, Dichtung und Kunst, über Religion, Riten und Mythen, über Ethnopsychiatrie und Ethnopsychoanalyse; sprachen über ihre Entwürfe der »Geschichte der Empfindsamkeit«, wie sie ursprünglich einmal hieß, und wurden schon sehr bald Freunde, verabredeten gemeinsame Lesungen, und Hubert Fichte machte schließlich die folgenschwere Äußerung: »Kannst du nicht einen Verlag gründen? Dann bekämen wir endlich Bücher, zu denen wir uns hinträumen können.« Als dann auch noch Helmut Heißenbüttel, der gerade den Band OFFENE LITERATUR vorbereitete, eine nahezu wortgleiche Äußerung machte, war der Qumran Verlag für Ethnologie und Kunst geboren. Der Gesprächsband mit Jean Genet sowie mehrere grenzüberschreitende Textbände, Hörspiele und Foto-Text-Boxen, die Hubert Fichte hier publizierte, führten geradezu zwangsläufig zu einem Band ihm zu Ehren: DER KÖRPER UND SEINE SPRACHEN.

Fichte wollte die außereuropäischen und die europäischen Kulturen nicht voneinander trennen, sondern sich mit der gleichen Aufmerksamkeit den afrikanischen und afroamerikanischen Kulturen und der deutschen Nachkriegswirklichkeit, dem Platz der Gehenkten in Marrakesch, der Psychiatrie in Senegal, Togo, Dahomey und Benin, den Voodoo-Riten, dem Gott Xango und europäischen Szenerien zuwenden.

Alles ging durch seine Empfindsamkeit hindurch: seine Kindheit, seine Jugend, die Pubertät, das Waisenhaus, der Hamburger Hauptbahnhof und seine Überlegungen zur Homosexualität. Er fand für sich die Charakterisierung als *Skribe* und *lyrischer Reporter* und fühlte sich in seiner *Querstellung zur Umwelt* mit Hans Henny Jahnn und Jean Genet verbunden.

Mit seinen Büchern wollte Hubert Fichte ein Experiment beschreiben, »zu leben, um eine Form der Darstellung zu erreichen«. Diese Form bestimmte er auch als »Poetik menschlicher Verhaltensweisen«, eine Poetik, die Sexualität, Tod, Lebenswelt und Religion umgreift.

Allerdings gab es in ihm eine »Wunde Bildung«: der nie zu befriedigende Wunsch, es den anderen nicht nur gleichzutun, sondern es besser zu tun. Keiner sprach wie er Französisch, Portugiesisch, Englisch, afrikanische Sprachen und schließlich auch Griechisch und Arabisch (der Vorstellung nacheifernd, dass ihm »alle Wörter der Welt noch einmal zur Verfügung stünden«).

Mit welch einem Eifer, ja einer Besessenheit hatte er im Lauf der Jahre nachgeholt, was ihm in seiner Kindheit und Jugend versagt geblieben war. Exzessiv hat er sich bei dem Wunsch, als Dichter und Ethnologe ein würdiger Nachfahre von Herodot und Proust zu werden, selbst zum Thema gemacht. Mit welch einer Souveränität er diese Haltung bei seinem Vortrag KETZERISCHE BEMERKUNGEN FÜR EINE NEUE WISSENSCHAFT VOM MENSCHEN 1977 im Frankfurter Frobenius-Institut vorgetragen hatte! Der Direktor staunte nicht schlecht, als Hubert dann noch auf eine Frage nach seiner Motivation für seine Afrika-Reisen antwortete: »Wer könnte denn nicht von dieser Erotik angezogen werden!« Wie selbstverständlich war der Satz eingebunden in die Darlegung seiner Forschungsinteressen. Wir müssen, so hatte er gefordert, das Sprachverhalten in den Kulturen studieren und nach einer Sprache suchen, in der die Menschen nicht zu wissenschaftlichen Fällen und Objekten degradiert werden.

Im Mittelpunkt unserer Gespräche stand sehr oft die Frage, wie wir erzählende, berichtende, essayistische, analysierende und collagierende Vorgehensweisen miteinander verknüpfen können, mündete doch für uns die Erkundung des Fremden letztlich in einer Erarbeitung von Texten.

Eines Tages erzählte ich Fichte von meinen »Reise-Begleitern« Paul Parin, Goldy Parin-Matthèy und Fritz Morgenthaler und ihren Büchern mit den wunderbaren Titeln DIE WEISSEN DENKEN ZUVIEL und FÜRCHTE DEINEN NÄCHSTEN WIE DICH SELBST.

»Weißt du, Hubert, auch mit und bei ihnen habe ich mich gleich auf einem vertrauten Terrain gefühlt. Auch ihr Anliegen war es, Erfahrungen in außereuropäischen Kulturen an die Reflexion der eigenen Kultur zu binden und dabei zwischen beiden hin- und herzupendeln. Ach, du weißt ja, wie kostbar das ist, wo doch die meisten Wissenschaftler zu wenig Vertrauen in ihre Assoziationen und Phantasien haben.«

»Ja, es ist wahrlich schwer, sie davon zu überzeugen, dass ein solches Umherschweifen letztlich ihrer Theorie zugutekäme.«

Forscher schrecken in der Regel davor zurück, sich in ihren Befindlichkeiten, Erwartungen und Enttäuschungen, also auch in den Augenblicken des Scheiterns zu offenbaren. Sie verstecken sich im Dickicht ihrer Projektionen. Zumeist wollen sie den Anschein erwecken, als gehörten diese *Dinge* nicht zur Forschung. Nur in den Vorworten ihrer Studien trauen sie sich, von Persönlichem zu sprechen, von Vorlieben und Ängsten. Da erzählen sie auch davon, welche nützlichen und unnützen Dinge sie mit auf die Reise nahmen und wie die Menschen, bei denen sie lebten, darauf reagierten. Davon aber erzählten mir Parin und Morgenthaler. Was rieten sie mir? Vor allem ganz einfache Dinge: wie man sich in einem afrikanischen Dorf, dessen Gast man ist, verhalten sollte, auf was man zu achten hat, sodass man nicht *alles* falsch macht. Wie offen sie mir, dem jungen Reisenden, begegneten und *wie* sie erzählten!

Darin war Paul Parin ein Meister, auch wenn damit ein Moment sanfter Tyrannei verbunden war: Wenn man nicht aufpasste, verabschiedete man sich nach drei, vier oder auch fünf Stunden und hatte kaum etwas gesagt – und Paul Parin hatte es selbst noch nicht einmal bemerkt. Fritz Morgenthaler dagegen sah sich am liebsten in der Rolle des Zuhörers. Überhaupt war dies stets ein entscheidendes Merkmal derer, deren Gast ich sein durfte: Nahmen sie lieber die Rolle des Erzählers oder dessen, der den Worten des anderen lauscht, ein? Nie wieder bin ich einem so ausgeprägten Zuhörer wie Fritz Morgenthaler, dem Psychoanalytiker, der auch Maler und Jongleur war, begegnet. Am lebendigsten fühlte er sich im Übertragungsgeschehen, wenn darin vielfältige Lebensentwürfe und Kulturen zur Geltung kamen. Dann wurde er ernst, zurückhaltend, zuweilen nahezu unsichtbar, eine Art Inkarnation des Dritten Ohrs, und dann auf einmal trat er leidenschaftlich hervor, begann vorsichtig zu deuten, krempelte alles um, setzte beim Gegenteil an, ein wahrhaft ingeniöser Jongleur. Und die anderen verstummten sehr oft, fühlten sich eingeschüchtert von der Kraft seiner Deutung, vor allem seiner Deutung von Träumen. Er zerlegte das scheinbar Festgefügte und setzte es neu zusammen.

Er war Analytiker und kraft seiner künstlerischen Begabung ein Schöpfer, ein Gestalter. Und in seinen unzähligen Geschichten, die er zu erzählen wusste – hatte man erst einmal sein Vertrauen gewonnen –, bekamen seine Deutungen einen lebendigen Ausdruck und eine Evidenz. Geschichten, die mein Leben begleiteten. Zum Beispiel die berühmten *letzten* Worte: »In dieser Kurve fahre ich immer 100«; oder etwa die Erfahrung, die er als besonders wohltuend empfand, dass am Ende eines Kampfes nicht nur die Gejagten, sondern auch die Jäger müde geworden sind. Oder: »Oskar, größere Schritte und öfters« – die Anfeuerungsrufe von Oskars Fans bei seinem ersten Berliner Marathon.

F. M. hatte das, was den meisten Psychoanalytikern fehlt: Esprit, Witz und ein Assoziationsvermögen, das sich stets ins Künstlerische ausweitete und von hier aus Eingang in seine therapeutische Arbeit erfuhr. »Lass dich nicht von mir verwirren«, warf er zuweilen beruhigend im Gespräch oder in seinen Seminaren ein. Er bekannte sich wie kaum ein anderer zur Verführung als einer psychoanalytischen Technik. »Du kannst die Menschen nicht verändern, nur verführen«, hörte ich ihn schon sehr früh, um 1973/74, sagen.

Das war, als ich zum ersten Mal nach Afrika reiste, am Utoquai mit Herzklopfen anrief und fragte, ob ich wohl in Zürich Station machen dürfe. Die Selbstverständlichkeit, mit der mir Paul Parin sagte, ja kommen Sie vorbei, habe ich nie vergessen. Und dann sofort dieses selbstverständliche, vertraute *Du*. Paul begann sogleich zu erzählen, Goldy begeisterte mich durch ihre Kraft, mit der sie sich an entscheidenden Stellen ins Gespräch einbrachte, wenn auch oft etwas zu verhalten. Und Fritz? Er saß am liebsten in der zweiten Reihe. Seine tiefe Anspannung machte mich zu Beginn beklommen. Und dann beim Weggehen seine Frage: »Darf ich dich in Amsterdam besuchen kommen? Ich werde dort einen Vortrag über Perversionen halten.«

Morgenthaler hielt den Vortrag und deutete darin die Perversion als *Plombe*, die den inneren Aufruhr notdürftig unter Kontrolle hält, wie er es am Beispiel eines Brandstifters erläutert. Es war eine angespannte Atmosphäre im Raum. »Komm, wir hauen ab«, flüsterte er mir, nach Vortrag und Diskussion, ins Ohr. Wir brachen auf, holten Maria ab und gingen in ein chinesisches Restaurant. Er blieb bei uns, bis das Honorar, 1000 Gulden, aufgebraucht, die Schreibmaschine repariert und die Ausflüge ans Meer gemacht waren – und Paul Parin ihn an seine Patienten erinnerte. Einige Tage verbrachten wir noch zusammen, diskutierten über das Leben, die Kunst, die Psychoanalyse und die Ethnologie. Eng verbunden blieben wir uns bis zu seinem frühen Tod, einem Herzversagen in den äthiopischen Bergen.

Für immer verloren der Freund, der jeden Brief mit einem gemalten Löwen ›unterschrieb‹. Nie habe ich jemanden erlebt, der so stark war und so wenig mächtig sein wollte, der die selbstsichersten Menschen mit seinem unbeirrbaren Blick derart verunsicherte – und zuweilen lähmte. Wer dann wieder zu seinen eigenen Bewegungen fand, fühlte sich wie nach einer bestandenen Prüfung für Freischwimmer.

Nach längerer Zeit war ich dann wieder einmal in Zürich. Seit Fritz Morgenthalers und Goldy Parin-Matthèys Tod ist nun Paul Parin in der großen Wohnung, die immer Arbeits- und Lebenspraxis in einem war, zurückgeblieben. Er behauptet sein Bleiberecht gegen die Versuche, ihn zu vertreiben.

Im Gespräch mit ihm ist er der Erzähler geblieben; gebrochen zwar durch die Erfahrungen von Trauer und Leid, gebrochen auch im politischen Engagement durch die unvermindert andauernden weltweiten Aggressionen, Zerstörungen und Kriege, hat er doch im *Erzählen* der Welt einen lebenserfüllten Ort gefunden. Dieses Erzählen behauptet sich jenseits erstarrter Positionen, jenseits einer optimistischen oder pessimistischen Weltanschauung, auch wenn das Pendel jetzt immer stärker zu einer eher düsteren Einschätzung der Zukunft der Menschheit ausschlägt.

»Ich schreibe gegen das Vergessen«, sagt er einmal mit einer etwas zögerlichen und in sich fragilen Beharrlichkeit. Dann fragt er, wie ich jetzt lebe, um sogleich wieder auf sein Schreiben und sein so glückliches und dann plötzlich zu Ende gegangenes Leben mit Goldy zu sprechen zu kommen. »Die Afrika-Reisen haben uns eine Midlife-Krise erspart und aus ›Heimat‹ einen kosmopolitischen Ort gemacht.«

Einmal war mir, als träten mir der lange Zeit so agile Parin und der oft zurückhaltende Fritz Morgenthaler in *einer* Person entgegen, in Jacques Le Goff, einem der großen Historiker seit der Nachkriegszeit. Mehrere Male hatte ich ihn in Paris getroffen und Gespräche mit ihm geführt. Er lehnte sich, wenn ich fragte, zurück, gab meinen Fragen Raum. Dann aber, sobald er zu reden begann, fing er Feuer an seinem Sprechen, erfreute sich seiner eigenen Formulierungen, galoppierte auf seinen Worten davon. Bei einem weiteren Treffen war er tief bedrückt, beschäftigt mit sich und einer geradezu zärtlichen Scham über seinen leicht schleppenden Gang und die kaputten Zähne, die er sich infolge eines Sturzes demoliert hatte. Hilflos saß ich da, unwissend, wie ich von der Ebene unseres intellektuellen Austauschs auf diese persönliche Ebene des Erlebens und Mitfühlens wechseln sollte.

Zuweilen ebenso hilflos und etwas verloren fühlte ich mich auch im Zusammensein mit Georges Devereux, der noch im Alter Griechisch lernte, der Ungarisch, Englisch, Französisch und Deutsch sprach, seine Bücher zur Ethnopsychoanalyse auf Französisch schrieb und Freunde und Verehrer sowohl in den Geistes- als auch in den Naturwissenschaften hatte. Leider trennte uns etwas ganz Elementares: Im Grunde war er politisch stockkonservativ. In der Verknüpfung von Ethnologie und Psychoanalyse aber war er ein Revolutionär, wahrhaft avantgardistisch. Dafür musste ich ihn verehren.

In seiner Wohnung in einem hässlichen Hochhaus am Rande von Paris gab es eine manifeste Unordnung, die sich schon in die Dinge eingeschrieben und eine gleichsam ewige Gestalt angenommen hatte. Das galt freilich nicht für seine Bibliothek. Sie pflegte er wie der Gärtner seine Blumenbeete. Ich hatte immer das Gefühl, er werde sterben, während er einen griechischen Satz schreibt. Bücher verfasste er, wie Architekten Häuser bauen – eines nach dem anderen.

Einmal erzählte er mir von einer Begegnung mit Marcel Mauss. Dieser Großmeister der Ethnologie ging mitten im angeregten geistigen Austausch an ein Bücherregal, nahm ein eigenes Buch heraus und übergab es dem Gast mit einem tiefen Ausdruck der Bewunderung. »Das müssen Sie lesen. Es ist ganz ausgezeichnet.« Erst als

Devereux wieder zu Hause war, realisierte er, dass Mauss das Buch nicht mehr als ein von ihm selbst geschriebenes erkannt hatte. Damals habe ich es, wie Devereux auch, schlicht als Symptom einer Demenz hingenommen. Erst als ich Jahre nach der Begegnung mit Devereux den Film THE NOTEBOOK – WIE EIN EINZIGER TAG von Nick Cassavetes sah, bekam ich ein Gefühl dafür, dass Marcel Mauss damit nicht nur eine Verengung, sondern auch eine Weitung seines Wahrnehmungshorizonts vorgenommen hatte: Er entwarf sich als ein anderer, wenn auch unwillentlich, in den offenen Phantasieraum eines so nicht gelebten Lebens. Marcel Mauss zu Ehren publizierte ich 1980 einen winzigen, völlig unbekannten Text von ihm, MAROKKANISCHE REISE, das Zeugnis eines Fremdheitsforschers, der dem Reisen mit äußerster Skepsis gegenüberstand.

Waren eigentlich, fragte ich mich immer wieder, reale Reisen von ganz anderer Art als innere, imaginäre Reisen? Vielleicht ist es nur der Aufprall des Fremden, der handgreiflicher wirkt als in der Vorstellung. Ich schlug mich mit dem Gedanken herum, dass man alles, was man woanders erlebt, im Prinzip auch zu Hause erleben könnte. Tatsächlich? In der Fremde erfuhr ich doch nur das, was in mir für das Erlebnis bereit war. Oder lag die Fahrt durch die Syrische Wüste ganz außerhalb des Vorstellbaren und zu Erwartenden?

Erfahrungen machen, so schien es mir, ist bereits selbst eine Reiseform: zusammengesetzt aus Bildern und Vor-Bildern, Wegen und Bewegungen. Keine denkbare Art der Bewegung erschöpft sich im geradlinigen Auf-ein-Ziel-

Zugehen: Alle Reisen sind (zuweilen mühevolle) Umkreisungen wunschbesetzter Orte.

Von Henri Michaux' berühmtem Reisenden Plume wusste ich, dass er demütig und dankbar war und stets an die Unglücklichen dachte, die überhaupt nicht reisen können, *während er immerfort auf Reisen ist, ununterbrochen ist er auf Reisen.*

Ihr Ende findet die Reise erst im Tod – und auch da macht unsere Phantasie nicht Halt und malt sich die Fahrten ins Reich der Toten aus ...

Meine innere Reise-Begleiterin war zu Beginn meine Mutter, die mir aus der Stadt die ersten Mandarinen, Inbild des unerreichbar fernen Südens (den ich sehnsuchtsvoll in die Nähe rückte), mitgebracht und bei einer Wohnungsauflösung einen ersten *eigenen* Stuhl und Tisch für mich ersteigert und damit freundlich (!) gesinnte Objekte in meine Lebenswelt gebracht hatte.

Aus der durch die Flucht erlittenen Fremdheit entstand eine lustvolle Neugierde auf das Fremde.

Die Ethnologie war es dann auch, in deren Namen ich eines Tages Udo Lindenberg begrüßen sollte.

Einmal die Erdkugel selbst in Bewegung setzen und die geheimnisvollen Wege des mythischen Vogelmannes cinematographisch ausweiten ...
Seit Wochen bin ich eingetaucht in die osterinsulare Gegenwelt zur Südsee-Kulisse von Tahiti und Bora Bora, ergehe und durchreite die Graslandschaften, das ›Wohngebiet‹ monumentaler Statuen, Kolosse, die inzwischen vom Meer und vom Wind, von Regen und Gestrüpp rearchisiert werden. Der Erdkugel, die ich in Bewegung setzen möchte, ist es gleichgültig.
Inmitten der Halb-Gott-Wesen und oft disproportionalen Kopf-Körper-Gestalten glaube ich für Augenblicke das Unendliche zu berühren, zugleich auch dessen Brüchigkeit und Wildheit, angesichts so mancher Zerstückelungen und Verwitterungen.

Ein Künstler, der hier geboren und geblieben ist, hat für mich einen gewaltigen und dabei tänzerisch anmutenden schwarz getupften Vogelmenschen, der mahnend die rechte Hand erhebt und im Sprung zu sein scheint, gemalt. Ihn im spärlichen Gepäck, verlasse ich bei einem Wind, der heute fast so unbändig wie in Patagonien ist, einen der einsamsten Punkte der Erde, reise zurück nach Bora Bora und Tahiti und wünschte mir Gauguins Augen und Jacques Brels Stimme.
Unser Segelboot macht auf halber Strecke zu den Marquesas kehrt – die Wellen hätten uns heute ganz mühelos verschluckt.
Nur ein malerisches Gesamtbild von Bora Bora – gut für die Seele und das Wohlgefallen inmitten ausgebreiteter Stille – ist mir geblieben. Keine Details mehr. Von der Osterinsel hingegen spüre ich auch heute noch jede gelebte Situation, die aufgehoben ist in der Totalität, so müsste ich es nennen, wenn das Wort nicht längst totalitaristisch missbraucht worden wäre.

MIT UDO LINDENBERG

BIS
ANS ENDE
DER
WELT

Udo Lindenberg spricht eine Sprache, die er mit jeder Äußerung neu erfindet und die er in ein so nie gehörtes Klanguniversum transformiert, das, wenn man ihm gegenübersitzt, süchtig macht und einen in ein tiefes Wohlgefühl versetzt. Man fragt nicht danach, welche Sprache es ist, ob Eigen- oder Fremdsprache, lässt sich einfach davon tragen, so als wohne man einem rituellen Gesang bei, dessen Fremdheit bald zu einem Teil der eigenen Lebensgeschichte wird.

Einmal hatte Axel Rütters, der den Syndikat Verlag 1976 in Frankfurt am Main gegründet hatte, die Idee, Udo Lindenberg in den Kreis der Ethnologen, der auf Fremdheit versessenen Forscher, aufzunehmen und mit ihm die Litfaß-Säulen zu erobern, was ja mit den anderen Büchern, selbst mit Hans Peter Duerrs Kultbuch TRAUMZEIT, schwer möglich war.

Ethnologie, Traumzeit und *alcheringa* wurden zu Schlüsselwörtern für Sehnsüchte, die von dem inzwischen nicht mehr allzu feurigen politischen Revolutionspathos verdeckt worden waren. Die gesellschaftspolitischen Aufbruchsphantasien hatten an visionärer Kraft verloren. Man musste ganz neu eintauchen in das Spannungsfeld der unterschiedlichsten Lebensformen und in die Ästhetik des Diversen. Ich erfand die ebenso schlichte wie sprengende Formulierung »Die eigene und die fremde Kultur« – und der Verlag benutzte fortan die Formel als sein Erkennungszeichen.

Meine Idee war es, die in Deutschland unbekannten Ethnologen und bislang nicht beachtete Verknüpfungen von Ethnologie, Literatur, Kunst und Psychoanalyse in den Vordergrund zu rücken. Es ging darum, dem damals neu erwachten Interesse für fremde Kulturen, für außereuropäische Rituale und für die Faszination am Exotismus Kontur zu verleihen. Wir waren davon überzeugt, dass uns die Erforschung des Fremden das Eigene verstehbarer und vielleicht auch lebenswerter macht. Und dahinein, in diesen geistigen Furor, in diese Eroberung des Unbekannten, geriet nun irgendwie auch Udo Lindenberg.

An der Bar des Hyatt-Hotels, gegenüber der Frankfurter Buchmesse, war ich, als Botschafter des Verlags und der Ethnologen, mit Udo Lindenberg verabredet, um ihn willkommen zu heißen.

Selig, als säße er an einem Südseestrand, zog er an seiner Havanna-Zigarre. Nichts störte ihn, ich bin sicher, er nahm überhaupt keinen dieser eifrigen Wichtigtuer um ihn herum wahr. Ich blieb in ein paar Meter Entfernung vor ihm stehen und schaute ihm zu. Da machen wir uns in der Philosophie und Ethnologie so eifrig Gedanken über die richtige Lebensform, halten Ausschau nach anderen Kulturen, die uns als Vorbild dienen könnten, und hier sitzt einer, der eins mit der Fremdheit in sich zu sein scheint.

»Hallo, ich bin der Hans-Jürgen Heinrichs. Axel Rütters hat Ihnen meinen Michel-Leiris-Band DIE EIGENE UND DIE FREMDE KULTUR, es ist der erste Band der ETHNOLOGISCHEN SCHRIFTEN, an die Adresse vom Hotel Atlantic geschickt. Er fand das eine gute Idee, dass ich mich Ihnen mit dem Buch vorstelle und Sie schon mal aus der Ferne als Ethnologen willkommen heiße.«

Ich kam mir ein bisschen vor wie bei den Tuareg, deren Sprache, das Tamashek, ich als Schriftsprache, nicht aber als gesprochene Sprache ansatzweise gelernt hatte. Hier ging es ja ums Sprechen und um nichts anderes. Das von Lindenberg und das von mir. Zwei autonome Sprach-Sprechformen begegneten und kreuzten sich, ohne dass sich aus dem jeweils Gesagten etwas für den weiteren Verlauf des Gesprächs ableiten ließ. Es war wunderbar.

Mit dem *panischen Panorama* ROCK 'N' ROLL UND REBELLION und einem Textbuch seiner Songs begann dann die Kooperation. Die Lieder gaben die Aufbruchsstimmung und die ins Auge gefasste Fremde vor. »Bis ans Ende der Welt« und »Born to be wild«: »… weit raus auf die Autobahn / wo die zu Ende ist, fängt unser Horizont an! / … Born to be wild …«

Ich suchte im Qualm seiner Havanna nach seinen Augen, um zu schauen, ob sie noch auf mich gerichtet waren – oder in eine außereuropäische Ferne, von der ich zu erzählen begonnen hatte.

»Mac ging eines Tages los und kaufte sich so 'ne Rock-'n'-Roll-Gitarre. Und wie kam der an seine Stimme? Er hat, heißt es, 'ne Mülltonne aufgeklappt, den Kopf reingesteckt und einmal kräftig Luft geschnappt.«

»Wissen Sie, Udo«, sagte ich, »die Ethnologen, die mich immer interessierten, waren Außenseiter, auch Amateurethnologen, Quereinsteiger über das Reisen, die Literatur und Kunst.«

Das muss Ihnen doch gefallen, wie etwa Hubert Fichte manchmal nur Wörter aneinanderreiht und dabei Atmosphären von Szenen verdichtet erfasst:

Normale, Bisexuelle, Schwule, Transvestiten, Impotente. / Normale, Sonderliche, Entrückte, Verrückte, Eingelieferte. Säuglinge, Entwöhnte, Schulkinder, Streunende, Pubertierende, Erwachsene, Ältere, Alte, Altersheiminsassen. / Normale, Entwöhnte, Raucher, Trinker, Hascher, Fixer, Junkies. Indianer, Weiße, Neger, Inder, Chinesen, Araber. / Hindus, Buddhisten, Afros, Moslems, Protestanten, Anglikaner, englische Sektierer, nordamerikanische Sektierer, kanadische Sektierer, Katholiken. / Asoziale, Black Muslims, Black Panther, Sozialdemokraten, Tories, Apolitische, Upper upper, upper, lower upper, upper middle ...

»Die sind gut, deine Ethnologen. Die machen Musik mit den Wörtern. Wen hast du noch so auf Lager? Vielleicht 'nen Jonny Controletti, der fährt vor in 'ner schwarzen Limousine, in der Chicago-Bar sagt er: Alles unter Kontrolle!«

»Von Ihrem Atlantic-Hotelzimmer können Sie, Udo, vielleicht rüber nach Othmarschen schauen und Hubert Fichte an den aufgestellten Tafeln mit den Entwürfen seiner GESCHICHTE DER EMPFINDLICHKEIT und den dargestellten, heterogenen Wirklichkeitspanoramen sehen; oder zu Roger Willemsens Schreibtisch in der Sophienstraße schauen, wo er mit geschultem ethnologischem Blick die Ferne und die Nähe beschreibt, wenn er nicht gerade zu den letzten Enden der Welt unterwegs ist, und vielleicht können Sie, ganz in der Ferne, mit scharf eingestelltem Fernglas – das müssen die doch in einer Luxusherberge haben, wenn sie zu Recht den Namen ›Atlantic‹ trägt – Victor Segalen, inzwischen selbst schon zu einer Stele geworden, auf den Spuren untergegangener Kulturen erahnen und Michel Leiris in die Nähe rücken, wie er gerade Afrika von Dakar nach Djibouti durchquert, und irgendwo, mittendrin, können Sie Goldy, Paul und Fritz aufspüren, in ihrem Landrover, den sie auch in Zürich benutzen, und Cioran werden Sie vielleicht in seiner Mansarde oder am Ufer der Seine erblicken, bei der Niederschrift eines gelungenen Aphorismus über das Misslingen, das unabwendbare Scheitern im Leben, und warum sollte denn Ihr Adlerblick nicht auch Le Goff und Devereux erfassen?

Vor Ihrem Fenster erscheinen sie alle in Cinemascope, herausgelöst aus engen Zeitabläufen, das ist doch klar und für Sie eine Selbstverständlichkeit, und wer sonst als Sie, mit Ihrem geschulten *panischen Panorama-Blick*, sollte in der Lage sein, all die Avantgarden, die Abenteurer, Entdecker und Erfinder auf einmal, nennt man das nicht *synchron*?, in den Blick zu nehmen!«

»Es ist wie im Nostalgie-Club, beim Jubiläumsprogramm, wenn ich die Herrschaften ansage: Grethe Weiser am Synthesizer, und Zarah Leander singt: Kann denn Liebe Sünde sein?«

Viele Jahre sind vergangen. Noch auf ein paar Worte mit Udo an der Atlantic-Bar. Ich sage ihm, es gäbe da ein neues Buch von Roger Willemsen. Er wisse doch, von diesem die Nähe und die Ferne gleichzeitig ins Auge fassenden Schriftsteller, den sein Panoramablick doch schon damals, '74 war das, erfasst hat. DIE ENDEN DER WELT heißt das Buch, es gefalle ihm bestimmt. Es geht darin um die Vielschichtigkeit innerer und äußerer Fremdheiten:

Roger schaut sich dabei zu, was seine Segnung durch einen Eunuchen in Indien, die Begegnung mit Geistwesen in Katmandu oder die grausame Vergangenheit der Sklaveninsel Gorée, das »Dachau Schwarzafrikas«, in ihm bewirken. Er suche Landschaften, schreibt er, bei denen er das Gefühl habe, das In-die-Welt-Wollen gehe über in ein Aus-der-Welt-heraus-Wollen. Und diese Landschaften seien Todeszonen, verödete Landschaften mit erhabenen, manchmal vom Menschen weg weisenden Individuen, die häufig mit der Gesellschaft nicht viel zu tun haben wollen.

Roger Willemsen reist und schreibt mit der Besessenheit und dem Überschwang eines Blaise Cendrars und Bruce Chatwin: Liebhaber weiter Horizonte, Wirbelstürme der Empfindungen und der Abenteuerlust, Antipoden der Stubenhocker und *Archivratten*. DIE ENDEN DER WELT – man mag sie auf der Landkarte in Patagonien, auf den Höhen des Himalaya, in der Sahara, in Kinshasa, Gorée oder am Nordpol ausmachen, überall dort, wo man sich vom Leben, der Gemeinschaft und Zukunft abwendet. Aber sie benennen immer auch eine Topographie in unseren Landschaften der Liebe und der Sehnsucht. Überall dort, wo etwas endet und etwas anderes weitergeht. Fort wolle er sein, schreibt und sagt er, entkernt, heimatlos. Ja, gern sei er das. Reisen sei für ihn mit der Lust zu verschwinden ganz eng verbunden.

Die Enden der Welt seien dort, wo etwas nicht weiterführt, weil die Vorstellungskraft und die seelische Spannkraft an ein Ende gekommen sind. Die Reisen im Außen stehen für ihn, und nicht nur für ihn, immer in einem unauflösbaren Zusammenhang mit dem Innenraum, dem Imaginären und der Vorstellung vom Ich-Verlust, vom Verlangen, »nicht zu sein«. Als Motto wählt er einen

Satz von John Steinbeck: *Vielleicht ist das der Grund für meine Rastlosigkeit: Ich habe noch nicht jedes Zuhause gesehen.*

Er werde, schreibt und sagt Roger, – und ich »reiche« die Worte an Udo Lindenberg weiter –, in der Fremde nicht mehr, sondern weniger. Es sei die Fremde, die mehr werde. Zu Udo Lindenberg gewandt, sage ich:
»Während wir hier sitzen und ich Ihnen von Roger erzähle, sehe ich, wie sein Blick ruhelos umherschweift. Das Schöne ist, dabei entsteht eine präzise Poesie. Es ist, als stünden die Eisberge in Scherben, als stünde der Spätsommertag, hoch aufgerichtet, breitbeinig über dem Land. So sagt er es. Auf Reisen habe er sich darin geübt, sich irgendwo totzustellen und zu schauen, was dann passiert. So sei die Illusion entstanden, es könne alles so sein, wie es auch ohne ihn ist. Man müsse klein werden können und diese Geschrumpft-Zeugen-Figur sein, die sich ganz am Rande des Bildes befindet.«

Einmal zeigt mir Roger ein mich tief berührendes Foto: Der Autor sitzt vor einer Hauswand irgendwo in Afghanistan und macht sich Notizen, lächelt zwei Jungen an, die ihn auch lächelnd anschauen, voller Hoffnung und Sehnsucht danach, an etwas Schönem teilzuhaben, von seinem Leben und seiner Welt etwas zu erfahren.

Jede Reise, die man beschreibt, hatte Roger gesagt, beginne mit der Frage: Wo war ich? Wo wurde der Erzählfaden des alltäglichen Lebens unterbrochen, und wie findet man heraus, wo man wirklich war?

Wie lebendig er in mir geblieben ist! Und er lebt – ebenso wie der verehrte Blaise Cendrars – in Ihnen, Udo. Wenn Sie es nicht glauben, hören Sie nur:

Die Milchstraße um den Hals
Die beiden Hemisphären im Blick
Auf vollen Touren

...

Ich habe mir einen Platz reserviert für den ersten Zug der
unterm Ärmelkanal durchgeht
Ich bin der erste Pilot der mit einem Flugzeug in
Schalenbauweise den Atlantik überfliegt
900 Millionen

...

»Einen wahren *Wirbelsturm* der Empfindungen, Sehnsüchte, Bewegungen und grenzenloser Abenteuerlust breitete Cendrars vor uns aus. Er war einer, der mit seiner Literatur, wie Udo Lindenberg, *Taten* vollbringen will.«

Glücklich sei ich, sage ich, all den Großmeistern der Gedanken und des Wortes begegnet zu sein und ihm, Udo, der doch auch Ethnologe sei, einer, der das Wagnis einer anderen Sehweise eingegangen sei, zugehört und zugesehen zu haben. Und er habe auch, wie Cendrars, einen *wilden Pulsschlag.* Und gehöre sicher auch zu den Lieblingen der Götter, sofern diese eine Aufbruchsmusik verehren und nicht wollen, dass unerschrockene Weltenerkunder wie er und David Bowie, Leonard Cohen und Bob Dylan von der Bühne abtreten.

Und dann schleichen sich doch das Drama und die drohende Katastrophe ein, und eines Tages sind sie nicht mehr da, wo die Musik spielt, so sagt man doch. Oder Joe Cocker und Amy Winehouse.

Ronald D. Laing, dieser wahre Avantgardist einer anderen Psychiatrie und von Empathie erfüllte Mensch, erzählte mir einmal, dass er, als er mit seinen Kindern über den Tod sprach, ganz beiläufig gesagt habe, *früher oder später* müssten wir alle sterben, und eines seiner Kinder geantwortet habe, »Aber du stirbst nicht *früher*, versprich es.«

»Darf ich das Wort vom ›nicht früher‹ als Wunsch weiterreichen an Sie, Udo?«

»Volle Kraft voraus« – singt Udo Lindenberg auch 2020 noch, so als nähme er die Jahrzehnte locker im Flug und als lägen die großen Expeditionen in ferne Welten noch vor ihm. Es müsse doch irgendwo eine Gegend geben, wo es ihm gut gehe, da wolle er hin.

Er beginnt Sätze, Melodien und Bewegungen in einem Jahrhundert und setzt sie im nächsten Jahrhundert fort, in einem Jahrzehnte-Rhythmus.

So wie er auf der Bühne tanzt und singt, sich und die Freunde seiner Panik-Familie inszeniert, hätte er eine gute Chance, von Ethnien, die den Schock der sogenannten Zivilisation überlebt haben, anerkannt, vielleicht sogar verehrt und eines Tages zum Ältesten eines Dorfes ernannt zu werden.

Dann werden ihm die späteren Generationen durch das Fernrohr im Atlantic zuschauen, ein wenig wehmütig darüber, dass er einem nicht mehr gegenübersitzt und man seine Eigen-Fremd-Sprache aus dem Äther-Rauschen herausfiltern muss.

MEHRSTIMMIG VON EUROPA ERZÄHLEN

AUF DER SUCHE NACH EINER LEBBAREN ZUKUNFT

Die Reisen außerhalb Europas haben den Blick für die europäischen Länder und vor allem für das eigene Land verändert, man sieht genauer die Besonderheiten und Eigenartigkeiten, an die man sich gewöhnt hatte. Bei jeder Rückkehr steht eine andere, die aktuelle *Stimmung* und *Lage* dominierende Besorgnis im Vordergrund. Wenn ich von heute, im Februar 2020, da der Zerfall Europas droht und seine Einigkeit von den Standhaften beschworen wird, zurückblicke, kommen mir insbesondere die Jahre in Erinnerung, in denen ich das Gespräch suchte mit Theoretikern, Künstlern und Schriftstellern, die sich über die Entwicklung ernsthaft Gedanken machten und die mit ihrem Wissen Spuren von der Vergangenheit ins Zukünftige verlängerten. Konturenzeichnungen, die zuweilen die Form von Behauptungen und Thesen annahmen.

In der Gegenwart sind die Lesarten Europas allzu oft verbaut von einem betonartigen Klotz, der sich als Rechtspopulismus in den Weg stellt. In allen Gesprächen, die ich kurz vor Ende des letzten Jahrtausends führen durfte, sind die Umrisse dieses Ungetüms sichtbar, sie blockierten aber nicht den umherschweifenden Blick. Der Besorgnis zur Seite stand eine unverkennbare Zuversicht auf das Kommende. Es war eine Zuversicht, die kleinformatige Zeitdimensionen hinter sich ließ, hatte man ja ein neues Jahrtausend vor Augen. Man verlieh diesem weiten Horizont die wenn auch brüchige Aura einer sich wandelnden Zeit. Und wie stellte man sich den neuen Raum vor?

Das Gespräch, das ich mit dem 1932 geborenen, in Paris lebenden Architektur-, Medien- und Stadttheoretiker Paul Virilio in einem Studio von Radio France führte, hatte seinen Ausgang bei einem Exerzitium genommen, das er täglich pflegte: eine Zen-Meditation, die ihn anleitete, sich einen *leeren* Raum vorzustellen. So konnte er den totalen Krieg, in den hinein er geboren worden war, für eine gewisse Zeit ausblenden, vergessen machen. Auf diese Weise weitete sich die Welt, die er »durch die Augen des Krieges« gesehen hat. »Ich stamme vom Rand des Abgrunds. Wir sind durch die größten Zerstörungen hindurchgegangen in der Hoffnung auf das Leben und die Jugend.«

Und da tauchte ein Wort auf, das viele der noch folgenden Gespräche begleiten sollte und das heute fast aus dem Sprechen über die Zukunft des Menschen und Europas, über die brennenden Probleme, in erster Linie über den Klimawandel, verschwunden scheint: *Neugierde* hieß das Wort. Er empfinde, sagt Virilio und erinnert an den Dichter Léautaud, eine »ungeheure Neugierde«. Er gehöre einer Generation an, die keine Angst vor dem Tod, aber vor den Schmerzen und dem Leiden habe. Sein Augenmerk sei auf die *Grenzpunkte* gerichtet, an denen die Erfahrungen der Katastrophe und des Abgrunds *umschlagen*. So sei die Welt für ihn zu einer »cinematographischen Realität« geworden. »Ich habe die Wirklichkeit immer als eine vorüberziehende empfunden, auch die der festesten, der stabilsten Dinge. Für mich ist dies ein musikalischer Genuss. Ich glaube, dass alles filmisch ist.«

Aus tiefer seelischer Not war hier der Wille zum Aufbruch, in eine fluide, filmische Gegenwelt zu dem im Abgründigen Verfestigten entstanden. Waren wenigstens Spuren der Humanität und des Humanismus noch zu retten?

Mit Nietzsche konnte man vielleicht in jenen Jahren des anbrechenden neuen Jahrtausends – von anderer Art offensichtlich als jetzt, zwanzig Jahre später – noch von der Zukunft träumen und dass von ihr »Winde mit heimlichen Flügelschlägen« kommen würden, ohne in diesen Flügelschlägen vor allem solche zu sehen, die ein Abdriften und Ausscheren bedeuten: noch weiter weg von der Humanität, weg von der Demokratie, weg von Europa.

Phantasievoll schickt der Historiker Jacques Le Goff bei unserem Treffen ebenso wie in seinem Buch DIE GESCHICHTE EUROPAS jemanden auf die Reise vom Westen in den Osten Europas. Der Reisende erfährt einen ganzen Kontinent als einen offenen Raum, der dazu einlädt, das große Potential der Mobilität zu erforschen: inmitten der Mehrkulturalität und Vielsprachigkeit. Wie aber entsteht dennoch das Gefühl, ›zu Hause‹ zu sein? Auf unkomplizierte Weise war das Treffen zustande gekommen, eine kurze Anfrage nur mit der Bitte um einen Terminvorschlag. Beigefügt hatte ich ein Exposé für die geplante Abfolge von Gesprächen, auch mit den Namen der anderen Teilnehmer.

Mich empfing ein freundlicher, ja herzlicher Mensch in seinem Arbeitszimmer in der »École des hautes études en sciences sociales«. Es fiel mir nicht schwer, mit ihm über das Leben und die jederzeit möglichen Unglücksfälle – er war gerade gestürzt und ging an Krücken – zu plaudern, auch wenn meine ganze Aufmerksamkeit auf dieses schwierige Europa-Thema gerichtet war. Aber während er erzählte, kam er wie selbstverständlich auf die Jugendlichen zu sprechen, die er gerade unterrichtete, und auf Kinder im Kreis der eigenen Familie. So sprach er nicht in erster Linie als der weltberühmte Gelehrte für die Geschichte des Mittelalters, sondern als Erzähler aus dem Binnenraum des Erlebens.

»Ist das nicht erstaunlich, wenn sich der Reisende plötzlich bewusst wird, dass er nicht mehr in der vertrauten Kultur ist, obwohl er sich noch auf dem gleichen Kontinent Europa aufhält? Europa ist aus der Vermischung entstanden. Aus ehemals römischen Bürgern und sogenannten Barbaren, die die Einwanderer jener Zeit waren. Diese Akkulturation hat Europa hervorgebracht.«

Wo und wann aber, fragte ich ihn, entstanden die Feindschaft und die Brüche, der Hass und der Rassismus? Hervorgegangen sei der Rassismus, meinte Le Goff, im 19. Jahrhundert zunächst aus einem eher begrenzten, pseudowissenschaftlichen Milieu. »Im 20. Jahrhundert hat er sich ausgebreitet und popularisiert. Es war das schrecklichste Jahrhundert, das Europa gekannt hat.«

Für ihn, fügte Le Goff hinzu und ließ dabei seinen Blick im Raum umherschweifen, so als sei er sich nicht sicher bei dem, was er jetzt sich selbst und mir anvertrauen werde. Für ihn leite sich daraus eine instinktive und irrationale Hoffnung her, dass es jetzt nur besser werden könne. Wodurch begründet? Oder war es weise, so zu sprechen?

Manchmal noch kam mir diese einfach so in den Raum gestellte Hoffnung in den Sinn, wenn ich auf dem Weg war zu anderen Gesprächsteilnehmern, zum Beispiel zu dem Philosophen und Schriftsteller Alain Finkielkraut, von dem gerade das Buch VOM VERLUST DER MENSCHLICHKEIT erschienen war, oder zu dem ungarischen Schriftsteller György Konrád, den ich in Berlin traf, wo er die »Akademie der Künste« leitete. Auch er verbreitete eine fast unwirkliche Atmosphäre der Herzlichkeit, so als wollte er im Kleinen vormachen, was Europa als Ganzes jetzt vor sich habe: den Geist der Brüderlichkeit und des kulturellen Miteinanders zu leben. Indem er immer wieder einzelne Buchstaben und Wörter in einer melodischen Tonfolge hervorhob und ihnen auf diese Weise ein singuläres Gewicht verlieh, erzeugte er eine ebenso ernsthafte und ins Detail gehende wie auch beruhigende intellektuelle Atmosphäre. Wohin auch immer er seine Aufmerksamkeit lenkte, man ging mit seinen Gedanken und Assoziationen auf Reisen. Nicht im gleichen Maße cinematographisch wie bei Virilio, eher gefügt gemäß einem epischen Erzählen, das vor allem den Humanismus und die Ethik, die Menschenrechte und die Werte, den Austausch der Kulturen und die Frage der Identität umkreiste. Wird Europa eine »Philosophie des Verstehens« entwickeln und zeigen, »dass man auch ohne Töten menschliche Ziele erreichen kann?«

Aber unter welchen Bedingungen? Konrád glaubt, wie auch Jacques Le Goff und Paul Virilio, an seiner zuversichtlichen Haltung festhalten zu können. Er sei ein »unverbesserlicher Optimist«, einer, der Dummheiten als veränderbar ansieht.

Einmal erzählt er von Begegnungen in der Zeit, als er Präsident des Internationalen PEN war. Mit Erschrecken musste er feststellen, dass bei vielen Schriftstellern die grundsätzliche Infragestellung der eigenen Gesellschaft wenig entwickelt war und sie sich die Einmischung von außen verbaten oder gegenseitiges Töten zusammenlebender Ethnien als Faktizität hinnahmen. Wir sprechen über das Ideal einer Kooperation der Kulturen im dritten Jahrtausend und eines Bürgers als einer Synthese aus einem dörflichen Weltbürger und einem metropolitanen Dörfler. Geprägt sei dieser neue Typus von einem flexiblen Selbstbewusstsein und einer »ironischen Identität«, von der Claudio Magris gesprochen hat.

Zurückblickend stelle ich verwundert fest, dass Konrád die alte primitive Haltung, Waffen in Konflikten mitentscheiden zu lassen, als überwunden ansah. Erstaunter noch erinnere ich mich an seine Gewissheit, dass in zukünftiger Politik »die Größenwahnsinnigen« nur noch geringere Chancen zur Machtausübung hätten, sehen wir uns doch inzwischen auf unheilvolle Weise gerade mit dem Gegenteil konfrontiert.

Das Gespräch, das ich einige Monate später mit dem polnischen Schriftsteller Andrzej Szczypiorski führte, war auch von Zuversicht durchdrungen. Voller Neugierde blickte er auf Europa und das neue Jahrtausend – und dies trotz furchtbarster Erlebnisse. Wie aber weiterleben nach der »unüberbietbar schlimmen« Zeit im Lager, »in endlosen Nächten flimmernder Bilder«? Schreibend erinnere man sich auch an Details, die für einen Außenstehenden nicht so leicht in ihrer elementaren Bedeutung zu erkennen sind. Die Erfahrung eines existentiellen Risses. Und zugleich ein in die Zukunft gewandter Blick, Europa sei unterwegs. Für ihn bedeuteten das Konzentrationslager und der Gulag ein absolutes Ende der Idee der Schöpfung. »Das Lager ist für mich Dunkelheit, nichts, sogar noch weniger. Hitlers KZ und Stalins Gulag bildeten die Schwelle, hinter der sich nur noch das Nichts erstreckte.«

In seinen Augen steht heute im Mittelpunkt die Suche nach einer neuen europäischen Identität, nachdem 1939 das alte Europa begraben wurde. Die Zivilisation hatte viel von ihrer Glaubwürdigkeit verloren.

Die Vergangenheit *bewältigen*? Das sei grammatikalisch und intellektuell falsch. »Wir müssen mit unserer eigenen Vergangenheit leben, ob wir wollen oder nicht.« Und die europäische Zukunft? »Die europäische Zivilisation, die gesamte menschliche Zivilisation ist in sich destruktiv. Das ist Selbstdestruktion. Es gibt eine Kraft außer uns, die gibt uns Hoffnung.«

Die Suche beginne immer wieder aufs Neue, die Suche nach dem, was wir darüber hinaus in uns tragen.

Im Austausch über die Zukunft des Menschen und Europas. Immer wieder neu einsetzend und dabei den gezeichneten Linien maßloser Zerstörungen und noch nicht aufgegebener Zuversicht folgend.

Fast alle Theoretiker und Schriftsteller, mit denen ich damals sprach, hatten den Krieg noch unmittelbar erlebt. Aber sind wir, die 1945 und danach Geborenen, nicht auch noch Kriegsteilnehmer, insofern wir den Schrecken und die Zerstörung in uns tragen? Dies war eine Frage, die mich mit Peter Sloterdijk (vor allem in unseren Dialogen zur Zukunft des Menschen und der Zivilisation) eng verband.

EINE LIEBE IN ROM

INGEBORG BACHMANN, LITERATUR UND FILM

»Unter dem Pflaster liegt der Strand«: Revolutionsphantasien waren verschwistert mit Poesie. Zu jener Zeit. Auf dem Pflaster kämpfte man. Zur Not auch mit Steinen. Darunter frei wurde der Strand. Zumindest in der Phantasie. Die Phantasie verlockte die Studenten in den Underground: Im Innern breiteten sich die Szenen der Lüste, des Spiels und des politischen Kampfes aus, die in den Kinos zu sehen waren: ob in der Lupe, *auf der Zülpicher Straße und bei* Xscreen *in Köln, im Quartier Latin in Paris oder in Trastevere in Rom.*

Man probierte das Leben. In der Liebe und der Erotik. In der Kunst und in politischen Aktionen. Der Phantasie traute man viel zu, an manchen Tagen auch alles. Es waren die legendären späten 1960er und 70er Jahre. In Paris und in Rom.

Lotta Continua *war ein Zauberwort jener Jahre und vermittelte den Eindruck eines von den Studenten mit Freude geführten Kampfes. Gegen Ungerechtigkeit, Dummheit und Machtmissbrauch. Die Freude überwog, wenn wir in der »Heiligen Stadt« debattierten und Revolutionslieder sangen. Auf den Straßen vermischte sich der Gesang mit dem Lärm der Geschosse.*

Lotta Continua *– radikal war die Gruppe in ihren Operationen, so nannte man das. Studenten und Arbeiter verbündeten sich, in Turin waren es die Arbeiter von Fiat, in Rüsselsheim schraubten und montierten sie für Ford.*

Viele von ihnen kamen aus dem Süden Italiens. Ein Ziel vereinte sie: die Arbeits- und Lebensverhältnisse sozialer und humaner zu gestalten.

Es gab Versuche der Kooperation zwischen italienischen und deutschen Gruppierungen der Lotta Continua, *der Arbeitermacht und des Revolutionären Kampfes. Mittendrin Daniel Cohn-Bendit und Joschka Fischer in Frankfurt am Main und der Filmemacher Jean-Marie Straub in Rom.*

In Köln leitete der an Hanns Eisler geschulte Komponist Luca Lombardi einen Arbeiterchor. Gleichzeitig begeisterten wir uns für die experimentelle Musik von John Cage und Mauricio Kagel.

Von der Gegenwart aus in die Filme wieder hineingesehen und wieder hineingehört in die Gesänge und in die Debatten von damals, klingt in Lotta Continua *vor allem das Gefühl eines nie enden wollenden Kampfes gegen Windmühlen nach.*

Die von den Namen Rom und Paris heute wachgerufenen Assoziationen müssen sich den Weg zur Schönheit und Phantasie, zu einem mit Süden und Liebe verschwisterten Lebensgefühl erst wieder bahnen: über die ständig neu inszenierte politische Kampfzone Rom – Brüssel. Da hinein spielen die Rom und Paris vereinenden, fremdenhassenden Aktionen.

Wird es ihnen gelingen, die universale Gastfreundschaft und das Lebensrecht aller im Keim zu ersticken?

Nein!

»Italienisch lernt man am besten, während man Liebe macht.« Mit diesen Worten hatte mich Bianca Bianchi überzeugt, zur Vorbereitung meines Studiums in Rom, 1969, keinen Italienisch-Kurs im Istituto Italiano zu belegen, sondern sie am Abend, nach der Arbeit, im Institut abzuholen und die Nächte mit ihr zu verbringen.

Eines Tages war es dann so weit. Ich brach mit einem Fiat 500 nach Rom auf, beladen vor allem mit Büchern. Gefühlte Monate war ich unterwegs. Und dennoch nahm sich die Tour geradezu luxuriös aus im Vergleich mit dem Geknatter auf dem Moped, drei Jahre zuvor nach Paris.

Jetzt also Rom.

Die äußerlichen Bedingungen waren eher bescheiden. Zuerst wohnte ich in einem katholischen Heim – keine Ahnung mehr, wie ich da hineingekommen bin –, dann in der Nähe eines Friedhofs, den ich als ruhigsten Ort der Stadt schätzen lernte. Ganz Rom war Streik und Anarchie.

Als ich an der Uni endlich für Philosophie eingeschrieben war, überkam mich eine solche Müdigkeit, dass ich fluchtartig die Stadt verließ und einen Monat lang bei Fischern auf der Insel Procida lebte. Ich las Hölderlin in einer italienischen Ausgabe, um mein erotisch aufgeladenes Italienisch in andere Bahnen zu lenken. Bei Pasolini erfuhr ich, welch eine Poesie und Erotik in dieser Sprache möglich sind. An den Abenden saß ich mit am Küchentisch der Familie und genoss den am Tag von Francesco gefangenen Fisch. In den Träumen meldeten sich die Quälgeister und Schreckfiguren der Kindheit zu Worte.

Würde mir die bäurische Herkunft den freien Zugang in eine Gegenwelt verstellen? So hätte man meinen können.

Aber ganz im Gegenteil! Hatte sie mein Leben doch gerade nicht, wie die Söhne von Ärzten und Anwälten neben mir auf der Schulbank in Ingelheim am Rhein oder später in den Hörsälen, mit Erwartungen vollgepackt. Ahnungslos trieb ich in Räume, die für meinen Vater – und er ist insgeheim doch der, der dem Sohn vorangeht – fremdes Terrain waren. Meine Unbeschwertheit hielt sich auch noch, als ich unvermittelt denen gegenüberstand, die an der geistigen und künstlerischen Aufbruchstimmung der Nachkriegszeit mitgewirkt und diese mit Leben erfüllt hatten.

Ich war ein unbeschriebenes Blatt. So konnte es eigenhändig beschrieben werden.

Auf der Insel Procida und im Mittelmeer gab es keine Eisernen Vorhänge. Nur ein Lockruf war unüberhörbar zu vernehmen: *Komm! ins Offene, Freund!*

Rom, ein Sehnsuchtsort, inmitten der Anarchie. Die Einschreibeformulare seien noch nicht vollständig, meinte die Sekretärin im Philosophischen Seminar, ich müsste sie noch abstempeln lassen auf einem Amt, das leider etwas außerhalb der Stadt läge und zurzeit im Streik sei, was ich aber verkraften könne, da die Seminare bei *meinem* Professor diese Woche ohnehin ausfielen. Auf meine Frage *warum*, zuckte sie die Schultern und verband dies mit einem eigenartig heiteren Grinsen. Hätte ich besser auf Procida bleiben sollen?

Die vor mir liegende freie Woche, in der ich nur manchmal mittags in die ausgezeichnete Kantine ging, wo man tatsächlich vollständige Menüs für ein paar Lire erhielt, erwies sich als folgenreich, angefangen bei einer Lesung im

Goethe-Institut. Der vortragende Schriftsteller hieß Peter O. Chotjewitz und war Stipendiat der Villa Massimo. Seine Literatur galt als engagiert und gesellschaftskritisch.

Ich saß in der letzten Reihe. Während mein Blick durch den Raum streifte und ich mir die Lebensgeschichten der Zuhörer ausmalte, wurden auch Bilder meiner Kindheit und die in den Worten meiner Mutter oft beschworene bessere Zukunft wachgerufen. Die Worte einer Glücksverheißung, wenn sie nur oft genug und mit innerer Überzeugung gesprochen werden, prägen sich in das junge Leben ein und tragen ein Stück weit über die Erfahrungen des Missglückten und Bedrohlichen hinweg. Glaubt aber das Kind der Mutter noch, wenn es erlebt, wie sie selbst am Weltgeschehen zu zerbrechen droht, den schon so lange andauernden Zustand der Vertreibung und die Erfahrung des Fremdseins als kaum noch zu meistern erfährt?

    Dann müssen andere Glücksboten, ein Geliebter oder eine Geliebte, das Erlebnis der Poesie, der Kunst, der Musik, des Theaters, der Philosophie und der allgegenwärtige, nur oft verdeckte und mit Schlechtreden und Unwissen überlagerte Reichtum der Kulturen an die Seite treten. Auf einmal zeigt sich dann die Welt auch von einer ganz anderen Seite und mit einem freundlichen, schönen, auch tiefgründigen Gesicht. In diese Weite galt es von nun an, immer wieder neu ansetzend, aufzubrechen.

Der Schriftsteller hatte zu lesen begonnen. Seine Worte blieben wirkungslos. Nach kurzer Zeit schon war ich entschlossen aufzubrechen. Ich wollte dem Redenden noch eine Zigarettenlänge Aufmerksamkeit schenken und suchte nach meinen Gauloises. Da ich sie nicht fand, schaute ich zur Seite – es war die Zeit, in der fast alle im Raum rauchten – und sah, wie meine Nachbarin genüsslich an einer zog. Sie erriet mein Verlangen, griff in ihre Handtasche (oder Jackentasche?) und bot mir eine von den ihren an: »Mögen Sie?«

Oder sagte sie *du*?, wie es damals zumeist üblich war, auch wenn man sich nicht kannte. Vor allem, wenn man sich über die Literatur, die Kunst, die Musik miteinander verbunden fühlte. Eine Art Gemeinde.

»Ich wollte gerade schon gehen. ›Realistisch‹? Ich weiß nicht. Lieber zurück zu Pasolini und Hölderlin. Oder mir einen Film in Trastevere anschauen.«

»Beides keine schlechte Idee. Alles besser, als ihm noch länger zuzuhören. Eine Chance für eine Zigarettenlänge soll er doch bekommen.«

»Höchstens für eine noch.«

Kaum waren die Zigaretten aufgeraucht, gaben wir uns ein Zeichen, drängten uns an den anderen, offensichtlich zufriedenen Zuhörern in der Reihe vorbei und verließen durch den hinteren Ausgang den Saal.

»Wohin gehen wir? Übrigens, ich heiße Jürgen.«

»Ich Ingeborg. Nicht weit von hier gibt es ein Café, in dem ich gerne bin. Dort könnten wir einen Espresso trinken und ein Eis essen. Einverstanden?«

»Ausgezeichnet. Und eine rauchen.«

Es war ja nicht verwerflich abzuhauen. Davonzuschleichen wäre es gewesen. So saßen wir nun da, schlürften abwechselnd Espresso und Cappuccino, leckten an unseren Eislöffeln rum und zogen innig an den Gauloises.

»Du hast vorhin gesagt, du hättest überlegt, lieber weiter in Pasolini und Hölderlin zu lesen, als hier dem

Chotjewitz zuzuhören. Warum Pasolini? Und warum Hölderlin? Was liest du von ihnen?«

»Von Hölderlin gerade die späten Gedichte und die Oden, schweifend in einer italienischen Gesamtausgabe, in einem Band *Poesie*, den mir eine Frau im Istituto Italiano in Köln ausgeliehen hat. Bianca. Bei ihr habe ich Italienisch auf etwas ungewöhnliche Art und Weise angefangen zu lernen. Einmal, als die Zeit unserer Orgien langsam zu Ende ging, sagte sie: ›Nimm diesen Band mit nach Rom, weil du doch Hölderlin verehrst.‹ Ich hatte Bianca erzählt, wie ich, Schüler noch, über die Deutungen eines Philosophen mit seiner Dichtung vertraut geworden war.«

Ingeborg schien überrascht und fragte zögerlich, ich meine doch nicht etwa Heidegger. Sie kenne ihn recht gut, und fügte noch hinzu, »ein bisschen wie meine Westentasche«. Jetzt sei die Westentasche aber mehr mit anderem gefüllt.

Sicher hatte sie sich heute auch in diese Lesung verirrt. Noch bevor ich sie fragen konnte, fragte sie mich, was oder wer mich verlockt hätte.

»Weil mein Philosophie-Seminar diese Woche ausfällt und mir ohnehin noch ein Stempel in den Papieren fehlt.«

»Du studierst Philosophie? Hier in Rom?«

Verwunderlich war es in der Tat, und ich fragte sie, ob sie mehr darüber staune, dass ich Philosophie studiere oder dass ich es hier in Rom tue. Von der philosophischen Seite kenne sie Rom noch gar nicht. Ich erzählte ihr, dass es die Idee meines Professors in Köln gewesen sei. Lothar Eley, ein wunderbarer, auch skurriler Philosoph sei er.

»Stell dir vor, Ingeborg, er stand während der ganzen Vorlesung zum Fenster hin gewandt vor uns. Nur dann und wann ging er zur Tafel und schrieb zum Beispiel die Wörter ›Sinn‹ und ›Bedeutung‹ oder ›Sinnliche Gewissheit‹ auf und vertauschte dabei die meisten Buchstaben, weil er seinen Gedankenfluss nicht unterbrechen konnte.«

»Das hätte mir auch gefallen.«

»In den ersten Stunden waren Eleys Vorlesungen gut besucht, dann bröckelte es nach und nach ab, am Ende blieben nur die Standhaftesten. Wenn wir weniger als sieben waren, zogen wir um in sein Wohnzimmer. Fünfziger Jahre. Eine durchgesessene Couch, ein Eichen-Couchtisch, ein Ohrensessel, vier massive Holzstühle, die für unsere Runde, zu der auch seine Frau, eine griechische Philosophin, gehörte, noch um ein paar Plastikstühle ergänzt wurden. Ohne jedes Geplänkel stiegen wir ein in das philosophische Gespräch.«

Von Ingeborgs aufmerksamen Augen angestachelt, hatte ich Feuer gefangen und erzählte begeistert, dass mich das Denken Ludwig Wittgensteins gebannt hatte. »Wie konnte man da nicht mitgerissen werden von einem Satz wie ›Die Welt ist alles, was der Fall ist‹. Gut, man hätte ihn auch banal finden können im Sinne von ›Meine Oma liegt im Sterben, das ist nun mal der Fall, alte Leute auf der ganzen Welt sterben‹. Mir aber erschien auf einmal die ›Welt‹ als eine geheimnisvolle Chiffre. Und dann nach der Lektüre des TRACTATUS die PHILOSOPHISCHEN UNTERSUCHUNGEN. Welch ein Bruch im Duktus. Alles war umgekrempelt. Ich war wieder außer mir. In einer permanenten Erregung. Und dann setzte Eley noch eins drauf. Es gäbe da eine Schrift, die niemand verstehe, wahrscheinlich sei sie nicht zu verstehen, Johann Gottlieb Fichtes TRANSZENDENTALE LOGIK. Ob ich mich daran versuchen wolle unter dem Titel ›Sinn und Unsinn von Fichtes Logik‹. Daran bastelten wir dann noch ein bisschen. Schließlich wollte er, dass ich die Bedeutung der deutschen idealistischen Philosophie für die italienische Hermeneutik herausfinde.«

»Und, hast du?«

»Bisher war ich nur auf der Insel Procida und habe am Abend frischen Fisch mit der Familie gegessen – und sonst bin ich viel geschwommen und habe eben Pasolini und Hölderlin gelesen und ein paar Gedichte geschrieben.«

»Magst du mir mal eines vorlesen? Wenn wir uns wiedersehen?«

»Interessiert dich das wirklich?«

»Ja, sehr.«

»Und liest *du* mir auch was vor? Irgendwas?«

»Ja, ein Gedicht. Mal sehn.«

Unser Einstieg war so vollgepackt mit leicht dahingesagten Verweisen auf Dichter und Denker und einem mutigen Anklopfen an die Tür der Werkstatt lyrischen Schreibens, so rasant und so vertraut im genüsslichen Rauchen und Kaffeeschlürfen, dass das plötzliche Innehalten im Redefluss und ein wortloses Sichanschauen, auch eine Spur der bisher verdeckten und jetzt sich meldenden Scheu nicht verwunderlich waren.

Ingeborg wich dem aus und entschuldigte sich, sie sei gleich wieder zurück. An meinem tiefen Durchatmen, kaum, dass sie in Richtung der Toiletten gegangen war, konnte ich sehen, wie atemlos ich – ohne hastig gewesen zu sein – gesprochen hatte. Ich griff nach einer Zigarette und legte sie sofort wieder zurück in die Schachtel. Sie allein zu rauchen erschien mir wie eine Verletzung unseres Rituals und der damit verknüpften vagen Vertrautheit. Etwas verloren kam ich mir auf einmal vor, in diesem für römische Verhältnisse ruhigen, geradezu menschenleeren Raum. Ich bestellte eine Flasche Mineralwasser, mehr, um die Zeit zu überbrücken.

Ich goss uns die Gläser voll, und wir schauten uns bei den ersten Schlucken verunsichert an. Zum Glück ohne etwas in der Art von »Lass uns anstoßen« zu sagen. Auch vermied ich es, sie Bangloses zu fragen.
  Schweigen. Ein Schweigen, wie ich es nicht kannte. Ein beredtes Schweigen. Ein Schweigen der Gedanken- und Lebensfülle?

Nach einer Weile tastete sie sich mit einer etwas verhaltenen und dennoch geradezu zielstrebigen Stimme vor: »Es gibt Tage, an denen alles erlaubt ist. Ist das so, was denkst du?«
  »Es kommt drauf an, wer es sagt. Und in welchem Augenblick er es sagt.«
  »Du meinst, es ist abhängig von der Situation? In der einen stimmt der Satz, in einer anderen nicht?«
  »Wie kommst du auf den Satz? Hat ihn jemand zu dir gesagt?«
  »Alain Delon hat ihn gesagt. Aber nicht zu mir. Leider. Er sagt ihn in SWIMMINGPOOL. Jacques Deray hat den Film gerade gedreht. Ein Freund von ihm hat mir das Drehbuch gezeigt. Wenn der Film in die Kinos kommt, möchte ich ihn gleich sehen.«
  Sie hielt etwas inne. Schien sich selbst zu unterbrechen.

»Ich weiß nicht, ob ich dich das fragen soll, aber zu deinen ersten Worten gehörte ja ... ›ein Film in Trastevere‹. Also: Wenn du magst, können wir ihn uns zusammen anschauen.«

»Vielleicht sage ich dir mal was zu dir und Romy. Nur so eine Idee. Mehr ein Blitz. Vielleicht auch nur ein Flackern. Oder nur eine Fata Morgana.«

»Da bin ich gespannt. Wie ein Flitzebogen, so sagt man doch.«

Ein Bild aus der Zeit des Kindseins.

Ich erwähnte, dass ich ab morgen bei Dreharbeiten eines Films von Franco Brocani sei. An ihren hochgezogenen Augenbrauen konnte man ablesen, dass sie ihn nicht kannte. An der Art, wie sie nach ihm fragte, war nicht zu ersehen, ob sie sich wirklich für ihn interessierte und etwas über den Film wissen wollte. So ging es ein bisschen hin und her zwischen uns. Den Regisseur hätte ich bei Michael Marschall von Bieberstein kennengelernt, sagte ich.

»Wie das?«

»Wir saßen bei ihm im Büro im Goethe-Institut, und er hat mir aus seinen neuen Übersetzungen der Gedichte von Eugenio Montale vorgelesen ...«

»Du Glücklicher!«

Und dann habe seine Sekretärin einen Regisseur angekündigt.

»Ach, das erzähle ich dir ein andermal. Dann weiß ich vielleicht auch schon mehr über den Film.«

»Morgen verreise ich erst einmal für ein paar Tage.«

»Bist du gern auf Reisen?«

»Ja, schon.«

»*Wo es für mich mehr Himmel gibt, will ich/Auf Reisen gehen*, heißt es einmal bei Ossip Mandelstam. Und kennst du diese Zeilen in Albert Camus' Tagebuch zu dem sanften Himmel über Tipasa: *Striemen frischen Lichts über den feuchten Ruinen ... Von der Sonne geweckt, die mein Bett überströmt.*«

»Ich werde die Worte mit auf meine Reise nehmen.«
»Wie oft bist du hier im Café?«
»Ganz unregelmäßig. Wenn, dann so gegen vier.«

Etwas plötzlich und auch umständlich verabschiedeten wir uns, zögerlich in den Blicken und Gesten. Irgendwie umarmten wir uns. Aber nur irgendwie, denn bevor sich unsere Körper und Gesichter wirklich berührt hätten, brachen wir die Umarmung ab. Da sah ich in ihren Augen eine Melancholie, die während des lebhaften Gesprächs verdeckt gewesen war. Wieder musste ich an Romy denken. Und warum war sie auf Romy und Delon und die Dramatik in SWIMMINGPOOL zu sprechen gekommen?

Nicht, dass ich sie in den folgenden Tagen vergessen hätte, aber andere Dinge waren in den Vordergrund getreten. Warum sagt man eigentlich *Dinge*? Es sind doch Personen, Begegnungen, Situationen, Szenen. Sagt man *Dinge*, nimmt man für einen Augenblick die Erregung und die Ängstlichkeit aus der *Sache* heraus. Auch *Sache* ist so ein die innere Unruhe herunterschraubendes Wort.

Natürlich hatte mich das Angebot des Regisseurs, am nächsten Drehtag, einem Freitag, in die Safa Palatino Studios zu kommen, beunruhigt, vielleicht auch eine Spur überwältigt. Er hatte nur angedeutet, worin meine

Rolle bestehen könnte. Hatte er überhaupt *Rolle* gesagt oder doch nicht eher *Aufgabe*? Ich hatte mich gar nicht getraut zu fragen, wo die Studios genau liegen – irgendwas mit Piazza und Colosseum – und bei wem ich mich melden sollte. Franco, wie er sich vorgestellt hatte, stand ja bestimmt nicht am Eingang ...

Erst einmal machte ich mich auf den Weg zurück in mein höchst bescheidenes Zimmer mit Blick auf den Friedhof. Es gelang mir nur sehr mühsam zu lesen und zu schreiben. Einen Fernseher hatte ich nicht. Natürlich auch kein Telefon, und auf Spazierengehen hatte ich keine Lust. Wie war das überhaupt möglich, auf einmal hier in Rom zu sein? Ein paar Jahre ist es ja erst her, dass mich der Vater in seiner Welt gefangen halten wollte. Die einzigen Worte, die ihm zur Verfügung standen, als bei der Abiturfeier mein Klassenlehrer strahlend zu ihm sagte, er müsse doch jetzt glücklich sein, dass sein Sohn so ein Abitur hingelegt habe, waren karge »Jetzt haben wir eine Arbeitskraft weniger«.

Verschlossene Ohren. Abgewandte Blicke. Und Dialogferne.

Der Vater war nach der Flucht aus Danzig abgesackt vom Großgrundbesitzer zum Knecht. Lust zum Reden mit dem *Kleinen* hatte er nicht, und als der *Kleine* herangewachsen war und von Reisen, von Philosophie, Literatur und Theater sprach, fühlte er sich überfordert. In die Lücke sprang ein psychotischer Onkel und probte sein Zerstörungshandwerk. Den *Kleinen* muss es nicht so tief verstört haben, dass er, den die Mutter liebevoll *Hänschen* nannte und dies bis zu ihrem Tod beibehielt, dass dieses Hänschen, ich, inzwischen Hans geworden, nicht wie eine Salzsäule erstarrte, als mir die mit Wissen und Macht ausgestatteten Dichter und Denker ein offenes Ohr und einen mir zugewandten Blick schenkten, ich beides erwiderte und sie darauf antworteten.

Immer wieder ging mir der Titel des Films, den Franco genannt hatte – NECROPOLIS – durch den Kopf. Was war damit gemeint? Am nächsten Tag entschloss ich mich, Michael noch einmal in seinem Büro zu besuchen, auch wenn ich Angst hatte, aufdringlich zu wirken. Aber ich musste doch wissen, was er von der *Sache* hielt. Die Sekretärin sagte, er sei in Besprechungen, so bis gegen fünf Uhr. Also lief ich ein bisschen durch die Stadt und trank, das lag ja nahe, einen Espresso in *unserem* Café, ohne Ingeborg. Warum hatte sie eigentlich auf meine Frage, ob Alain Delon den Satz zu ihr gesagt hatte, mit »Leider nicht zu mir« geantwortet? Einfach nur so? Beiläufig? Ich ging zurück ins Goethe-Institut, und die Sekretärin bat mich gleich in Michaels Zimmer. Er war sofort, ohne jede Einschränkung, Feuer und Flamme für das Film-Projekt. Meine Bedenken – schließlich war ich nach Rom gekommen, um Philosophie zu studieren, und hatte dafür auch ein Stipendium erhalten – wischte er mit einer ebenso leichtlebigen italienischen wie weltmännisch überlegenen Handbewegung vom Tisch. »Da machst du natürlich mit. Vielleicht bist du nur deswegen nach Rom gekommen. Was weiß man schon!«

Nach einem quälend langen nächsten Tag stand ich dann am Freitagmorgen gegen zehn Uhr vor den Safa Palatino Studios. Alles geschlossen. Durch das Eisentor nahm ich nichts als gähnende Leere wahr. War ich überhaupt am richtigen Ort, zur richtigen Zeit? Und war ich denn gemeint?

Eine alte Frage von früher. Ein Zweifel, der die ersten Aufbrüche in Gegenwelten zum bäurischen Leben begleitet hatte. Aber jetzt meldete er sich nur für einen Augenblick und war schon wieder verschwunden, ehe er mich hätte treffen können. Ich umkreiste das Tor, das in meinem inneren Bild immer mehr etwas von einer Himmelspforte annahm, je leichtfüßiger ich vor ihm auf und ab ging, mich auch verlierend in dem Park, der sich davor erstreckte. Vor einem Restaurant an der Piazza dei Santi Giovanni e Paolo blieb ich stehen und studierte die Speisekarte, ohne zu ahnen, dass dieser Ort schon bald ganz eng zu meinem alltäglichen Leben gehören würde.

Während ich noch in Gedanken beim Treffen mit Michael und dem plötzlichen Auftauchen von Franco war und mir einfiel, dass ich Ingeborg, falls wir uns wiedersehen sollten, doch erzählen müsste, wie es denn überhaupt zu dem Angebot des Regisseurs gekommen war, sah ich, in einiger Entfernung, dass sich das eiserne Tor, wie von Zauberhand gelenkt, öffnete. Betont lässig, fast flanierend, ging ich zum Eingang, trat in den weiträumigen Innenhof, der sich langsam belebte.

Hatte ich denn vergessen, dass ich in Italien war! Und die *Dinge* – wieder einmal die *Dinge* – sich schon von alleine regeln und *Zeit* viele, ja sehr viele verschiedene Verlaufsformen hat.

Schnell hatte ich den Weg zum Studio gefunden, in dem die Dreharbeiten stattfinden sollten. Sehr gemächlich trafen die Schauspieler ein. Franco stellte sie mir vor:

Viva, Tina, Pierre, Paul. Alle mit müden Augen, verzögerten Bewegungen und einer Ungezwungenheit und Selbstverständlichkeit mir gegenüber, als hätten wir die ganze Nacht über zusammen gekifft und getrunken. Sie holen sich zuerst einmal einen Kaffee, wir rauchten eine, und Franco sprach über die Szene, die heute »dran« sei. Zwei Kameramänner besprachen die Fahrten, und ich sollte erst langsam begreifen, dass sie es waren, die noch die genauesten Vorgaben machten. Alles Weitere war weitgehend offen. Dialoge wurden anhand von Stichworten, Bildern und szenischen Ideen improvisiert.

Darin sollte sich Viva – Franco hatte sie mir so ganz nebenbei als Andy Warhols *Superstar* vorgestellt – als unschlagbar erweisen. Mit ihr fühlte man sich wie in einem Jenseits. Jenseits von Raum und Zeit, und erst recht von Alltäglichem. Irgendwie verloren in ihrer Umgebung alle Dinge ihre Materialität. So als bestünden sie nicht aus Materie, höchstens aus Feinstofflichem. Der *Stoff*, den sie und all die anderen zu sich nahmen, war ja etwas sehr Feinstoffliches. Keine Spur von Materialismus.

Underground hieß das. Irgendjemand nannte den Film dann auch eine üppige Underground-Doku. Was wurde hier dokumentiert? Die Fülle des Lebens, Verwüstungen und Verstörungen inklusive. Ich erfuhr zum ersten Mal, dass Kunst geschichtslos (im üblichen Sinne von Geschichte) sein kann. Franco sprach sogar von einem *absolut* geschichtslosen Film. Mir gefiel, wie er den Raum gegen die Zeit ausspielte, nicht das Projekt in der Zeitform habe ihn interessiert, sondern ein Wagnis des Raums.

In den folgenden Tagen hatte sich so etwas wie ein Ritual eingespielt. Nein, Ritual klingt zu geregelt. Dazu war es zu ungeordnet, von vielen Zufälligkeiten abhängig. Es war mehr eine römische Séance: Szenen eines römischen Lebens.

Morgens ging ich in die Studios, ich war immer der Erste, begrüßte Tina, Viva, Pierre, Paul und Franco, die Kameraleute, die Kostümbildnerinnen und eine Frau in der Maske. Alle umarmte ich, unterschiedlich innig und mit einem gespielten Anflug eines neapolitanischen oder venezianischen Dialekts oder auf Englisch oder Französisch. Genau das hatte sich Franco gewünscht: all diese versprengten, in ihren eigenen Welten lebenden Wesen mit viel Sympathie und Geduld in einen von Gesten und Sprachen erfüllten Raum zusammenzuführen und dabei eine Spur von Arbeitseifer erkennen zu lassen.

Eines Tages sagte ich zu ihm, mehr aus einer Laune heraus: »Schau, jetzt bin ich schon länger als drei Wochen in deiner Crew, bin mit allen und allem vertraut, kenne die Abläufe, sofern *du* sie überhaupt kennst, und ich schlage freizügig selbst welche vor ...«

»Giovanni, ich weiß, was du mich fragen willst, und wenn es das nicht ist, biete ich es dir an: Ja, spiel mit. Schreib dir eine Rolle in das nach allen Seiten hin offene Drehbuch.«

»Dann spiel ich Vivas und Tinas Liebhaber. Beider Liebhaber, ist doch klar! Das würde mir gefallen. Eigentlich war es das gar nicht, worüber ich mit dir sprechen wollte. Fragen wollte ich dich, ob du vielleicht eine Wohnung für mich weißt. Jeden Tag muss ich umständlich hierher fahren, und es ist nur ein Zimmer, mit Blick auf den Friedhof, ohne jeden Komfort, nur eine Dusche im Gang, die ich mit jemandem teilen muss. Und ich habe kein Telefon. Ich kann hier niemanden einladen und

Ingeborg, Tina oder Viva keine Nummer von mir geben, wenn wir uns verabreden wollen ...«

»Aber hör doch, mein Lieber, jetzt kriegst du eine Schauspieler-Gage, such dir eine Wohnung, ich weiß sogar eine an der Piazza Navona, besser geht's nicht.«

»Lass dich umarmen, Franco.«

Die tägliche römische Séance nimmt nun immer ihren Anfang beim Gang in die Studios. Kaum haben wir am Morgen die neue Szene durchgesprochen, die Kamerafahrten festgelegt und ein paar Fragen der Kostüme, des Schminkens und der Musik angesprochen, brechen wir schon auf zum ausgedehnten Mittagessen in unserem Restaurant, in dem eine große Tafel für uns reserviert ist. Alles steht bereit, das Wasser, der Wein, das Brot, die Pasta wird gebracht. Zwei, drei Stunden verbringen wir hier; keiner redet über das, was heute am Set ansteht. Jeder ist ganz erfüllt vom augenblicklichen Genießen.

Zurück in den Studios, proben wir bis gegen acht, brechen dann zusammen in ein Eiscafé auf oder gehen eigene Wege. An drehfreien Tagen besuche ich Michael, gehe auf einen Espresso in *unser* Café, in der unbestimmten Erwartung, Ingeborg zu sehen. Oft bin ich abends mit Jean-Marie verabredet, in der Cinematheque, die schon sehr bald, neben den Studios, mein zweites Zuhause geworden ist. Wie auch in Paris, am Trocadéro, neben dem Musée de l'Homme, mal mit Annemarie, mal mit Jacques. In Trastevere immer zusammen mit Jean-Marie, manchmal kommt auch seine Lebensgefährtin Danièle Huillet mit, die eigentlich ethnologische Filme drehen wollte, und Pierre Clémenti, der bald schon, während der Dreharbeiten, zum Freund geworden war.

Seit ich bei einer Diskussion in einem Fernsehstudio erleben konnte, wie Jean-Marie Straub mit den Worten »Synchronisation ist Mord« in unnachahmlicher Entschiedenheit die Synchronisierung seiner Filme abgelehnt und ich ein paar Bemerkungen zur Emotionslosigkeit in seinen Filmen gemacht hatte und wie diese die verborgenen Emotionen des Zuschauers anstachelt, lud er mich oft zu sich und Danièle nach Hause zum Essen ein. Immer gab es Pellkartoffeln mit Quark. Ich begann die Speise zu lieben und erfreute mich an den silbernen Messer- und Gabelbänkchen. So was kannte ich noch nicht. Welch ein Luxus in dieser mönchischen Einfachheit: bei den Speisen, in der Art, wie die Räume gestaltet waren, im Auftreten des Paares, ohne jede Eitelkeit, ohne jede Allüren. Immer war gleich das erste Wort *Film*.

Ich kannte schon die Arbeiten der Regisseure Jean Renoir, Jacques Rivette und Robert Bresson, bei denen er in Paris assistiert hatte, und hatte also eine Ahnung davon, wie ernst er die Kompromisslosigkeit bei der Übertragung von Brechts Verfremdungs-Dramaturgie in die Sprache des Films nahm. Ich ließ mich darauf ein wie auf eine leidenschaftliche Affäre oder eine Expedition, bei der Filme, in denen Schauspieler ein illusionistisches Spiel mit der Wirklichkeit und dem Zuschauer treiben, keine Rolle spielten. Genauso wenig mochte ich ja diese dumpf exotischen Reiseerzählungen, die sich darin gefallen, eine Atmosphäre von Tropenhelm und Palmen zu erzeugen.

Oft drehte sich unser Gespräch darum, wie sich überhaupt die literarische Sprache der Textvorlage in die Sprache des Films übersetzen lässt. Vor den Augen von Straub und Huillet türmte sich noch ein anderer Felsbrocken auf: die Übertragung ins Deutsche, sofern es sich um einen französischen Text handelte. In ihrem Film OTHON erschlossen sie sich die Sprache Pierre Corneilles so, als sezierten sie einen Körper. Und als sie merkten, dass ich daran Feuer fing und einwarf, man müsse »akribisch bis zum Ursinn« vorgehen, machten sie den Vorschlag, wir könnten uns doch mit dieser Akribie gemeinsam den Texten Racines zuwenden und die Bedeutungen der Wörter aus mehreren, zeitlich aufeinander folgenden Dictionnaires erschließen. »Das würde Roland Barthes sicher gefallen«, bemerkte ich, und wir begannen ein paar Tage später mit der Arbeit.

Es ging dann aber nicht richtig voran. Jean-Marie musste nach Paris, und ich war doch sehr beschäftigt mit den Dreharbeiten. Als wir uns wiedersahen, kamen wir noch einmal auf seine CHRONIK DER ANNA MAGDALENA BACH zu sprechen und dass die massive Kritik an dem Film nicht verstummt war. Er fragte nicht direkt, aber ich spürte seinen Wunsch, dass ich etwas Grundsätzliches über seine Ästhetik schrieb, auch auf der Grundlage unserer Gespräche.

Ich wusste ja sehr genau, wie lange er sich um Filmrechte, Gelder, Drehorte und die richtige Kamera bemüht hatte, wie er die Textvorlagen skelettierte, Psychologie auf Verhaltensweisen reduzierte. Einstellungen entwickelte er so, als ginge es um den Start einer Rakete und darum, die Fehlerquelle auf null hin zu verringern. Mit der Präzision eines Uhrwerks, einem absoluten Gehör und Gespür für Rhythmus und Grammatik trifft er, das *Filmtier*, wie er sich nennt, die Entscheidungen unwiderruflich: was und wer zu sehen ist und was und wer nicht. Er, der Text und der Film, jeder auf seine Weise, kämpfen gegen die Trägheit der Materie und zuweilen gegen die Natur an, gegen die zu heiße Sonne, den zu heftigen Wind, gegen den prasselnden Regen.

Etwas war mir an ihm fremd geblieben: wie er sich eins zu eins mit linken Gewaltaktionen identifizierte. Ich verstand nicht, wie sich eine dogmatische politische Haltung mit der notwendigen Freiheit in der Umsetzung der Filmästhetik verbinden lässt. Ich wollte das genauer von ihm wissen. Da schlug er eines Tages vor, dass ich mit ihm in eine Gegend etwa hundert Kilometer nördlich von Rom fuhr und wir ein paar Kamerafahrten ausprobierten.
»Meinst du, die Kamera passt in dein Auto?«
»Wir versuchen es.«
Als wir am späten Abend, nach endlosen Begehungen des möglichen Drehortes, zurückfuhren, sagte er: »Morgen wird in Rom ein Haus abgerissen. Begleitest du mich?«
»Ja, natürlich, dann lassen wir die Kamera gleich im Auto.«
Jean-Marie ist mit den Bewohnern vom ersten Augenblick an von Grund auf solidarisch. Er denkt für sie mit, gleichgültig, ob auch nur ein einziger Arbeiter seine Filme verstehen wird. So hatten wir eine Ebene gefunden, auf der wir fortan über den Regisseur und seine Einmischung mit den Mitteln des Films in die notwendigen Veränderungen der sozialen Verhältnisse sprachen.
Wieder eine Anfrage: Das italienische Fernsehen will ihn aus seiner finanziellen Not befreien, bietet ihm an, seine Filme, synchronisiert, zu zeigen. Wieder lehnt er ab: »Synchronisation ist Mord.«

Jean-Marie Straub ist wie eine Kamera.

Beharrt auf der einmal gewählten Einstellung – die Erde und der Raum seien doch, sagt er, kein Kaugummi, nichts, was man durchkauen müsse, um irgendeine vermeintlich interessante, bislang unentdeckte Nuance zu erwischen. »Und am Schluss ist überhaupt keine Logik mehr im Raum.«

Nur nachts haben er und die Kamera nichts miteinander zu tun, wenn die Seele des Regisseurs ihre eigenen Wege geht, während die Kamera – unbeseelt oder doch auch beseelt? – standhaft bleibt.

Wann immer wir uns in der Cinematheque sehen, trägt er einen Mantel und raucht Gitanes. So als sei bei seiner Geburt der Film schon angelaufen gewesen und er in die freigewordene Rolle eines alterslosen und weitgehend bewegungslosen Mannes hineingesprungen, ohne eine Kindheit erlebt zu haben. Während der Film läuft und läuft. Ich sitze neben ihm. Die Marx Brothers flackern über die Leinwand. Das Publikum ist begeistert. Mich reißt es vom Stuhl. Dann auf einmal beginne ich mich meines Lachens zu schämen, denn mein Blick zur Seite erwischt ein versteinert dreinblickendes Gesicht. Mir bleibt das Lachen im Halse stecken. Der Film ist zu Ende. Wir stehen auf. Ich möchte schnell weg. Da wendet sich Jean-Marie mir zu und sagt: »Genial.« Zu überwältigt war er gewesen, um einfach nur zu lachen.

Wir gehen danach, wie meistens, zusammen Eis essen.

Inzwischen lebte ich in einer großen Wohnung an der Piazza Navona, und es kam mir vor, als sei ich in einen Mythos eingezogen. Man hatte mir ja nicht nur ein Tor geöffnet, um einen Blick hineinzuwerfen, sondern die Erlaubnis gegeben, darin zu wohnen.

Damit war ein neuer Fixpunkt in meine römische Séance gekommen. Der Mythos hatte auch eine praktische Seite: Direkt neben meinem Haus lag die beste Pizzeria der Stadt. Alle kommen hierher, die Fotos der großen Schauspieler, die je in Rom gedreht haben, hängen an den Wänden. Der Pizzaofen steht mitten im Raum, und so ist es selbst im Winter derart heiß, dass man am liebsten nackt am Tisch sitzen würde. Als Nachbar der Inhaberfamilie hatte ich inzwischen einen Stammplatz für mich und die Freunde inne.

Wie doch die inzwischen längst eingespielte Rolle in dem Film und die Rolle des Mieters einer Vier-Zimmer-Wohnung, inklusive einer riesigen Bibliothek, die der Vormieter samt den Möbeln für drei Jahre hinterlassen hatte – so lange sollte seine Professur in New York dauern –, das Lebensgefühl verändern können! Meinem Prof in Köln schrieb ich, wenn auch in großen Abständen und von immer geringerem Umfang, Berichte über den *Fortschritt* meiner philosophischen Forschungen, stets eingeleitet von einer Bemerkung über den aktuellen Stand der Anarchie in Italien.

Zum Glück hatte ich über einen guten Freund aus Köln, den Komponisten Luca Lombardi, den ich bei einem von Mauricio Kagel gehaltenen Kompositionskurs kennengelernt hatte, die Bekanntschaft seines Vaters Franco, des damals wichtigsten italienischen Philosophen, gemacht. Zusammen mit Luca besuchte ich ihn an mehreren Wochenenden in seiner Villa in Marino, gegenüber der Sommerresidenz des Papstes. Franco hatte mich schnell in sein Herz geschlossen, auch wenn ihm mein Leben hier etwas dubios erschien. Er erzählte mir alles über die italienische Hermeneutik, was ich eins zu eins an meinen Professor nach Köln weiterleitete.

Eines Tages aber verdüsterte sich das Verhältnis zwischen Franco und seinen Kindern. In seiner Rolle als Uni-Rektor ließ er einen seiner Söhne und seine Tochter, die Maoisten waren, verhaften. Als sie wieder freikamen, hatten sie innerlich schon mit ihm gebrochen. Kaum, dass er und seine Frau begonnen hatten, die damit verbundene Trauerarbeit auf sich zu nehmen, wurden sie Opfer gewalttätiger *intrusi*: Spezialisten, die eine *perfekte* Sicherheitsanlage in Francos Haus installiert hatten und als Einzige, außer ihm und seiner Familie, den Code kannten. Sie hatten nicht nur Bilder und eine Münz- und Skulpturensammlung gestohlen, was schon schlimm genug war, sondern beide, sie offenbar mit sexueller Gier, gefesselt und geknebelt zurückgelassen. Erst am nächsten Morgen hat die Haushälterin sie aufgefunden und die Freunde benachrichtigt. Signora Maria, deren Namen und deren Herzlichkeit ich auch heute noch in Erinnerung habe, rief, sicher mit fast tränenerstickter Stimme, alle an, auch Michael Marschall von Bieberstein im Goethe-Institut.

Am nächsten Tag war ich abends ohnehin mit ihm verabredet, und er erzählte, wie er alles stehen und liegen gelassen hatte, raus nach Marino zu seinem alten Freund und Ratgeber in philosophischen Debatten gefahren war und sie einfach nur ein paar Stunden zusammengesessen hätten. »Was soll man da reden? Aber schweigen ist genauso furchtbar. Oder, was meinst du, Jürgen? Trösten?

Aber wie? Mit welchen Worten?« Francos Frau würde sich, das befürchteten wir, von diesem traumatischen Erleben nicht erholen und sich ganz zurückziehen. Er würde sicher an seinem philosophischen Werk erst einmal nicht weiterschreiben, von der Uni vielleicht ganz Abschied nehmen und der Schuld nicht gewachsen sein, die er mit der Verhaftung von zwei seiner Kinder auf sich geladen hatte. Michael hatte schon mit Luca telefoniert. Er komme morgen Abend zu ihm nach Hause. Ich sagte spontan zu, dabei zu sein.

»Jürgen, jetzt ist ein trauriger Augenblick. Aber es gibt auch etwas Schönes zu berichten. Davon würde ich dir eigentlich lieber in glücklicheren Zeiten erzählen. Es wird dich freuen. Vor ein paar Tagen hat mich nämlich Ingeborg mal wieder besucht, leider hatten wir uns in letzter Zeit viel zu wenig gesehen. Ich mag sie sehr gerne. Sie hat nach dir gefragt. Ich wusste gar nicht, dass ihr euch kennt ...«

»Indirekt bist du dran schuld, aber ›kennen‹ ist zu viel gesagt ...«

»Wieso bin ich dran schuld?«

»Na ja, wir saßen bei Chotjewitz' Lesung hier bei dir nebeneinander und haben zusammen eine geraucht.«

»Das war aber nicht alles, sonst hätte sie wohl kaum nach dir gefragt.«

»Was hat sie denn gesagt?«

»Sie wisse nur deinen Vornamen und du auch nur den ihren. Bei mir hättest du einen Regisseur, Franco Brocani, kennengelernt. Und jetzt würdest du wahrscheinlich mit ihm arbeiten. Mehr wisse sie nicht, und Telefonnummern oder Adressen hättet ihr nicht miteinander ausgetauscht. Das ist ein lieber Freund, habe ich gesagt, und dass du tatsächlich in dem Film mitspielst und inzwischen ganz großartig wohnst und wir schon zusammen in der legendären Pizzeria an der Piazza Navona waren und dass Baby auch mitgekommen war. Ja, so war das, Jürgen, schließlich habe ich sie gefragt, ob ich dir ihre Telefonnummer geben soll. Hier ist sie.«

Ich war etwas verlegen. Was sollte ich sagen? Es war mit Ingeborg ja mehr die Vertrautheit einer Zigarettenlänge. Oder auch mehrerer Zigarettenlängen. Eine gewisse Kühnheit sei schon mit im Spiel gewesen: sich einmal Gedichte vorzulesen, vielleicht. Und dann eine gewisse Verrenkung bei der Abschiedsumarmung. Irgendwas stimmte daran nicht. Wie eine stürmische Umarmung, aber abgebremst. Ich kannte das so nicht. Entweder waren die Frauen verklemmt oder wild. »Du hast miterlebt, wie ungezwungen Maria und ich miteinander waren, und dann erst mit Bianca, wovon ich dir ja erzählt habe, oder jetzt mit Viva. Das ist allerdings was anderes: Viva ist professionell auf Nähe eingestimmt, und bekifft ist sie auch immer. Gut, ich rufe Ingeborg mal an.«

Verräterisch war das Wörtchen *mal*. Es sollte das innere Drängen vertuschen.

Mein Vormieter hatte das Telefon abgemeldet, die Formulare für die Neuanmeldung waren aber noch nicht eingetroffen, und es gab keine Adresse, wo man sie hätte abholen können. So schlenderte ich betont lässig in *meine* Pizzeria, kurz bevor der *run* losging, und bat die Signora an der Kasse, die neben dem Pizzaofen stand, mal kurz telefonieren zu dürfen. »Aber klar doch, Giovanni«, sagte sie in ihrem unnachahmlichen Palermo-Dialekt, für den ich sie nach jedem Satz hätte umarmen können.

»Hallo, Ingeborg, Michael hat mir deine Nummer gegeben. Ich habe mich sehr gefreut. Bist du von deiner Reise zurück?«

»Jürgen! Das ist ja eine Überraschung. Aber hör doch, ich bin schon seit Wochen, gefühlte Monate zurück. Ich dachte, du kommst mal in unser Café. Eine Telefonnummer von dir hatte ich ja nicht.«

»Ich von dir auch nicht. Hast du Lust, um neun in die Pizzeria zu kommen, du weißt ja, welche. Ich rufe auch von hier aus an.«

»Aber werden wir einen Platz bekommen?«

»Ich habe einen. Solange ich in Rom bin. Wenn ich keinen Mist baue. Was auch immer das sein könnte. Der wunderbaren Madame an der Kasse habe ich schon ein Gedicht vorgelesen, Michael und Freunde haben mir dabei geholfen, es in palermoianisch zu übersetzen.«

»Ich komme. Um neun?«

»Schön. Ich freu mich. Weißt du überhaupt noch, wie ich aussehe? Bei den Dreharbeiten trage ich immer einen schwarzen Hut, einen Borsalino. Den hat mir der Regisseur verpasst. Vielleicht habe ich ihn heute Abend auf.«

»Ich ziehe vielleicht einen weißen Hut auf. Aber eigentlich stehen mir Hüte überhaupt nicht. Ich probier das jetzt mal aus mit dir.«

»Behutet, behütet. Ich freu mich. Und vergiss nicht, mir ein Gedicht mitzubringen.«

»Mal sehn.«

Es waren noch gute vier Stunden Zeit. Was tun? Lesen? Schreiben? Herumlaufen? Ich ging zurück in die Wohnung und vertiefte mich endlich mal etwas gründlicher in die mir zugefallene Bibliothek und blieb sogleich bei der französischen und, direkt daneben, der italienischen

Abteilung stehen. Da waren sie nun aufgereiht, Kopf an Kopf, die geliebten Exzentriker Marquis de Sade, Georges Bataille, Jean Genet und Pasolini. Es war wie damals in Paris, als ich auch für drei Jahre eine luxuriöse Wohnung an der Place de Furstenberg hätte mieten können, wo die Genet-Bände sogar im Bad herumlagen. Würden wir heute Abend auch über das Verruchte und Obszöne, die Überschreitungen und Grenzverschiebungen, hin zum Unmöglichen, so wie es die Literatur vermag, sprechen?

Ich wusste ja von ihr nicht viel mehr, als dass sie mit Lust rauchte und eine Literatur, so wie wir sie gehört hatten, so wenig wie ich mochte, dass sie mit den Namen Hölderlin und Pasolini offensichtlich eine gewisse Nähe verband, einmal den Namen Heidegger eingeworfen hatte und dem Vorlesen eines eigenen Gedichts nicht abgeneigt schien. Falls sie das nicht nur so gesagt hatte. War sie vielleicht Schauspielerin oder arbeitete sie in einem Institut, so wie Bianca?

Kurz vor neun Uhr entschied ich mich, nicht die verschlissenen schwarzen Klamotten anzuziehen, sondern einen maßgeschneiderten weißen Anzug, maßgeschneidert allerdings für einen guten Freund in Nepal, der ihm aber zu klein geworden war und den er mir geschenkt hatte. Mir war er viel zu groß, so als hätte ihn Yamamoto entworfen. Und ich setzte den bräunlichen Strohhut aus Havanna auf, nicht den schwarzen Borsalino.

Ich nahm die paar Treppen runter zur Straße im Gleitflug, stand schon vor der überfüllten Pizzeria, nachdem ich mich durch die Schlange davor gemogelt hatte, ging schnurstracks zur Signora an der Kasse, umarmte sie und setzte mich an *meinen*, den einzig freien, Tisch, direkt hinter ihr. Wir tauschten uns ein bisschen aus, über das Leben, sie lachte zu mir runter und konnte alles gleichzeitig: reden, zuhören und die Rechnungen für die Gäste ausstellen, kassieren und, sobald ein Tisch frei geworden war, diesen den nächsten, zwar ungeduldigen, aber doch ausgelassen plaudernden Gästen aus der Schlange zuweisen. »Ich bin heute übrigens wieder mal mit einer Frau hier verabredet. Keine von denen, die du kennst. Es ist Ingeborg. Eigentlich kenne ich sie gar nicht. Ich glaube, sie ist Schauspielerin. Sie schreibt auch Gedichte. Werde ich ja wohl genauer erfahren. Ich gehe mal nach ihr schauen. Vielleicht steht sie draußen. Sie ist etwas schüchtern. Manchmal trügt der Schein aber auch.«

Zuerst trafen sich unsere Hüte.

Und darunter die zwei neugierig dreinschauenden Gesichter und dann zwei Körper, die nicht so recht wussten, wie nah sie sich kommen sollten. Oder durften. Ich nahm sie sanft an den Arm, um ihr anzudeuten, dass sie sich nicht um all die anderen Leute kümmern brauchte und *unser* Tisch auf uns wartete. Ich stellte ihr die Kassiererin vor, die Ingeborg, so gut das ging, über die Kasse hinweg umarmte und sie so in die Familie aufnahm. »Das ist unser Tisch«, sagte ich zu Ingeborg, die sich etwas umständlich zu einem der beiden ganz dicht beieinander stehenden Stühle durchzwängte. Sie deutete mit einer Hand eine Bewegung an, aus der zu ersehen war, dass sie ihr schwarzes Mäntelchen irgendwo ablegen wollte. Ich zuckte leicht die Schultern, woraus sie ablas, dass es keine Garderobe gab.

»Das also ist dein zweites Wohnzimmer?«

»Eines von mindestens fünf: Natürlich gibt es zuerst eines in meiner Wohnung, dann hier, schließlich in den Filmstudios und auch Michael Marschalls Büro. Und natürlich die Cinematheque in Trastevere. Und welches sind deine Wohnzimmer? Ist eines dein Lieblingscafé, in dem wir Espresso und Cappuccino getrunken und Eis gegessen und geraucht haben?«

»Ja, es ist schon eines. Aber ›wohnen‹ ist vielleicht etwas zu viel gesagt.«

»Trinken wir einen Wein? Und darf ich dir auch die Pizza bestellen, die ich am liebsten mag?«

»Es ist immer gut, wenn mir Entscheidungen abgenommen werden. Ein bisschen eng ist es schon. Oder findest du nicht?«

»Zu eng?«

»Mal sehn.«

»*Mal sehn*, das gefällt mir, so heißt ein Kino, an das ich mich gerne erinnere. Da habe ich viele experimentelle Filme gesehen. Übrigens, du musst mir noch erzählen, wie es in SWIMMINGPOOL weitergegangen ist.«

»Aber zuerst musst du von deinem Film erzählen.«

»Ich bestell jetzt unsere Pizza. Wein, Wasser und Brot stehen ja schon da. Und rauchen wir eine? Eine von deinen?«

Vielleicht haben wir uns nur noch einmal getroffen, um eine zusammen zu rauchen, eine von ihren Gauloises. Ich fühlte überhaupt kein Verlangen, sie nach ihrer Biographie zu fragen. Biographie, wie man das so nennt, um das Leben in seiner Dramatik zu versachlichen. Zerstört nicht schon die Frage danach, was der andere *beruflich* mache, den unbegrenzten Raum der Phantasie? Warum ist das wichtig? Ich weiß doch, dass sie eine Geschichte hat. Kein Mensch ist ohne Geschichte. Genügt das nicht? Wir sitzen hier, reden, essen, trinken, rauchen, lachen zuweilen, schauen uns an oder auch nur im Raum umher, sitzen ganz dicht beieinander, auch wenn wir es nicht frei gewählt haben. Zuweilen so dicht, dass kein Blatt zwischen uns passt. Wir berühren uns, mal mehr, mal weniger, das hängt von den Bewegungen ab, zum Beispiel, wenn wir das Glas heben, zu Messer und Gabel greifen, das Pizzastück oder die nächste Zigarette zum Mund führen.

»Was denkst du, Jürgen? Du bist auf einmal so still geworden.«

»Es ist schön, mit dir zu sein. Einfach so. Obwohl mir der Raum hier schon sehr vertraut ist, fühlt er sich mit dir doch anders an.«

»*Wie* anders?«

»Fremd und vertraut zugleich.«

»Was ist dir fremd an mir? Und was vertraut?«

»Ich will es nicht trennen. Aufspaltungen sind doch immer künstlich. Wir nehmen sie nur vor aus Angst und Unsicherheit und um damit ein Sicherheitsnetz zu spannen.«

»Woher weißt du das, du bist doch noch so jung.«

»Jeder von uns hat alles in sich gespeichert. Wenn wir uns allerdings dessen ständig gewiss wären, machte es uns wahrscheinlich lebensunfähig. Irgendwie auch verrückt. Dich vertraut-fremd-vertraut zu nennen ist doch eigentlich ganz schön. Oder? Ich glaube nicht, dass du nur das eine oder das andere sein willst.«

»Gut, dass du mir nicht die üblichen Fragen stellst. Warum bist du so frei, oder interessiere ich dich gar nicht?«

»Sag nicht so was Blödes.«

»Das war wirklich blöd. Und unbeholfen.«

Fast gleichzeitig drängten wir zum Aufbruch. Zu viele Gäste warteten ungeduldig auf einen Platz. In einem Café nebenan fanden wir einen Tisch im Freien. »Ich weiß gar nichts von deinen Dreharbeiten. Wie ist es für dich? Ich glaube, es gefällt dir. Wenn ich richtig in deinem Gesicht lese.«

Ich erzählte, dass ich in dem Film mitspiele, obwohl es eigentlich gar nicht vorgesehen war. Ein bisschen reingemogelt hatte ich mich in die Rolle des Liebhabers von Viva und Tina. Natürlich würde sie, da war ich mir ganz sicher, gleich fragen, wie es dazu gekommen sei, vielleicht auch direkter, ob sie schön seien, Viva und Tina. Natürlich fragte sie. Lachend sagte ich, ja, sie seien schön, auf eine die Szenen sprengende Weise. Tina treibe das so weit, dass sie in die Kamera schaut, als schliefe sie mit ihr. Und Viva? Das sei verkörperte Androgynität. »Das muss ich dir ein andermal erzählen, wenn du magst. Ich sehe, dir ist ein bisschen kalt geworden und du möchtest aufbrechen. Sag mir noch ein Wort zu einer Frage, die mich heute immer wieder streifte: Wann schreibst du eigentlich ein Gedicht? Wenn es anders nicht weiterginge? Hast du eines mitgebracht?«

Zum ersten Mal wurde ihr Gesicht ganz ernst. Mehr als nur melancholisch, tiefernst. Sie schaute mich an, ohne was zu sagen. Ich wollte sie zu einem Taxi begleiten, sie wünschte aber, alleine zur Straße zu gehen. »Ich ruf dich an, Jürgen.«

»Aber mein Telefon ist noch nicht angemeldet, *ich* muss dich anrufen. Mach's gut.«

»Du auch.«

Ich traf wieder öfters Luca, wir fuhren auch zu seinen Eltern nach Marino, er versöhnte sich mit ihnen. Ich sah Michael, er fragte, ob ich *sie* angerufen hätte, ich sagte »ja, auch getroffen ...« Natürlich wollte er wissen, wie es war.

»... ich weiß nicht ...«

»... was heißt das, ich weiß nicht ...?«

»... es heißt, ich weiß nicht.«

Ich schaute mit Jean-Marie Filme in Trastevere an und ging jeden Morgen in die Studios. Eines Tages war ein großer Auflauf im Hof. Ich fragte nach dem Grund. Es sei wegen Orson Welles, er drehe heute und in den folgenden Tagen hier.

Am nächsten Morgen, kaum, dass ich durch das eiserne Tor getreten war, fuhr ein Wagen in den Hof, was eigentlich verboten war. Ich blieb stehen und sah, wie sich eine übermächtige Gestalt, eine etwas in die Länge gedehnte Kugel in Schwarz, aus einem Fiat, eine Spur größer vielleicht als mein 500er, gesteuert von einer großen eleganten Dame, hievte. Es war wie in einem Trickfilm. Eigentlich erlaubten es die Größenverhältnisse gar nicht. Ich ging zu dem Wagen, nickte der Dame bewundernd und Orson Welles ehrfürchtig zu. Dann sagte ich ein paar englisch-italienische Worte, die meine Freude zum Ausdruck bringen sollten. Nie zuvor habe ich in ein so tiefgründiges und in Ansätzen zerfurchtes Gesicht geschaut, als habe es schon die ganze Welt in allen Zeitaltern, zurückreichend bis zu den Schöpfungsmythen und den frühesten Weltkatastrophen, gesehen. Für einen kurzen Augenblick schien er gerührt zu sein von meinen Worten (oder meinem Gestammel), und ich glaubte, eine leichte Bewegung in seinen Lippen und Augen gesehen zu haben.

Die Dreharbeiten waren gut vorangegangen, und ein Ende schien absehbar. Würde ich die Wohnung behalten können? Mit dem Stipendium allein sicher nicht. Und mein Prof schien auch, so konnte ich es seinem letzten Brief entnehmen, etwas ungeduldig geworden zu sein. Zu Recht. Hätte die weitere Zahlung des Stipendiums auch ausgesetzt werden können? Einmal, als wir abends alle zusammen in unserem Studio saßen und ich auch länger mit Franco allein sprach, muss er meine innere Unruhe bemerkt haben. »Giovanni, ich will dich schon seit ein paar Tagen fragen, ob du Lust hättest, wenn unser Film zu Ende ist, eine ganz andere Arbeit für mich zu übernehmen. Ach, was heißt Arbeit! Lust soll es dir bereiten.«

»Ja, gerne, was denn?«

»Würdest du Drehorte für meinen nächsten Film aufsuchen? Erzähl mir noch was von deinen Reisen …«

Wir durchstreiften die Kontinente, als gäbe es keine Grenzen und als seien Entfernungen nur ein Phantom. Sehr bald schon sah ich in ihm auch den Maler, der sich die Welt auf einer Leinwand erschuf. Er erzählte von einer Hommage, die er für William Blake entworfen hatte.

Wie wird es mir ergehen, wenn Franco mit seiner Crew wieder in alle Himmelsrichtungen aufbricht? Würde ich Viva und Tina je wiedersehen und vor lauter Aufregung und Ergriffenheit noch einmal so innig an meiner Zigarette rauchen, als machte ich Werbung für eine Marke? »Wenn der Film hier Premiere hat, kommen wir natürlich«, sagten da Viva, Tina und Pierre geradezu synchron, »und du doch auch, Giovanni?«

»Ja, natürlich, vielleicht bin ich da ohnehin noch in Rom.«

»Du kommst ja morgen mit, wir fahren alle zusammen für drei Tage nach Sperlonga, in das Haus eines Malers, das er uns zur Verfügung gestellt hat.«

»Natürlich.«

Ein Dorf ganz in Weiß. Die Häuser und die Straßen. Und wir, die bunten Vögel, mittendrin. Tag und Nacht gingen ineinander über. Das Reden und die Musik, die Sonne und der sternenklare Himmel. Ich weiß gar nicht mehr, wie wir überhaupt zurückgekommen sind. Wahrscheinlich mit einem Taxi. Vielleicht auch mit einem Fiat 500. Wenn Orson Welles in so einem ähnlichen Wagen Platz gefunden hatte, warum denn nicht auch wir fünf!

Sie hatte ich nicht mehr angerufen. Einmal, an einem Nachmittag, als die Proben ausfielen, ging ich, ohne viel darüber nachzudenken, in unser Café – *unser* war nun wirklich etwas übertrieben. Ich setzte mich an den damals-unseren Tisch, bestellte einen Espresso, rauchte eine und fing an zu schreiben. Als ich merkte, dass das in den letzten Tagen begonnene Gedicht als Gedicht nicht gelang, fing ich an, es in Prosa zu übertragen, und erlebte, wie sich der lyrische Rhythmus ungezwungen und wie befreit in der Prosa ausbreitete. Es war der Augenblick, in dem ich aufstand und den Ober fragte, ob ich mal telefonieren könne. Der Zettel, auf dem Michael ihre Nummer aufgeschrieben hatte, war noch in meiner Tasche.

»Hier ist Jürgen.«

»Jürgen.«

Pause.

»Ich bin in deinem Café. Magst du auf einen Espresso vorbeikommen?«

Pause. »Ja.« Pause. »In knapp zwei Stunden könnte ich da sein.«
»Ich freue mich.«
Pause.
»Ich auch.«
Würden wir anknüpfen an die letzte Begegnung und den plötzlichen Aufbruch bedauern? Oder einfach nur der augenblicklichen Freude folgen, uns wiederzusehen? Wird sie fragen, warum ich mich so lange nicht gemeldet habe? Nur nicht in diese Falle tappen und ein Schuldgefühl konstruieren, das ich gar nicht hatte. Ich schaute ein bisschen im Raum umher, einmal streifte mein Blick ein Paar, das sich entweder schon alles erzählt hatte oder nicht wusste, wo es bei all den noch nicht erzählten Geschichten anfangen sollte.

Ich schrieb weiter an meinem Nicht-Gedicht und begann mich zu fragen, wann eigentlich die ersten Bücher und gemalten Bilder in den bild- und buchfreien Raum meiner Kindheit getreten waren.

Das erste Bild, das mich erregte, so erinnerte ich mich jetzt, war die Venus von Giorgione, die ich als Zwölf-, Dreizehnjähriger beim Durchblättern von KNAURS LEXIKON A-Z entdeckte. Ich hatte das Buch – mein erstes eigenes Buch? – zum Geburtstag oder zu Weihnachten geschenkt bekommen. Plötzlich fiel mein Blick auf diese nackt vor mir ausgebreitete Frau. Es war sicher das erste Mal, dass ich die verbotene und doch hier offengelegte Kraft der Erregung, die Tabuzone des Bildes erfuhr. Und damit den Urgrund des voyeuristischen Verlangens.

So muss es auch gewesen sein, als ich das erste Mal *bewegte* Bilder im Kino sah, die in die Ferne gerichtet waren. Meine Brüder hatten mich, den lästigen Kleinen, achtlos auf den Schlitten hinten draufgesetzt. Wir stürzten. Ich schrie wie am Spieß. Sie brachten mich in ihr geheimes Versteck in einem Turm und verarzteten mich, im festen Glauben, die Mutter bemerke all die Schürfwunden nicht. Als Belohnung versprachen sie mir, falls ich dichthalte, mich am Sonntag mit ins Kino zu nehmen. So sah ich meinen ersten Film: STURM ÜBER ARIZONA. Ein Western. Ein Abenteuerfilm. Für mich war es offensichtlich ein Geschehen, das ein inneres Abenteuer entfachte: einen Aufbruch in eine Welt mit Gegenfiguren zum Vater und zu Onkel Walter. Diese Film-Figuren strahlten etwas dem Zuschauer – also mir – Zugewandtes aus. Und an ihrer Seite (nicht abseits!) eine Frau. Dabei wurden hier doch auch Kämpfe ausgetragen. In meiner Wahrnehmung aber verschwanden sie hinter den Gesichtern, die mich anschauten. So jedenfalls muss es mir erschienen sein.

Später schenkte mir eine Bekannte aus Arizona ein altes Plakat des Films ARIZONA WHIRLWIND mit der Bemerkung: »Hier links, das bist doch du.«

»Erstaunlich. Das war ein Jahr vor meiner Geburt. Dass du mich da schon erkennst, ist ein untrügliches Zeichen deines Weit- und Tiefenblicks.«

Wie hatte mein kindlicher Blick die schnelle Folge von Bildern, Szenen, Gesichtern wahrgenommen? Alles so fern meiner Welt. Gab es da etwas zu verstehen, oder sollten die Blicke einfach nur dem Geschehen folgen? Ein Sturm, in den ich geraten war? Aber keiner, der mich weg, sondern zu mir hintrug?

Nicht anders verhielt es sich mit den Büchern. Auch hier verließ man überwältigt den eigenen Ort und machte sich auf, um einen anderen Ort zu finden. Einen noch größeren Schritt verlangte, wie ich erfahren musste, die Musik. Als Eröffnung eines Universums, einer in meinen Ohren gänzlich fernen Klangwelt.

Blieb ich nicht fortan der Suche nach dem Fernen, dem Anderen, auch dem Exotischen, treu, trotz der darin verborgenen Verblendung? Keine kritische Einstellung konnte wirklich diese Lust an dem, was mit *exotisch* meist abwertend umschrieben wird, verhindern. Ich wusste nicht wirklich, was damit gemeint war, wenn Menschen von der Erweiterung des Bewusstseins und der Droge als einer besonders verlockenden Möglichkeit sprachen. Waren auch *das Wort*, auch *das Bild*, auch *der Ton* Drogen?

Hier nun war mit Wucht ein Buch in mein Leben gekommen: William S. Burroughs' NAKED LUNCH. Darin wird die Erweiterung durch Drogen auf eine, wie ich später erfuhr, so exemplarische Weise beschrieben, dass man von einer »maniakalisch-exquisiten Einsicht« gesprochen hat. Und in Henry Millers WENDEKREIS DES KREBSES, dem zweiten Meilenstein einer mir fremden Welt, erfuhr ich auf andere Weise diese ausgesprochene Hingabe an das Strömen und einen sich ekstatisch verzehrenden Hunger nach mehr Leben, gipfelnd in einem wilden Lyrismus ...

»Hallo, Jürgen.«
　»Hallo, schöne Frau mit dem weißen Hut.«
　»Jetzt sehe ich endlich mal deinen schwarzen Borsalino, der dann wohl in die Filmgeschichte eingehen wird.«

»Ja, ganz bestimmt. Wo magst du sitzen? Hier oder hier?«

»Das gefällt mir, zweimal ›hier‹. Nur der Blick verrät, welches ›hier‹ gemeint ist.«

»Das ist die Macht des Deiktischen. Ein wunderbares Wort, findest du nicht auch? Es kommt so fremdartig daher und meint doch eigentlich etwas Sinnliches.«

»Bist du jetzt ein philosophierender Schauspieler oder ein schauspielernder Philosoph?«

»Als Schriftsteller nimmst du mich wohl gar nicht wahr. Ist auch besser so. Du hast ja recht. Was bin ich? Was soll ich sein? Ich schaue dich einfach nur an und freue mich, dass ich in einem Augenblick, als ich hier saß, die Idee hatte, dich anzurufen.«

»Was war das für ein Augenblick?«

»Als ich ein Gedicht, das nicht gelingen wollte, in Prosa umschrieb. Jetzt aber waren meine Gedanken abgeschweift zu den ersten Bildern und Büchern meiner Jugend, und gerade, als du kamst, war ich angelangt bei Henry Miller und seinem ekstatisch sich verzehrenden Hunger nach mehr Leben …«

»Das trifft sich ja gut.«

»Und ich wollte dem Verlangen nachspüren, dem Verlangen nach den ursprünglichen Wirklichkeiten, nach einem archaischen und unverbrauchten ›Ur-‹ und dem Dionysischen, ob bei Henry Miller oder William S. Burroughs. Und natürlich in Nietzsches ZARATHUSTRA. Weißt du, diese drei Bücher bildeten vor vielen Jahren ein Grundmuster meiner sich entwickelnden Bücher-Liebesgeschichten. Welches waren denn deine ersten Bücher?«

»Ich weiß es und ich weiß es nicht.«

»Das heißt?«

»Ich habe nicht so eine Buch-Liebesgeschichte, wie du sie eben erzählt hast.«

»Ich könnte mir vorstellen, dass René Char eine schon frühe Liebesgeschichte für dich hätte sein können.«

»Ja, das ist eine schöne Idee. Aber Char kam erst etwas später.«

»Dann vielleicht Éluard?«

»Ja, Éluard war ganz am Anfang. Und auch Yeats. Bei Gide weiß ich nicht mehr genau, wann das einsetzte. Genauso bei Baudelaire.«

»Sind die Autoren und ihre Bücher zu dir gekommen, wie Geschenke, oder hast du sie instinktiv aufgespürt?«

»Es muss ein Gespür in mir gegeben haben, schon zu einer Zeit, als ich eigentlich noch gar nicht reif für diese Literatur und diese Gedankenwelt, auch die eines Paul Valéry, war. Die Bücher waren ein Teil meiner Phantasiewelt und meines Aufbruchwunsches, meiner Sehnsucht nach der Ferne. So wie auch bei dir. Aber man sollte auch vorsichtig sein: Was weiß ich schon, wie ich damals die Welt um mich herum gesehen habe. Vieles konstruiert man im Rückblick ...«

»... verfertigt eine Geschichte ...«

»Eine Erzählung ...«

»Ein Gedicht.«

Endlich sagte sie jetzt die von mir erhofften Worte, heute habe sie ein Gedicht mitgebracht. Sie wünsche sich, unseren plötzlichen Aufbruch beim letzten Mal vergessen zu machen. Sie sei zu sehr berührt von meiner Frage gewesen, ob sie ein Gedicht schreibe, wenn es anders im Leben nicht weitergehe.

Vielleicht werde ich dich noch besser verstehen, sagte ich, wenn du mir eines vorliest. Es war ein anderer, nachdenklicher Ton in unser Sprechen gekommen, dem wir einige Zeit nachgaben. Dann verlagerten wir ihn auf die Erinnerung an den ersten Abend. Ich fragte sie, ob es denn so einen Tag gegeben hätte, an dem alles erlaubt war. In SWIMMINGPOOL?

»Ja, es gab ihn. Und nicht nur einen.«

»Und ging es gut aus?«

»Natürlich nicht. Romys Filmpartner Delon schläft mit der achtzehnjährigen Tochter, gespielt von der verstörend schönen Jane Birkin, der Tochter von Delons und Romys früherem, aber irgendwie auch Immer-noch-Freund. Gleichzeitig flirtet Romy mit ihm. Alles bricht sich Bahn: Begierde, Eifersucht, Narzissmus, Tötungswünsche.«

»Du weißt schon so viel mehr davon als ich. Hast mehr erfahren vom Leben und wie es spielt. Was denkst du? Was hat am Ende die Oberhand: die Liebe oder die Zerstörung?«

»Eines Tages oder auch schon gleich nach der Tat erwachen die vom Töten Besessenen. Oder sie verbleiben im Halbdunkel. So wie Delon im Film. Für andere ist es dann zu spät. Aber sag, warum glaubst du, dass ich mehr weiß vom Leben als du? So viel älter bin ich doch auch wieder nicht. Oder? Findest du?«

»Wollen wir noch eine rauchen und dann ein bisschen durch die Straßen laufen? Das würde mir gefallen.«

»Am Ende des Films sind alle nur noch verstört. Alle Schönheit hat sich verflüchtigt. So ist das Leben. Ist es so? Ich weiß es nicht.«

Unser Spaziergang durch die Via del Corso nahm auf einmal eine überraschende Wendung.

»Du denkst sicher, ich wolle dir nichts von mir vorlesen. Das ist nicht so. Nur im Café geht es nicht. Zumindest nicht mit den Zeilen, die ich mitgebracht habe. Es würde mir gefallen, bei dir das Gedicht vorzulesen. Und du eines von dir? Ja?«

»Du überraschst mich. Dir meine Wohnung zu zeigen, das macht mich glücklich – und auch verlegen. Vier Zimmer an der Piazza Navona! Mit einer großen Bibliothek. Auch mit Bataille und Pasolini. Ergänzt durch meinen Hölderlin-Band. Aber ich wollte nicht aufdringlich sein. Wusste auch nicht, ob du das willst. Dass du es vorschlägst, hätte ich nicht im Traum gedacht. Nein, im Gegenteil: wenn, dann im Traum! Komm, wir nehmen hier die verwinkelten kleinen Gassen vorbei am Pantheon.«

Ja, älter war sie schon. Ich merkte ihr auch den inneren Kampf an: Wie sollte sie mit dem Altern umgehen und den starken Wunsch, weiterhin auf Männer zu wirken, nicht aufgeben? Mit dem Leben war sie auf andere Weise als ich vertraut. Anders in Aufschwünge und Abstürze verstrickt. Irgendwie empfand ich sie streckenweise wie sediert. Und dann auf einmal so heiter. Und auch überdreht. Nicht nur gebeutelt, auch erhöht vom Leben.

Nicht in Dauerekstase wie Bianca und nicht im Dauerrausch wie Viva. Empfand ich sie als erotisch? Ja, so wie Romy. Bei ihr waren auch Erotik, Schönheit, Heiterkeit und Todesnähe auf geheimnisvolle Weise verschwistert. Die Teile lebten miteinander – und starben miteinander. Hätte ich sie mir als Romy vorgestellt, hätte ich keinen Augenblick gezögert, sie in ihr zu erkennen.

Kurz vor der Piazza Navona kramte Ingeborg ihre Gauloises heraus, blieb stehen, zündete sich eine an, nahm eine andere in den Mund, zündete sie mit der schon glimmenden an und reichte sie mir. »Die von dir belebte ...«, warf ich einfach so ein, was sie mit einem sanften Lächeln und einer Berührung an meinem rechten Arm begleitete. »Ich dachte, Rauchen sollte diese Initiation in deine Lebenswelt begleiten. Und eine Initiation ist es doch. Oder?«

Wir schauten uns für einen Augenblick, einander nähergerückt, an, ich zeigte auf einen Tisch auf der Terrasse eines Bistros.

»Hier sitze ich abends oft nach den Dreharbeiten mit Pierre Clémenti. Welch ein Gesicht! Wäre ich eine Frau oder schwul, ich wäre besessen von ihm. Michel Leiris hat einmal unbedacht etwas gesagt: Lieber wäre er besessen, als über die Besessenen zu schreiben. Ein bisschen glorifiziert er schon das Besessensein. Es ist doch auch eine Qual. Hast du Bilder von Clémenti gesehen?«

»Du machst mich verlegen. Romy, Delon, Clémenti. Und dann dein Hölderlin-Band im Gepäck.«

»Aber Delon hast *du* doch ins Spiel gebracht, und Romy wir beide. In diesem Haus hier, noch knapp zehn Meter vor uns, lebe ich.«

Die Zigarette war aufgeraucht. Ob es ihr wohl gefallen wird zu sehen, von welchen Dingen ich umgeben bin? Zum größten Teil waren es ja auf Zeit geliehene. Gestundete. Die Wohnung lag im ersten Stock.

»Wenn wir die Hälse verrenken, sehen wir noch aus einem der Fenster einen Spalt der Piazza. Eine Lampe lass ich immer an, wenn ich aus der Wohnung gehe. Dann empfängt mich das Licht.«

»Darf ich das von dir übernehmen?«

»So teilen wir dann das Licht. Und den Schatten, den es wirft. Leg deinen Mantel hier irgendwo hin, wo und wie du magst. Trinken wir Wein und Wasser? Oder etwas anderes?«

»Nein, das ist gut. Sehr gut.«

»Komm, ich zeig dir die Zimmer, die Bibliothek und den Tisch, an dem ich schreibe.«

»Vor allem den Hölderlin-Band möchte ich gerne sehen. Verstehst du ja.«

»Er liegt auf dem Tisch. Ich hole uns Wein und Wasser.«

Ich nahm einen toskanischen Weißwein und einen Bordeaux, putzte die Gläser, füllte einen Teller mit Biscotti und jonglierte alles zum großen Esstisch, holte dann noch die Servietten und die Flaschen mit stillem und sprudelndem Wasser, überlegte kurz, die reichlich vorhandenen Kerzen anzuzünden, ließ es dann aber sein. Ein bisschen ungläubig schaute ich zu Ingeborg hinüber, war sie es, die, in ein Buch vertieft, am Fenster stand? Mit etwas verzögerten Schritten ging ich zu ihr, blieb einen Schritt schräg hinter ihr stehen und schaute ihr zu. Beim Lesen. Das gefiel mir.

»Neben dem Hölderlin liegt ein INDEX, der mich verblüfft. Eigentlich müsste ich sagen: ... der mich aus den Pantinen wirft oder haut, oder kippen lässt, Pantinen oder Pantoffeln, ich bin ganz verwirrt. Oder Latschen. Oder Schlurren? Wie sagt man denn? Wieso hast du hier einen INDEX ZU HEIDEGGERS »SEIN UND ZEIT« liegen und woher hast du den?«

»Es ist schön, in dein Gesicht zu schauen, wie es von Staunen erfüllt ist.«

»... sag schon.«

»Ich war noch Schüler, da nahm mich Hildegard Feick in ihren Hölderlin-Gesprächskreis auf. Um mich herum ältere Damen und Herren. Sie war mal Assistentin von Heidegger und hatte, als so eine Art Meisterprüfung, diesen Index verfasst. Als sie meine grenzenlose Neugierde sah, schenkte sie mir dieses Exemplar und lieh mir sogar frühe Fassungen von SEIN UND ZEIT aus. Ich kam mir vor wie ein Astronaut auf dem Flug zu einem unbekannten Planeten.«

»So hast du Tag und Nacht darin gelesen?«

»Nachts eher weniger, da jobbte ich nämlich in einer Papierfabrik, um mein Zimmer und die täglichen Pommes frites mit Bratwurst zu bezahlen. Von zu Hause erhielt ich Blut- und Leberwurst und Kisten mit Rotwein.«

Ja, das waren gemischte Welten, die ich da vor Ingeborg ausbreitete: der Aufbruch vom Landleben in die Stadt, das Aufreihen und Bündeln der Tüten bis zum Morgengrauen, die Theaterbesuche, Hölderlin und Heidegger, erst einmal nur Namen, aber voller Magie. Was verbargen sie? Welches Geheimnis?

»Komm, lass uns was trinken. Rot oder Weiß?«

»Fangen wir mit der Toskana an.«

Ich erzählte dann, was ich von Peter Handke wusste: Als er zum ersten Mal Gästen einen Wein einschenkte, goss er das Glas so voll, dass der Wein überlief. Auf dem Land galt dies als Zeichen der Großzügigkeit, sagte ich. Hier aber rief es Geringschätzung hervor. Bei uns auf dem Land hieß es, wenn man die Gäste verwöhnen wollte: Man habe mehr vom Tisch runtergetragen als aufgetischt. »Eigentlich absurde Poesie. Oder? Anstoßen finde ich immer etwas albern. ›Zum Wohl‹, klingt das nicht komisch? Nur das spanische Qué aproveche ist schön. Oder?«

»Qué aproveche! Jetzt gibt es schon zwei Dinge, die ich von dir übernehmen werde: das Licht beim Verlassen der Wohnung anzulassen und ›Qué aproveche‹ zu sagen.«

»Und ich weiß nicht, ob mir eine Zigarette noch schmecken wird, die nicht von deinen Lippen berührt worden ist.«

»Gefällt es dir bei mir? Und warum hat es dir der Index so angetan?«

»Er berührt mein Leben. Heideggers Welt war teilweise auch meine. Besonders aufregend muss meine Arbeit aber wohl nicht gewesen sein, wenn ich an das Urteil ›genügend‹, ja schlimmer noch ›durchaus genügend‹ meines Doktorvaters Victor Kraft zurückdenke.«

»Worauf hattest du dich denn konzentriert?«

»Du wirst es nicht glauben: auf etwas, das dich nach Rom gelockt hat. Ach, das erzähl ich dir später. Und diese italienische Hölderlin-Ausgabe. Leihst du sie mir mal? Ich verspreche, sie wie meinen Augapfel zu hüten.«

Sie fragte mich dann, wie ich überhaupt auf die ersten Bücher in meiner Jugend, von denen ich gesprochen hatte, gestoßen sei oder ob sie auf mich gestoßen seien. Ich erzählte, wie mein Bruder Peter nach abgeschlossenem Ingenieurstudium die Vorstellung von einem nach und nach sich entfaltenden kulturellen Reichtum entwickelt hatte, wozu er an allererster Stelle den Aufbau einer eigenen Bibliothek rechnete. Voller Erwartungen und Hoffnungen war er in eine Buchhandlung in Mainz gegangen, hatte der Verkäuferin sein Anliegen unterbreitet und sie gebeten, ihm dabei behilflich zu sein, den Grundstock einer Bibliothek zu legen. Sie sollte ihm den Weg bahnen und ihm empfehlen, womit er in seiner Lektüre zu beginnen habe. Welch eine Verantwortung, die sie damit zugleich für die Planung seines neuen Lebens übernommen hatte! Sie empfahl ihm – ich werde, sagte ich, leider nie die Hintergründe dieser sicher einzigartigen Kombination in Erfahrung bringen – von Nietzsche ALSO SPRACH ZARATHUSTRA, von Henry Miller WENDEKREIS DES KREBSES und von W. S. Burroughs NAKED LUNCH. »Mein Bruder nahm die drei Bücher ...«

»... wahrscheinlich hatte die Verkäuferin jedes einzelne sorgfältig verpackt ...«

»Ganz bestimmt. Und er fuhr zurück von der Stadt aufs Land. Zu Hause in Ingelheim angekommen, öffnete er voller Begierde den kostbaren Schatz, richtete sich in einer Ecke seines Zimmers mit Stehlampe und Ohrensessel ein, gönnte sich ein Glas Ingelheimer Rotwein und begann das Abenteuer der Lektüre. Was heißt hier Lektüre: eine Expedition sollte es werden! Auch wenn mir nähere Einzelheiten nicht bekannt sind, so erinnere ich mich doch noch überdeutlich an den kurz darauf erfolgten Wutausbruch: Mein Bruder schmiss die drei Bücher in eine Ecke, sagte etwas in der Art von ›Welch ein Mist!‹ und hatte in nur wenigen Minuten seinen Traum von einer eigenen Bibliothek ausgeträumt, hielt nicht länger fest an der Vorstellung eines neuen kulturellen Reichtums.«

»Ich ahne schon, wie es weiterging. Du hobst die Bücher auf ...«

»Ja, so war es.«

Da sich Ingeborg interessiert zeigte, zögerte ich nicht, die Szene etwas auszuschmücken und von einer mir bis dahin unbekannten Erregung zu berichten: Gab es bereits eine innere Gewissheit über das Zukünftige? Ich trug die Bände in mein Zimmer, und nun begann, mit sechzehn

Jahren, das Abenteuer meines Lebens. Es war die Zeit, da ich von einer Lebensform in eine andere wechselte, ohne die vorausgegangene oder die zukünftige schon bestimmen zu können. Nicht nur, dass alle drei Bücher mein Selbstverständnis von dem, was für mich bis dahin Leben oder Wirklichkeit hieß, von Grund auf veränderten, sie wurden auch zu treuen Wegbegleitern in der Zukunft.

Ich erzählte, wie um diese Bände neue Gedanken, Ideen und Projekte entstanden und Bücher wie Pilze aus dem Boden gewachsen sind. Nietzsches ZARATHUSTRA, Burroughs' NAKED LUNCH und Millers WENDEKREIS waren schließlich, neben meinem ersten, nicht weniger zufälligen Theaterbesuch, der Grund dafür, dass ich die begonnene Stahlbauschlosser-Lehre aufgab, wieder zurück aufs Gymnasium ging, Abitur machte und schließlich das Studium der Theaterwissenschaften, der Philosophie und Germanistik begann. Die Welt des Theaters, der Literatur und der Philosophie erschien mir fortan um nichts weniger real als die sogenannte Wirklichkeit.

»Jetzt weißt du es, Ingeborg. Erzähl mir, wie es bei dir war.«

»Ja, die Nähe zum Theater verbindet uns auch. Vielleicht ist die Welt des Theaters, der Oper oder des Films im Sinne des Schöpferischen *eine* Welt.«

»Und der Tanz und das Ritual?«

»Ja, natürlich.«

»Viel Hoffnung auf ein Ergreifen des Wichtigen. Und dabei viel Vergeblichkeit.«

»Liest du mir was vor von dir?«

»Ja. Aber du zuerst.«

»Wenn du es so willst. Ist hier in Rom entstanden:

Bagada ist noch immer nicht Bagdad.
Die Wüste frisst eine Daya.
Am Abend am See von Bagada mit dem toten Wald,
nicht mehr nach Rom im August.
Für ein Begräbnis in Rom – nicht im August.
Für eine andere Welt einer anderen Welt.

Der Weg führte weiter durchs Gebirg, durch die Flüsse oder das Meer wäre schön gewesen, nicht ohne Anstrengung gegen Abend noch einmal bergab, in das Dorf am Fluss, die Menschen dort sagten, es seien noch viele Tage bis in die Todeswüste, oder sie wussten es gar nicht, Yezd lag jetzt hinter allem: dem Gebirg, den Flüssen und Meeren.

Zurück zu dem Turm des Schweigens in Yezd, lernen, langsam schnell zu sein. Lege erst was zu, wenn du den Aasgeruch ahnst, von den Türmen des Schweigens, auf denen die Toten liegen, für die Geier, die blutigen Schwäne, zum Fraß. Rasch hinauf, strecke mich aus, ziehe an allen Gliedern, alles soll nur Ich sein, hier. Den ersten Geier noch: er zerrt seinen Hunger durch den Himmel, wehre ich ab, im Liegen, versteht sich, das lohnt die Mühe des Aufstehens nicht, den zweiten Geier zerreiß ich in der Luft, stell ich mir vor, beginne zu kreisen, nehme mein Kopfhaar in beide Hände, fege damit den Boden, schlage mit dem Kopf ein Loch in den Beton, für die Notdurft, ich will sauber draufgehen.

Könnte ich jetzt aussehen wie damals: ausschweifend, prächtig und bis zum Ekelerregen geschminkt, die Zunge noch einmal im Gaumen herumspielen lassen, denn ich hatte von einem gehört: Die Zunge bog sich in seinem Munde nach rückwärts, sie zog sich zusammen, plötzlich fiel sie lang heraus, wie ein roter Lappen über seine Unterlippe. Sie war gelähmt, und er konnte sie nicht mehr zurückziehen.

Den dritten Geier schon werde ich nicht mehr abwehren können, er wird alles fressen, was aus mir heraushängt, ich fühle der Tänzerin schwangeren Bauch, den sie an mir rieb, als ich zehn Rials auf die Bühne warf, so einen Bauch jetzt und sieben Minister, und wir spielten die acht zusammengeketteten Orang-Utans, stürmten in den Turm des Schweigens, in dem wir ein Maskenfest arrangiert hatten, und die Damen fielen in Ohnmacht, und die Herren liefen davon, und der Froschhüpfer und das Feuer würden uns alle verbrennen. Der Rest ist für die Geier und eine Trauergemeinde, die es nicht gibt: wenn Hunger Erd und Himmel Aas geworden, eine Lache aus Gold und Blut, eine Pfütze, in der die untergehende Sonne ...,

nun werft uns zwölf tote Hunde her, dann riecht es wie nach uns.

nach einem Jahr der Trockenheit oder
der großen Überschwemmung des
Kindersterbens oder
des großen Brandes in
Djimtilo
wäre nichts mehr zu machen gewesen, mit Sicherheit, und
doch, vielleicht

versuche es
keuchend
mit den Straßen von Bagdad:
mehr Zerstreuung
habe ich mir sonst nirgends vormachen können
bisher
morgen
vielleicht

dann
mit den vermehrten Rückständen und
den wahrscheinlich nicht verminderten Schwierigkeiten
der Konzentration
auf was?
An die Ränder von Bagdad, auch Rom, ich könnte mich da täuschen.

Später
am Abend: in einem Bus: die Scheiben vermilcht:
In das Zentrum von Teheran, geschmückt mit der Sonnenbrille vom letzten Sommer,
so könnte es
EIN MAL
gewesen sein, wenn es, so
nicht nur in der Sprache, ja.

Ich mache einen letzten Gang um einen persischen Block, am Rande der Wüste, mit dem langen Atem von damals.
 Ein Wegweiser:
 Sie fahren durch die Mitte unseres Landes, da gibt es einen Bauch, das ist ein Hügel, den lassen Sie links liegen, die Brücke, die Sie dann erreichen, ist zur Hälfte fertig. Sie nehmen die Straße, die nach zwei weiteren Hügeln und einem flachen Land
 Flachland
 auf die Grenze im Süden stößt, da gibt es schon bald keinen Schnee mehr, und die Berge sind nicht allzu hoch. Darauf können Sie sich verlassen.

Da wäre dann auch beinahe das Meer gewesen, hinter den Hügeln mit den Häusern mit den Dächern aus Kot und Gestrüpp – sie fuhren ohne mich ab, und ich hätte vielleicht hören können: wer zu spät kommt, der muss draußen bleiben, aber ich war schon wieder durch die Häuser hindurchgegangen, vor zwei Stunden noch sah alles anders aus, daran vorbei, da hindurch, dorthin und so weiter, das wird sich lohnen, es soll wenigstens Spaß machen, morgen schon kennt mich hier keiner mehr, dann könnte ich auf dem Meer sein.

Im Indischen Ozean wäre das anders. Ich ginge dann in Bombay an Land. Das wäre schon ganz anders, ich denke, wenn ich mich dort nicht wohlfühle, kann ich ja wieder abfahren.

  Ich werde das Schiff fahren lassen, das nach Hodeida will, von dort geht's nur bis Sana, doch was liegt dahinter? Durch die Wüste muss jeder hindurch, der sehen will, was dahinter liegt:
  Das glaubt heute doch keiner mehr.
  Morgen fange ich wieder damit an, und da wäre schon beinahe das Meer gewesen.
  Morgen versuch ich's mal ganz anders.

Wie von Geistern gejagt raste er in die Wüste hinaus. Ein kühler Hauch wehte gegen sein erhitztes Gesicht und kündigte das Hereinbrechen der Dunkelheit an.
  In der Wüste Igidi trafen wir Samuel. Es kam zu keinem Gespräch. Der Wüstenhorizont war zu aufdringlich – er hat darüber geschrieben.

Fünf Stühle, ein Tisch, eine Theke, zwanzig Menschen, ein Gespräch. Dieses Leben! Dahinter eine Lampe, zwei Gläser, der Fußboden und die Musik. Eine Musik!

Ich gehe nach vorn, zwei Schritt, eine Anstrengung, dreimal geatmet, und ich sage, dass ich hier leben will. Die Wüste ist doch kein Leben!

Ich habe mich gesetzt, ich habe schon zweimal getrunken und noch etwas gesagt, das ist gut so. Das Leben draußen habe ich aufgegeben, das war nichts, im Vergleich, ich habe es gelebt, das Leben da draußen, gut, aber vorbei. Die Wüste ist doch kein Leben.

Ich habe jetzt die Menschen hier, zwanzig Menschen ein Gespräch, und ich habe schon viel gesagt, inzwischen, und getrunken, den süßen Wein, spendabel, diese Menschen hier, mein Leben ist ein anderes geworden.

Wer sagt da noch Wüste! Das ist doch kein Leben. Das habe ich überwunden. Ein Gasthaus ist keine Wüste.

»Liest du jetzt?«
»Ja. Ich beginne auch mit Rom.«

Brief in zwei Fassungen

Rom im November abends besten Dank
das glatte Marmorriff die kalten Fliesen
die Gischt der Lichter eh die Tore schließen
der Klang mit dem erfrorne Gläser springen
der Singsang den sie aus Gitarren wringen
eh sie die Schädel in die Münzen stanzen
auf die Arena mit Zypressenlanzen!

der Holzwurm ist bei mir zu Tisch gesessen –
wie wohl ein Blatt aussieht das Raupen fressen?
und Herbst in Nebelland die bunten Lumpen
der Wälder unter großen Regenpumpen
ob es die Käuzchen gibt das Todeswerben
die Drachen die in warmen Sümpfen sterben
das Segel schwarz den Unglücksschrei der Raben
den Nordwind um die Wasser umzugraben
das Geisterschiff die Halden und die Heiden
schuttüberhäuft das Haus die Trauerweiden
verschuldet und vertränt am Strom aus Särgen
den Wahnsinn den sie aus der Tiefe bergen
Immer und Nimmermehr gemischt zum Trank
dein wehes Herz vergötternd alle Leiden
vernichtet und verloren liebeskrank ...

Nachts im November Rom Einklang und Ruh
der Abschied ohne Kränkung ist vollzogen
die Augen hat ein reiner Glanz beflogen
die Säulen wachsen aus den Tamarinden
o Himmel den die blauen Töne binden!
es landen Disken in den Brunnenmitten
sie drehen sich zu leichten Rosenschritten
wollüstig dehnen Katzen ihre Krallen
der Schlaf hat einen letzten Stern befallen
der Mund entkommt den Küssen ohne Kerben
der Seidenschuh ist unverletzt von Scherben
rasch sinkt der Wein durch dämmernde Gedanken
springt wieder Licht mit seinen hellen Pranken
umgreift die Zeiten schleudert sie ins Heute
die Hügel stürmt die erste Automeute
vor Tempeln paradieren die Antennen

empfangen Morgenchöre und entbrennen
für jeden Marktschrei Preise Vogelrufe
ins Pflaster taucht die Spiegelschrift der Hufe
die Chrysanthemen schütten Gräber zu
Meerhauch und Bergwind mischen Duft und Tränen
ich bin inmitten – was erwartest du?

Römisches Nachtbild

Wenn das Schaukelbrett die sieben Hügel
nach oben entführt, gleitet es auch,
von uns beschwert und umschlungen,
ins finstere Wasser,

taucht in den Flussschlamm, bis in unsrem Schoß
die Fische sich sammeln.
Ist die Reihe an uns,
stoßen wir ab.

Es sinken die Hügel,
wir steigen und teilen
jeden Fisch mit der Nacht.

Keiner springt ab.
So gewiss ist's, dass nur die Liebe
und einer den andern erhöht.

»Rauchen wir eine, Jürgen? Und trinken jetzt den Bordeaux! Darauf hätte ich Lust.«
»Ja, ich auch. Gefällt dir eigentlich Ingeborg oder Inge besser?«
»Wie du willst.«
»Wie sagen deine italienischen Freunde?«
»Dazu gibt es eine Geschichte, die ich dir später vielleicht mal erzähle.«
»Qué aproveche.«
»Qué aproveche.«

Das Vorlesen hatte den Raum noch weiter gemacht und uns miteinander vertrauter. Zugleich schien es mir, als sei die Situation für Ingeborg intimer als für mich, obwohl ihre Gedichte doch öffentlich, für jeden zugänglich, waren. Aber anders als bei Lesungen hatte sie jetzt nur mir die Zeilen anvertraut. Wollte sie überhaupt, dass wir über DIE GESTUNDETE ZEIT und die ANRUFUNG DES GROSSEN BÄREN sprachen? Da fing ich einfach an zu reden, etwas zögerlich noch, und doch zugleich mit einem gewissen Elan, der vielleicht auch meine innere Unsicherheit und ein ängstliches Zittern auch überdecken sollte.

»Jetzt kippe *ich* aus den Pantinen. Oder Latschen. Oder Schlurren. Natürlich kenne ich den Band, aus dem die Gedichte sind. Und habe ich nicht vorhin das Wort ›gestundet‹ gebraucht? War es schon in mir abrufbereit? Im Unbewussten gibt es doch keine Zeit. Unser ›vorher‹ und unser ›nachher‹ ... alles nur Hilfskonstruktionen, um uns besser zu orientieren. Im Leben. In der Welt. Mit all den anderen. In mir gab es schon ein Wissen davon, dass du entweder aus der GESTUNDETEN ZEIT oder aus der AN-

RUFUNG DES GROSSEN BÄREN lesen wirst. Jetzt hast du aus der ANRUFUNG gelesen, die mit LIEDER AUF DER FLUCHT endet. Erinnere ich mich doch richtig?«

»Ja. Aber sag, hast du die ganze Zeit über gewusst, wer ich bin?«

»Ja und nein.«

»Ja und nein, was heißt das?«

»Es heißt ja und nein. Hättest du zuerst gelesen, hätte ich mich sicher nicht getraut, dir irgendwas vorzulesen. Wie hätte ich es wagen können, jugendlich ungestüme, expressionistisch-dadaistisch-surrealistisch angehauchte Ekstasen, erhitzte Traumwelten und Trancebilder vor dir auszubreiten! Ich wusste, wer du bist, und wollte es doch nicht wissen, um mir das Geheimnis um deine Person zu bewahren. Die Möglichkeit, dich selbst zu erfahren, wäre verstellt gewesen. Unbewusst ging ich sogar so weit, mir auszumalen, du könntest Schauspielerin sein, und begann mich zu fragen, ob du vielleicht in einem Institut, wie dem Goethe-Institut, arbeitest.

In mir trieben das Wissen und das Ungewusste ihr Spiel. Und ich schaute zu. So begegneten mir dein Körper, deine Gesten und Blicke schwebend. Sie zogen an mir vorüber, und ich konnte sie festhalten, wenn mir danach war.«

»Und da schwirren sie gerade um uns herum, oder hast du sie festgehalten?«

»Sie schwirren und schweben in einem fortwährenden Balanceakt.«

»Hast du das immer selbst in der Hand?«

»Natürlich nicht. Kennst du die schöne Geschichte von Sigmund Freud und dem Pferd?«

»Erzähl.«

»In der Frühzeit der Psychoanalyse fragte jemand den Meister, er rede immer vom Unbewussten, was das denn sein soll. Es sei so, antwortete Freud, wie wenn man einen Reiter fragen würde, wohin er reite, und er werde, sofern er ein erfahrener Reiter ist, erwidern, ›Weiß ich's, frag's Pferd‹. So ist es auch mit dem Unbewussten, es leitet uns. Du kannst an meinem umständlich gebauten Satz das Explosive und Widerstand Erzeugende von Freuds Gedanken erkennen.«

Ingeborg stand auf, ging zum Fenster und berührte mich dabei kurz an der Schulter. Sie steckte sich eine Gauloise an und entzündete daran eine zweite. Mir gab sie, wie sie es jetzt immer getan hatte, die erste, dieses Mal geradezu zärtlich.

»Ich habe ein bisschen Angst, dass du jetzt in mir mehr Ingeborg Bachmann siehst, weniger die Ingeborg, die mit dir raucht und trinkt und mit Worten ... wie soll ich sagen ...?«

» ... spielt ... oder ...«

» ... Schlitten fährt ...«

» ... oder auf einer Seilbahn tanzt.«

Etwas zögerlich und zugleich doch beschwingt, versuchte ich, ihr und mir selbst meine inneren Bilder zu verdeutlichen. Es seien nur kleine Verschiebungen, die anzeigen, ob meine Bilder mehr zu Ingeborg oder »der Bachmann« wandern, wie beim Qi Gong, sagte ich, wenn man das Gewicht des Körpers von dem einen auf den anderen Fuß verlagert. Meine Aufmerksamkeit läge weiterhin auf Ingeborg. Und nicht auf »der Bachmann« mit all den bekannten Figuren um sie herum, die mir entweder gleichgültig seien oder eher unsympathisch oder aber vertraut. Hans Werner Henzes Musik bewundere ich, hob ich hervor. In Enzensberger sähe ich einen reisenden Dichter, der eines Tages vielleicht ein Segalen oder Rimbaud werden könnte. Wie sollte ich ihn nicht wertschätzen! Etwas zu anfällig für Glamour erschien er mir. Aber das zu beurteilen stehe mir, in meinem Alter, doch gar nicht zu. Richtig gern habe ich einen auf jeden Fall, Walter Höllerer. »Bei ihm hätten wir uns begegnen können …«

»… und bei wem nicht, wer ist dir unsympathisch?«

»Aber schau, wenn ich jetzt sage, ›der Frisch‹, dann sind wir in dieser Manege, die ich nicht mit dir betreten wollte. Und nicht will. Ich bin hier in Rom mit Viva und Pierre und Jean-Marie und Danièle und Michael, spiele in dem Film mit, bin bei den Dreharbeiten von Bertoluccis CONFORMISTA und treffe dich im Café, und jetzt hier, fühle mich gut mit dir, schaue dich gerne an, freue mich daran, wie zaghaft und dann auf einmal feurig du mit Berührungen umgehst, wie lustvoll du an der Zigarette ziehst und wie du den Schritt wagst, mir die Zigarette zu geben, die du selbst im Mund hattest, und dass du mir Gedichte vorgelesen hast, die ich liebe, warum soll ich dich da in der Nähe zum Beispiel eines Schriftstellers sehen, von dem ich das Gefühl habe, dass er nicht gut mit Frauen umgegangen ist. Und also auch nicht mit dir. Das tut mir weh.«

»Ich schäme mich geradezu, dass ich so dumm danach fragen konnte, wen du jetzt mehr in mir siehst. Ich war darauf nicht vorbereitet. Ich kenne das nicht, dass jemand die öffentliche Seite von mir ganz ausblenden will.«

»Vielleicht willst du das auch selbst nicht?«

»Ich hielt es nicht für möglich, dass du, so jung, wie du bist, in der Lage sein könntest, aus diesem Zirkus auszubrechen.«

Als sie andeutete, das für souverän zu halten, lachte ich nur und sagte dann, das sei ein verlockendes, umschmeichelndes Wort, das aber nur auf ein Phantom hinweise. Zu nah sei es an Posen des Lächerlichen. »Wenn ich Souveränität denn gutheißen kann, dann nur, wenn sie der Not entspringt.«

»... der Not entspringt?«

»... Wenn sie auf dem Boden eines Gefährdetseins von Geburt an entstanden ist. Einer drohenden Unlebbarkeit. Wäre *Sorge* vielleicht ein gutes Wort? Oder *Angst*? Du kennst dich ja mit Heidegger aus. Vielleicht haben uns, dich und mich, Gedankenströme und Poesien angezogen, die wir zuerst über die zusammen gerauchten Gauloises gelebt haben. Was wissen wir schon? *Weiß ich's, frag's Pferd*.«

»Du berührst mich über Worte, die mich eigenartigerweise auch leicht machen. Trotz der Dramatik. Können wir vielleicht uns selbst ein Seil spannen, auf dem wir tanzen?«

»Sag, auf welchem Boden deiner Kindheit dieses Seil gespannt sein könnte.«

»Was kann ich dir sagen? Sprechend sind die Namen der Orte meiner Kindheit: Klagenfurt, Obervellach, Gailtal. Die Erfahrung der Grenzen. Und des Fremdklingenden. Ich war im Eigenen und im Fremden zu Hause.

Fernweh entsteht und reicht nach Innsbruck und Wien, später nach Paris und London, nach Deutschland und Italien. Wenn ich am Bahndamm lag, schickte ich meine Gedanken und Phantasien auf Reisen, über Landschaften hinweg, in Städte und ans Meer. Die Tage mit dir, das ist auch ein bisschen wie am Bahndamm liegen.

Es ist spät geworden. Und wir haben doch einiges getrunken. Es wäre schön, auf der Couch im Bibliothekszimmer zu schlafen.«

»Gute Ideen hast du. Ich bringe dir alles, was du für die Nacht brauchst. Jedenfalls alles, was mir so einfällt. Handtücher und einen neuen Bademantel lege ich auch dazu. Schlaf gut.«

»Du auch.«

Ich las noch ein wenig in ihren Gedichten, und dabei gingen meine Gedanken immer wieder zurück zu ihrer Formulierung, dass die Sehnsucht nach der Ferne bestimmend für ihr Leben geworden sei.

Ich fragte mich, warum mich die Fremdheitsräume in anderen Ländern und Kulturen nie ängstigten. Im Gegenteil: Sie gaben mir ein Gefühl des Vertrauten. Wenn, dann erschien ich möglicherweise den anderen, zumindest auf den ersten Blick, als Fremdkörper: zu jung, zu langhaarig für dieses Umfeld. Zum Beispiel die »Graf Hermann Keyserling-Gesellschaft«, eine Versammlung vor allem älterer Herren. Da hinein geriet dieser Jüngling, der sich für die zweibändige Schrift Keyserlings REISETAGEBUCH EINES PHILOSOPHEN (mit dem vorangestellten Motto »Der kürzeste Weg zu sich selbst führt um die Welt herum.«) begeisterte und vorschlug, die Reise noch einmal, auf seinen Spuren, zu machen.

Warum überhaupt reisen? Könnten wir nicht alles, was wir reisend erleben – hier tauchte die Frage zum ersten Mal auf –, auch erfühlen ohne den Aufbruch in die Ferne? Denn wie sollte etwas in uns eindringen, was nicht schon vorbereitet da ist! Und dennoch können wir uns, lernte ich zu begreifen, nicht von Beginn unseres Lebens an auf eine solche Selbstbegrenzung zurückziehen.

Am Anfang steht die Bewegung nach außen, eine Verschleuderung von Energien, das Ausstrecken aller Fühler, das Erproben der Sinne. Und ist nicht, wie es Keyserling behauptete, der Weg um die Welt sogar der kürzeste Weg zu sich selbst?

Wie lang anhaltend die Frage insistierte, ist unschwer daran zu erkennen, dass das Motto sogar den Weg zum Titel dieses Buches gefunden hat, allerdings in einer verkürzten Form. Warum ist das »zu sich selbst« weggefallen? Weil ich mir nicht mehr sicher bin, ob der kürzeste Weg zur Selbsterkundung wirklich um die Welt führt und ob die Angabe »zu sich selbst« nicht zu zielgerichtet ist und die Welterkundung nicht zu sehr einschränkt? Weggefallen ist auch das etwas albern klingende Wörtchen *herum*.

Am nächsten Morgen war ich schon recht zeitig aufgestanden und gerade dabei, das Frühstück vorzubereiten, als sie mit einem leicht gehauchten *Hallo* in die Küche kam.

»Ich habe gut geschlafen. Eigentlich sehr gut. Das ist nicht selbstverständlich bei mir. Und dazu noch in einer mir unvertrauten Umgebung. Und auch ohne meine Sachen für die Nacht. Hier stehe ich nun also im neuen Bademantel und darunter die Trainingshose, die du mir hingelegt hast. Ulkig, was? Denkst du, ein wenig Training täte mir gut? Training fürs Leben? Nun erst mal für den beginnenden Tag.«

»Ich habe uns schon Baguette und Croissants besorgt, italienische Art, die kennst du ja. Die Zeit war zu knapp, um sie aus Paris zu holen.«

»Das wundert mich. Ich hätte dir's zugetraut.«

»Jetzt enttäusche ich dich schon am frühen Morgen.«

»Es ist ja noch nicht aller Tage Abend, so sagt man doch.«

»Man tut, was man kann. Ich habe es noch nie gesagt. Heute zum ersten Mal. Und zum einzigen Mal. Hör mal, was trinkst du, Kaffee oder Tee?«

»Kaffee wäre gut.«

»Ich muss irgendwie noch Franco erreichen und ihm sagen, dass ich heute etwas später im Studio bin. Magst du nicht mitkommen? Das würde mich sehr freuen.«

»Ach, ich weiß nicht. Passe ich zu den anderen, zu Viva und Tina und Pierre? Wollen die mich überhaupt?«

»Aber natürlich. Die sind so mit dem Film beschäftigt, dass sie glauben würden, du gehörst dazu. Es gibt ja gar kein Drehbuch im engeren Sinn. Keine Geschichte. Lose Geschichten. Fragmente. Panoramen, in denen Anfang und Ende einander berühren und schließlich zusammenfallen. So eine Art Graffiti. Einmal sagte mir Brocani, es gehe ihm um emblematische Dinge; Hauptcharaktere seien Frankenstein, Attila, Montezuma, Heliogabalus, die blutige Contessa Lady Barthory und der Teufel. Ich könnte dich einfach reinschreiben, ins Drehbuch, und zu Franco sagen: ›Das ist Ingeborg, sie spielt eine Dichterin. Die fehlt ohnehin noch‹.«

»Erfindungsreich bist du, das muss ich dir lassen. Am Ende zauberst du auch noch Alain Delon auf die Bühne?«

»Als deinen Liebhaber?«

»Für eine dreiminütige Szene?«

»Auf keinen Fall für ein ganzes Leben. Du kannst natürlich auch hierbleiben und in der Bibliothek stöbern. Lesen. Schreiben. Und zur Piazza Navona oder zum Campo di Fiori gehen. Welch eine schöne Vorstellung: Ich wäre so gegen sieben, acht Uhr zurück und mich würden das Licht und du im Licht empfangen.«

»Können wir es offenlassen? Ja? Und du bist mir nicht böse, wenn ich gegangen bin?«

»Du machst es, wie es gut für dich ist. Und kannst du das Wort ›böse‹ streichen?«

»Ja.«

»Mit zum Set kommen kannst du immer noch. Oder?«

»Ja. Das kann ich.«

Lieber Mitbewohner dieser oft schon verloren geglaubten Welt, lieber Mitreisender in den Welten der Philosophie, der Poesie und der Schauspielkunst, lieber Mitrauchender (beinahe hätte ich mich verschrieben: »Mitrauschender«, gerade noch zuckte die Hand, oder der Stift, zurück) und lieber Bordeaux-Mittrinkender, danke Dir für die gemeinsam unternommenen Expeditionen. Magst Du zur Fortsetzung am Samstag zu mir kommen? Wir essen, rauchen, trinken und gehen, wenn wir Lust haben, in die Cinematheque. Rufst Du mich an? Ja?

Con tutti di cuore Ingeborg

PS: Ich habe im »Index« noch unter »Hermeneutik« nachgeschlagen, aber nichts Richtiges gefunden. Ich empfand es nämlich auf einmal als eine höchst seltene Fügung, dass ich in meiner Dissertation über Hermeneutik schreibe und Du mit eben diesem Interesse nach Rom gekommen bist. Das alleine war es sicher nicht. Vielleicht mehr noch die sehr singuläre Weise, auf die Du über Frau Feick zu Heidegger und über Heidegger zu Hölderlin gelangt, ja: vorgedrungen bist. Und dann schwirren da irgendwo noch Viva, Tina und Pierre herum. Hoffentlich taucht nicht am Ende doch noch Alain Delon auf. Das würde die Verwirrung und Turbulenz perfekt machen.

(Gerne hätte ich Dich mit einer Kurzfassung des Begriffs der Hermeneutik beeindruckt, was ja nicht verwerflich ist. Oder? Dafür aber habe ich diese Formulierung im »Index« entdeckt: die »›gesichtete‹ Weltzeit« als »Jetzt-Zeit«. Daran haben wir für ein paar Stunden teilgehabt. Ungewöhnliche Stunden waren es. Unter »Glück« habe ich nichts in dem »Index« gefunden. Unter »Liebe« nachzuschauen, habe ich mich nicht getraut.)

Der Zettel lag auf dem Tisch, neben den leergetrunkenen Flaschen und den Resten des Frühstücks.

Was war stärker, die Freude über diese Zeilen und die darin von ihr offen ausgespielte innere Bewegtheit? Oder die Trauer über ihre Abwesenheit und die auf einmal empfundene Leere an dem Tisch, an dem sie saß, dem Fenster, an dem sie stand, die Couch, auf der sie lag? Aber trugen denn diese Objekte nicht noch eine Spur ihrer Anwesenheit? Nicht zu vergessen den Rauch unserer Zigaretten.

Mein Telefon war noch immer nicht angemeldet. Sie von der Pizzeria aus anrufen? Unmöglich bei dem Lärm um diese Uhrzeit. Vielleicht war es auch besser, bis morgen zu warten und es von den Studios aus zu versuchen.

»Hallo, Ingeborg.«

»Hallo, Jürgen. Und? Kommst du am Samstag?«

»Ich rufe dich von den Studios aus an, um mich herum viel Gewusel. Ich habe gerade mit Franco gesprochen, er möchte, dass wir Samstagabend länger machen und dann alle zusammen essen gehen. Magst du nicht mitkommen? Ich fände es wunderbar.«

»Ich weiß nicht, ob das eine gute Idee ist.«

»Soll ich danach zu dir kommen?«

»Das wäre für uns beide nicht gut. Ich wäre unruhig. Und du doch auch.«

»Soll ich es absagen?«

»Nein, auf keinen Fall. Wie wäre dann Sonntag?«

»Da bin ich zum Essen bei Jean-Marie und Danièle eingeladen. Aber da könnten wir doch zusammen hingehen.«

»Ich weiß nicht.«

»Das hört sich schon eine Spur besser an als ›nein‹. Wie wäre es, wenn ich am Nachmittag zu dir komme und du entscheidest am Abend, ob du mitgehst? Was meinst du?«

»Ja, so machen wir es.«

Die verbliebenen vier Tage waren Tage der Unruhe bei den zu Ende gehenden Dreharbeiten. Alle waren nervös, Tina hatte sich krankgemeldet, Pierre war wegen Kokain-Besitzes verhört und zum Glück erst noch einmal freigelassen worden, Viva musste ständig mit New York telefonieren, eine Kamera und ein Strahler hatten ihren *Geist* aufgegeben, und Franco musste zwischendurch immer wieder wegen eines möglichen Drehortes für seinen neuen Film telefonieren. Er fragte mich, ob ich am nächsten Morgen für ihn nach Sperlonga fahren könne und schauen, ob wir in die eine Gasse, in der wir in dem Haus des Künstlers wohnen würden, mit einem Auto reinkommen. Es solle nur eine kurze Einstellung werden, die dann direkt übergehe in eine Szene in Paris, im L'Hotel in der Rue des Beaux-Arts. Natürlich war ich begeistert. Ich nahm das Skript, es waren nur ein paar Seiten, hauptsächlich mit technischen Angaben für die Kamerafahrten und kurzen Hinweisen zu den agierenden Personen. Eben ein Brocani-*Dreh*buch.

Ein erster Brief von Bianca, sehnsuchtserfüllt, aber das war ja ihre Art, auf der Welt zu sein, und es hieß erst mal nichts anderes als Lust. War auch nicht das Schlechteste. Sie kündigte ihren Besuch an. *Komme am nächsten Wochenende zu dir. Holst du mich am Flughafen ab? Das genaue Datum schreibe ich dir noch. Hoffentlich erreicht dich mein Brief rechtzeitig. Dein Telefon geht nicht. War mein Italienisch-Kurs erfolgreich, hat er »Früchte« – welcher Art auch immer – getragen? Deine Dich liebende und küssende Bianca.*

Eines war klar: Das Liebesleben mit Bianca würde jeden Augenblick des Tages beanspruchen, von der Nacht ganz abgesehen, und ließ sich nicht in meinen hier eingespielten Rhythmus integrieren. Und sie zu den Dreharbeiten mitzunehmen erschien mir ganz unmöglich, sie würde das Chaos, das ich ja in mehr oder weniger geordnete Bahnen lenken sollte, nur noch verstärken, und der asketisch erscheinende Straub wäre von ihr sicher nur irritiert gewesen. Und Michael? Bestimmt würde er fragen, warum ich nicht mit Ingeborg kam. Und sie und Bianca? Sie hätten wohl kaum Freude aneinander. Höchstens, wenn sie sich als exotische Wesen wahrnehmen könnten, in deren Nähe etwas in ihnen selbst Ungelebtes oder zu wenig Beachtetes belebt würde. Vielleicht wäre aber gerade eine solche experimentelle Offensive der beste, ja, der einzige Weg. Und am Ende würden sie sich sogar noch mögen, schließlich kam mein italienischer Hölderlin-Band ja von Bianca, und beide waren ganz eng mit Rom vertraut.

Noch etwas auf- oder durchgedreht von den letzten Ereignissen, schlenderte ich am nächsten Tag, einem Sonntag, wie er im Buche steht, gegen drei Uhr zur Via Bocca di Leone, mit dem besten Bordeaux, den ich auftreiben konnte, unterm Arm, mit Szenenfotos des Films, dem Hölderlin- und dem Pasolini-Band sowie einem Manuskript, alles in einem Rucksack verstaut. Made in New York, wie der Verkäufer stolz gesagt hatte. »Made in New York«, eine fast schon poetische Lüge.

Ich trug die Aufregung der Tage und die innere Unruhe vor dieser Begegnung mit in die sich öffnende Tür, in den ersten Wechsel der ebenso tastenden wie offen freudigen Blicke und in die Umarmung. Ingeborg trug einen eleganten schwarzen, kurzen Rock und eine dünne weiße Bluse mit Glitzer. Ein bisschen zu gewollt, aber besser noch als nur damenhaft. Ich hielt sie einen Augenblick länger im Arm als beim letzten Mal, um etwas mehr ihre Nähe zu spüren und nicht gleich in einen Austausch von Worten, von Fragen und Antworten überzugehen.

»Schön, bei dir zu sein. Ich hab einen Bordeaux mitgebracht, Blumen erschienen mir zu offiziell oder zu intim, ach, ich hätte doch welche besorgen sollen, nicht gerade rote Rosen oder alberne Tulpen, sondern gelbe Lilien (vielleicht hätten sie sogar einen Hauch goldfarbene gehabt) wären gut gewesen. Ach, ich hol noch welche ...«

»Und dann kommst du nicht wieder. Bleib! Schön, dass du da bist. Giovanni nennen sie dich beim Set, hast du doch gesagt.«

»Ja.«

»Dann nenn ich dich auch so.«

»Das gefällt mir. Gibt es ein italienisches Pendant zu Inge oder Ingeborg? Wie findest du Borgia?«

»Wir probieren. Wo magst du sitzen? Hier vielleicht?«

»Weißt du noch, als ich dich in der Pizzeria fragte, ob du hier oder hier sitzen willst und du sagtest, ohne die dazugehörige Geste wisse man gar nicht, welches *hier* gemeint sei.«

»Ja, ich erinnere mich. Also: hier, auf einem Stuhl, oder hier, mehr im Raum, auf der Couch?«

»Ich will erst mal aus dem Fenster schauen und mir vorstellen, wie dein Blick immer auf das Außen schaut.«

»Ich habe einen Apfelstrudel gebacken. Habe ich schon ewig nicht mehr gemacht. Sogar Sahne habe ich bekommen. Trinkst du Tee oder Kaffee?«

»Gerne Kaffee. Ich liebe Apfelstrudel. Und sogar noch mit Sahne!«

»Was hast du denn da alles in deinem Rucksack?«

»Den Hölderlin-Band. Liest du später mal eine Ode auf Italienisch vor?«

»Mal sehn.«

»Jetzt weiß ich, wie ich dich nenne, *Borgia mal sehn*. Und dann habe ich noch einen Pasolini dabei. Und ein Manuskript. Stoff für Monate. Auf dem Weg hierher, ist ja fast um die Ecke, aber ich hätte auch ein Floß über den Tiber genommen, um zu dir zu kommen, also auf dem Weg ist mir noch eingefallen, ob du den Begriff des ›Unmöglichen‹ im Zusammenhang mit der Poesie kennst. Von Georges Bataille.«

»Wirst du mir erzählen.«

»Übrigens, ich bin froh, dass du mich beim Eintreten nicht mit einem Stein beworfen hast.«

»Wie?«

»Ich habe einmal von einem Brauch gelesen, dass man einen Freund nach seiner Rückkehr aus Freude mit einem Stein bewarf. Und je heftiger der Wurf ausfiel, desto größer soll die Sehnsucht nach ihm gewesen sein.«

»Beim nächsten Mal bewerfe ich dich mit tausend Steinen, Kieselsteinen von einem See mit eigenen Händen aufgelesen, solltest du dir Monate Zeit lassen, mich wieder zu besuchen.«

»Darauf freue ich mich. So oder so.«

Ich erzählte von Terracina, und sie sagte, Michael habe sie schon einige Male dorthin eingeladen. Nun wäre es wohl Zeit, der Einladung zu folgen. »Sollen wir nicht nach Ende der Dreharbeiten für ein paar Tage zusammen hinfahren?«

»Das gefiele mir. Und uns vom Wind noch ein Stück weiter treiben lassen, in den Süden?«

»Und über den Süden, das Licht, den Himmel und das Meer schreiben. Oder sie nur anschauen. Ach, nicht anschauen. Nur schauen.«

»Jetzt wiederhole ich noch mal mein ›Mal sehn‹, das dir doch gefiel.«

»Ja, sehr gefällt es mir.«

Borgia ließ sich immer ein Stück weit von der Reisephantasie mitreißen, stockte dann etwas, so als würde sie mitten in der Fahrt mal kurz die Handbremse anziehen. Dann wieder beschleunigte sie übergangslos und folgte ihren inneren Bildern, besonders als sie auf Pasolini zu sprechen kam. »Wäre das nicht wunderbar, wenn wir auf den Spuren von Pasolini einmal den italienischen Stiefel umrundeten?«

»… bis nach Triest, wo wir von diesem alten Grandhotel aus, am Hafen, aufs Meer schauen, uns den Niedergang und den Wiederaufstieg Europas vorstellen …«

»… den ersten Halt machen wir in Fregene, so, als tränken wir ein Glas Wein mit Moravia, Fellini und Pasolini …«

»… aber Pasolini trank gar keinen Wein …«

»… gut, dann nimmt er eben Wasser, mit uns tragen wir seine Worte *als hätte ich die Fahrt geträumt* und machen wieder Halt in Circeo.«

»… ist das unser Rhythmus: zwei Küstenorte an einem Tag? Sag, war das Ende der fünfziger Jahre, als Pasolini diese italienische Reise machte und sie beschrieb, noch vor seinen ersten Filmen, und reiste er nicht mit einem Fotografen zusammen? Hatte er schon diese furchtbare Feindseligkeit wegen seiner Homosexualität und seiner offenen Gespräche mit der Bevölkerung über Sexualität erfahren müssen?«

»Ja, es war 1959, und er fuhr zusammen mit dem Fotografen di Paolo los. Irgendwo trennten sie sich dann. Seine ersten Filme waren ACCATTONE, das war 1961, und kurz darauf MAMMA ROMA, später dann GROSSE VÖGEL, KLEINE VÖGEL und letztes Jahr TEOREMA – GEOMETRIE DER LIEBE, ich liebe den Film, wir müssen ihn noch einmal zusammen sehen. In Triest könnten wir lesen, was er über die Stadt geschrieben hat.«

»Und weißt du, was ich so gerne in Triest mit dir lesen würde?«

»Sag.«

»Ungaretti. Michael hat mir erzählt, dass er vor zehn Jahren ein erstes Gedicht von ihm übersetzt hat und dass du auch Ungaretti ins Deutsche überträgst. Und dass Celan es auch getan hat. Du musst mir davon erzählen, sicher weißt du auch eines seiner Gedichte frei zu rezitieren.«

»Wir haben uns viel vorzulesen. Beginnen wir mit Hölderlin und tasten uns dann langsam vor. Über Ungaretti zu sprechen ist nicht einfach ...«

»... wegen seiner Verstrickungen in den Faschismus? Michael hat angedeutet, dass er unsicher sei, wie er über diese dunkle Seite bei ihm sprechen soll, ohne damit seine Nähe zu den Gedichten zu sehr zu überlagern, und auch, andererseits, ohne die antifaschistischen Anteile in seiner Haltung unangemessen herauszustellen. Wie gehst du damit um?«

Borgia erzählte, wie sie sich mit Michael darüber ausgetauscht hatte und sich beide schwertaten mit der Wertschätzung aller seiner Gedichte, angesichts seines politischen Irrwegs. Vor zehn Jahren habe sie mit der Übersetzung begonnen. Auch mit Hans Magnus Enzensberger habe sie natürlich über Ungaretti gesprochen. Das habe 1961 angefangen. »Aber sag jetzt nicht wieder, wie du es bei Celan getan hast, da seist du gerade drei Jahre alt gewesen, sonst komme ich mir so alt, zu alt vor. Immerhin warst du da, bei Enzensberger und Ungaretti, schon sechzehn, wenn ich richtig gerechnet habe.«

»Du kombinierst ja ganz schön Achtung und Ironie. Ich nehm's gelassen. Und diese Haltung ist nicht das Schlechteste, wenn man auf Reisen geht. Eigentlich bin ich doch ja ein Liebhaber des Alleinreisens. Weißt du, warum?«

»Sag.«

»So schaut man direkter auf die fremde Welt, nicht vermittelt über den Mit-Blick des anderen. Aber den deinen stell ich mir beglückend vor, sodass ich's gerne probiere.«

»Edel von dir.«

»Jetzt musst du eine Ode von Hölderlin lesen. Ja?«

»Gut, wenn du es willst. Welche?«

Voller Freude und auch Ehrfurcht lasen wir in dieser wundervollen Ausgabe in zarthellgelbem Büttenpapier. Immer wechselnd begann entweder Borgia oder ich einen Satz mit »Schau hier … die Oden, … die Elegien, … und die späten Gedichte … Der reine Luxus, dieser Band … bei Einaudi … 1958 … vor gut zehn Jahren …«

»Ja, was soll ich lesen? Jetzt sehe ich, ein paar Seiten der Elegien hast du noch gar nicht aufgeschnitten.«

»Ich habe es uns vorbehalten. Ist das nicht Teil unserer poetischen Phantasie? Also, öffnen wir die Elegien.«

Wir lasen immer jede aufgeschnittene Seite und gelangten schließlich zu den späten Gedichten.

»Ich lese das letzte Gedicht. Ja?«

»Ja.«

NUOVA COLLANA DI POETI TRADOTT.
CON TESTO A FRONTE

FRIEDRICH HÖLDERLIN

POESIE

TRADOTTE DA GIORGIO VIGOLO
CON UN SAGGIO INTRODUTTIVO

VEDUTA

L'aperto giorno agli uomini riluce con immagini,
Quando il verde da piana lontananza traspare,
Prima che la luce serale s'inclini al crepuscolo,
E bagliori delicati mitighino lo squillo del giorno.
Spesso appare il didentro del mondo annuvolato, chiuso,
Il sentire dell'uomo, pieno di dubbi, crucciato,
La splendida natura rasserena i suoi giorni
E resta lontana del dubbio la buia domanda.

Li 24 marzo 1671

              Con umiltà
              Scardanelli

AUSSICHT

Der offne Tag ist Menschen hell mit Bildern,
Wenn sich das Grün aus ebner Ferne zeiget,
Noch eh des Abends Licht zur Dämmerung sich neiget,
Und Schimmer sanft den Klang des Tages mildern.
Oft scheint die Innerheit der Welt umwölkt, verschlossen,
Des Menschen Sinn von Zweifeln voll, verdrossen,
Die prächtige Natur erheitert seine Tage,
Und ferne steht des Zweifels dunkle Frage.

Den 24. März 1671

              Mit Unterthänigkeit
              Scardanelli

»Sag, Borgia, wenn wir auf Pasolinis Spuren reisen, müssen wir doch auch über seinen MEDEA-Film mit der Callas in der Hauptrolle sprechen. Hast du sie nicht in LA TRAVIATA in der Mailänder Scala gehört und gesehen, zu der Zeit, in der du mit Hans Werner Henze zusammengearbeitet hast? Michael hat das mal erwähnt.«

»Das ist schön, dass du danach fragst, weil mich das Schreiben eines Librettos immer so ganz gefangen genommen hat. Und dann diese Präsenz von Hans Werner! Ein großes Glück. Ja, die Callas habe ich gesehen. Es war am 24. Januar '56. Von Februar an war ich dann monatelang mit Hans Werner in Neapel. Ich würde ihn so gerne wiedersehen und die Callas wieder hören! Die Stimme der Callas berührt das Unaussprechliche.«

»Das Nichtwissbare, das Ungewusste. Das ist das Unbewusste. Das ist auch das Terrain der Tränen.«

»Woher weißt du das?«

»Die mystische und poetische Schönheit, das alles Übersteigende der Tränen habe ich von Georges Bataille und Cioran gelernt. Die Tränen auch als Bild ungeheuerlicher Turbulenzen des Niedergangs, den Cioran so euphorisch wie eine Erleuchtung erlebte.«

»Darüber musst du mir mehr erzählen. Und im Gegenzug erzähle ich dir mehr von dem Maria-Callas-Erlebnis, das alles hinter sich ließ, was ich bis dahin über die menschliche Stimme dachte. Ich habe versucht, eine Hommage an die Callas zu schreiben, sie endet mit dem Satz *Sie war das letzte Märchen.*«

»Wir benötigen eine märchenhaft lange Zeit, um diese Musik zu erzählen.«

»Ich möchte dich gerne fragen und natürlich am liebsten in Gegenwart von Henze: Wie muss eine Musik sein, die unmittelbar zu Tränen rührt, die uns ergreift, ohne dass ein Wissen dazwischengeschaltet ist? Was geschieht da?«

Borgia erzählte, dass sie einmal über die »wunderliche Musik« geschrieben habe: ... *Und was ist diese Musik, die dich zittern macht und dir den Atem nimmt, als wüsstest du deine Geliebte vor der Tür stehen und hörtest den Schlüssel schon sich drehen?* »Wir werden zusammen mit Hans Werner darüber sprechen, ja?«

»Das wäre wunderbar. Und ich würde ihn fragen, ob es so sei, wie mir ein Pianist sagte, dass immer der ganze Körper spiele.«

»Jürgen, entschuldigst du mich für ein paar Minuten, ja? Ich will mir nur kurz etwas aufschreiben. Unser Sprechen hat mir wieder einen Gedanken in Erinnerung gerufen, der mir wichtig erscheint. Für mein inneres Gleichgewicht, das mir immer wieder mal entgleitet, vielleicht sollte ich sagen: das mir wegrutscht.«

Ich nutzte die Zeit und machte mir auch, seitlich eines Vorhangs stehend, ein paar Notizen. Zu dem Austausch unserer Blicke. Wo treffen und wo verfehlen sie sich? Möchten sie im Vertrauten Rätselhaftes entdecken und im scheinbar Besonderen Facetten des Immergleichen aufspüren? Schichten der Wirklichkeit erfassen, Banalitäten und Poesien?

Als sie zurückkam und mich auch schreibend sah, sagte sie verschmitzt: »Wir beiden Aufschreibenden.«

Ich erzählte, dass ich vor ein paar Tagen mit Michael zusammen ein Gedicht von ihr übersetzt hatte. Aus der ANRUFUNG DES BÄREN. Als ich es dann immer wieder las, schweiften meine Gedanken in alle Richtungen und Kulturen. So erinnerte ich mich, dass man im Chinook (im Nordwesten der USA) nicht sagt, ein böser Mann habe das arme Kind getötet, sondern »die Bosheit des Mannes hat die Armut des Kindes getötet«. Oft reservieren wir, so überheblich, wie wir sind, eine solche Denkleistung für unsere Sprachen. Claude Lévi-Strauss bringt dieses Beispiel in seiner faszinierenden Schrift DAS WILDE DENKEN, um das hohe Abstraktionsvermögen, die intellektuellen und poetischen Abenteuer im *wilden Denken* zu belegen.

Vom wilden Denken führten mich meine Assoziationen zu den Mythen. Für sie hat Lévi-Strauss die schöne Formulierung gefunden, sie bestünden ohne unser Denken, wir seien nur das Tor, durch das sie hindurchgehen.

Das brachte mich meiner Frage ein Stück weit näher: Ist eine Lyrik wie die von Ingeborg Bachmann, wenn sie so weit in das Reservoir der Bilder, Symbole und Übersetzungen der Sprachen vorgedrungen ist, nicht unabhängig von *einer* Sprache und *einer* Tradition? Zugleich ist sie nicht raum- und zeitlos. Nein, das nicht. »Sag, erweitert deine Lyrik den geschichtlichen Raum hin zur Überzeitlichkeit, dort, wo das mythische Denken und die mythische Vorstellungswelt beheimatet sind? Dort, wo ein offener Resonanzraum für Entsprechungen, Kombinatorik, Durchdringungen und kaleidoskopartige Logiken und Poesien entsteht.«

»... kaleidoskopartige Logiken und Poesien, das gefällt mir. Das gefällt mir sehr.«

»Ich war – mit großer Freude kann ich dir jetzt davon erzählen – auf unerwartete und eigenartige Weise glücklich, als ich das mit Michael zusammen übersetzte Gedicht von dir auf Italienisch las. Und es mir rückübersetzte ins Deutsche. Und schließlich die Transformationen noch, ganz roh, ins Französische verlängerte. Es entstand so ein nach allen Seiten hin offener Raum, voller Improvisation und Amateurhaftigkeit. Oder habe ich da, frage ich dich jetzt, auch ein bisschen ängstlich, die Geschlossenheit und poetologisch dichte Konstruktion ein Stück weit verletzt? Oder gerade nicht? Ich stand doch voller Ehrfurcht vor den Gedichten, verbeugte mich vor ihnen. Und das Gedicht hat ja ohnehin einen schützenden Kreis um sich gebildet. Was meinst du, verabsolutieren wir vielleicht zu stark das ichbezogene Tun des Dichters? Und schätzen zu gering seine Möglichkeit, ein Tor zu sein, durch das die Poesie zu uns vordringt, so wie bei den Mythen? Ach, dies nur ein Vorschlag, eine Idee, experimentell, offen für Variationen. Du wirst bestimmt ein paar Schneisen ins Dickicht schlagen.«

»Vielleicht sollten wir zwei, drei Tage verreisen und uns darüber im *Unterwegs* austauschen.«

»Reisen sind ja poetische Abenteuer ...«

»... und Umspielungen der Sehnsucht.«

»Mir fällt gerade auf, dass wir heute noch gar keine zusammen geraucht haben. Was ist nur mit uns geschehen? Ich muss an eine frühere Freundin denken. Wir waren irgendwo auf Reisen, da bemerkte ich, dass sie schon stundenlang keine Zigarette mehr geraucht hatte. ›Was ist los, du rauchst schon seit Stunden nicht mehr.‹ – ›Warum sollte ich, es gibt so viel zu sehen.‹«

»Jetzt sind wir in dem Raum angelangt, in dem Reisen und Poesie Verbündete sind.«

Borgia war bei den letzten Worten aufgestanden, hatte mir kurz über das Haar gestrichen und mich gebeten, sie zu entschuldigen, sie müsse telefonieren. Wenn es etwas länger dauere, solle ich nicht denken, sie hätte sich davongemacht. Lachend hatte sie ein »noch nicht« nachgeschoben. Ich könne doch, wenn ich Lust hätte, ein bisschen in ihren Büchern schmökern. Ich gab ihr das »noch nicht« auch mit einem Lachen zurück, wenn sie von ihrem Telefonat zurückkomme, sei ich entweder in ihren Büchern mit Wohlgefallen untergetaucht oder hätte mich davongemacht.

Als sie zurückkam, war sie etwas bedrückt, erzählte von privaten Dingen, die ich aber nicht richtig verstand. Im Hintergrund schienen vor allem gesundheitliche Probleme zu stehen. Ich wollte nicht in sie dringen und wusste, sie würde schon davon sprechen, wenn ihr danach sein sollte. Eher intuitiv begann ich von mir zu erzählen, vielleicht auch in Erinnerung an eine Situation, die mir ein Psychoanalytiker nahegebracht hatte: Einem Patienten sei es schwergefallen, von seinen Träumen zu berichten. Da sei er eines Tages auf die Idee gekommen, die Regel, als Therapeut sich nicht selbst ins Spiel zu bringen, zu durchbrechen, und hätte ganz unvermittelt gesagt, heute Nacht habe er geträumt ... woraufhin ihn sein Gegenüber sofort mit den Worten unterbrochen hätte, jetzt falle ihm doch sein Traum ein.

»Weißt du, zuweilen streift mich eine Angst, die ich auch bei dir zu erkennen glaube. Die Angst, zu durchlässig zu sein, für die Abenteuer der Leidenschaft, der Poesie und des Denkens. Müsste ich nicht und müsstest du nicht stärker filtrieren, lernen, sich auch abzuschirmen? Alles ist gleich nah bei mir, im Denken und im Herzen.«

»In meinen Lieben habe ich auch immer wieder schmerzlich diese Erfahrung gemacht. War immer wieder zu offen für den anderen ...«

»… und für das gesamte Weltgeschehen um dich herum?«

»Ja. Vielleicht könnte ich auch im Austausch mit dir ein wenig mehr Zugang zu einem verborgenen Terrain in mir gewinnen. Ein Terrain, das verantwortlich ist für meine Ungeschütztheit. Und für meine Neigung zum Verfallensein. Aber vielleicht willst du das gar nicht. Vielleicht ist es eine Zumutung.«

»Zu gemutet – so zerlegt ist das Wort doch ganz schön, oder?«

»Du musst wissen, ich habe viele Abstürze erlebt, nach Celan, nach Frisch, ich nehme Tabletten, ich war in der Klinik, ich habe therapeutischen Rat gesucht. Schreckt dich das jetzt alles ab?«

Ich schwieg.

»Du musst nicht gleich antworten. Schweigen ist eine ernsthafte Antwort.«

»Zumindest für den Augenblick ist das Schweigen eine Antwort. Das Sprechen stellt sich von alleine wieder ein. Die richtigen Worte schwirren schon umher. Ich, nein, wir müssen sie nur ergreifen. Worte, Bilder, Sehnsuchtsstränge, Phantasien. Der imaginäre Raum. Und die Verletzungen.«

»Also, mein lieber Giovanni, ich komme mit zu den Straubs. Aber darf ich etwas im Hintergrund bleiben? Nach unseren Gesprächen heute. Und ich weiß nicht allzu viel über Straubs und Huillets Filme. Was meinst du, mag mich Danièle?«

»Das bringt mich auf eine Idee: Wir rücken Danièle in den Mittelpunkt. Und sprechen über ihren Wunsch, den sie einmal hatte, ethnologische Filme zu drehen.«

»Da weiß ich ja noch weniger.«

»Ach, dein Blick ist ein ethnologischer. Geschärft für jede Form von Fremdheit.«

»Ist dieser Blick scharf genug eingestellt für den gedanklichen Austausch mit diesen Blick- und Einstellungsspezialisten?«

»Ja.«

Ingeborg ging es auf dem Weg dorthin nicht gut. Sie fühlte sich plötzlich schwach.

»Ich glaube, ich muss ein andermal mitkommen. Du bist mir nicht böse?«

»Nein, ich bring dich nach Hause.«

Besorgt schaute ich in Borgias auf einmal von Trauer verschattetes Gesicht und bemerkte ihren leicht schleppenden Gang. Ich fragte sie, ob sie sich einhängen möge, und sie tat es, ohne ein Wort zu sagen. So gingen wir schweigend eine Weile vertraut und zugleich auch einander fremd nebeneinander, und mir war klar geworden, dass ich sie nicht allein lassen würde, nicht einfach vor der Haustür ein schlichtes »Mach's gut« sagen oder sogar noch hinzufügen »Geht es so?« oder »Geht es schon besser?«

»Ich rufe Jean-Marie an, sage ihm, dass ich heute leider nicht kommen könne und ich mich wieder melden würde.«

»Danke, Giovanni.«

Eine Spur belebter schon legten wir die letzten Meter zurück, betraten wieder die noch von unserer Freude erfüllte Wohnung. Ich setzte mich auf die Couch, und Ingeborg brachte uns eine Flasche Wasser. »Wein wäre jetzt nicht gut für mich. Das war ein Fehler. Wenn ich eine Tablette nehme, darf ich dazu nicht Wein trinken.

Erst puscht es mich auf, dann lässt es mich abstürzen. Du trinkst doch jetzt aber einen Wein?«

»Nein, wir bleiben beim Ritual: Gemeinsam rauchen, gemeinsam trinken.«

»Das ist gut. Den ganzen Vormittag über war ich bei allem, was ich tat, unruhig. Ich fragte mich, ob es richtig ist, einen Apfelstrudel zu backen, oder ob du mich auslachen wirst. Und dann natürlich die ewig gleiche Frage, was ich anziehen soll. Ledersachen? Was wirst du denken? Elegant? Aber du bist so außerhalb von allem, auch in diesem Umfeld von Viva und Tina. Ratlos war ich. Da zog ich mich, unsicher, konventionell an. Und war nicht glücklich darüber. Magst du mit mir mal in eine Boutique gehen? Ich habe da im Schaufenster einen kurzen schwarzen Lackmantel gesehen.«

»Großartig. Deine Lebensgeister sind erwacht. Und wenn er gut aussieht an dir, gehen wir danach essen, ja?«

»Ja. Jetzt ist es schon viel besser. Ich möchte dir gerne noch sagen, was mich heute den Vormittag über auch beschäftigt hat: Bei der Lesung, als ich dir die erste Gauloise anbot und wir uns ins Café davonmachten, da war alles so einfach, wir waren wie Kinder, die heimlich eine zusammen rauchen. Es war mein Terrain, aber doch außerhalb meines engsten Lebensraums. Auch in deiner Pizzeria und bei dir zu Hause war alles so frei, poetisch, erlaubt-unerlaubt, wir waren ein bisschen noch wie erwachsen werdende Kinder. Mir erschien es so, als hätten wir uns das alles ausgedacht für die Dauer eines Gedichts oder eines Briefes oder eines Films. Und wie gut ich in der Nacht auf deiner Couch geschlafen habe, wie lange nicht mehr. Ohne alles, was ich sonst so brauche.

Alles irgendwie traumhaft. Irreal. Und jetzt, heute Vormittag, hatte ich das Gefühl, es wird real. Ich muss nachdenken. Erwachsen handeln. Und überlegen, was für dich und was für mich gut ist. Da fing das Flattern an. *Unlebbar* erschien in Großbuchstaben. Die Angst, du würdest dein Interesse an mir verlieren, wenn ich mich dir so schwach zeige, wie ich oft bin, und ich würde dir dann noch älter erscheinen, als ich ohnehin schon bin. Vom Verschwinden des Begehrens ganz zu schweigen.«

»Du, *Borgia mal sehn*, wollen wir nach Terracina fahren, wenn nächste Woche die Dreharbeiten zu Ende sind? Für ein paar Tage? Ich rufe Michael an und frage ihn, ob sein Haus gerade frei ist, was denkst du?«

»Das gefiele mir. Sehr sogar.«

Alles ließ mich in den folgenden Tagen irgendwie gleichzeitig leben: Unbekümmertheit und Sorglosigkeit gegenüber dem Leben, wie es spielt, gepaart mit einer Liebe zu Bianca und zu Borgia, einer verrückten, in Szenen sich abspielenden Leidenschaft mit Viva und einem Gefühl großen Glücks, Teil des Films NECROPOLIS zu sein. Und bei alldem vergaß ich Michael nicht, erzählte ihm von Ingeborg und fragte ihn, ob wir ein paar Tage in seinem Haus am Meer sein dürften. Nie werde ich sein strahlendes Gesicht vergessen. »Welch eine Freude! Ihr werdet die Räume poetisch beleben, es war schon über einen Monat lang niemand mehr dort.«

Franco wollte, dass ich mir in Neapel eine verlassene Fabrikanlage als Drehort anschaue. Er gab mir das erweiterte Skript. Zum Glück konnte ich Bianca erreichen. »Ich bin morgen in Neapel, bleib noch.«

»Das ist ja großartig, dann lernst du auch meine beste Freundin, frisch getraut, kennen.«

»Ich bleibe über Nacht, und wir fahren dann am Morgen zurück nach Rom, wie findest du das?«

»Grandioso.«

Die Tage mit Bianca waren eine Folge von Überschreitungen im Café, in der Pizzeria und im Studio. Natürlich war sie gleich mitgekommen, lag Viva und Tina in den Armen und schien in der nächsten Szene Franco und Pierre zumindest mit den Augen zu verschlingen. Sie und Ingeborg zusammenzubringen wäre ein Desaster gewesen.

An einem Abend war sie mit einem Exlover, wie sie sagte, verabredet, und ich traf – auch erleichtert, wieder in eine andere Welt einzutauchen – Ingeborg bei ihr zu Hause. Zum Glück fragte sie nicht viel, ich erwähnte nur die Fahrt nach Neapel, die Suche nach einem geeigneten Drehort und die Tage im Studio. Dann erzählte ich von meinem Telefonat mit Michael.

»Du weißt, dass er einen ›Freiherr‹ in seinem Namen trägt? Welch ein Angebot an die junge Seele, Herr des eigenen Lebens zu werden und Freiheit zu erlangen. Michael und Baby haben uns für das Wochenende zu sich und den Kindern eingeladen, du wirst entzückt sein von dem einen Mädchen, das Italienisch und Deutsch auf so einzigartige Weise vermischt, piccoli Äpfeli sagt sie; also sie haben uns zu sich in ihr Haus im Norden Roms zum Essen eingeladen, dir wird es dort gefallen, wir könnten, so Michaels und Babys Vorschlag, über Nacht im blauen Zimmer sein und am nächsten Tag nach Terracina fahren, und bleiben, solange wir wollen. Jetzt ist es an uns zu entscheiden. Was meinst du, liebe *Borgia mal sehn*?«

»Mein lieber *Navona-Giovanni*, jetzt bist du mir zuvorgekommen mit dem *mal sehn*, also bleibt mir nur zu sagen ›Das machen wir‹.«

»Wunderbar. ›Auf die Schiffe.‹ Bei wem heißt es doch so? Bei Nietzsche? Unser Schiff wird dann mein Fiat 500 sein oder ein geliehener Alfa.«

Wir waren ausgelassen, sprangen von einem Thema zum nächsten, berührten Alltägliches, und sie erzählte zum ersten Mal von den Glücksmomenten und ebenso dem Gefühl des Scheiterns beim Schreiben. Sie las aus einem angefangenen Gedicht vor und streifte ihre Erzählung SIMULTAN. Einmal fragte sie, ob ich denn nun überhaupt mal in einem Philosophieseminar hier in Rom gewesen sei, woraufhin ich nur verschmitzt dreinschaute, beim Thema der Philosophie aber blieb und sie fragte, wie sie heute über Heidegger und Wittgenstein denke. Irgendwie geriet meine Bemerkung mehr zu einer Performance als zu dem Angebot, ernsthaft über die beiden Exzentriker zu reden. »Ich habe da eine Idee«, sagte ich. »Aber vielleicht wirst du sagen, für so etwas seist du nicht zu haben. Das sollte ich besser mit den Dada-Leuten machen. Vielleicht aber hat bisher nur keiner deiner Gefährten solch eine Lust an, wie soll ich sagen, an geistiger Artistik in sich selbst und in dir geweckt ...«

»... ich bin gespannt. Mal sehn, ob du gleich zu hören kriegst, ›adios, lieber Giovanni, das war's ja dann wohl.‹«

»... wenn du mich mit großem Pathos und gekonnter Theatralik verabschiedest, würde mir bestimmt auch eine adäquate Geste einfallen. Also, halt dich fest, oder lass dich los, egal. Lass uns doch beide Meisterdenker auf der Bühne eines Varieté-Theaters auftreten lassen. Und du und ich als Moderatoren oder Chefs der Manege. Ein großes Fest des Denkens soll es werden. Mit Musik und Auftritten eines Meisterclowns. Kynische Ekstase. Gedanken-Ballett oder Gedanken-Poesie. Also, machst du mit beim Cabaret über die Poesie und die Abwegigkeiten des Denkens?«

»Ich habe auch eine Idee für eine Szene: Ein Mann und eine Frau, beide philosophisch angehaucht, mit poetischen Ambitionen, er, du, schon ein bisschen ältlich, aber noch ganz gut drauf, sie, ich, eigentlich ein bisschen zu jung für ihn, haben sich schon des Öfteren getroffen, aber sich zunächst nicht leidenschaftlich geküsst. Gibt es vielleicht Kulturen, in denen sich, du weißt das bestimmt, die Liebenden küssen, indem sie die Wimpern aneinanderreiben, so wie wir die Münder ...«

»... und wieder andere die Nasenspitzen ...«

»... oder vielleicht die Knie aneinanderreiben ...«

»... und weißt du, was wir auch machen können: wie die Kabylen mit offenen Lederpantoffeln steile Abhänge hinuntersteigen, oder wie es Mitglieder mancher Völker beherrschen, in der Hocke schlafen. Das alles probieren wir aus, wenn wir auf die Marquesas reisen ...«

»... ich auf einem Segelboot, das kann nicht dein Ernst sein ...«

»... von Ernst war keine Rede, höchstens von Poesie als Lebensform.«

»Mir schwindelt ja jetzt schon genug, mehr als genug, auch ohne Segelboot.«

Vielleicht würde es ihr gerade auf dem Boot nicht schwindeln, angesichts der Balanceakte der Wellen, bemerkte ich etwas zu tollkühn. Ich sei, sagte ich, mehr und mehr davon überzeugt, dass Meere und Flüsse, Städte und Landschaften *realer* seien, wenn Schriftsteller sie in

Sprache und Wortmalereien und Maler in Bild und Farbe verwandeln. Man brauche nur an Honfleur zu denken seit Prousts AUF DER SUCHE NACH DER VERLORENEN ZEIT oder an das *Meer*, seit Jules Michelet, Melville und Conrad es beschrieben. Und die Provence sei doch, fügte ich hinzu, nicht ablösbar von den Bildern, die Cézanne uns zu sehen gab. Und was fühlten wir bei der Ankunft in Arles, hätte van Gogh uns die Farben der Stadt nicht gezeigt? Sind die Werke der poetischen Geographie nicht die wahrhaftigeren Zeugen der Wirklichkeit?

»Jetzt ist der Augenblick, um dir eines meiner ersten Gedichte vorzulesen. Es trägt den Titel NACH GRAUEN TAGEN. Es gehört zu einer Folge, der ich verschiedene Titel gab. Ich glaube, BEWEGUNG DES HERZENS ist richtig. Und passt auch zu der Situation, in der ich es dir vorlese. ICH IM SPIEGEL ist auch schön, wir spiegeln uns doch auch ein Stück weit. Ich lese dir die früheste Fassung vom Oktober '44 vor.

Nach grauen Tagen

Eine einzige Stunde frei sein!
Frei, fern!
Wie Nachtlieder in den Sphären.
Und hoch fliegen über den Tagen
möchte ich
und das Vergessen suchen ---
über das dunkle Wasser gehen
nach weißen Rosen,
meiner Seele Flügel geben
und, oh Gott, nichts wissen mehr
von der Bitterkeit langer Nächte,

in denen die Augen groß werden
vor namenloser Not.
Tränen liegen auf meinen Wangen
aus den Nächten des Irrsinns,
des Wahnes schöner Hoffnung,
dem Wunsch, Ketten zu brechen
und Licht zu trinken ---
  Eine einzige Stunde Licht schauen!
  Eine einzige Stunde frei sein!

Ihre Gedichte versetzten mich in eine innere Unruhe. Es war ein tiefes Glück, dieses Vertrauen von ihr zu erfahren. Es gab aber nicht nur dieses Glück. Auch eine Unsicherheit, wie weit sie schon damals, '44, noch bevor ich geboren wurde, in die Poesie eingetaucht war.

»Ach, es lag noch so viel vor mir, im Umgang mit der Sprache und dem Schmerz«, sagte sie nachdenklich, auch versunken in jene Zeit.

»Frei, fern …, darf ich ›fern‹ erweitern zu ›nah-fern‹? Da sich das Ferne doch nur im Verhältnis zum Nahen zeigt und abhebt. Und aus dieser Spannung werden Leben und Lieben möglich. Und das Reisen. Zuerst ist da eine Phantasie. Ein Bild des Fernen. Das bis zum Aufbruch Vertraute verliert auf einmal an Selbstverständlichkeit. Und dann beginnt ein Wechsel von vertraut, nah und unvertraut, fern, nah … Und immer so fort. Ich freue mich auf unsere Reise. Wie werden wir uns erfahren?«

»Frei? Wird es uns gelingen, die Stunde von Licht und Freiheit zu dehnen? Mal sehn.«

Die Stunden verflogen. Michael und Baby wussten Bescheid. Zwischen den Dreharbeiten rief ich Borgia an. Franco hatte ich gesagt, dass ich Freitag, Samstag und Sonntag, und wenn er es erlaube, noch ein paar Tage länger, in Terracina bleibe. Natürlich erlaubte er es. In den Telefonaten mit ihr versicherten wir uns unserer Freude – und unserer inneren Unruhe. Auch wisse sie nicht, was sie für die Fahrt anziehen und was sie einpacken solle. Geduldig sprachen wir über Details. Dann ging es noch um die mitzunehmenden Bücher. »Und sag, sollen wir einen bunten Strauß mitbringen oder ganz viele Lilien?«

»Lass uns doch zusammen in den Blumenladen gehen, wenn ich dich abhole, oder ist der so gegen drei, vier Uhr geschlossen?«

»Ich weiß es nicht. Sicherer ist, ich kaufe die Lilien, ganz viele, vorher ein. Kommst du mit deinem Fiat 500 oder einem Alfa?«

»Einer Giulietta.«

Borgia hatte zum Glück nur eine Umhängetasche und einen kleinen Koffer dabei. Ich sagte, als wir die Sachen runtertrugen: »Du bist deiner Gedichtzeile *meiner Seele Flügel geben* treu geblieben, das ist schön.« Sie lächelte. Selbst trug sie den riesigen Strauß Lilien. Als wir in den Wagen einstiegen – sie hatte sich für einen eleganten und doch auch die damenhafte Eleganz ein wenig sprengenden Hosenanzug entschieden –, schauten wir uns eine Spur verwegen an. Ich zog aus meiner Jackentasche ein Blatt hervor. »Schau, das ist heute Nacht entstanden, ein provisorisches Poem, nur für die Reise geschrieben.«

In der Nacht vor dem Einschlafen
ein paar Zipfel
eines sich ankündigenden Traums
ergriffen in dem sich
Szenen Bilder Zeilen
aneinanderreihten und
eine Möglichkeit umspielten wie es wäre
noch einmal nach Alexandria zu reisen
über Land
Rom Marino Terracina
mit kräftigem Wind im Rücken
zu einem Hafen
der uns übers Meer bringt
nach Ägypten wo du doch warst
wenn ich es richtig weiß
vor ein paar Jahren

Es gefiel uns beiden, die geographischen Orte und die Räume der Phantasie ganz eng zusammenzurücken. So stellten wir uns auch unsere Reise vor. Sie wusste nicht, ob dabei auch ihr damaliges Erleben in Ägypten und im Sudan, im Frühjahr '64, wieder auftauchen würde.

Ich erinnerte sie an ihre Worte, Italien sei ihr erstgeborenes Land. *Erstgeboren* – hieß das, dass ihre von Sehnsucht geprägten inneren Bilder an Italien geknüpft waren? Italien nicht als ein eng begrenzter Raum, sondern im Zusammenspiel mit Phantasie und Erotik?

»Italien ist *jetzt*. Wie *wir* es erleben. Was es mit *uns* macht. Seit Tagen schon. Und im Gepäck der italienisch transformierte Hölderlin. Du hast ihn doch dabei?«

»Natürlich. Und die italienisch anverwandelte Bachmann! Zum ersten Mal fällt mir auf, wie in deinem Namen Bach und Mann aufeinanderstoßen. Ein bisschen wie zwei nicht zusammengehörende Teile. Und dennoch klingt es wie eins. Und gar nicht unharmonisch.«

»Meinst du? Ich weiß nicht. Befremdlich ist es schon: das Fließende des Baches und das eher Feste, auch zum Unbeweglichen Neigende des Mannes. Des typischen Mannes.«

»Und wenn man dann noch ›Klagenfurt‹ hinzunimmt, du geboren in einer von Klagen erfüllten Furt, aufgerufen, die Klagen zu verwandeln in Poesie, die den Schmerz noch mit sich trägt?«

»... *meiner Seele Flügel geben.* Diese Zeile in dem Gedicht NACH GRAUEN TAGEN, das ich dir vorlas.«

»Das ›Frei-fern-nah-Gedicht‹, so ist es in mir abgespeichert.«

»Und in dem Gedicht AUFBLICKEND stehen die Zeilen *Ich weiß keinen Wunsch auf diesen, / Als strömend mich zu verschütten / In die unendlichste See.* Da ist die Aufbruchsphantasie deutlich zu hören, weg von der Furt. Oder doch nicht? Verzeih den jugendlichen Überschwang, als genügte nicht eine *unendliche See.*«

Ganz bald schon würden wir angekommen sein. In der geradezu beschaulichen Via Cassia.

Dass sie mal bei Michael zu Hause sein würde, hätte sie nicht gedacht. Das lockere Band mit ihm hätte ich zum Glück fester gezurrt.

»Aber eine Bindung gab es doch die ganze Zeit zwischen euch, über Marie Luise Kaschnitz, mit der du dich ja oft hier in Rom getroffen hast.«

»Ja, du hast recht. Aber es fehlte noch der eine Funke, um aus unseren verstreuten Begegnungen eine Freundschaft entstehen zu lassen. Und ich freue mich auch,

›Baby‹ kennenzulernen. Wird seine Frau von allen so genannt? Und warum?«

»Wir werden sie fragen. Alle Freunde nennen sie so. Und weißt du, wie die engsten Freunde, außer mir, Michael nennen?«

»Sag.«

»›Elefant‹. Es ist so eine Art Totemtier für ihn. Das meine sei, sagte mir mal eine Freundin, der Windhund, der persische Saluki oder der russische Barsoi. Welches Tier könnte das deine sein? Der Bär?«

»Vielleicht weiß ich es genauer noch nach dieser Reise.«

Empfangen wurden wir wie alte, schon lang ersehnte Freunde. Der kräftige Michael und seine zarte Frau schlossen Ingeborg langandauernd in ihre Arme, und die Kinder zerrten sie gleich zu ihren Lieblingsspielzeugen, Büchern und Schallplatten und überschütteten sie mit Fragen, ob sie deutsch oder italienisch sei, was sie mache und ob sie meine Freundin sei und wie lange wir uns denn schon kennen ...

»Wie schön, Jürgen, dass du mit Ingeborg gekommen bist. Und so gelöst habe ich sie lange nicht gesehen. Und dass ich sogar ein kleines bisschen mit dran ›schuld‹ bin, wie du es damals genannt hast. Solch eine Schuld lade ich gerne auf mich.«

»Das würde ich auch an deiner Stelle.«

Die Kinder (zu Elena, Balbine und Ariana waren inzwischen noch Eleonora, Aurelia und Malinka und auch ihre Brüder Ariel und Raphael hinzugestoßen) hatten sie in die Küche entführt, um ihr zu zeigen, was sie heute mit ihrer Mutter zusammen alles gezaubert hatten. Und sie mittendrin zwischen all den Platten, Schüsseln, Töpfen und Weinflaschen.

»Jetzt lerne ich Sie endlich auch einmal persönlich kennen, wie schön, Ingeborg.«

»Sie sind ›Baby‹, ich darf doch auch Baby sagen?«

»... unbedingt. Und du sagst ›du‹ zu mir, ja?«

»Jürgen nennt dich Borgia, habe ich vorhin gehört?«

»Eigentlich ›Borgia, mal sehn‹, weil ich mich oft nicht entscheiden kann. Also eine Art Losungswort oder Geheimcode. Du kannst mich ruhig auch so nennen.«

»Sehr gerne.«

»Und ich duze dich auch. Du musst mir noch erzählen, wie du zu dem Namen ›Baby‹ gekommen bist.«

»Da gibt es nicht viel zu erzählen. Michael hat mich zärtlich so genannt, von Anfang an, und einmal ist ihm der Kosename beim Abendessen mit Freunden einfach rausgerutscht, und dann haben es alle übernommen. Hoffentlich schmeckt dir, was meine Kinder und ich für euch vorbereitet haben. Es gab viele Diskussionen. Balbine wusste ganz genau, was du am liebsten magst, Elena und Malinka waren da aber anderer Meinung. Wir mussten Kompromisse finden. Mal sehn, ob wir uns deinem Geschmack angenähert haben.«

»Wie schön, Baby, jetzt sagst du auch *mal sehn*.«

»Also kommt jetzt, setzt euch. Michael, schenkst du unseren Gästen Borgia mal sehn und Giovanni ein?«

Natürlich wollten alle Mädchen neben ihr sitzen. Es wurde dann besprochen, dass sie sich zwischen den einzelnen Gängen abwechseln. Ich saß neben Baby und Michael. Irgendwann lösten sich sowieso alle Probleme von allein. Die Neugierde der Kinder auf Borgias Geheimnisse konkurrierten mit ihrem Wunsch, zu spielen oder rumzutollen oder Musik zu hören und zu lesen.

Alles geschah in einer wie ferngesteuerten Mischung aus Regeln, Ritualen und spontanen Entscheidungen. Sie schien sich darin sehr wohlzufühlen. Sie beantwortete alle Fragen der Kinder und fand immer wieder Lücken, in die hinein sie Michael und Baby ansprach. Zeitweise redeten fast alle gleichzeitig. Baby und Borgia schauten dann schmunzelnd zu, und sie hatte sich irgendwann entschieden, auch über die sprechenden Kinder hinweg Michael zu antworten und ihn Dinge zu fragen.

»Weißt du, Michael, dass es außer dir noch einen Mann gibt, den wir ›Elephant‹ nennen? Du kennst ihn auch.«

»Wer könnte das sein? Gib mir einen Hinweis.«

»Er schreibt, wie du, Gedichte. Ist ein glänzender Unterhalter. Wie du. Und auch so liebevoll.«

»Auch in meinem Alter? Ist er Italiener?«

»Ein Liebhaber Italiens und der italienischen Literatur ist er. Ein bisschen älter als du. Man hat euch beide doch eine Zeitlang sehr eng zueinander gesehen. Sicher kennt ihr euch von den Treffen der Gruppe 47 her. Und sag, hat er nicht sogar bei einem der Treffen, war es nicht in Schloss Elmau, aus einem Roman mit dem Titel DIE ELEPHANTENUHR vorgelesen ...«

»... ja, aus einem Manuskript. Er hat mich damals sehr bald schon zu einer Lesung nach Berlin eingeladen. Als wir uns kennenlernten, '54 war das, hatten wir gleich einen lockeren Ton miteinander, was nicht schwer ist mit ihm!, und ich erinnere mich noch an seine ersten Rom-Gedichte, die ich mochte, auch wenn sie mir ›mein‹ Rom etwas fremd erscheinen ließen. Wir haben darüber gesprochen, als er in Rom war. Da musst du ihm doch auch begegnet sein. Oder?«

»Ja, es ist, als spürte ich immer noch seine Heiterkeit.«

»Der Walter Höllerer! Ich habe ihn auch sehr schnell ›Elephant‹ genannt. Mich nenne ich da Bär, ›dein Freund Bär‹. Walter verleitete mich mit seiner Leichtigkeit zu Wortspielereien: Der sich wälzende Bär bittet darum, dass der Elephant ruhig Honig sammeln soll, dem Bär aber Wein hinstellt und der sich dafür mit seiner Tatze bedankt, von Herzen ... So ging das. Welch eine Freude!«

Michael fragte nicht nach Frisch, Celan oder Enzensberger, nur Henze und sein letztes Treffen mit ihm streifte er kurz. So blieb alles Reden und Erinnern leicht und offen.

»Zu dem Haus in Terracina – wir sagen immer Terracina, aber es ist eigentlich Salto di Fondi – muss ich nichts erzählen, unser Giovanni kennt es ja. Es wird dir gefallen, Ingeborg. Du bist doch gerne am Meer?«

»Ja, sehr.«

»Werdet ihr schreiben? Und wirst du auch übersetzen? Beim nächsten Mal müssen wir über Ungaretti und Montale sprechen.«

»Das wäre wunderbar.«

Als uns Michael und Baby unser Zimmer zeigten, ging ein Strahlen über Borgias Gesicht. Alles war elegant und poetisch und geräumig.

Da standen wir nun. Was tun? Die Sachen für die Nacht auspacken? Oder aus dem Fenster schauen? Vielleicht noch einen Spaziergang machen?

»Deine Freunde gefallen mir. Sehr. Und sie haben sich so mit uns gefreut. Auch die Kinder. Und Löcher haben sie mir in den Bauch gefragt.«

Am Morgen brachen wir schon recht zeitig auf, flohen auch ein bisschen das muntere Familienleben. Borgia hing während der ganzen Fahrt ihren Gedanken nach oder vertiefte sich in die vorüberfliegende Landschaft. Als wir in den Pinienwald, in dem *unser* Haus stand, einfuhren, umfingen uns wohltuende Düfte, und wir spürten gleich die Nähe des Meeres. Schnell waren unsere wenigen Sachen eingeräumt, alle Türen und Fenster geöffnet, und wir gingen als Erstes zum Wasser. Jetzt waren wir also tatsächlich auf Reisen und nicht nur in einer Reisephantasie.

Am späten Nachmittag machten wir noch Einkäufe und beratschlagten, was wir kochen sollten. Das reichlich gefüllte Weindepot hatte sie schon mit Freude bemerkt.

Alles ging uns leicht von der Hand. Spielerisch und unkompliziert. Nachdem wir die Essenssachen verstaut und ein Glas Wein getrunken hatten, verkündete Borgia geradezu feierlich, sie sei jetzt für ein paar Stunden im Bad. Ich las in der Zeit in ihrer Dissertation, die sie mitgebracht hatte. Bei der Zubereitung des Abendessens – Fisch, Kartoffeln und Gemüse im Backofen – kamen wir auf ihr akademisches Meisterstück und die darin vollbrachte Befreiung zu sprechen.

»Stell dir vor, wir streiten uns, und du argumentierst mit Heidegger. Ich würde es aber auch tun. So gerieten wir in einen Wettlauf gegeneinander. Mit den gleichen

Argumenten! Stellen gibt's genug in deiner Arbeit. Alles, was das Sein und das Dasein betrifft, bietet sich an. Unser Wettlauf könnte aber auch umschlagen in den Wunsch, Heideggers Sätze noch ein Stück weiterzuführen und sie nicht als absurdes Sprachspiel abzutun, wie es Rudolf Carnap tut – du lässt ihn ja zu Wort kommen mit Satzzusammenstellungen wie diesen, die einen erheitern können: › ... das Seiende einzig und darüber hinaus – nichts. Wie steht es um dieses Nichts? Gibt es das Nichts nur, weil es das Nicht, das heißt die Verneinung gibt? Oder ist es umgekehrt? ... Die Angst offenbart das Nichts ...‹

Daran ergötzt sich Carnap, aber ist vielleicht *er* der Doofe? Hält er den Schwindel nicht aus? Aus unserem Gegeneinander-Argumentieren könnte ein experimentelles, an Wahrheitssuche orientiertes Miteinander werden.«

»Gar nicht so schlecht. So könnten wir all die Figuren, die ich in meiner Arbeit mit ihren Argumenten gegen Heidegger auftreten lasse, noch einmal ...«

»... von einer höheren Warte aus ...«

»... sich in Szene setzen lassen.«

»Werden wir Heideggers Idee, Sein sei Sein und doch nicht Sein, für unsere römische Zeit nutzbar machen? In deiner Arbeit habe ich gelesen, dass du damals, da war ich fünf Jahre alt, tief eingetaucht warst in Heideggers Ausgestaltung der Phänomenologie als Hermeneutik. Und dann kommt da Lothar Eley, der, wie Heidegger, von der Phänomenologie ausging, auf mich zu und sagt, ich, der Jungspund, solle ihm dabei behilflich sein, einen anderen Weg als den von Heidegger gewählten ausfindig zu machen. Warum nur hast *du* mich damals nicht angerufen, mit fünf konnte ich doch schon gehen und sprechen, mit Phänomenen hatte ich auch bereits einige Erfahrung, und was Heidegger unter ›Ding‹, um nicht zu sagen ›Zeug‹, verstand, hatte ich sicher schon erahnt?«

»Wie konnte mir das nur passieren? Das werde ich mir nie verzeihen. Ich weiß einen Titel für unseren gemeinsamen Roman: *Borgia mal sehn und Navona-Giovanni Oder die Hermeneutik und die erste Gauloise. Römische Verführungen.*«

Von Rom ausgegangene und nach Terracina, ans Meer ausgeweitete, mit Gedanken und Worten ausgeschmückte Verlockungen umgaben uns. Die Tage waren erfüllt von Reden, Schreiben, einander Vorlesen und Musikhören, von Schweigen, von Gängen ans Meer und gemeinsamem Kochen.

Wir riefen Michael an und erzählten ihm von den glücklichen Tagen. Manchmal schlichen sich Melancholien ein. Oder Gedanken an die Zukunft. Phantasien auch: Wir könnten hierbleiben. Am Meer. Das Haus ist groß. Wir brauchen nicht viel. Auf dem Markt kaufen wir ein. Borgia würde Lesungen absagen. Wann aber würde die Unruhe einsetzen? Wir umspielten Georg Groddecks Gedanken, der Zufall müsse psychisch möglich sein.

Ich war mir sicher, jemand wie dieser rebellische Seelenarzt wäre für sie ein besserer Ansprechpartner als all die Ärzte und Therapeuten, die sie bisher aufgesucht hatte. Sie brauchte keine Ärzte, die sich selbst als gesund und normal darstellen und die aus der eitlen Position des Wissens heraus reden und behandeln. Nur ein verwundeter Heiler fände einen Zugang zu ihr, einer, der wie Groddeck von sich sagte: »Ich stehe nicht fertig vor den Dingen.« Eigentlich wäre das ja für einen Therapeuten die selbstverständliche Haltung. Wie für einen Künstler und

Schriftsteller. War Groddeck in seiner Wertschätzung der Sprache und der Symbole nicht auch Schriftsteller? Sollte der Heiler nicht vor allem einer sein, der abrückt von einer, wie es Groddeck gesagt hat, »Illusion ichgewollter Planmäßigkeit«? So mache man, das war seine Idee, den Weg frei für eine *Seelengymnastik*. Eine Variante der *freischwebenden Aufmerksamkeit*. Eigentlich habe uns ja auch das freischwebende Hin und Her zusammengeführt, sagte Borgia in den offenen Raum hinein.

Wir waren uns darin einig, dass die Ärzte dies abwehren, aus Angst, die Norm nicht zu erfüllen. Sie verfehlen den anderen als ein unvergleichbares Wesen und dessen einzigartige Wirklichkeit.

Spät am Abend sahen wir einen Film und sprachen über die mit Schwermut und geheimnisvoller Tiefe beladene Schönheit in den Gesichtern von Romy und Jeanne Moreau. Und über die mit Abgründigkeit verknüpfte Sinnlichkeit in den Augen und dem Mund von Stéphane Audran. Und dass es immer unsere Bilder sind, mit denen wir das Gegenüber ausschmücken. Viele der Bilder lösen sich dann auf, der oder die andere verwandelt sich vor unseren Augen. Ach nein, es ist nicht der andere, der sich verwandelt, es ist unser Bild vom anderen. Irgendwann bröckle dann das Bild. Wie kann man es umgehen, fragten wir uns, von Anfang an nicht bloß eine Fälschung im Bild zu sein? Was war wohl, fragte Borgia, ihr Anteil von Fälschung in ihrem Bild von Max, von Paul, von Hans Magnus?

»Du nennst Hans Werner Henze nicht. Ich glaube, wenn ich das sagen darf, aus gutem Grund. War der Anteil von Fälschung bei ihm am geringsten?«

»Das kann sein.«

»... weil das sexuelle Begehren keine Rolle spielte.«

»Aber vielleicht gab es ein solches Begehren sogar auf eine sehr sublime und geheimnisvolle Weise.«

»Le désir est le désir de l'autre – im Französischen ist die Verknüpfung des den-anderen-begehren und des vom-anderen-begehrt-werden besonders anschaulich. Wie ist es eigentlich für dich, wenn eine Frau einen begehrenden Blick auf dich richtet? Und kennst du die Erfahrung, selbst einen begehrenden Blick auf eine Frau zu richten, so wie Stéphane Audran (als Frédérique) in Chabrols Film ZWEI FREUNDINNEN?«

»Ist ihr begehrender Blick nicht ein sehr obsessiver, okkupierender, die andere Frau zu einem Objekt machender Blick?«

»Ja, das ist ein Begehren, das mit Notwendigkeit in die Katastrophe führt. Die lebenslustige Frédérique glaubt bei der Straßenmusikerin Why leichtes Spiel für ihre Lust zu haben und unterschätzt die Eigenwilligkeit des Mädchens. Diese erste Szene des Films spielt auf der Holzbrücke, der Brücke der Liebenden. Sie ist voller Magie und hat ein großartiges Umfeld an Bauten und Gassen, an Antiquariaten und Galerien. Nicht zu vergessen, ganz in der Nähe, das Hotel, das ich gerne mit dir aufsuchen würde.«

»Ja, aber Paris ist zu schwierig für mich. Noch. Später, ja?«

»Ja. Am Ende des Films verlässt Why ihre Gönnerin und kehrt nach Paris zurück. Man glaubt, sie habe die Affäre überwunden. Nur scheinbar. Sie kann sich aus ihrer Verfallenheit an Frédériques Freund Paul, der sie verführt hat, nicht lösen, kehrt zurück, unterwirft sich Frédérique, um auf diese Weise Paul nah zu bleiben. Brüsk wird sie mit den Worten ›Deine Liebe widert mich an, hast du immer noch nicht begriffen, dass du störst‹ zurückgewiesen und sieht nur noch die eine Lösung, Frédérique zu erstechen. Ich muss an den Film jetzt wieder denken, weil ich in der Pizzeria das Bild von dir als Schauspielerin ins Spiel brachte. Als Romy? Als Jeanne Moreau? Als Stéphane Audran? Ich weiß es nicht.«

»Ich weiß es auch nicht. Vielleicht führen deine Phantasien, Bilder und Assoziationen in die Tiefen meiner Seele. Oder sie führen weg. Wohin? *Borgia mal sehn*, so hast du mich lange nicht mehr genannt, Ingeborg, die laienhafte Schauspielerin, möchte jetzt gerne mit *Navona-Giovanni*, dem Schauspieler, ans Meer gehen.«

Das Meer war an diesem Tag sehr aufgewühlt. Ein stürmischer Wind fegte über es hinweg. Wir waren unentschieden, sollten wir uns daran erfreuen und einfach weitergehen oder uns wegducken?

»Alles ist so zerbrechlich – schau diese dünnen Halme an, alles wechselt so schnell die Form, schau diese Welle an, während unser Blick auf sie gerichtet war, hatte sie sich aufgelöst. Sie gibt es nicht mehr. Wir sind hier in diesem Haus. Uns gibt es, dich und mich. Und in ein paar Tagen fahren wir weg. Dich wird es dann noch geben und mich, wahrscheinlich. Und UNS? Vielleicht noch. Und zugleich auf andere Weise als zuvor. Vor der Reise. Vielleicht glücklicher, vielleicht unglücklicher, vielleicht mit mehr, vielleicht mit weniger Visionen.«

»Können wir die Wahrheit aushalten? Du, ohne deine dich beruhigenden Medikamente? Medikamente verzögern und verzerren doch den Blick auf diese Wahrheit, auf die Welt, von der Wittgenstein sagte, weißt du noch?, sie sei alles, was der Fall ist. Vielleicht hätte ich es nicht sagen sollen. Mische mich ein, und dann bin ich nicht da.«

»Ich lag in der Nacht eine Zeit lang wach, nach einem Traum, an den ich mich nur vage erinnere. Lebendig ist noch eine Angst. Vielleicht hatte sie mich erwachen lassen. Du warst gegangen. Auf dem Tisch lag ein Zettel: ›Es tut mir leid. Ich habe mich geirrt. In Liebe Jürgen‹.«

Auch ich erzählte einen Traum, von dem ich verwirrt aufgewacht war: Ich stehe schräg vor einem Vorhang in dem großen Raum ihrer Wohnung. An der Stelle, an der sie mich beim ersten Besuch gefragt hatte, wo ich sitzen wolle. Ich blieb hier noch stehen, solange sie in der Küche etwas vorbereitete. Ich war verunsichert, ob sich hinter dem Vorhang ein Fenster verbirgt, das ich gerne geöffnet hätte.

Im Traum verdichtete sich diese Szene, lud sich auf mit einem schwer fassbaren Gefühl: Was war mir in dieser Wohnung gestattet? Als wen hatte sie mich eingeladen? Durfte ich den Vorhang zur Seite schieben? Verbarg sich dahinter etwas, was nicht für mich bestimmt war? Aus welchen Gründen hing dieser Vorhang mitten an der Wand? Wäre ein Fenster dahinter gewesen, hätte sie es dann nicht geöffnet, wie man es doch zumeist tut, bevor der Gast kommt? Ich wachte mit der Frage auf, was der ein Geheimnis bewahrende Vorhang mit ihr zu tun hatte.

»Ich wachte auch mit einer Frage auf: Wenn du plötzlich weg wärst, wärst du dann vor mir oder vor dir weggelaufen? Die Richtung weg von mir wäre auch ein Ausweichen vor meinem Alter gewesen.«

Wir reisten. Neapel empfing uns. Wir lachten. Und wir versanken immer wieder mal in Melancholien. Wir redeten. Aber mehr noch schwiegen wir. Sie trug eine Geschichte mit sich nach Neapel, ihre Zeit mit Hans Werner, ich nur eine Aufbruchsphantasie. Das mussten wir auspendeln. Einmal sagte sie: »Das machen wir doch gar nicht so schlecht. Oder?«

»Wenn ich das nächste Mal wieder nach Rom komme, beginnen wir unsere Reise hier in Neapel, ja?«

»Du denkst schon an die Abreise?«

Ich versuchte, mich herauszureden. Es sei nur, weil ich in ungefähr vier Wochen nach Köln zu einem Gespräch mit meinem Prof fahren müsse, was ein bisschen heikel werden könne. Er wird viel fragen. Auch nach den Philosophen in Rom. Und um mein bisheriges Manuskript bitten. Vielleicht könnte ich ihm als Titelvariante meiner Doktorarbeit vorschlagen: *Die Entstehung der italienischen Hermeneutik unter besonderer Berücksichtigung meiner Reise mit Ingeborg nach Terracina und Neapel und der Experimente mit einer poetisch-philosophischen Existenz in Rom und Umgebung.*

Einige Sachen müsste ich mitnehmen, andere lasse ich in der Wohnung, die ich noch für drei Monate gemietet habe. Jederzeit könne ich auch bei Michael im blauen Zimmer sein.

»Wirst du tatsächlich wiederkommen? Die Dreharbeiten sind doch abgeschlossen, Viva, Tina und Pierre in alle Winde zerstreut, und dein Stipendium ist zu Ende. Ein Abschied ist immer auch ein kleiner Tod.«

Wieder etwas umständlich, verlegen auch, betonte ich, dass ich doch mit Franco Brocani weiterhin verbunden bliebe. Ich würde Drehorte für ihn aussuchen und der Kinostart unseres Films stehe ja auch noch aus, mit Jean-Marie würde mit Sicherheit der Austausch nicht abbrechen, und Michael bliebe ein enger Freund.

Und dann gäbe es da einige, von denen ich noch gar nicht erzählt hätte: Schriftsteller im Hinterzimmer von Feltrinellis Buchhandlung. Es wurden Revolutionslieder gespielt und Gedichte und Erzählungen vorgelesen. Und heftig diskutiert wurde auch. Vor allem sei da Giorgio Manganelli gewesen. Unser Sprachenmischmasch erheiterte uns geradezu grenzenlos. Es entstanden wunderbare Wort- und Satzgebilde. Ich würde ihn gerne wieder öfters treffen.» All das sag ich nur, damit du weißt, es gibt hier Menschen, die ich nicht missen möchte. Allen voran: Du. Kein kleiner Tod.«

»Aber du weißt nicht, was und wer auf dich wartet. In Deutschland. Und von Paris hast du gesprochen. Du wirst Marguerite Duras und Nathalie Sarraute, Roland Barthes und Robbe-Grillet kennenlernen, da bin ich ganz sicher. Du wirst es lieben, in den Cafés zu sitzen und zu schreiben. Und dann wartet da die Reise in den Vorderen Orient auf dich. Sie wird dich verändern. Was ich am meisten befürchte, ist, dass dir in der Entfernung von Rom unser Altersunterschied größer und gravierender erscheinen könnte als hier, in der gelebten und von uns mit Poesie und poetischer Philosophie erfüllten Nähe.«

»Wir haben uns bisher keine Briefe geschrieben. Wozu auch! Wir wohnten ›um die Ecke‹, ein witziger Ausdruck, oder? *Ich schrieb dir, indem ich dich anschaute.*

Vielleicht ist das der schönste Satz, den ich dir sagen kann. Dich sehen heißt, dir schreiben.

Einen Brief. Mehr als tausend Briefe. Und dieses Sehen ist tief in mir verankert.

Ich werde dich immer sehen.

Dieses innere Bild werde ich dir schicken. Ich schreibe keine Briefe.

Mein Sehen deines Bildes sind meine Briefe.

Wenn die Sehnsucht zu stark wird, breche ich auf. Zu dir. Magst du es auch so machen? Keine Briefe, sondern Aufbrüche. Kein Sich-Verzehren, sondern *Auf die Schiffe* ..., weißt du noch?«

Sie glaubte nicht, dass es möglich sein würde. Ich würde in die offenen Räume schauen. Sie müsse sich jeden freien Blick und jeden offenen Raum erkämpfen. An der Liebe festhalten? *Mal sehn.*

Einige Tage lang war alles zwischen uns gestört: das Miteinanderreden und das in sich ruhende Schweigen. Alles schien quer zu unserem eingespielten Lebensrhythmus zu stehen. Kurz vor einem Bruch. Vor einem Auseinandergehen. Nur mit einem »Mach's gut« oder so.

Dann auf einmal drehte sich alles auf wundersame Weise. Von ihr ging es aus. »Wir leben die verbleibenden Tage in Höchstform. Schauen alle Filme an, auf die wir Lust haben. Lesen alle Bücher in deiner und meiner Bibliothek, die schon so lange darauf warten, herausgeholt zu werden. Du liest vor. Ich lese vor. Wir gehen durch die Parks. Ich werde dir ein Geheimnis offenbaren, wenn wir nach Ostia fahren, um Pasolini die Ehre zu erweisen. Wir trinken zehn Espressi und Cappuccini am Tag und leeren die besten Flaschen weißen und roten Weines. Wir schreiben ein langes Gedicht. Zusammen. Und mit der letzten Zeile brichst du auf. Nicht davor. Nicht davor. Nicht.«

~~Wir hielten einmal unseren Atem an.~~

So wie andere in den Freiräumen ihrer Zeit *Mensch ärgere dich nicht* oder *Mikado* spielen, hielten wir, ohne zu wissen, wohin es uns führen würde, in wechselnder Dauer den Atem an, nahmen ihn wieder auf und versuchten unserer beider Rhythmus in Einklang miteinander zu bringen. Es war ein Spiel, das uns auch in der Vorstellung begleitete, wenn wir uns mit anderem beschäftigten, lasen, schrieben, spazieren oder ins Kino oder ins Caféhaus gingen.

Wenn sie Dinge zu erledigen hatte, stöberte ich in ihrer Bibliothek. Oder las in ihren Gedichtbänden, Libretti, Romanen, mit Vorliebe in ihren angefangenen Romanen, und machte ständig neue Entdeckungen, auch Entdeckungen mir unbekannter Schriftsteller und gemeinsamer Interessen. Einmal, als ich sah, wie intensiv und begeistert sie sich mit Ludwig Wittgenstein schon 1953 beschäftigt hatte, was sie eher zurückhaltend bemerkt hatte, wusste ich nicht, ob ich mich darüber freuen sollte oder ob es mir nicht eher peinlich sein musste, dass ich meine Leidenschaft für Wittgenstein in meinen ersten Semestern so herausgestellt und meinen Vorschlag, mit ihr zusammen Heidegger und Wittgenstein als dadaistisch angelegte Varieté-Performance aufzuführen, nicht etwas zu selbstgefällig vorgebracht hatte.

Mehr und mehr fand ich mich darin bestärkt, noch weiter mit ihr über die Stimme der Callas, über die geweinten und die nicht geweinten Tränen zu sprechen und der Spur des Heiligen weiter zu folgen. Und im Austausch mit ihr über den verwundeten Heiler zu bleiben, so wie ihn Groddeck vorgelebt hatte. Immer stärker war ich davon überzeugt, dass sie dringend einen Arzt finden musste, der ein Gespür für sie und ihr Leben hatte.

Irgendwie traute ich mich fast nicht, außer den Manuskripten, die sie mir hingelegt hatte, und den Büchern, dem Wassertopf, der Teekanne und der Teetasse irgendetwas anzufassen. Bei aller Nähe zu ihr war es doch *ihre* Welt. Ein geschützter Raum.

Am Abend bereiteten wir uns gedünsteten Fisch mit Reis und Gemüse und natürlich eine Pasta zu, tranken weißen Wein aus der Toskana und vollmundigen Rioja, spielten mit meiner Assoziation zum Städtisch-Ländlichen und nahmen den Faden zu Groddeck und seiner Idee des Heilers wieder auf. Ihr Manuskript über ihn und seine Nähe zu den Schriftstellern hatte sie mir vorher noch gegeben, so wie sie es in Terracina versprochen hatte.

Gleich aufgefallen war mir das früh schon von mir bewunderte Duo Lawrence Durrell und Anaïs Nin, und ich fragte sie, ob sie wisse, dass Anaïs Nin Porträtfotos nicht mit einer Stecknadel an die Wand heften konnte. Sie hatte das Gefühl, sie würde in den Kopf des Porträtierten stechen. Das hätte sie auch so fühlen können, sagte Borgia sichtlich berührt.

Die Tage vergingen wie im Flug. Nicht ohne Zeiten des Besorgtseins um ihre Einbrüche und Talfahrten. Ein Arztbesuch stand an. Sie war etwas vage, wo das sein sollte. Ich fragte nicht nach. Griff aber wieder den Faden zu Groddeck auf, worüber sie sehr glücklich war. Obwohl ich noch gar keinen Flug gebucht und keine Termine in Köln festgemacht hatte, fühlte ich, und sie fühlte es auch, dass dieses Gespräch unsere Abschieds-Séance sein würde. Unvermittelt fragte ich sie:

»Sag, wenn du heute zurückdenkst, was ist dir am stärksten von den Augenblicken in Erinnerung geblieben, als du DAS BUCH VOM ES zu lesen und deinen Entwurf zu schreiben begannst?«

»Natürlich war es zuerst, wie Groddeck erzählte, heiter, gelöst, mal auch trivial, aber das fügte sich ein in seine Tonlage und in seinen alles bestimmenden Wunsch, den Dialog zwischen Arzt und Patient in den Mittelpunkt zu stellen. Und dafür wählt er an keiner Stelle einen direkten Weg, er lässt den Assoziationen allen Raum, den sie benötigen, um zur Entfaltung zu kommen. Er wollte ja nie doktrinär, von oben herab lehrend sein. Er sei, so heißt es, ein aufreizender, grausamer und zärtlicher Dialog-Partner gewesen. Mit aufreizend war wohl gemeint, dass er den Finger in die Wunde legte. Mit grausam, dass er in der Suche nach der Wahrheit vor Spekulationen nicht zurückschreckte. Zu dieser Art des Heilers passte kein weißer Kittel.«

»Ja, es wäre ihm nur als eine Farce erschienen. Du schreibst sehr schön, dass er auch ein Träumer gewesen sei, und das erinnerte mich daran, wie du von der Callas sagst, sie sei das letzte Märchen gewesen. Sind es nicht das Märchenhafte, die Tränen, ein den tiefsten Seelengrund berührendes Atemholen, die Figur des Träumers und des großen Kindes, in denen dein Leben, wie soll ich sagen, grundiert ist? Und Gestalt annehmen will? Immer wieder aufs Neue?«

»Was wird sein, wenn unser Austausch abbricht und du woanders dich verströmst? Du kommst wieder, ja?«

Ein bisschen ist es schon ein Schock, von Borgia und der Via Bocca di Leone, von der Piazza Navona, vom Blau des Himmels in Terracina, von Neapel und von unseren Lebens-Ateliers und Séancen, von den Filmstudios, von Franco, Viva, Tina und Pierre, den Begegnungen mit Jean-Marie und Michael zurückversetzt zu werden in die muffigen Hörsäle und die provinziellen Atmosphären. In allem spürte man noch die vom Krieg zerstörte Stadt und den Mief der fünfziger Jahre. Die politisch-revolutionäre Aufbruchstimmung ergriff mich immer für Augenblicke, solange sie gebunden blieb an eine geistige Revolte. Aktionen, wie die Besetzung des Uni-Rektorats, machte ich mit, scherte aber aus, als *mein* Philosophisches Seminar betroffen war.

Die Gespräche mit meinem Prof waren, wie erwartet, heikel. Er hatte natürlich sofort bemerkt, dass sich meine Leidenschaft für das Thema, mit dem ich nach Rom gereist war, verlagert hatte, auf ein Terrain, das ihm mehr als fremd vorkam. Ich entdeckte eines Tages, dass gerade darin meine Chance bestand, ihn auf dieses Terrain zu entführen und von hier aus über Philosophie zu sprechen.

Ich war ja nun auch Teilnehmer des Doktorandenkolloquiums und aufgefordert, mein Projekt vorzustellen.

Das Treffen fand wieder in Lothar Eleys Wohnzimmer statt. Nichts hatte sich verändert. Das Mobiliar war das gleiche geblieben. Die Salzstangen und eine Flasche Wasser standen auf dem Tisch. Inzwischen waren die Seminare über Hegel, Wittgenstein und Frege weitergelaufen, ergänzt um Kants KRITIK DER REINEN VERNUNFT.

»Also, dann erzählen Sie uns mal von Ihrer Arbeit über die deutsche idealistische Philosophie und deren Bedeutung für die italienische Hermeneutik«, so eröffnete unser Gastgeber die Runde. Ich hatte mich entschieden, auch vom Ton her, einfach locker zu erzählen, eine italienische Atmosphäre zu verbreiten, meine Zuhörer mit der Schilderung einer anderen Lebensform zu verführen, brachte manchmal die Begriffe *Lebenswelt* und *élan vital* ins Spiel, auch die Nähe von Denken, Kunst und Literatur, Musik und Liebesleben, auch wenn sich da bei allen ein Stirnrunzeln breitmachte. So kam ich schließlich auf den Film zu sprechen, auf Bertolucci, Orson Welles und Jean-Marie Straub, und dass ich in einem Underground-Film mitgespielt hatte. »Und was war mit dem Studium?«, wollte Eley wissen. Das war der Augenblick, um über den großen Philosophen Franco Lombardi zu sprechen und dass er inzwischen zu einem Freund geworden sei. Lothar Eley bekam den Mund vor Staunen gar nicht mehr zu.

Ich zitierte noch aus zwei italienischen Fachzeitschriften, brachte meine These auf den Punkt, richtete Grüße von Franco Lombardi aus, und die Sache war geritzt, mein Stipendium wurde verlängert. In einer weiteren Sitzung vertiefte ich noch einige Themen und ging auf Kritik und Fragen ein. Sehr schnell schon hatten Eley und seine Getreuen das philosophische Feuer in mir wieder entfacht.

Davon sollte ich auch Borgia schreiben.

Einige Male rief ich Michael an und fragte ihn auch nach ihr. Er habe nichts mehr von ihr gehört. Ein gemeinsamer Freund aber habe berichtet, ihr ginge es offensichtlich nicht so gut. Dann fragte er natürlich, wann ich komme. Das blaue Zimmer warte auf mich, auf uns. Und Terracina auch. War nicht jetzt die Zeit gekommen, um ihr zu schreiben?

Liebe Borgia mal sehn, jetzt wird es vielleicht doch ein Brief, oder, sagen wir, Worte, die sich anschließen an etwas, worüber wir zu sprechen angefangen hatten, das Heilige außerhalb des Religiösen, so etwas wie der tiefste Seelengrund. Hier also aus der Ferne meine Worte an dich, für dich.

Das Heilige berührt immer das Fremde. So begannen wir doch damals darüber zu sprechen. Du erinnerst dich? In der Kindheit wird es mit dem Geheimnisvollen in engste Verbindung gebracht. Einmal erzähltest du von dem Bahndamm, an dem du dich in die Ferne träumtest. Für dich war es ein heiliger Ort, ein Ort des Sich-woandershin-Träumens. In einem schlichten Elternhaus wie dem meinen und dazu in der Zeit nach dem Krieg hatte die Vorstellung vom Heiligen eine besondere Anziehungskraft, öffnet und füllt sie doch Sehnsuchtsräume, rückt das Von-woanders-Herkommende, das nicht bei uns Beheimatete in eine erfahrbare Nähe.

Du bist auf eine andere Weise, geschichtlich und lebensgeschichtlich, in die Nachkriegszeit hineingewachsen als ich. Wirst du mir noch mehr davon erzählen und ob es in der Welt deiner Mutter etwas gab, was dir besonders in Erinnerung geblieben ist?

Das Heilige: Im Erleben meiner Mutter symbolisierte dies auf besonders einprägsame Weise ihr Goldreif – das erweckte, als ich dir davon erzählte, so sehr deine Aufmerksamkeit, dass ich noch deine weit geöffneten Augen vor mir sehe, als sei es gerade erst gewesen –, der Goldreif, den sie über die Flucht hinweggerettet hatte und der sie in Verbindung hielt mit einer anderen, von Geheimnissen und Sehnsüchten erfüllten Welt und den sie auch offen trug, als sie eine Zeit lang als »Putzfrau« (wie es damals hieß) arbeitete.

In meinem Erleben war sicher der Titel des ersten Films in meiner Kindheit, STURM ÜBER ARIZONA, das verheißungsvollste Symbol für eine ferne exotische, stürmische Welt. Er muss mir wie eine geheime Spur, ein Heiliges, erschienen sein, dem es zu folgen galt. Vor allem auch auf den Reisen in außereuropäische Länder.

Du und ich: Auf der Suche nach der persönlichen Lebensspur. Archäologen des eigenen *Grunds* sind wir. Auf welche Weise hat sich dieser eigene Grund, das fragte ich mich und das fragte ich dich, für uns an privaten »heiligen Orten« manifestiert, an Orten, die von da an auch in der Sprache ihre Entsprechung suchen und ein buntes Kaleidoskop des Fremdartigen und Verlockenden, des Gefährlichen, Zwielichtigen und teils auch Tabuisierten bilden.

Wie gerne ich dir noch von den Augenblicken erzählen möchte, als sich mir die Geheimsprachen in kleinen

Schritten erschlossen. Und dich fragen, wie du in sie eingedrungen bist. Einmal schon machtest du ja eine Andeutung, als du von den dir fremdartig erschienenen Namen deiner Umgebung sprachst. Mehr und mehr verlockte mich die Frage, auf welche Weise an den »heiligen Orten« verbale und nonverbale Sprachen, Geheimsprachen und private Mythologien Verbindungen miteinander eingehen, sich verknoten und eigene Wirklichkeiten erschaffen. Heute habe ich den Eindruck, dass der Name ZORRO *in dem ersten Film solch ein Code oder Schlüsselwort war. Er stand stellvertretend für eine fremde Welt, in die hinein ich mich entwarf.*

Andere Projektionsfiguren für eine in den Phantasien ausgestaltete Gegenwelt sind der Wildbeuter und der Abenteurer, der Erforscher fremder Kulturen, der Boxchampion, Ringkämpfer oder Jockey, der Filmstar, Popstar oder Fußballer.

An diesen Orten gibt es auch heilige Objekte. Das können vom Vater oder von der Mutter für die eigene Phantasie »ausgeliehene« Gegenstände sein. Eine Uhr, ein Kleid, Schuhe, eine Goldschatulle oder eine Uniform. Symbole der Ordnung, der Verführung, des Glücks, des Mutes oder der Autorität, oder sie können schon zum eigenen Besitz gehören: die ersten eigenen Schachteln, Dosen, Fläschchen und Beutel.

Welche waren es für dich? Erinnerst du dich noch an die ersten eigenen Fotos und Bilder, den eigenen Spiegel, in dem sich das Erwachen, das Zeigen und Verstellen Punkt für Punkt abbildeten? Orte der Entdeckungen. Knotenpunkte von Scham und Glück, von Erwartungen, Sehnsüchten und Enttäuschungen.

Vor allem der Spiegel als eine Möglichkeit, die Nacktheit anzuschauen und ihr standzuhalten. Dann die Fixierung auf bestimmte Gerüche, die Lustempfindung während der Zugfahrten. Die Scheune oder der Reitstall, in denen man sich dem Schulfreund oder der Schulfreundin zum ersten Mal offenbart, Orte, an denen man sich von fremden Welten erzählt, sich pathetische Liebesgeschichten oder Schweinereien ausdenkt und diese als wirklich erlebte ausgibt.

Als ich dir davon erzählte, war ich etwas schüchtern, wusste nicht, ob du auch von dir erzählen würdest. Wirst du?

Sind nicht, liebe Borgia, die heiligen Orte und das Begehren, sobald sie in einen Text eingehen, nicht mehr nur subjektiv, sondern am Text ablesbar? Sie sind doch dann zu Orten eines erzählerischen Universums geworden. Die Wörter selbst sind jetzt die Energieträger und entfalten ihre eigene Körperlichkeit, ihren »Sprachkörper«. Es ist der Text, der nun den Leser »begehrt«.

Sollte ich die Zeilen jetzt auf die Reise schicken? Oder später? Aber wann?

Eines Tages rief ich Michael an und sagte ihm, ich würde gerne sein Angebot annehmen, für ein paar Tage bei ihm im blauen Zimmer zu sein. »Ich könnte am Wochenende einen Flug buchen. Was meinst du, soll ich Ingeborg vorher anrufen oder einfach da sein?«

»Sei einfach da.«

»*Borgia mal sehn*, hallo.«

»*Navona-Giovanni*, nein, richtiger, *Giovanni, der allzu Ferne*.«

»Du hast recht, allzu fern war ich.«

»War?«

»Ich bin in unserem Café, gerade angekommen. Können wir uns sehen?«

»Komm zu mir. Ja? In einer Stunde?«

»Wunderbar. Bis gleich. In dem Dorf auf La Gomera, wo ich war, gab es die schöne Verabschiedung *Hasta, Hasta*, also *Bis Bis*. So rückt man das *bald* stärker in die Nähe. Es gibt nur ein *Bis Bis*.«

»Hasta, Hasta.«

Was hatten wir erlebt, und wie würden wir darüber sprechen, im Ton der Vertrautheit oder eher zögerlich und sich vortastend? Würden wir von Anfang an gemeinsam nach *einer* Tonlage suchen, oder würde jeder erst einmal einen Weg gehen, der sich dann mit dem des anderen verbinden sollte?

Über allem lag eine Schwermut, die aber in jedem Augenblick durchlässig schien für Spielereien und unbeschwertes Sicherinnern. In der Schwermut schien ein Bedauern über nicht zusammen Erlebtes mitzuschwingen, aber ohne jeden Vorwurf.

Besonders lebendig in Erinnerung geblieben waren uns die ersten Augenblicke, in denen sie mir eine Gauloise angeboten und sie angefangen hatte, mir die mit ihren Lippen befeuchtete Zigarette zu geben, wie sie den Hölderlin-Band POESIE und den Index zu Heidegger auf meinem Schreibtisch entdeckt hatte, wir anfingen, ernsthaft, heiter und poetisch über Philosophie zu sprechen, und wie wir dann, in Terracina, zwei große Entdeckungen machten: Groddeck und Maria Callas. Und wie wir dann weiterfuhren nach Neapel. Wir erinnerten uns des Satzes von Alain Delon, dass es Tage gebe, an denen alles erlaubt ist, und Ingeborg bemerkt hatte, leider habe er ihn nicht an sie gerichtet.

Sicher hatte sie recht, *leider* zu sagen, auch wenn sich die Frau bei ihm sehend ins Unglück stürzte. Der Preis ist hoch, aber die Verlockung zu groß. Jetzt, in BORSALINO, ist Delons Überdosis an Männlichkeit, ob im Schwimmanzug der dreißiger Jahre, in Schwarz oder Weiß gekleidet, mit oder ohne Gel im Haar, mit oder ohne Borsalino, noch höher. Und dann diese Haltung der Unbestechlichkeit. Einer Frau, die ihm sagt, »Sie müssten doch eigentlich glücklich sein«, antwortet er: »Muss ich? Wo steht das geschrieben?«

Am Ende bleibt die Frau immer mit unerfüllten Wünschen zurück. Die Männer haben Geschäfte. Letztlich zählt das für sie. Bis auf den Tod. Entweder rennen sie unentwegt. Oder sie stehen wie Statuen da, weil sie gehört haben, man müsse so dastehen, wenn man Erfolg und Macht hat. Wer sich zuerst bewegt, hat verloren. Am Ende erledigen sie sich untereinander. Die Gier hat gesiegt. Und die Dummheit. Was spielt sich da in der Phantasie der Frau ab, dass sie sich so oft dieser Welt des erfolgreichen und schönen Mannes bedingungslos aussetzt?

»Wollen wir nach Sperlonga fahren? Gerne erinnere ich mich an die Tage zur Zeit der Dreharbeiten. Du kennst die weiße Stadt doch, sie lag ja auf deinem Weg mit Hans Werner nach Neapel.«

»Nicht nur das. Einmal auch in einer etwas zweifelhaften Mischung; dabei waren Max Frisch und seine alte

Mutter. Ich fuhr mit Tankred Dorst in meinem VW-Käfer. Wenn ich es recht überlege, wäre es jetzt eine gute Gelegenheit, mit dir dorthin zu fahren und die Poesie über die Komik von damals zu legen.«

»Ich habe noch die Telefonnummer des Malers, bei dem ich damals mit Viva, Tanja und Pierre wohnte, und werde ihn fragen, ob wir in seinem Haus sein können.«

»Das wäre wunderbar.«

Zwei Tage später fuhren wir los. Sie mit dem weißen Hut und einem bunten Kleid, das sie extra für unsere Reise gekauft hatte. Wir ließen uns Zeit, tauschten uns aus über die vergangenen Wochen und erinnerten uns an Situationen unserer letzten *römischen Séance*, wie sie einmal unser Zusammensein nannte. *Weißt du noch* …, nachdem wir beide kurz nacheinander einen Satz so begonnen hatten, lachten wir, und sie sagte: »Es ist ja schon wie bei einem Paar nach zwanzig Jahren Ehe.«

Sperlonga empfing uns mit einem Weiß, das uns geradezu unwirklich, ›noch weißer‹, wie wir synchron sagten, erschien. Das Haus des Malers fügte sich bruchlos in diese Phantasiewelt. Wir legten unsere beiden Taschen ab, öffneten als Erstes, wie auch damals in Terracina, die Fenster und ließen die Sonne *Einzug halten*, ich glaube, sie sagte das so, als kämen die Worte aus einem Gedicht.

Dann ließen wir uns durch die Gassen treiben, schauten, schauten. Am Nachmittag holte ich die zwei Seiten heraus, die sie mir vor meiner Abreise nach Köln mitgegeben hatte: ein Entwurf ihrer Hommage an Maria Callas. Ich erzählte ihr, dass ich ihn mehrfach gelesen und mehr noch von dem innersten Raum ihres Hierseins erfahren hätte. Vielleicht sogar von *dem* heiligen Ort ihres Erlebens. In dem angefangenen Brief an sie stünden auch schon ein paar Sätze darüber.

»Warum hast du den Brief nicht zu mir auf die Reise geschickt? Es hätte die Zeit deiner Abwesenheit verkürzt. Ich traute mich natürlich nicht, dir einen Brief zu schreiben. Wie in Stein gemeißelt standen mir deine Worte *zu dir zu kommen, das sind meine Briefe* vor Augen. Einmal hattest du ja auch gesagt, deine Briefe, das sei das innere Bild, das du von mir in dir trügest.«

Ich fragte Ingeborg, welche Bedeutung Briefe für sie hätten, und sie antwortete, ohne auch nur einen Augenblick zu zögern:

»Es sind Flügelschläge eines Sehnsuchtsvogels, der loszieht, eines Vogels, der meine Phantasien zu dem von mir Begehrten mit sich trägt und überbringt.«

»Vergrößert das nicht noch das Begehren?«

»Ja, es gibt ihm aber auch eine Sprache. Eine Sprache unüberbrückbarer Ferne.«

»Aber ist die Ferne nicht immer unüberbrückbar?«

»Aber erinnere dich. Einmal nanntest du mein Gedicht NACH GRAUEN TAGEN, das ich dir vorlas, ein *Nah-Fern-Gedicht*. Weißt du noch? Da rücktest du doch das Nahe und das Ferne ganz eng zueinander.«

»Dieser Nah-Fern-Raum ist ja das Terrain für Begegnungen, Abenteuer, Leidenschaften. Für die Ausweitungen nach Terracina, Neapel, Sperlonga. Benennungen der inneren Sehnsuchtsräume.«

»Es gibt aber Brüche und Leerstellen in der Übersetzung des phantasiebesetzten Inneren in die Welt des Alltäglichen und geographisch Fixierten.«

»Ja, Brüche und Lücken gibt es wirklich. Aber in sie können wir ein Stück weit eindringen.«

»Also auf die Schiffe, mein lieber Giovanni.«

»Vielleicht kommt für mich auch einmal der Augenblick, wo ich Briefe nicht nur zu schreiben anfange, sondern sie auch losschicke, sie dem Flügelschlag eines Sehnsuchtsvogels anvertrauend. Jetzt ist es noch zu sehr der gelebte Augenblick, der mich verlockt und in Bann hält. Briefe kommen mir wie ein Hinausschieben der Lebensfülle vor. Nicht *briefen*, wenn ich das so sagen kann, sondern *reisen*. Zu dir. So wie ich es jetzt getan habe. Hätte ich den Brief abgeschickt, also *gebrieft*, wäre ich nicht losgefahren.«

»Was hast du in dem Brief geschrieben, in dem Brief, der du jetzt *bist*? Leibhaftig.«

Ich versuchte, das Terrain des Heiligen abzustecken und wie es das Fremde, die Ferne und das Geheimnisvolle berührt, und wie ich mich an den Bahndamm erinnerte, an dem das Kind Ingeborg sich in die Ferne träumte. Ich glaube, der Bahndamm blieb aber als Bild in ihr lebendig.

Sicher wollte sie auch der darin beschlossenen Dramatik ausweichen. »Von der Stimme der Callas schreibst du, sie sei ein Hebel gewesen, der deine Welt umgedreht hat. Wie meinst du das?«

»… dass sie die Welt aus den Angeln dessen gehoben hat, was wir Realität nennen. Sie hat die Welt als Märchen erfahrbar gemacht.«

»Ist das nicht dein Heiliges, auch so eine, märchenhaft erfüllte Welt erfahren zu wollen und dann tieftraurig und erschüttert zu sein, dass es nicht gelingt?«

»Aber ohne diese Sehnsucht wäre ich verloren. Ohne diese unterirdische Spur des, wie du es nennst, Heiligen.«

»Und dann trifft da diese Stimme der Callas auf dich. Wie eine Erlösung: Du kannst die Tränen weinen, die du weinen musstest. Zugleich aber ist es auch gerade keine Erlösung. Die Callas war auch die Ärmste, die, wie du sie nennst, Heimgesuchteste. Das Reservoir an Tränen ist zu groß, um entleert zu werden.«

»Da entsteht die Notwendigkeit, Atem zu holen. Für das Leben. Für die Liebe.«

»Auch die Notwendigkeit, sofern man das Leben will und dem Ruf der Liebe folgt, nicht nur auf der Rasierklinge zu jonglieren, wie die Callas es, mit deinen Worten gesprochen, gelebt habe.«

»Aber wie groß ist der Spielraum für einen Wandel? Und was wird dann aus der Kunst?«

»Oder dem Schrei?«

»Komm, mein lieber Mich-Lesender, wir gehen ans Meer, zum Blau des Himmels.«

»Ja, das machen wir.«

Am Abend kehrten wir in eine Pizzeria ein, in Erinnerung an unsere Piazza-Navona-Pizzeria, wie sie sagte, umkreisten immer wieder mal unsere Assoziationen zu Maria Callas' Stimme und was sie in ihrem tiefsten Seelengrund berührt hatte. Zurück in unserem Atelier, Borgia hatte es wieder unser *Lebens-Atelier* genannt, verabschiedete sie sich »für ein paar Stunden« ins Bad.

Ich schrieb in der Zeit weiter an dem Text, den ich damals begonnen hatte, als ich in ihrem, in unserem Café auf sie gewartet hatte. Welches war mein erstes Buch, mein erstes Bild? Und mein erster Film? Als wir an jenem Tag darüber sprachen, ich von den Büchern erzählte, die mein Bruder in die Ecke geworfen hatte, von Henry Miller,

William S. Burroughs und Nietzsche, und wie ich durch diese Bücher ein Erwachen in mir erlebte, hatte Ingeborg gesagt, sie habe kein so eindeutiges Liebes-Buch-Erlebnis gehabt. Ihre Leidenschaft hätte sich eher verstreut, verteilt auf einige Meister des Wortes, und sie könne sich nicht an *einen* solchen Augenblick des Erwachens erinnern.

Aber vielleicht gab es da doch in ihr *ein* Erleben, das alle anderen überstrahlte? Könnte ich sie nicht dazu verlocken, noch einmal zurückzublicken? Vielleicht, indem ich ihr erzählte, auf welche Weise das erste Buch das geistige Umfeld meiner Neugierde neu organisiert und einen anderen Ton vorgegeben hatte.

Als Borgia heiter, beschwingt aus dem Bad kam, nach einem bewundernden Blick von mir schauend, begrüßte ich sie mit den Worten: »Schöne Aus-dem Bad-Gestiegene, weißt du eigentlich, du, die in Musik Verliebte und mit einem so mit Musik zutiefst Vertrauten wie Hans Werner in Liebe Verbundenen, weißt du eigentlich, dass es mal ganz am Anfang, vor langer Zeit, einer Urzeit, ein geheimnisvolles Treffen gab: zwischen Gott und den Musikinstrumenten?«

»Nein, wo und warum fand es statt?«

»Die Musikinstrumente mussten den unfassbaren Geist und den großen Atem Gottes in die Welt tragen, ihn dort verbreiten und ihm eine angemessene Gestalt – eine Form geben.«

»Woher weißt du das?«

»Das zumindest legen einige Schöpfungsmythen nahe. Gottes Wort, aus dem das Atom des Universums hervorgegangen sein soll, und der Klang des Instruments bilden demgemäß eine Einheit.«

»Sicher kennst du noch weitere Quellen?«

»In einigen afrikanischen Sprachen – und das ist auch für die Nähe von Musik und Wort in der Oper, womit du doch so sehr vertraut bist, bedeutsam – sind die Verben für ›sagen, sprechen‹ und ›ein Instrument spielen‹ oder ›es sprechen lassen‹ für die Stimme des Menschen und den Klang der Instrumente gleichlautend.«

»Ich würde dir morgen gerne aus einem kleinen Text von mir über Musik und Dichtung vorlesen, der mit diesem Satz, den ich noch in Erinnerung habe, beginnt: *Über Musik, über Dichtung, über ihrer beider Wesen, muss man beiseite sprechen*. Und in Aufzeichnungen unter dem Titel DIE WUNDERLICHE MUSIK – daran erinnerst du mich jetzt wieder – spreche ich auch vom Entzücken, Erschrecken, Erzittern und Atemberauben kraft der Musik. Worüber wir uns schon ausgetauscht haben.«

»Das werden wir noch fortsetzen. Wir haben noch gar nicht vom Pathos gesprochen. Ohne Pathos ist doch das Erzittern gar nicht vorstellbar.«

»Aber sag noch was darüber, wie Instrumente in außereuropäischen Mythen verstanden werden.«

»Soweit ich weiß, galten sie zumeist als Sprachrohre der Vorfahren und dienten dazu, das Gleichgewicht zwischen dem Universum und der menschlichen Gesellschaft kontinuierlich zu erneuern.«

»Und wie kommt dann das Pathos hinein?«

»Musik und Pathos gehören doch ganz eng zusammen. Vielleicht könnte man es auch so sagen: Der Mythos verbunden mit der Schöpfungsgeste *Es werde* und *Es ist vollbracht*, verbunden auch mit dem Wort, ist die ursprünglichste Form des Pathos. Steht nicht die Oper, und hier möchte ich gern von dir und Hans Werner mehr lernen, ja von euch eingeweiht werden, steht nicht die Oper in einer ursprünglichen Verbindung mit dem Mythos und mit dem Festlichen und damit auch mit der Verschwendung?«

»Das gefällt mir sehr, dass du zum Pathos und Festlichen das Verschwenderische hinzunimmst. Da knüpfen wir doch auch wieder ans Entzücken an. Es ist das reine Sich-Verschwenden, Sich-Verausgaben.«

»Zugleich muss, wie im Ritual auch, das Verschwenderische strukturiert und organisiert werden. Wenn ich den Sprung zu unserem Zusammensein machen darf: Verschwenderisch sind wir. Im Reisen, Denken und Schreiben. In den Assoziationen und Poesien. Wir *sind* auch Sperlonga.«

»Ja, von Anfang an. Sicher sind die Musik und die Liebe die schönsten – und zerbrechlichsten Verschwendungen.«

Tage im nahezu reinen Weiß von Sperlonga. Und unter einem zumeist wolkenlosen Himmel. In der Pizzeria begrüßte und bewirtete man uns wie alte Freunde. Eines nicht allzu fernen Tages würden wir aufbrechen müssen.

Zurück in Rom.

Wir unternahmen viel, trafen uns mit Michael und Baby bei ihnen zum Abendessen, sprangen von den Problemen mit den Kindern zu Problemen des Übersetzens und des Schreibens von Gedichten, tranken reichlich Wein bis in die Nacht hinein und erfreuten uns an den opulenten vier Gängen, verabredeten uns mit Giorgio Manganelli, dessen Italienisch Borgia zu bewundernswerten sprachlichen Finessen hinriss, wir holten das damals ausgefallene Treffen mit Jean-Marie und Danièle bei ihnen zu Hause nach, und es gab tatsächlich deren Leibgericht, Pellkartoffeln mit Quark. Worüber sprachen wir? Über Film. Sie hatte alle Scheu abgelegt und wir machten es so, wie ich es damals vorgeschlagen hatte, wir rückten Danièle und ihre ethnologischen Filmprojekte in den Vordergrund.

Aber in allem, was wir unternahmen, hatten wir, sosehr wir die Situationen auch genossen, das Gefühl, etwas zu verpassen und nicht mehr genügend Zeit, Lebenszeit oder Rom-Zeit, für uns zu haben, um die Fäden, die wir gewoben und in viele Richtungen ausgelegt hatten, noch so zusammenzufügen, wie es uns in unserer Phantasie vorschwebte.

»Wenn ich wiederkomme, möchte ich gerne mit dir über Claude Debussys lyrisches Drama PELLÉAS ET MÉLISANDE sprechen – du auch als Mélisande – und an deine und unsere Gedanken zu Maria Callas, zu LA TRAVIATA und MEDEA anknüpfen. Nichts liegt doch näher. Denk nur an König Arkels Satz über Mélisande *Jetzt ist es ihre Seele, die weint* und Mélisandes Antwort auf Golauds Frage, woher sie komme: *Oh, oh! Weit fort von hier, weit, weit, weit*. Und wieder bewegen wir uns im unauslotbaren Terrain des *Es*, das ich so gerne mit dir begangen habe.«

»Ja. Kostbar war das. Diese Zeit. Alles ist mir willkommen, was weiter den Weg zu mir öffnet. Natürlich hast du schon bemerkt, dass es mir nicht leichtfällt, Intimes preiszugeben, zum Beispiel die ersten sexuellen Erregungen und Spiele in der Kindheit. Ich bin nicht darin geübt, solche Momente zu offenbaren. Mit Max ging das natürlich gar nicht, mit Hans Magnus aus anderen Gründen nicht, ich wollte ihn als jugendlichen Helden sehen, und ich versuchte, mich auch stark zu zeigen. Für eine Entblößung hätte es einer Art von Vertrauen bedurft. Er war viel zu sehr mit sich als großer Schriftsteller und Organisator beschäftigt, um sich solchen ›Kleinigkeiten‹ zuzuwenden. Für die Offenbarung bedarf es ja einer Öffnung von beiden Seiten.

Du bist so frei, einfach voranzugehen. Eingebettet war das bei uns in die Atmosphäre, in der wir über die Erregung und Ergriffenheit in der Musik, vor allem bei der Callas, gesprochen haben. Und jetzt ist noch Mélisande hinzugekommen. Und natürlich durch die Nähe, die wir beide zu Groddeck haben. Ein Gedicht werde ich dir heute noch vorlesen. Ich weiß auch schon, welches.

Innerlich bewegt haben wir über Musik gesprochen. Ich sollte meinen Text über DIE WUNDERLICHE MUSIK hervorholen, den ich, ungefähr, so schließe: Von welcher Art ist die Musik, die dich zittern macht und so wirkt, als nähme sie dir den Atem, als glaubtest du, den Geliebten oder die Geliebte vor der Tür stehen zu wissen und den Schlüssel schon zu hören, wie er sich dreht? Was ist dieses Entzücken und auch Erschrecken?«

Einmal, am Tag vor meiner Abreise, schauten wir HOCHZEIT AUF ITALIENISCH, waren hingerissen von Sophia Lorens und Marcello Mastroiannis Schönheit, von der in Dramen eingewobenen Komik und Absurdität, wechselten dann abrupt zum Absurden Theater, ich weiß nicht mehr, was der springende Funke dieses Übergangs war, sie sagte wunderbar einfache, von ihrem Wissen und ihrem eigenen Schreiben durchdrungene Sätze über Beckett, und ich griff den Ball auf, den sie mir zugeworfen hatte:

»Ja, nichts ist einfach, sagt Beckett, aber wir machen das Beste draus. Nicht Hamm und nicht Clov sind wir. Nein, *Giovanni der Ältere* und *Borgia mal sehn die Jüngere*. (Eine Regieanweisung würde lauten: *Sie lacht*.)

Wenn Scheitern, dann aber wird es kraftvoll und heroisch sein. Unser beider Worte sollen, Beckett folgend, wie Finger sein, die sich tastend auf die Wunden unserer Existenz und unserer Welt legen.«

Oft las ich in den folgenden Wochen in ihren Gedichten und den Überlegungen zum Gedicht in ihren Frankfurter Poetik-Vorlesungen, die sie mir mitgegeben hatte. Zeitabhängig sei das selbstherrliche Bild von Schönheit bei den Surrealisten und Futuristen gewesen. Damit beginnt ihr Text. Und wie schmal der Grat vom *reinen Kunsthimmel* und der Anbiederung mit der Barbarei bei Gottfried Benn und Ezra Pound gewesen sei. »Sag mir«, mit diesen Worten hatte sie mir die Vorlesungen in die Hand gedrückt, »ob meine Haltung von damals, vor zehn Jahren, Bestand hat und ob die Art, in der ich zu den Gedichten von Günter Eich, Marie Luise Kaschnitz und Hans Magnus Enzensberger übergehe, selbst zeitabhängig ist? Wir sprechen darüber und natürlich über Paul Celans *leuchtend dunkle Worte* in der TODESFUGE, wenn du wiederkommst, ja?«

Eines Tages fing ich damit an, ihr zu schreiben, ahnend, dass es ein Brief sein würde, den ich nicht abschicke, den ich schreibe, um mir das *Sehen* ihres Bildes, das ich in mir trug, noch deutlicher vor Augen zu führen.

Liebe Borgia mal sehn, so begann ich. So, wie auch damals.

Liebe Borgia mal sehn,
ich lese dich. Eine Nähe, die natürlich die gelebte Nähe nicht ersetzen kann. Ich habe auch wieder über die Musik, die Tränen und das Pathos, worüber wir so innig sprachen, nachgedacht und mich an den Satz von König Arkel über Mélisande erinnert, jetzt sei es ihre Seele, die weine, und an den Ausruf von Mélisande, auf die Frage, woher sie komme, »Oh, oh! Weit fort von hier, weit, weit, weit«.

So habe ich dich auch immer erlebt, dass du weit fort von hier kommst und dass dieser weite Weg auch ein Weg der geweinten und der ungeweinten Tränen ist. Besonders intensiv die Stimmung des Unheimlich-Dramatisch-Poetischen in Debussys lyrischem Drama im dritten Akt.

Du erinnerst dich? Mélisande gibt dem Wilden und Ungezügelten, dem Ur-Poetischen in sich nach. Zu wenig haben wir, liebe »Borgia mal sehn«, noch darüber gesprochen, wie im Lyrischen das Dramatische immer mitschwingt und das Unheimliche berührt. Mélisandes grenzüberschreitende Leidenschaft bekommt etwas Unheimliches.

Da sind wir auch auf dem von uns so oft angesprochenen Terrain des »Es« angelangt, dort, wo die Ärzte mit ihren Diagnosen nicht an dich heranreichen. Weißt du noch, wie einig wir uns darin waren, dass Freud mit seiner zu sehr aufs Rationale ausgerichteten Theorie die Macht des Irrationalen, die dunkle Welt der Nacht und des Traums, auch ein Stück weit zurückgedrängt hat, anders als C. G. Jung und unser lieber Groddeck, den ich dir von Herzen als deinen Arzt wünschte. Wie sehr doch die Oper, du wusstest das, spätestens seit deinem Besuch in der Mailänder Scala und der »seelischen« Begegnung mit Maria Callas, das Verborgene in Szene zu setzen vermag.

So überwältigend können das Erleben und das Ergriffensein erfahren werden, dass ein Weinen zu wenig wäre, die Stimme versagt und die Tränen nicht fließen. Ich habe dich so erlebt, dass du dich auf einzigartige Weise ergreifen hast lassen. Das geschieht am nicht lokalisierbaren Ort des Unbewussten. Hier sind das Nichtgewusste und das Fremde zu Hause. Und die Musik? Sie ist ein Geschenk an die Seele.

Weißt du noch, »liebe Borgia mal sehn«, als ich dir ganz am Anfang unseres Kennenlernens sagte, mit dir erschiene mir eine Gegend vertraut und fremd zugleich, meinte ich, ohne es zu wissen, den Ort des Unbewussten und den der Musik, die ihn aufsucht. Sind wir doch nicht alle im Grunde Wesen, die sich beständig in die äußere Welt und in die innere Welt, das »Innere Afrika«, entwerfen?

Liebe, wie ich mir wünschte, hier mit dir weiterzusprechen, auf den Spuren von Debussy. Mélisandes Schmerz entzieht sich dem Wissen. Mélisande selbst, König Arkel und der Arzt erkennen dies. Mélisande sieht sich, hoffnungsvoll, in die Welt des Seelischen eintreten. Wie sagt doch König Arkel: »*Des Menschen Seele ist sehr still. Des Menschen Seele will ihren Weg alleine machen. Sie leidet so zaghaft ... Mélisande war so ein zartes Wesen ... voller Rätsel wie wir alle.*«

Und Mélisande – und Ingeborg! – spricht davon, dass es etwas in ihr gäbe, das viel stärker sei als sie selbst. Vielleicht wollte sie lieber im Unerhörten, Ungesagten und Unsagbaren »*heimisch*« *werden.*

Sie sieht dem Tod auch mit einem Gefühl des Erlöstwerdens und des Glücks entgegen, des Glücks, vollständig in eine Welt einzutauchen, die jenseits von Verstehen und Unverstehen, von Reden angesiedelt ist.

Und da reichen oft die Worte nicht hin. Dem Unerklärlichen, Geheimnisvollen und Verborgenen näher ist das Schweigen. Im Schweigen berühren sich auf zärtliche Weise die Körper und die Seelen von Pelléas und Mélisande.

Wenn wir zuweilen in Rom, Terracina, Neapel und Sperlonga geschwiegen haben, war dies eingebettet in ein Sprechen, Schreiben und Sicherinnern, in ein Anerkennen des Nichtwissens, vielleicht auch in Melancholien, sich ihnen hingebend.

Jetzt ist unser Nichtmiteinandersprechenkönnen von anderer Art: auch folgend den verschiedenen Lebensspuren und Lebenswegen und, damit einhergehend, neu aufkommenden Sehnsuchtssträngen.

   Und »Zufällen«. Erinnerst du dich noch des Wortes? Ach, wir wollten doch auch sprechen über den »Ort für Zufälle«. Ja?

Es wurde ein immer wieder hervorgeholter, nicht zu Ende geschriebener Brief. Mit jedem Tag, da er auf dem Tisch lag, vergrößerte sich die Scheu, ihn abzuschicken. Trotz des Wunsches, es zu tun.

Ein Traum verlängert den aufgeschobenen Brief: Ein Pferd, das ins offene Meer springt; der Himmel, eine Stadt, die steil aufsteigt; die Häuser schichten sich förmlich übereinander. Ich gehe durch einen riesig langen Gang und kopiere eine Seite aus einem großen Buch. Als ich die Kopie anschaue, entsteht darauf ein schönes Gesicht, und nachdem es vollständig gezeichnet ist, verschwindet es wieder.

> *Im Inneren jetzt aufgewühlt*
> *wie das Land draußen von dem Wind und*
> *das Wasser im Traum*
> *von einem Schiff und das entgegenkommende*
> *springt über die Welle verliert eine Frau*
> *die andere raustragen auf den Boden legen*
> *und dann auf Matten wir streiten uns*
> *nur wie.*
> *Ich gehe weg und jemand*
> *wirft Flaschen mit Rotwein mir nach.*
> *Ich gehe durch die Gärten*

durch Land von dem ich sage
es sei gut für P. G.
als ich ihn treffe
zum Haus meiner Eltern

Eines Tages rief mich Michael Marschall von Bieberstein in Amsterdam (wo ich inzwischen die meiste Zeit mit Maria lebte) an. Er erzählte von Sorgen und Trauer um eines seiner Kinder. Auch stehe wahrscheinlich sein baldiger Abschied von Rom bevor. Es gäbe aber noch einen anderen Grund für seine Besorgnis.

»Du wirst es ohnehin sicher morgen erfahren. Dann doch besser von mir. Gestern ist Ingeborg gestorben. Sie hatte schwere Verbrennungen. Sie hat im Bett geraucht, und ihr Nachthemd soll Feuer gefangen haben.«

»Hat sie lange gelitten?«

»Soviel ich weiß, waren die Verbrennungen furchtbar.«

»Rauchen war für sie mit so viel Lust verbunden. Aber sag: Warum konnte sie ihr Nachthemd nicht schnell abwerfen? Fängt denn Seide so rasch Feuer?«

»Ich weiß es nicht.«

»Soll ich nach Rom kommen?«

»Die Beerdigung wird, soweit ich weiß, in der nächsten Woche in Klagenfurt sein. Komm bitte nicht. Das wäre viel zu viel des inneren Aufruhrs. Erst Marias Sturz, dann ... man muss schon sagen ihre Wiederauferstehung, eure Reise von Neapel ins Ungewisse, dann Marseille, jetzt Amsterdam ...«

»Und dazwischen mussten wir uns von unseren Partnern trennen, die unsere Reise ja nur für ein Abenteuer hielten.«

»Wusste Borgia, dass es nach deiner Abreise von Rom nicht weitergehen würde mit euch?«

»Ja, sie wusste es. Es gab so vieles, was querstand. Und doch war da schon ein gemeinsames Leben. Das wollte in die Zukunft verlängert werden. Entlang eines Sehnsuchtsfadens. Und die Gewissheit einer Verbundenheit, mit der wir auch so schön spielen konnten. Wenn ich zum Beispiel sagte, wir hätten eine *Gauloises-Geschichte*, und sie sagte, wir hätten eine *Mal-sehn-Beziehung*.

Die Tage in Terracina in eurem Haus und Neapel und Sperlonga waren Höhepunkte. Und unsere gemeinsame Suche nach dem tiefsten Seelengrund.

Und unsere Freude daran, dass ich wegen der Hermeneutik nach Rom gekommen war und genau dies das Thema ihrer Arbeit war. Und auch die Ernsthaftigkeit, mit der wir nach dem richtigen Arzt und Therapeuten für sie suchten. Hätte das gelingen können?«

»Man weiß es nicht.«

Lange hörte ich nichts mehr von Michael. Eines Tages rief er an und sagte, in einem Monat verlasse er Rom und übernehme die Leitung des Goethe-Instituts in Paris. »Entweder kommst du mit Maria noch vorher nach Rom oder dann gleich nach Paris.«

Welches Rom? Welches Paris?

Und dann, eines Tages, erreicht mich einer dieser schwarz umrandeten Briefe, die nichts Gutes verheißen, abgeschickt von Au, Schlossbergstraße 3. Aber das war doch Michaels Heimatadresse. Sein Tod konnte doch nicht vermeldet werden, hatte ich ja »gerade noch« mit ihm telefoniert. Und dennoch war es sein Tod, den seine Kinder anzeigten.

Ich fuhr mit Maria ans Meer. Der Sturm hätte noch so heftig blasen können, er hätte mich nicht davongetragen – so schwer war mir ums Herz gewesen. Ich gab ihm meine Gedanken an Michael und Borgia mit auf den Flug.

Ich sehe Bilder des gerade *nicht* Gelebten an mir vorüberziehen, zum Beispiel das Bild des Tibers, von dem mir Borgia gesagt hatte, er sei nicht schön, aber sein Wasser sei es dennoch, ob es nun schlammgrün oder blond sei, abhängig davon, wie das Licht ihn erstrahlen oder schimmern lasse. »Diesen Fluss muss man entlanggehen, ihn nicht nur von den Brücken anschauen«, hatte sie einmal gesagt, und ich warf ein, bei der Seine müsse man beides tun, und wir erinnerten uns meines waghalsigen Satzes bei unserer ersten Begegnung, um sie zu treffen, würde ich mit einem selbstgebauten Floß den Tiber überqueren.

Ich benötigte kein Floß, und die Gänge entlang des Tibers hatten wir versäumt. Gerade deswegen zog jetzt das Bild an meinem inneren Auge vorüber, insistierend auf der Vorstellung des Gewünschten.

»Schreiben Sie einfach alles auf, was Ihnen durch den Kopf geht« – den Rat hätte mir Jürgen Becker auch schon in Rom geben können, war er doch zur gleichen Zeit wie ich in der Stadt, in der Villa Massimo. Hätte er an dem Abend anstelle von Peter O. Chotjewitz im Goethe-Institut gelesen, wäre ich bis zum Schluss geblieben und sicher nicht frühzeitig gegangen. Und wäre nicht mit Ingeborg Bachmann aufgebrochen zu einer so vielfarbigen und vielgestaltigen, den Poesien und den Tränen nachforschenden römischen Séance, die mit einer Gauloise begonnen hatte.

MARINO / ROM

HANS WERNER HENZE UND DIE MUSIK

Leben und Filmen in Rom.

Davon unablösbar waren die Gespräche über Musik, mit Ingeborg Bachmann und schließlich, wenn auch verzögert und leider erst nach Ingeborgs Tod, mit Hans Werner Henze, der mich eines Tages in sein herrschaftliches Anwesen in Marino eingeladen hatte. Zuerst verbrachte ich einige Tage in Rom, um mir das für mich mit der Stadt verbundene Glück, die von hier ausgegangenen Reisen nach Procida, Terracina, Neapel und Sperlonga, ebenso wie die Abschiede, die Dramen und die Trauer noch einmal zu vergegenwärtigen.

»Nehmen Sie den Zug, Fausto holt Sie am Bahnhof ab. Und bringen Sie viel Zeit mit. Nicht nur so ein paar Stunden. Und natürlich bleiben Sie über Nacht. Das ist abgemacht.« Fausto war nicht der Chauffeur, er war Henzes Lebensgefährte. Einander chauffierten, geleiteten sie sich durchs Leben und waren auf eine, wie mir schien, *wundersame* Weise miteinander verbunden. Er und die Haushälterin, so würde ich schon bald erfahren, kümmerten sich um alles, damit der *maestro* ungestört arbeiten konnte.

Seit Wochen hatte ich jeden Tag seine Musik gehört, seine autobiographischen Mitteilungen REISELIEDER MIT BÖHMISCHEN QUINTEN gelesen und mich seiner Welt der Opern, Ballette, Oratorien und Sinfonien angenähert. Er hatte mich so herzlich wie einen Freund, der endlich mal wieder zu Besuch gekommen ist, begrüßt und kurz durch den Garten geführt. Einmal blieb er stehen. »Schauen Sie nur, diese Hühner. Wie sie in maßloser Dummheit und ohne jeden Richtungssinn, geschweige denn Gemeinsinn herumstreunen und sogar die Olivenbäume zu irritieren scheinen. Sind die Menschen nicht auch auf dem Weg, zu Hühnern zu werden?«

»Die Weichen scheinen so gestellt zu sein. Ich vermute mal, dass das von Menschen sehr geschätzte, als besonders zart geltende Hühnerfleisch bei Ihnen nicht auf den Tisch kommt.«

»Gott bewahre!«

Ich erzählte von einem für mich einschneidenden Erlebnis mit Hühnern. Unser Klassenzimmer in der Nachkriegs-Dorfschule ging zu einem Hof hin, in dem während des ganzen Unterrichts gackernde Hühner herumliefen. Hans Werner Henzes erwartungsvoller Blick ließ mich das Geschehen und den schäbigen Schauplatz zu dem Ort einer Performance ausgestalten: Einmal, sagte ich, sei ich in einem unbemerkten Augenblick aus dem Fenster gesprungen, hätte die Hühner verjagt und mich wieder zurück in den Raum geschwungen. Ich sei mir wie Jean-Paul Belmondo vom Lande vorgekommen, der für ein paar Minuten Paris ins Klassenzimmer zauberte. Henze griff lachend die Szene auf und erwog, jetzt, mit diesem Bild vor Augen, sich vielleicht doch noch mit den Hühnern anzufreunden. Er müsse das Fleisch ja nicht essen.

»Kommen Sie, treten Sie ein, zuerst trinken wir einen Schluck, was mögen Sie? Wo ist denn Ihr Gepäck?«

»Mein Gepäck?«

»Aber Sie brauchen doch was zum Wechseln.«

»Zum Wechseln?«

»Ja, wollen Sie denn jeden Tag das Gleiche anziehen?«

»Jeden Tag?«

»Na, wir haben schon etwas Passendes für Sie. Fausto regelt das. Jetzt trinken wir erst mal was. Beginnen wir mit diesem leichten Weißwein aus der Toskana?«

»Ja, das macht mich glücklich und traurig zugleich, ich habe ihn zuletzt mit Ingeborg Bachmann getrunken.«

»Wann war das genau?«

»1969 und 1970 bis ins folgende Jahr hinein.«

»Die ganze Zeit über?«

»Mit ein paar Unterbrechungen. Ich studierte noch. Philosophie.«

»Dann sind Sie es, der mit Ingeborg auch hier ganz in der Nähe, in Terracina, war?«

»... und in Neapel und Sperlonga.«

»Ingeborg hat Sie Giovanni genannt, ja?«

»Und für mich war sie irgendwann, weil sie so oft *mal sehn* gesagt hatte und ich mit der Schluss-Silbe ihres Vornamens spielte, *Borgia mal sehn*.«

»Und diese Borgia war es, die dem Giovanni eine Gauloise angeboten hatte, aus der dann viele wurden? Sie hat mir davon erzählt, sehr zurückhaltend, weil sie befürchtete, das sei nur so eine Phantasie von ihr, die Phantasie einer ..., wie soll ich sagen?«

»... einer poetischen Existenz.«

»Ja, das war es wohl. Sie hatte bestimmt Angst, sich etwas vorzumachen, bei dem Altersunterschied. Dann aber hättet ihr es spielerisch genommen und die Sache irgendwie umgedreht.«

»Das haben wir: *Borgia die Jüngere* und so weiter.«

Sie habe ihm, sagte Hans Werner Henze, davon erzählt, und auch von unser beider Zuneigung zu Georg Groddeck. Bei sich selbst habe er bei diesem Thema ein Defizit verspürt.

Ich fragte ihn, ob er vielleicht das Gefühl hatte, nicht für alles, was er mit ihr erlebte, Worte zu haben. Und: »Wollten Sie letztlich, dass Ingeborg weiter Ihr ›Täubchen‹ bleibe?«

»Hat sie das so ausgedrückt? Ja, vielleicht hat sie recht. Groddeck kannte ich nicht. Da hatten Sie mir was voraus. Und natürlich euer blindes Verstehen, was die Philosophie betraf. Gefreut hat es mich, dass Sie zu Max Frisch auch eine eher distanzierte Meinung hatten, der sei nicht gut für die Frauen, hätten Sie gesagt. Ein schwieriger Mensch war der Frisch. Schlecht hat er Ingeborg behandelt. Da wüsste ich viel zu erzählen.«

»Was meinen Sie, wollen wir mit unserem Gespräch über Ihre Musik beginnen?«

»Aber lieber Giovanni, heute wird nicht gearbeitet. Wir feiern, wir reden über dieses und jenes, ich zeige Ihnen den Garten und alles drum herum, und am Abend wird ausgiebig gefeiert.«

Ich war Teil eines ländlichen Familienlebens in Italien geworden. Bekam Pantoffeln vom Meister oder von Fausto, einen Schlafanzug und ein frisch gebügeltes weißes Hemd.

Hans Werner Henze erzählte von seiner Kindheit und Jugend, seinem politischen Engagement, von seinen Anfängen in der Musik, wie er Ingeborg Bachmann kennengelernt hatte, und zeigte mir seine Aquarelle (Phantasielandschaften seines Gartens) und berührende Fotos, auf denen er und die Dichterin wie ein frisch verliebtes Paar aussehen.

Er erzählte von ihrer ersten Begegnung bei der Tagung der Gruppe 47 im Oktober 1952. In seiner Autobiographie schwärmt er von ihrer »elfenhaften Erscheinung«, »wie von einer Nachtigall geboren«. Ihre Gedichte habe sie in einer »zögernden, extrem schüchternen Art vorgetragen« und ihre Ideen und Bilder »vor sich hingeflüstert«.

Einmal nennt Henze sie seine »große Schwester«, die ihn »zu den windischen Wäldern ihrer Kindheit führte, wo es dunkel war unter den hohen Tannen, bei Farnkraut und Fingerhut«. Mond und Stern seien von da an zu Freunden und Weggenossen geworden.

Vom ersten Augenblick an, kaum, dass ich den Garten und das Haus betreten hatte, zauberte Hans Werner Henze ein Fluidum des Vertrauten und des Einander-Zugewandten, bereit, sich auf Schwingungen und Unterströmungen des Gesagten einzulassen und dabei, wann immer es sich anbot, der Heiterkeit Raum zu geben. Zum Beispiel, wenn er von seinen aktuellen Arbeitsschwierigkeiten beim Schreiben seiner zehnten Symphonie sprach und von dem Zwang, überall Schimmel zu entdecken, in Filmen und auf Bildern. Ob das wohl Symbole für das Ewige seien, fragte er. Und was sei mit Husseins Schimmel, den niemand nach des Königs Tod mehr reiten dürfe? »Ist das nicht schön, sagen Sie selbst?«

Er erzählt gerne Geschichten und ist neugierig auf Geschichten seines Gegenübers. Ich berichte von Giorgio Manganelli, mit dem ich immer *überkreuz* gesprochen habe: er souverän-heiter Deutsch, ich grammatisch-fraglich Italienisch, und wie uns das übermütig machte. Er möchte wissen, worüber ich mit Elfriede Jelinek, die er sehr schätzt, in Wien gesprochen habe und was die neuen Theoretiker in Frankreich denken. Er erzählt von seiner Bewunderung für Japan und die japanische Kunst, was er aber in der Regel für sich behalte; es sei zu tief empfunden und zu zerbrechlich, um daraus Gesprächsstoff zu machen. Ja, auch andere Kulturen und Musiken, wie die kubanische und indische, interessierten ihn, aber er wisse zu wenig darüber. Schließlich fragen wir uns, ob es so etwas wie eine Urmusik, archetypische Grundmuster gebe. Ja, vielleicht, sagt er, aber einem Interpreten falle es leichter als einem Komponisten, mit Ja zu antworten.

Gerne wüsste er, wer Chef der Berliner Philharmoniker geworden ist – »Simon Rattle wäre gut« –, ob heute der 23. sei, da würde es entschieden werden, und ob Bundeskanzler Schröder seine Sozialreform durchsetzen könne, das sei doch wichtig; ob man sich in Frankreich für seine Musik interessiere oder ob man ihn genauso wenig wie in Italien wahrnehme; er schwärmt von Madrid, wo ihn jetzt die Spanier seit der Aufführung seiner Oper DIE BASSARIDEN im Teatro Real begeistert feierten. Wie glücklich war er, anerkannt oder gar gefeiert zu werden, und wie tief verletzt, wenn er abgelehnt wurde. Traurig machten ihn der Konkurrenzkampf und die Interessengruppen der »neuen deutschen Musikpäpste«: *widerlich, unethisch, unkünstlerisch.*

Natürlich wollte ich mehr darüber wissen, *wie* er komponiert und ob er die Worte, die Töne bei der Niederschrift lese, singe, trällere, intoniere, und wie weitgehend er die Aufführung schon mal probeweise und bruchstückhaft antizipiere. So wie Nathalie Sarraute, die als Schriftstellerin immer alles, was sie schrieb, laut las, um sich in das »innere Murmeln« einzuschwingen. Oder ob er das schon aus Scham, ein anderer könnte ihn hören, nicht macht.

»Ja, in der Tat, meine Nachbarin, besonders wenn ich bei offenem Fenster arbeite. Ich arbeite fast völlig ohne Kontrolle des Klaviers. Aber es kann schon einmal passieren, dass ich das Notierte am Ende eines dieser anstrengenden Vormittage auf dem Klavier durchchecke, möglichst so leise, wie es nur geht, damit die Nachbarin das nicht hört und denkt, ich könne nicht komponieren, weil die Noten schräg kommen.«

»Sind Sie überhaupt ein schamvoller Mensch?«

»Manche behaupten fälschlicherweise das Gegenteil und verwechseln meine Offenheit mit Schamlosigkeit. Mir gefällt das Obszöne nicht.«

»Gibt es obszöne Stellen in Ihren Stücken?«

»Es gibt sogar einen Traktat über die Obszönität in der Musik: HELIOGABALUS IMPERATOR, ein Orchesterstück, das Anfang des nächsten Jahres auf der Schallplatte produziert wird, dirigiert von Oliver Nassen, der ein ganz großartiger Dirigent ist. Da kann man es auch sehr deutlich hören. Es geht um Phalli und das alte Rom. Der Heliogabalus Imperator, das war ein Tunichtgut sondergleichen.«

Ich frage ihn, wie er mit der Erfahrung umgehe, die man doch als Künstler immer wieder mache, dass man von einem auf den anderen Tag den Faden an einem Werk verliere und plötzlich nicht mehr wisse, warum man das Begonnene überhaupt noch weiterführen solle. Ja, das passiere einfach. Dann müsse man nur fest entschlossen sein, die misslungenen Noten in den Papierkorb zu geben und wieder von vorne anzufangen. Außerhalb der täglichen Komponierarbeit – was eine gewisse Kontinuität ergebe – sei er unglücklich.

»... wie Ingeborg Bachmann außerhalb des Schreibens meist unglücklich war, mit Ausnahmen, zum Beispiel mit Ihnen, verehrter Herr Henze (erlauben Sie mir diese Verehrungsformel?) bei der Aufführung von LA TRAVIATA mit Maria Callas in der Mailänder Scala.«

»Hat sie Ihnen davon erzählt?«

»Ja, natürlich. Mehr als nur erzählt.«

»Ich bin natürlich dauernd unglücklich, weil die Arbeit so unendlich schwer ist oder auch die Forderungen, die man an sich selber stellt, so schwer zu erfüllen sind, dass man noch mit dreiundsiebzig immer wieder Angst hat, sich an den Schreibtisch zu setzen. Und gleichzeitig leidet auch der ganze Körper mit, man erkrankt bei den schwierigen Stellen, oder man glaubt, man müsse sterben, das denke ich übrigens oft. Am Schluss, wenn das Stück fertig ist – nicht das Leben, sondern das Stück –, dann wird es wohl aus sein. Es ist eine sehr intensive Identifizierung mit den Noten.«

»Es ist ja auch eine Art Tod. Wenn das Werk fertig ist, ist etwas Geborenes auch wieder gestorben.«

»Das ist richtig. Es ist nett, dass Sie das einfügen.«

»Entschuldigen Sie, wenn das einen missverständlichen Beiklang hatte.«

»Nein, nein, ich war nur ein bisschen selbstironisch. Ja, das ist schon so, aber man wundert sich. Dieses Schreiben von Musik, das ist ein Vorgang, der mir nach wie vor, und heute mehr denn je, unverständlich ist. Manchmal ist es so, dass ich einen Notentext schreiben kann und eine Mehrstimmigkeit herstelle, die ich ganz genau höre, sodass ich bei der späteren Kontrolle auf dem Klavier nichts mehr ändern muss. Es ist alles völlig schlüssig und funktioniert – aber so, als ob ich nicht der Autor sei, sondern nur der Bleistift, der diese Sachen aufs Papier bringt, diese Notenzeichen und so weiter. Das lässt mich an die Existenz einer anderen Entität denken.«

Ich betone dann, dass er damit ein zentrales Interesse berühre, das ich mit diesem Gespräch verbinde, ob der Autor wirklich Autor oder nicht vielmehr so etwas wie ein Medium sei, durch das die Musik, durch das die Sprache hindurchgeht. Es spricht, es tönt, sage ich und füge hinzu, dass ich darüber zuweilen leidenschaftlich mit Ingeborg gesprochen hätte. Auch er glaube doch, sage ich, dass die Musik uns etwas zuspielt und wir, wenn es gelingt, die Gelegenheit haben, es zu ergreifen. Ob nicht *Ergriffenheit* ein besonders gelungenes deutsches Wort dafür sei, oder auch *Teilhabe*? Aber man muss etwas für die Teilhabe tun.

»Ja. Ich habe nun wirklich sehr viel Routine, also ich kann, besonders in meinem eigenen Stil, sehr gut instrumentieren und plausibel instrumentieren und so, dass meine Mitteilungen an die Hörerschaft auch wirklich über die Rampe kommen. Aber man irrt sich, wenn man meint, ich könnte nun schneller schreiben als früher, besser ja, aber nicht schneller. Es ist also ein andauerndes Nachdenken und: Man muss warten, und dieses Warten, das kann manchmal länger dauern als erwünscht und kann auch Schmerzliches an sich haben.«

Ich bitte Hans Werner Henze, seinen Arbeitsprozess zu beschreiben, beginnend mit dem Einfachsten, wie der Tag anfange, ob er täglich Fingerübungen mache, in dem

Sinne, wie ein Pianist auf dem Klavier arbeitet und die Finger bewegt.

»Es ist so, dass ich nur frisch gewaschen und mit frischer Wäsche an den Schreibtisch gehen will und kann.«

»Andere Künstler dagegen brauchen gerade das Gefühl zu verwildern.«

»Wenn ich es nicht so mache, stimmt etwas nicht, ist in Unordnung. Es muss alles ungeheuer ordentlich sein. Die Bleistifte sind von einer sensationellen Spitzigkeit, dank eines japanischen elektronischen Anspitzers.«

»Elias Canetti wäre begeistert gewesen, hätten Sie ihm einen solchen besorgt.«

»Am gestrigen Tag, als man mal wieder nichts getan hatte, hat man natürlich dauernd nachgedacht, beziehungsweise *etwas* hat nachgedacht. Ein paar neue Ideen sind aufgetaucht, die noch gefehlt hatten, um ein plausibles Klangbild herzustellen und das darzustellen, was ich darzustellen wünschte und immer noch wünsche.

Ich bin jetzt in einem Mittelteil, im dritten Teil meiner Zehnten Symphonie. Schon seit Monaten arbeite ich daran und habe nichts anderes zu tun. Aber es kommt oft genug vor, dass ich sehr schnell müde bin. Es ist noch nicht so weit, der Apfel ist noch nicht ganz reif – bis er vom Baum fällt. Man muss noch ein bisschen warten – *zuwarten*. Das kann manchmal recht unangenehm sein. Sehr qualvoll.«

»Ist für Sie manchmal der Wechsel vom dem sehr geselligen Leben, das Sie führen, und der Einsamkeit des Schreibens schwierig?«

»Die Geselligkeit ist das Willkommenste, was man sich vorstellen kann, wenn man der Einsamkeit des

Schreibens entschlossen entgeht, indem man das Arbeitszimmer verlässt. Wir haben auch sehr nette Freunde in Rom, die sehr gerne hierherkommen, einmal wegen der frischen Luft, zweitens wegen des guten Weins und drittens auch wegen der lustigen Gesellschaft, die sich einstellt.«

»Vielleicht auch wegen der schönen Hunde und der vielen dummen Hühner, die hier herumlaufen.«

»Die werden alle demnächst geschlachtet.«

Ich erwähne ein Gespräch mit Jorge Semprun, der mir anvertraut hatte, er sei eigentlich gar kein Schriftsteller, so wie etwa Flaubert. Wenn bei ihm ein Freund aus Kuba oder Mexiko anriefe und sagt, er sei jetzt hier in Paris, würde er sofort alles stehen und liegen lassen, um diesen Freund zu sehen, mit ihm Kaffee oder Tee zu trinken und zu plaudern. Hans Werner Henze stimmt dem begeistert zu, auch er ziehe jederzeit die Gespräche mit Freunden der Anstrengung des Komponierens vor, das sei klar.

Was ihn an der Arbeit halte, sei der Wunsch, sich die Aufführung vorzustellen. Er höre dann das Stück, höre die Aufführung. Manchmal tue er es eben auch nicht, und dann wisse er nicht, wie es weitergeht, so als sei er aus einem Traum erwacht. »Die Zusammenklänge der Instrumente höre ich sehr genau. Das Problem ist: Wie bekommt man es aufs Papier? Man kann eine vollständige Vorstellung haben, und dann weiß man nicht ganz genau, wie man sie aufschreiben soll. Das ist sehr qualvoll.«

»Vielleicht ist man noch nicht an dem Punkt, wo man es *wirklich* vor sich sieht. Es fehlt noch ein Augenblick.«

»Auf den muss man warten.«

Wir sprachen dann lange über Henzes AUTOBIOGRAPHISCHE MITTEILUNGEN, gingen vielen Spuren seines Lebens und seines musikalischen Werks nach. Natürlich führte uns von hier aus der Weg wieder zur Literatur und zu Ingeborg Bachmann. Ich fragte ihn, wie sich das besonders ausgeprägte Verhältnis, das sie zur Sprache hatte, auf seine musikalische Arbeit ausgewirkt hat. Ihr Ideal der Reinheit der Sprache, dieser Wunsch, wie das bei Hölderlin einmal heißt, »zur Wiedereinsetzung der ursprünglichen Bedeutung der Wörter zurückzukehren«, diese Abstinenz vom Verschleiß der Sprache faszinierte Henze.

Zuerst aber ging es uns in unserem Gespräch darum, auszuloten, wie sich das musikalische und das literarische Tun befruchten. Als ich ihn nach den geistigen und emotionalen Prozessen frage, die sich in der Zusammenarbeit (ob mit Enzensberger, Edward Bond oder Ingeborg Bachmann) abspielten, an die er sich besonders gerne erinnere und in denen aus Arbeit Freundschaft wurde, sagt er lachend:

»Ich antworte nur, wenn ich eine ›Bloody Mary‹ bekomme.«

Fausto bringt die gut gefüllten Gläser, und wir stoßen an.

»Wenn man für die Oper schreibt, muss einem die Oper als das wünschenswerteste Theaterkunstwerk der Welt vorkommen, und das sollte sich auf den anderen übertragen. Man sucht, glaube ich, wenn man mit einem zeitgenössischen Schriftsteller zusammenarbeiten möchte, auch eine Art Schutz und Assistenz. Zum Beispiel in dem unglaublichen Sprachgefühl der Ingeborg Bachmann. Sie ließ sich auch manchmal vorspielen, was ich schon gemacht hatte, und kritisierte es. Ich habe das angenommen. Ich fand das ganz toll, dass sie den Mut hatte, mich zu kritisieren. Das war Liebe, das war Freundschaft.«

Hans Werner Henze kommt ins Schwärmen angesichts der wunderbaren Ideen und Einrichtungen (vor allem für den PRINZ VON HOMBURG), die Ingeborg Bachmann in die Zusammenarbeit einbrachte. »Ich war unendlich dankbar. Das war die Arbeit eines erstklassigen Librettisten.« Dann erzählt Henze begeistert von der engen Zusammenarbeit bei DER JUNGE LORD. »Das hat mir großen Spaß gemacht, so zu komponieren, dass es ihr auch Spaß machen würde. Das ist natürlich eine wunderbare Sache, wenn man einen lebenden Librettisten wie Ingeborg Bachmann hat und miteinander kommunizieren kann.« So, als käme bei dem Wort *kommunizieren* ihre liebevolle Zuwendung zu kurz, rief ich Szenen eines verspielten Zusammenseins in Erinnerung, von denen mir Ingeborg erzählt hatte. Und Hans Werner Henze reagierte spontan darauf, erzählte zum Beispiel davon, wie sie sich im Kino betont offensiv zusammen mit den jungen Leuten an Marilyn Monroe und James Dean erfreuten.

Greifbar wurde das Fluidum der Freundschaft, der Liebe, der geistigen Verwandtschaft zwischen ihnen. Natürlich sei es aber auch voller Spannungen gewesen.

»Erotische Beziehung könnte man es nicht nennen. Oder vielleicht doch, jemand anderem Freude machen. Und ihm zeigen, wie toll man ist. Und wie gut man den Text verstanden hat.«

»Auch in dem Sinn, in dem Jean Genet sagte, man schreibe – und wir könnten ergänzen: wir arbeiten zusammen –, um geliebt zu werden?«

»Ah, wie schön. Das Erste, was ich von ihr komponiert habe, das sind die beiden Arien in NACHTSTÜCKE UND ARIEN. Die Uraufführung war 1957. *Wohin wir uns wenden im Gewitter der Rosen / ist die Nacht von Dornen erhellt, und der Donner / des Laubs, das so leise war in den Büschen, / folgt uns jetzt auf dem Fuß ...* Dann kommt noch ein weiterer Vierzeiler. Diese Bilder, das sind wunderbare Vorstellungen – ein Gewitter der Rosen, der Donner des Laubs folgt uns jetzt auf dem Fuß –, das sind auch Bilder, die Musik vertragen können.«

»Musikträchtig, könnte man sagen. Diese Bilder *sind* Musik.«

»Das ist ganz richtig.«

Ich hätte, erwähne ich, sehr früh von Ingeborg Bachmann gelernt, dass Schweigen nicht auf der anderen Seite des Sprechens und der Wörter geschieht, sondern ein Bestandteil des Sprechens ist und dass im Sagen immer der Wunsch ist zu schweigen und im Schweigen der Wunsch zu sagen.

Ich frage Henze, welche Rolle bei ihm das Schweigen in der Musik spiele. Man wisse ja von dessen eminenter Bedeutung in der Musik John Cages oder Morton Feldmans.

»Ich dachte gerade: Ingeborg Bachmann war eine Meisterin im Schweigen, auch bei Gesprächen. Sie hörte einfach mitten im Satz auf – nach einem kleinen Decrescendo, dann kam ein kleines *Ach*.«

»Haben Sie dann in das Schweigen hinein gesprochen, oder konnten Sie das gut ertragen?«

»Ich konnte das gut ertragen. Wir hatten eine sehr komische Freundschaft, eine sehr gute, sehr innige. Und es durfte immerzu gelacht werden, wir haben uns enorm viel amüsiert, richtig amüsiert wie Kinder. Ohne jeden Schuldkomplex.«

»Ich erinnere mich an eine Situation, in der sie sehr traurig war und ihr Wunsch zu lachen gerade da besonders stark wurde.«

»*Du sollst ja nicht weinen* kommt in einem Gedicht von ihr vor, das ist aus der Dritten Sinfonie von Mahler.«

»Hat die Freundschaft, oder darf man sagen: Liebe?, bis zum Ende ihres Lebens gedauert? Wie ist das eigentlich gegangen? Sie sehen, ich weiß nicht das richtige Wort, deswegen sage ich ›gegangen‹.«

»Wir haben uns ein bisschen auseinandergelebt. Es wurde schon damals immer schwieriger, zwischen hier (Marino) und der Stadt (Rom) mühelos zu kommunizieren. Es wurde immer umständlicher ...«

»Nur umständlicher? Ich erinnere mich, dass mir Ingeborg einmal sagte, sie wisse letztlich auch nicht, was mit Hans Werner Henze sei, Freundschaft oder Liebe. Und auch nicht, ob die Wörter *Verzweiflung* oder *Glück* zutreffend seien.«

Hans Werner zögert etwas, scheint das Wort *Glück* hin und her zu wenden und sagt dann fast beschwörend, zum Glück habe er die Musik.

Das Zusammensein mit Ingeborg sei aber auch schwierig geworden, weil sie sein politisches Tun ablehnte. Sie habe geglaubt, es reichte, wenn man das alles theoretisch zur Kenntnis nehme und nicht als Anregung zu wirklichem Tun verstehe. Wir Künstler könnten, dachte sie, sowieso nicht helfen, wir müssten unsere Kunstwerke weiter produzieren und das Künstlertum reinhalten von Involvements unkünstlerischen Ursprungs.

»Da mag sie vielleicht sogar recht haben. Aber für mich wäre das damals unmöglich gewesen. Ich musste weitergehen in meinen Untersuchungen: Wozu ist die Musik da, was kann sie, was kann sie nicht, was muss man tun, damit die Leute nicht mehr dauernd aufeinander einschlagen wie die Wahnsinnigen, sondern dass Musik zu dem wird, wozu sie einmal gedacht war, von jemand wie Orpheus beispielsweise? Heilendes hat die Musik, das ist eine Aufgabe, und hat etwas Besänftigendes.«

Wir sind uns dann sehr schnell darin einig, dass die Musik diese heilende Funktion nur haben kann, wenn der Musiker erkennt und möglichst genau weiß, wovon die Gesellschaft geheilt werden muss. Ich frage ihn danach, wie er heute mit dem Wunsch nach politischen Veränderungen umgehe, wie diese Gedanken und das Wissen in seine Arbeit einfließen. Sein letzter Beitrag zu dieser Thematik sei doch seine Neunte Sinfonie. Sie besteht aus sieben Sätzen, die alle etwas zu tun haben mit der Verfolgung der jungen Kommunisten zu Anfang der Nazi-Jahre. Das Werk habe er dem deutschen Antifaschismus gewidmet, den Helden und Märtyrern. Jetzt arbeite er an einer Zehnten Sinfonie.

»Sie ist nur für Instrumente geschrieben. In der Neunten gibt es noch Chor in fast allen sieben Teilen. Hier gibt es nur das Orchester, ein sehr großes. Es soll eine festliche Sinfonie werden. Einen Teil habe ich schon fertig, er heißt *Ein Sturm*. Jetzt arbeite ich an einer Art Teufelstanz. Dann kommt noch ein ruhiger Teil, den ich nur für Streicher setzen möchte, und noch ein großer Schlussteil, wieder für das ganze Orchester. Wenn mir nichts mehr einfällt, ich keine Lust mehr habe, was soll dann daraus werden?«

Irgendwann werde es dann doch fertig, fügt Hans Werner Henze noch hinzu und lacht. Ich sage, wenn es so heiter zu Ende gehe, sei es doch gut.
»Ja, ja, ja, heiter. Ein Alterswerk ...«

Ich greife sein Wort von den Alterswerken auf und sage, bei den großen Komponisten löse sich dann doch die Ich-Bezogenheit auf und die Musik gehe in eine andere Klangsphäre über. Ich frage ihn, ob man von einem Raum des Göttlichen, des Über-Individuellen sprechen könne. Sei das nicht die Sphäre, aus der heraus Musik entstehe und sich dann über einen langen Umweg einer Identitätsfindung und einer Ich-Bezogenheit langsam wieder von diesem Ich lösen müsse? »Sind nicht die Spätwerke das, worauf alles hinausläuft?«
»Man möchte ja einmal im Leben ein perfektes Stück fertigkriegen. Das hält einen eigentlich am Leben. Ob es nicht vielleicht doch möglich wäre, eine Perfektion zu erreichen wie Beethoven in seiner Kammermusik und seiner Sinfonik oder wie der Kirchenmusiker Bach.«
»Worin würde diese Perfektion bestehen? So etwas wie eine archetypische Ordnung herzustellen? Ist es eine ganz einfache, ist es eine überindividuelle, auch überkulturelle Musik? Eine Urmusik, die kollektiv vorgegeben ist und an die man sich individuell annähert? Sie sprechen ja auch einmal von dem individuellen Zugriff auf etwas strukturell Gleiches.«
»Im Grunde genommen habe ich mein ganzes Leben lang *eine* Sache machen wollen. Ich wollte alle meine künstlerischen Entscheidungen alleine treffen. Ich bin hinter einer ganz bestimmten Sache her, von der ich immer noch nicht weiß, woraus genau sie besteht. Sie hat et-

was zu tun mit Sprache, mit Traditionen, sie ist ziemlich retrospektiv und konservativ auch. Vielleicht. Ich wollte immer meinen Wald, meine Angst, meine Flucht, meinen Autounfall so darstellen, wie es mit meinen Mitteln und den mir zugänglichen Mitteln der Geschichte, der traditionellen Ausdrucksweisen möglich war.«

Ich möchte wissen, ob ein einmal begonnenes Werk in sich schon so etwas wie die Berechtigung trägt, vollendet zu werden, ob es virtuell schon da sei und nur noch ausgeführt werden müsse: auf der Suche nach Zeichen, die sich abgelöst haben vom existierenden Arsenal künstlerischer musikalischer Erfahrungen, um zu neuen Ausdrucksweisen zu kommen, zu neuen Darstellungsmethoden. Sei Musik nicht auch eine Seelenkunst?

»Ja, Arbeit an *Beseelungsverhältnissen*. Man fängt erst jetzt richtig an, das zu begreifen und sich mit den Dingen auseinanderzusetzen, die von so entscheidender Bedeutung sind für die Zukunft unserer Zivilisation. Nicht nur der Menschen, sondern vor allem der Zivilisation, die die Menschen zu dem gemacht hat, was sie sind, mit dem, was sie können, mit dem, was sie nicht können, mit dem Plus und dem Minus. Die Musik kann sich sehr gut, gerade heute, einschalten in den Sensibilisierungsprozess der Jugend, der Gesellschaft, und sollte das auch tun.«

Auf meine Frage, ob seine Arbeiten zusammen genommen so etwas wie *ein* Buch, *eine* Komposition bilden oder eher für sich stehen, sagt er, die einzelnen Kompositionen würden eine Kontinuität bilden, aber innerhalb dieser Kontinuität gebe es immer abgeschlossene Stücke, mit einem Schlussakkord. »Ich habe vor längerer Zeit gedacht, diese Schlüsse seien nur Trugschlüsse und das nächste Stück setze denselben Diskurs fort. Aber dessen bin ich mir gar nicht mehr so sicher. Oft, wenn ich an einem Stück arbeite, denke ich schon an das nächste. Ich sage mir dann, dieses Problem löst du im nächsten Stück, im Streichquintett oder was als Nächstes kommt. Dieses Übermaß an Forderungen kann man gar nicht erfüllen, wenn man nicht eine Auswahl trifft, die einem weiterhilft. Man kann nicht das ganze Universum immerfort interpretieren und deuten und schaffen und neu präsentieren.«

Es ist Zeit für eine Pause und einen ausgedehnten Spaziergang. Beim Hinausgehen zeigt mir Henze stolz die alten Reste von Kellergewölben, die jetzt zufällig frei wurden, weil der Regen so viel Erdreich weggeschwemmt hatte. Aus dem ehemals klösterlichen Anwesen hat er einen ganz und gar weltlichen, sichtbaren Ort der Lebensfreude, des Genusses und der Musik gemacht. Alles tönt hier, ist bereit, Musik zu werden, sich zu verwandeln. Und doch spielt auch die Distanz eine große Rolle. Er möge das Obszöne nicht, bekennt er noch einmal, als wir über die Hügel schlendern, er liebe gute Manieren, er sei ein bisschen wie seine eigene Großmutter. Ja, ohne Komponieren wäre sein Leben nicht denkbar gewesen – und jetzt dieser Luxus, »wenn man es sich leisten kann, ist doch gut. Und schauen Sie nur, diese Weite!«

Es war dann einer der bewegendsten Augenblicke, als Hans Werner Henze davon erzählte, dass er nicht satt werde, sich die Landschaft anzuschauen, und es ihm vorkäme, als wäre da etwas, was er noch nicht verarbeitet hat. In vielem töne »Feierliches und Zartes« und es ergreife ihn, etwas so Einfaches wie einen Olivenbaum vegetieren zu sehen. Ich frage ihn, ob man von einer *musikalischen Geographie* sprechen könne, und er erzählt, wie unterschiedlich er in Landschaften und Städten gearbeitet hätte. »Allein schon die vielen Arten des Lichts. Und dann gibt es noch die schönen Landschaften der Imagination.«

Wir streifen die Frage, wie weitgehend das nach innen und das nach außen gerichtete Auge miteinander korrespondieren, korrespondieren über das Begehren. Jetzt haben wir den Raum weit geöffnet. Unendlich viele Assoziationen werden möglich. So spreche ich Hans Werner Henze auf seine Arbeit LACRIMOSA an und erwähne, dass ich mich viel mit Ingeborg über das Weinen ausgetauscht habe. Ich betone, dass mich sein Wunsch, das Weinen selbst in vielen Nuancen, als Wimmern, Schluchzen, Heulen und Schreien, als ein Herausschreien der Not darzustellen, sehr berührt habe. Das erinnere mich an eine Bemerkung von Marguerite Duras, die einmal sagt, das Schreiben habe sie zu einem Wilden gemacht, sie sei zu einer Wildheit zurückgekehrt, die vor dem Leben dagewesen sei.

»Mein ›Urschrei‹ ist immer der Wunsch gewesen, nicht allein zu sein, auch nicht allein zu schlafen. Das ist jetzt auch nicht mehr so, glücklicherweise, aber so war es sicher mal. Die Einsamkeit kann enorme Proportionen annehmen in einem fremden Land, in einer fremden Kultur. Das war auch nicht immer so ungeheuer erfreulich, hier zu sein, so weit weg von meinem eigenen Land, wo sehr viel Musik gemacht wird, während hier eher wenig gemacht wird und meine Musik gar nicht bekannt ist, soviel ich weiß. Aber ich wusste, eines Tages werde ich dieses Haus haben, das wird so aussehen wie ein etwas südlich geratenes, mittelmeer-stilisiertes westfälisches Bauernhaus mit einer großen Mauer drum herum, viel höher, als die westfälischen Mauern meiner Kindheit waren. Es fehlen nur noch die Kartoffelpuffer und der Schnaps.«

Nach dem Spaziergang sitzen wir mit Fausto zusammen und sprechen auch über wagemutige Männer, die heutzutage die Welt umsegeln. Fausto sagt, ihm könne das nicht imponieren, da sei doch ein Magellan früherer Zeiten von einem ganz anderen Kaliber gewesen. Ich frage ihn, ob der *maestro* für ihn eine Art Magellan sei, und er antwortet ohne Umschweife: »Ja.«

Am nächsten Tag, nach dem Abendessen, fragt mich Henze, wie ich eigentlich zur Musik gekommen sei. Ich erzähle, dass ein Weg zu Luigi Nono über das Arbeitszimmer von Feltrinelli geführt habe, zu Stockhausen über das Teatro La Fenice in Venedig, zu Kagel über einen Kompositionskurs, den ich bei ihm belegt hatte, und zu seiner Musik über einen Hinweis des Komponisten Luca Lombardi. Und schließlich zu Cage.
»Haben Sie Cage-Konzerte gehört, man muss ja wohl sagen: erlebt?«
»Das erste, viele Stunden dauernde Konzert, das ich 1972 von John Cage in Bonn besuchte, atmete Raum- und Zeitlosigkeit. Von heute aus gesehen, ist das vielleicht etwas zu pathetisch gesagt, aber in jenen Jahren war man geradezu besessen vom *Atmen*, dem individuellen und dem kosmischen. Und dazu passte auch, dass sich

die Besucher auf den Boden legten und sich den aus allen Richtungen kommenden Klängen und Geräuschen – und der Stille! – hingaben. Jede Zielgerichtetheit war aufgehoben.«

»Das kam auch von Einflüssen östlicher Philosophie.«

»Ja, Sie wissen sicher, dass Cage die Kurse des japanischen Meisters Daisetz T. Suzuki über die Philosophie des Zen-Buddhismus besucht und das I Ging in die Komposition eingeführt hatte. Seine MUSIC OF CHANGES für Klavier war vollständig aus Zufallsoperationen hervorgegangen. Er öffnete die Musik zu spirituellen Erfahrungen und zu den unterschiedlichsten außermusikalischen, wie soll ich sagen, Apparaturen hin: IMAGINARY LANDSCAPE NO. 4 war für zwölf Radios komponiert.«

»Sagen Sie, Giovanni, gefiel Ihnen das?«

»Ja, das Experimentelle und das sich unvorhersehbar Öffnende waren damals wie meine zweite Haut. Ohne diese Gegenwelten, in die ich begierig eintauchte, wäre ich erstickt an der Welt, in die ich hineingewachsen war. Cage erschien mir auch so: Er sog alles in sich hinein, auch den Anarchismus, ganz anders als Sie.«

Wir lachen. Ich hätte es, sagte ich, als ein unfassbares Glück empfunden, an diesem geistig-künstlerischen Fluidum teilhaben zu dürfen und Cage schließlich kennenzulernen.

»Fiel Ihnen das immer leicht, mit anderen Künstlern und Schriftstellern in Kontakt zu kommen, vor allem, wenn sie international schon eine so große Rolle spielten?«

»Vielleicht gerade dann! Ich empfand da keine Scheu. Ganz im Gegenteil. Ihre Welt hatte keinerlei Berührung mit der Welt meiner Kindheit. Das machte mich offensichtlich ganz frei und unbefangen. Bei Cage kam noch hinzu, dass ich, als ich ihn kennenlernte, schon ein erstes Hörspiel geschrieben hatte. Wissen Sie, die 1970er Jahre waren eine Blütezeit des *Neuen Hörspiels*. Mit großer Leidenschaft war es von Klaus Schöning beim WDR in Köln initiiert und praktiziert worden. Er hatte auch die Avantgarde der Musiker um sich versammelt. So ergab es sich wie selbstverständlich, dass ich in engsten Kontakt zu Kagel und Cage kam. Die Vitalität und das Lachen von beiden werde ich nie vergessen. Über Cage schrieb ich einige Essays, in denen ich meinen Assoziationen freien Lauf ließ, so wie er selbst auch kompositorisch verfahren war.«

»Und Kagel?«

»Kagel stand mir ebenso nah in der Art, wie er die verschiedensten Ebenen, musikalisch und lautlich, auch tänzerisch, in die Komposition mit einbezog. Eines Tages, es war im Juli 1969, fragte er mich, ob ich alle Materialien für die Aufführung von HIMMELSMECHANIK und PAS DE CINQ mit einem Bus nach Venedig, ins Teatro La Fenice, bringen und auch bei der Inszenierung mitwirken könnte.«

»Sagen Sie, wie muss ich mir Kagel als Regisseur vorstellen?«

»Kagel war selbst der Schöpfer von Wind und Regen und Schnee, Sternenbeweger und Donnerbringer und Blitzeabfeurer. Das war ein genialer Streich, wie er seine kindliche Freude am Selbermachen umsetzte, in eine sphärische Musik und in eine totale Aktion. Ein Chamäleon, ein sich häutendes Himmelsgeschöpf war er, das mit großen Dreschflegeln Wind erzeugt und die Backen aufbläst, als habe er in seinem Inneren ein unerschöpfliches Reservoir an Luft.«

Nur nebenbei erwähne ich noch, dass die Aufführung am 14. September stattgefunden habe, drei Tage nach Karlheinz Stockhausens SETZ DIE SEGEL ZUR SONNE. Stockhausen sei wie erleuchtet aufgetreten, in der spirituellen Grundhaltung eines *Meisters*.

»Ich stelle mir gerade, lieber Hans Werner, Ihr Gesicht vor, wenn Sie dabei gewesen wären, wenn ich mit Cage in ein Restaurant ging und er immer seinen Elektrokocher mitnahm, als Erstes den Kellner bat, das Gerät anschließen zu dürfen, um seinen Vollkornreis aufzuwärmen.«

Am nächsten Morgen, nach dem Frühstück, gab ich Hans Werner Henze einen Umschlag mit den Seiten, die ich teils in der Nacht und teils in einem angefangenen, aber nicht abgeschickten Brief an Ingeborg geschrieben hatte:

Lieber Hans Werner,
    erst einmal Dank für alles!
    Statt mich allzu überschwänglich pathetisch von Ihnen und Fausto und all diesen reizenden Menschen, die hier um Sie sind, zu verabschieden und am Ende noch länger zu bleiben und schuld daran zu sein, dass die 10. Sinfonie nicht fertig wurde, überlasse ich Ihnen diese Notizen zum Pathos. Vielleicht können wir ein andermal noch daran anknüpfen. Das wäre wunderbar!

Ist es erlaubt, das möchte ich Sie fragen, apodiktisch zu sagen: Wir gehen wegen des Pathos in die Oper? Sie lässt unseren inwendigen Pathosklangkörper mehr als jedes andere Ereignis vibrieren. Vergleichbar nur dem alle

Sinne ergreifenden Ritual in außereuropäischen Kulturen.

Wir wollen uns ergreifen lassen. So weit, dass nur noch Tränen die einzig angemessene Reaktion sind, wie es Ingeborg mit Maria Callas' Stimme ergangen ist. Bei der Aufführung von LA TRAVIATA, *damals mit Ihnen zusammen in der Mailänder Scala. Sie sprach vom »letzten Märchen«. Hat sie das Wort schon damals erfunden?*

Die ursprünglichste Form des Pathos ist sicher, das haben wir zusammen angefangen zu beschreiben, die Schöpfungsgeste »Es werde!« Pathos, Mythos, Ritual, Wort und Musik gehören, soviel ich zu wissen glaube, ursprünglich zusammen.

Darin ist auch etwas Verschwenderisches. Es muss aber strukturiert, organisiert werden. Das ist ja Ihr täglich Brot. Ich habe noch viel von Ihnen zu lernen.

Worüber ich gerne mit Ihnen, lieber Hans Werner, noch gesprochen hätte: Welch ein Drama, wenn dem Rezitator eines Mythos in einem Ritual ein Fehler unterlief! Schon eine lautliche Zweideutigkeit erschien unverzeihlich, von einem Versprecher ganz zu schweigen. Der Fehler wurde als Beleidigung der Gottheit empfunden und konnte tödliche Folgen haben.

Die uralten Reden, die der Erzähler zum Beispiel bei den Maori in einem Zug, damit kein Wort aus der Rede herausfalle, hersagte, waren der Garant für das Fortdauern des Wissens von der Entstehung der Welten und der Erschaffung der Lebewesen.

Kraftvolle Gesten, rhythmisch gegliederte, aber auch verworrene Beschwörungsformeln mussten präzise aus-

geführt den Vortrag begleiten. Der Erzähler sang, schrie, tobte, prophezeite, bis er selbst zu Boden sank. Oder, wenn es die Geschichten, die er vortrug, verlangten, anverwandelte er sich völlig anderen Schicksalen und Ausdrucksformen. Er führte Pathos leibhaftig vor.

Immer war es im traditionellen Ritual so, als kämen die Worte und Gesten leibhaftig aus ihm hervor. Der Ort der pathetischen Gefühle ist der Leib, der etwas Außergewöhnliches spürt. Mein Fazit: Vom Pathos affizierbar sind wir nur, wenn wir in uns hineinhorchen und doch auch gleichzeitig aus uns herausgehen, uns aussetzen.

Und hier setzt nun, lieber Hans Werner, meine Frage zum Verschwenderischen in der Oper an. Im traditionell verbürgten Ritual gibt es eine extreme Präzision und Anforderung an den Rezitator und dessen Ansprache an die Gottheit. Und zugleich das Verschwenderische. Führt das in der Oper nicht noch weiter? Die Stimmen sind doch hier eingehüllt in einen Zauber des Ungefähren. Oder kann man das so nicht sagen?
    In beiden Fällen, im Ritual und in der Oper, soll uns doch das Exzessive so mitreißen, dass dem keine Seele entkommen kann. Da sind wir wieder bei der Seele, worüber wir gesprochen haben. Ein Feld innerer Fremdheit. Hier dringt die Oper auf exemplarische Weise vor. Welch ein leibhaftiges Erleben und Erleiden der Erschütterung!

Erklären Sie mir, lieber Hans Werner, wie das möglich ist, wie Sie das als Zauberer und Techniker, als tief in sich Hineinhorchender machen? Ist das nicht eigentlich eine den Menschen fast übersteigende Tätigkeit? Im

Antizipieren der schlimmsten Qualen und des großen Glücks, in der tief erfühlten Teilhabe am kosmischen, kollektiven und individuellen Geschehen?

So sehr wünschte ich, dass wir zusammen mit Ingeborg darüber gesprochen hätten, wie sich die immer wieder neu herstellende Verbindung von Wort und Musik ereignet. In der Suche nach Wahrheit. Mit Hilfe des Sängers, der Sängerin als Hüter und Verkünder des Pathos.

Es ist doch stets unser eigenes Pathos, das wir im Pathos des Sängers, der Sängerin hören. Kann nicht eine scheinbar ganz unpathetische Musik ebenso pathetisch wie eine Oper von Wagner erlebt werden? Wenn sie den Pathos-Klangkörper in uns zum Klingen bringt, uns zittern und vibrieren lässt. Uns ergreift.

Zu einigem konnten wir uns austauschen an den vier vergnügten Tagen und Abenden. Erinnern Sie sich noch? Einmal zitierten Sie Paul Valéry: Der Mensch fange immer dann zu singen an, wenn er mit dem Sprechen nicht mehr zurande komme. In der Musik fange die Welt zu tönen an. Und dann fügten Sie noch hinzu, als Kompositionslehrer hätten Sie Ihren Studenten gesagt, sie sollten lernen, mit den Augen zu hören und mit den Blicken zu sehen. Musik sei ein Forschungsprojekt, das immer in Bewegung ist.

Wie sehr ich Ihnen die Vollendung Ihrer 10. Sinfonie wünsche. Verbunden mit der Hoffnung, sie hören zu dürfen. Und sie, die Sinfonie, hörend, würde ich ja auch Sie hören. Seien Sie herzlich gegrüßt von Ihrem Giovanni

27. Oktober 2012: Hans Werner Henze ist tot, fünf Jahre nach Faustos Abschied. Die letzten Fotos lassen keinen Zweifel an seinem Alter und seinen Gebrechen. Die linke, zu einer Faust geballte Hand liegt abgestützt auf einer Platte, um das Zittern zu vermindern. Die Augen und der Mund verraten den nahen Tod.

Zur Uraufführung von PHAEDRA in der Berliner Staatsoper war er noch erschienen. Ein Spätwerk, schwebend, sich verabschiedend. Auch erlebt er noch in Dresden die Aufführung der 1976 entstandenen Oper WIR ERREICHEN DEN FLUSS und des Orchesterstücks, nach Trakls Gedicht, SEBASTIAN IM TRAUM. »Im Traum« und das »Erreichen des Flusses« – Symbole des Übergangs.

Die Freude (einem heftig lodernden Feuer gleich) an der Arbeit, einst benannt als Ort, an dem die Seele wohnt, ist erloschen. Die Uraufführung der OUVERTÜRE ZU EINEM THEATER in der Deutschen Oper Berlin im Oktober 2012 hat er nicht mehr erlebt.

Kryptisch seine Formulierung nach Ingeborg Bachmanns Tod, *er* sei Ingeborg. Wenn er das tatsächlich so gesagt hat, wäre es Ausdruck der Phantasie, das Geistige und Philosophische von ihr, der *großen* oder auch der »kleinen guten« und »angebeteten Schwester«, übernommen zu haben. Zur Stützung der an sich selbst empfundenen Schwäche.

War Ingeborgs Tod *Mord*, wovon er überzeugt war? Kein Mensch könne durch ein brennendes Tuch so schrecklich zugerichtet werden.

ISTANBUL / ROM

ARTISCHOCKEN, POETISCH

Die silberne Taschenuhr, die ich einmal in Istanbul, auf dem Weg nach Teheran, erworben hatte, zeigte auf dem bunten Ziffernblatt die osmanische Zeit an. Die Zeiger ließen sich in Bewegung setzen, wenn man die hintere Innenklappe öffnete und einen Schlüssel bis zum Anschlag drehte. Der *Saft* – das türkische Wort, das mir der Verkäufer auf dem Bazar erläuternd und voller Stolz sagte, habe ich vergessen – reiche für mindestens drei Stunden. Danach verstumme das leise Ticken.

Jahrelang trug ich die mit Wappen geschmückte Uhr bei mir, holte sie bei jeder sich bietenden Gelegenheit aus der Tasche hervor, hielt sie ans Ohr und zog sie auf, wenn sie verstummt war. Ich vergewisserte mich der Tageszeit mit einem Blick auf das osmanische Ziffernblatt, das mir, auch wenn ich es nicht lesen konnte, das Gefühl gab, mich in einer übergeordneten, eher universalen Zeit aufzuhalten, wenn ich in den Bergen der Nuba im Sudan, in der Sahara, in der Sahelzone oder in der Südsee abgetaucht war, mich zuweilen auch verloren glaubte.

Ich frage mich, ob es mir mit Hilfe dieser Uhr nicht ein Leichtes sein sollte, mir noch einmal von Ingeborg Bachmann eine Gauloise anbieten zu lassen, ihr gehauchtes, zuweilen auch entschlossen in die Zukunft gerichtetes »Mal sehn« erwartend.

Eines Tages durchstreife ich noch einmal die vertrauten Straßen und Viertel von Rom, überquere die Plätze, die

Piazza Navona und den Campo di Fiori, gehe zu den Filmstudios, stehe wieder vor dem mysteriösen eisernen Tor, schlendere zum Haus von Ingeborg Bachmann in der Via Bocca di Leone und dann weiter zum Goethe-Institut und zu *unserem* Café.

Heute auf dem Weg zu Durs Grünbein, der seit einigen Jahren viel Zeit in Rom verbringt. Sehr bald schon kommen wir auf Pasolini zu sprechen. Viele Ausgaben seiner Gedichte liegen verstreut überall in der weiträumigen Wohnung. Ich beginne in ihnen zu lesen, während Durs noch mit Deutschland telefonieren und sich um die Kinder kümmern muss.

Wir gehen dann, am Colosseum vorbei, zu einer Trattoria, die sein zweites Zuhause zu sein scheint. Ich folge seinen Speise-Empfehlungen, und wir machen mit Artischocken den Anfang. Nach dem genussvollen Gezupfe der Blätter, die, folgt man einem italienischen Ausdruck, mit den Mitgliedern einer Mafiavereinigung verglichen werden, zieht er ein gerade geschriebenes Gedicht aus der Tasche: »Hier noch einmal die Vorspeise für dich, dieses Mal aus Worten:

Artischocken
Am besten erfasst sie der Daumen,
Diese spitzen Blätter der Schließfrucht,
…«

Unseren Begegnungen war etwas Experimentelles und Performanceartiges eigen. Zu unserem ersten Gespräch hatte sich der Dichter das Atelier eines Freundes ausgedacht. Mikrofone wurden aufgestellt, und wir kamen uns zeitweise wie zwei in der Weite des Raumes sich verlierende Figuren eines Gedichts vor.

Beide waren wir fasziniert von George Steiners Ideen einer *Gedankenmusik*, die sich im weiten Feld zwischen Philosophie und Lyrik ereignet – wenn man nur das richtige Wort ergreift. Wie aber findet man den Zugang zu diesem Wort? Indem man sich dem »ununterbrochenen Sog und Gegensog von Sein und Nichts« hingibt? Durs war in seinem Element, sobald man die Philosophie, das philosophische Pathos und die philosophische Meditation in das Erkunden des Lyrischen einbezog. Es war ein heiteres Gespräch und lustvoll, inmitten der auch »traurigen Hintergrundstrahlung des Denkens«, von der George Steiner so beseelt war.

Eine spätere Begegnung war mehr zufälliger Art im Rum Trader, der kleinsten Bar von Berlin und zudem einem Nebelparadies für Raucher. Oft ging ich mit Nina nach den rauchfreien Stunden in der Paris Bar noch auf einen Drink hierher, und wir setzten uns in eine für uns reservierte Ecke. In dieser Nacht hatte ich Joachim Sartorius' legendären ATLAS DER NEUEN POESIE mitgebracht, um ihr die Gedichte von Inger Christensen, Tchicaya U Tam'si – und Durs Grünbein vorzulesen. Der liebenswürdige Mann hinter der Theke, ein passionierter Proust-Leser, der an uns schrägen Vögeln, wie er sagte, einen Narren gefressen hatte, wies uns dieses Mal darauf hin, wir könnten nur auf *einen* Drink bleiben, da gleich eine geschlossene Gesellschaft beginne. Die Tür ging auf – und wer kam herein? Durs!

»Sie also sind Nina. Jürgen hat von Ihnen erzählt. Ihr schreibt ein Film-Drehbuch zusammen, ja?«

»Ja, am liebsten in den Bars.«

»Mögt ihr heute unsere Gäste sein?«

Sehr bald schon fühlte ich mich wieder wie in Rom. Das Leben fand bei Essen, Trinken, Rauchen, Reden statt. Und in unmittelbarer Nähe waren immer die Lyrik und die Filme.

»Ach, wie schade, in Rom konnten wir uns leider nicht mit der Dichterin der GESTUNDETEN ZEIT in den beruhigenden Rauch der Zigaretten einhüllen. Ich war zwar noch ziemlich jung, aber du, lieber Durs, warst ja noch ein Kind. Heute mit Ingeborg hier zusammenzusitzen? Welch eine Freude wäre es! Ihr gefiele der Ton, den du ins lyrische Sprechen gebracht hast, da bin ich ganz sicher. Und wir hätten über George Steiners ›Schleier der Schwermut‹ und über Ludwig Wittgensteins Idee, Philosophie sollte man singen oder dichten, gesprochen. Sicher hätten wir Spaß daran gehabt, zusammen Heideggers Gedichte, GEDACHTES, zu lesen. ›Irrend lichtet‹ der Philosoph, wenn er dichtet ..., so erinnere ich mich, hatte Heidegger sprachverliebt notiert und hinzugefügt, es seien eigentlich keine Gedichte, die er verfasst habe, mehr verwandt seien sie mit dem ›Spruch‹ der frühen Denker. Wäre Ingeborg hier mit uns, wir folgten rauchend – denn ganz ohne den Qualm würden uns Heideggers endlose Variationen von ›Winken‹, ›Denken‹ und ›Sagen‹ weniger Lust bereiten – den Abenteuern des Dichtens und Denkens, hin zur Musik. Gerade kommt mir wieder in Erinnerung, wie ich Ingeborg Bachmann, nachdem ich meine Gage für das Mitwirken an dem Film NECROPOLIS erhalten hatte, vorschlug, mit ihr für ein paar Tage nach Paris zu fliegen, im Jardin du Luxembourg zu flanieren, im Flore zusammen zu schreiben, in der Coupole zu essen, in der Cinemathèque Filme anzuschauen, in Oscar Wildes L'Hôtel zu übernachten – und in Chanels Boutique ›vorbeizuschauen‹. Sie vertröstete uns auf später. Und wählte wieder die zauberbeladenen Worte *Mal sehn*.«

Diese Worte waren mir gegenwärtig geblieben, natürlich nicht ganz so, als seien sie gestern erst gesagt worden, hatten aber ihre damals in die Zukunft gerichtete Fülle und poetische Dichte im Raum der Erinnerung bewahrt.

Einmal noch wurde die Poesie durchkreuzt von einem schreckerfüllten Traum: Ich nehme in panischer Angst einen Flieger nach Rom. Eile zu ihrer Wohnung und höre, Ingeborg sei im Krankenhaus. Ich laufe und verlaufe mich. An der Rezeption frage ich nach Ingeborg Bachmann. Eine Frau sagt: »Wie heißt die?« Ich wiederhole den Namen. Sie durchsucht ohne besonderes Interesse neben ihr liegende Listen. Kurz nach dem Aufwachen erinnere ich mich, dass mir Ulla Berkéwicz einmal von ihrem und Siegfried Unselds Besuch in einem Seniorenheim erzählt hatte. Sie fragten nach Samuel Beckett und erhielten zur Antwort: »Wie heißt der?«

Beide, Ingeborg Bachmann und Samuel Beckett, haben dem Scheitern und dem (in dem einen Fall: plötzlichen, im anderen Fall: langsamen) Verschwinden ein fast unantastbar scheinendes Werk und ein ebenso massives wie fluides Denk-mal hinterlassen: ihre Briefe.

Wenn man bedenkt, wie fremd sich beide Dichter in dieser Welt fühlten und immer aus einer Ferne heraus lebten, erstaunt die Nähe ihrer Briefe (so, als lägen sie immer schon neben uns) und wie unmittelbar, ohne Umwege, sie uns erreichen.

NACHSPIEL IN BERLIN

»BÖHMEN LIEGT AM MEER« UND »DER SAND AUS DEN URNEN«

BILDER: Eine letzte große Ausstellung zu Ehren von Anselm Kiefer in der legendären Berliner Galerie »Am Kupfergraben«, am 3. Februar 2017. Heiner Bastian, seit *unvordenklichen Zeiten* mit Anselm Kiefer aufs Engste vertraut, heißt ihn und seinen *Schutzengel*, die Poesie, willkommen. An der reich gedeckten Tafel am Abend vor der offiziellen Eröffnung fühlt man sich sehr bald schon versetzt in Kiefers *Himmelspaläste*. Bilder, Skulpturen und Rauminstallationen bilden bei ihm künstlerische Versuchsanordnungen, die weit zurückreichen ins Mythische und Poetische. Mir gegenüber die wunderbaren Bild- und Sprachschöpfer Christoph Ransmayr und Wim Wenders, neben mir Ulla Berkéwicz und Anselm Kiefer. In den Gesprächen umkreisen wir sein malerisches und bild-poetisches Werk.

»Böhmen liegt am Meer«: Mit dieser Zeile schließt er in Bild-Variationen an die poetische Geographie Ingeborg Bachmanns an. Zwei Spuren, geschmückt von Blumen, die vereinzelt, auch verloren stehen, fügen sich zu einem Weg, der, irgendwo, zum Meer führt, geleitet von Shakespeare (EIN WINTERMÄRCHEN) und von Ingeborg Bachmanns lyrisch erreichter Selbstvergewisserung »... ich bin unverloren«.

Grenzt hier ein Wort an mich, so laß ich's grenzen. /
Liegt Böhmen noch am Meer, glaub ich den Meeren wieder. /
Und glaub ich noch ans Meer, so hoffe ich auf Land.

Unauflösbar miteinander verwoben das Imaginäre, Poetische und Utopische. Und Sehnsüchtige.

✯

»Welch ein Glück dir zuteilgeworden ist, dass du mit Ingeborg Bachmann zusammen noch das Sehnsüchtige gestreift, Musik gehört und Gedichte gelesen hast. Da ist mir etwas entgangen. Gerne wäre ich Dichter geworden.«
»Aber, Anselm, du bist es doch! Du denkst ja in Bildern *und* in Poesien.«
Wenn Anselm Kiefer davon spricht, dass Gedichte für ihn wie im Meer schwimmende Bojen seien, zu denen er sich hin bewege und ohne die er sich verloren fühle, dann umschreibt er das gleiche Lebensgefühl wie Ingeborg Bachmann: Sie existiere nur, wenn sie schreibe, sie sei nichts, wenn sie nicht schreibe, da sei sie sich selbst vollkommen fremd, aus sich herausgefallen.

Mit dem Ingeborg Bachmann gewidmeten Bild DER SAND AUS DEN URNEN verweist Anselm Kiefer auf den ebenso betitelten Gedichtzyklus von Paul Celan. Er greift nicht auf beide *Personen* zurück, sondern *erfindet* sie im Bild als poetisch-malerische Konstellation, ganz unabhängig von ihrer lebensgeschichtlichen Nähe, ihrer Zerreißproben-Nähe. »Wenn ich das Bild anschaue«, sage ich, »setzt sich in mir Celans Gedicht fort. Es ist ein Gedicht, das als poetischer Gesang auch in einem Ritual rezitiert werden könnte ...«
Natürlich spricht Anselm Kiefer von *Poesie* in einem poetologischen Sinn. Aber nicht nur. Auch der lebensgeschichtliche Sinn des Wortes schwingt mit, wenn man sich nur daran erinnert, wie er den unmittelbaren Wandel

des erdrückenden Lebens in einer Ruinenlandschaft in eine Freude des künstlerischen Neuerschaffens als *Poesie* beschreibt. Sogleich wird Poesie noch weiter gefasst: als *Daseinsform* des Künstlers. Poesie führt hier in eine universalistische Dimension: als einer absoluten Form des schöpferischen Zugangs zur Welt, und das heißt: der Umwandlung von Leben in Kunst.

»Seit ich deine Bild-Welt kenne«, sage ich zu Anselm Kiefer, »hat sie zuweilen mitgestaltend eingegriffen in Wandlungen meines Lebens. Erst über die Poesie, das Wort, den Ton und das Bild setzen wir uns doch in eine verstehende und neu gestaltende Beziehung zur persönlichen und zur allgemeinen Geschichte. Ohne das Wort, ohne den Ton und ohne das Bild sind wir nur blinde und taube Opfer des Geschehenen, der sogenannten Realität. Und übersehen dabei, dass die wirkliche Realität eine andere ist, die zum Vorschein kommt, wenn wir das Wort ergreifen, die Melodie erfinden, das Bild malen. Und somit die künstlerische Installation, die ins Freie und Offene geht, an die Stelle der Realität setzen, die alles verschließt und verbaut.«

»Alles?«

»Ich meine das Imaginäre, die Vision, den Traum, das Mythische und Geschichtliche als Gestaltungskraft des Werdens. Es ist doch ein bisschen so, als sei Ingeborg Bachmann anwesend, in diesem künstlerischen Raum, der hier für dich und dein Werk geschaffen wurde, auf Zeit geschaffen. Und als gäbe uns Ingeborg Bachmann Fingerzeige zum Handwerk und zum Zauberwerk beim Betrachten der Realität als einer Lebens- und Ausdrucksform.«

»Der Dichter schöpft nicht aus der Welt, er laugt sie aus.«

»Und dein Werk, Anselm, öffnet auf exemplarische Weise den Zugang zur verborgenen Realität als Daseins- und Ausdrucksform. Davon sind wir doch heute ausgegangen.«

✭

Das Jahr mit Ingeborg Bachmann, wie lange ist es her, ohne vergangen zu sein! Welcher Phantasie und welcher Idee war es gefolgt?

Eine Idee überlebt nicht losgelöst von der Vitalität, mit der man sie erfüllt. Bei uns war es ein Bündel von Phantasien, Ideen und Sehnsüchten. Aus ganz unterschiedlichen Lebensaltern kommend, kreuzten sie sich und insistierten, ungeachtet ihrer fragilen Substanz.

Worüber würden wir heute sprechen? Wohin reisen? Jetzt doch noch nach Paris?

Welche Musik zusammen hören? Wäre es die heute fast schon vergessene Musik – wenn auch nur ein paar Jahre seit ihrer sogenannten Aktualität vergangen sind – von Luciano Berio, von Hans Werner Henze? Oder von Mauricio Kagel und Karlheinz Stockhausen?

SETZ DIE SEGEL ZUR SONNE und HIMMELSMECHANIK: Wären das nicht Motti einer Wiederbelebung, die uns heute die Richtung weisen könnten? Oder John Cages Idee der »durchdachten Improvisationen« und der »Anarchic Harmony«, der Zusammenfall von Präzision und Zufälligkeit. War nicht *Zufall* eines der Zauberworte, die unsere Gespräche prägten?

Wenn das I Ging – Cages Ratgeber auch in der Musik – ein Abbild der Seele liefert, gibt es dann heute andere Bilder, Spiegelungen und Analogien der Seele? Sind es die jetzt erstmals nachweisbaren »Schwarzen Löcher«? Ich könnte zu Ingeborg sagen:

Hör nur, wie sie die »Schwarzen Löcher« charakterisieren: Sie würden alles verschlucken, selbst das Licht. Was ihren *Ereignishorizont*, so sagen sie, überschreite, könne nie mehr hinausgelangen. Könnte man denn die Seele genauer, poetischer und zugleich erschreckender fassen? Sie nimmt alles in sich auf und schleudert es uns entgegen.

Und wir? Erstarren zu Salzsäulen oder jubilieren ekstatisch in Augenblicken der Liebe und des Erschaffens von Poesie, Kunst, Tanz, Musik …

PARIS.
MICHEL LEIRIS
UND
FRANCIS BACONS
MANTEL

LITERATUR,
KUNST
UND
ETHNOLOGIE

Es war an einem frühlingshaften Tag im Jahr 1972. Ein erstes Treffen mit Michel Leiris in seinem Büro des Musée de l'Homme am Trocadéro. Ehrfurchterregend das Gebäude, der Blick über Paris von der weiträumigen Terrasse aus, und dann die mächtigen Stufen, die man hinaufschritt, und die gusseisernen Tore, die ebenso einluden wie abschreckten, offenstanden und doch verschlossen schienen, in jedem Augenblick den Eintretenden wieder hinausschleudern konnten. So kam es mir vor.

Vom ersten Augenblick an, da ich in dem Büro Platz genommen hatte, zog mich Leiris' gewaltiger Kopf in den Bann. Aber sosehr ich mich auch in sein Gesicht vertiefte, wie es die Maler getan hatten, die ihn porträtierten, sahen meine Augen immer auch ein weiteres Bild, das eines vergitterten Fensters über seinem Kopf. Der Eiffelturm, den ich eben noch von der Terrasse aus in weiter Ferne gesehen hatte, erschien im Rahmen des Fensters in die Nähe gerückt, herangezoomt, vergrößert, wie in einem auf Nähe eingestellten Fernrohr.

Das Gitter, das mir wie ein geistiges Raster erschien, durch das man in die Ferne schaut, verglich ich in Gedanken mit den Begriffen unserer westlichen Kultur, durch die wir das, was wir in anderen Kulturen wahrnehmen, zu verstehen versuchen.

Das Gestänge kam mir schon nach kurzer Zeit vertraut vor, zugehörig zu diesem musealen Ort und einem seiner Bewohner, einem Ethnologen ganz besonderer Art. Ihm gegenüber sah ich in seinem Gesicht Jahrzehnte epocheprägender Schriftsteller, Philosophen, Künstler, Ethnologen und Psychoanalytiker, von denen so viele seine Freunde waren und es, mit wenigen Ausnahmen nur, auch blieben.

Es war die von Michel Leiris vorgelebte Verwobenheit von Ethnologie, Selbstethnographie und Literatur, die mich von Anfang an, natürlich nur erst in ihren Umrissen, anzog. Als ich sein Werk während meiner ersten Reisen nach Paris bei meinen Streifzügen durch Pariser Buchhandlungen in Nachbarschaft der Ausgaben von Jean-Paul Sartre und Georges Bataille und einiger Bildbände von Picasso entdeckte, hatte man noch keine deutliche Vorstellung von der epochalen Bedeutung, die das entstehende Gesamtwerk einmal haben würde.

Zu Beginn blieb ich auf seine Gedichte und Traumerzählungen in surrealistischen Zeitschriften (LA RÉVOLUTION SURRÉALISTE und andere) und auf einige Essays konzentriert, stieß dann aber in einem feinen Antiquariat im Quartier Latin auf L'AFRIQUE FANTÔME in der Ausgabe von 1951. Die Lektüre war für mich intellektuell und emotional von einer solchen Wucht – wie hier Forschungsinteresse, Poesie, Alltägliches und schonungslose Bekenntnisse aufeinanderprallten –, dass ich schon kurze Zeit später einen Brief an das Musée de l'Homme schrieb und Leiris fragte, ob ich ihn besuchen dürfe.

Hier also saß ich nun. Ich überraschte ihn mit meiner Einschätzung, ich würde in allen seinen literarischen Texten und den recht diversen Aufsätzen eine bisher nicht wahrgenommene konzeptuelle Einheit und eine durchgängige Idee sehen, von der er geleitet worden sei. »Das habe ich noch nicht so gesehen«, sagte er. Er habe seine Essays bisher mehr für Einzelarbeiten, die zudem nur vorläufig und in sich sehr brüchig seien, gehalten.

Eines Tages erfuhr ich über Michel Leiris von dem Filmregisseur Jacques Rivette, einem der führenden Vertreter der *Nouvelle Vague*. Leiris war fasziniert von dessen Zutrauen zur Improvisation und zur Arbeit ohne Drehbuch.

In Rivettes berühmt gewordenem Film DIE SCHÖNE QUERULANTIN wird das Verhältnis von Kunst und Leben am Beispiel eines älteren Malers thematisiert, der eines Tages glaubt, sich seinem vor Jahren unvollendet gebliebenen Werk wieder widmen zu können.

Ich hatte von den Dreharbeiten im Département Hérault gehört und über einen Freund von Leiris die Erlaubnis erhalten, zuzuschauen. Ich stieg in die Geschichte des Films ein, als der Maler seine Arbeit abgebrochen hatte. Und dies in dem Augenblick, da er etwas an seinem Modell bemerkte, was ihm die Entscheidung nahelegte, sich entweder auf die Suche nach einer radikalen Wahrheit zu machen oder aber mit der Frau ein gemeinsames Leben anzustreben. Mit seiner Entscheidung für das Leben war seine Kreativität gebrochen. Er versank in mittelmäßiger Kunst.

Eines Tages aber wird er mit einer anderen Frau die Arbeit an dem Werk noch einmal aufnehmen, ohne allerdings an die ehemalige Größe wieder anschließen zu können. Indem er ihren Körper nackt zeigt, nimmt er ihm etwas von seinem Geheimnis und erfährt auch seine Leinwand als nackt. Und wird am Ende das Bild einmauern!

Mich faszinierten die Verknüpfungen von Maler und Modell und wie sie zu Verkörperungen *eines* gelingenden – oder misslingenden schöpferischen Prozesses werden.

Es war der schöpferische Prozess, der mich in das Geschehen hineinzog: seine immer weiter reichenden Gestaltungen und die auftretenden Hindernisse und Erschöpfungen. Und dies auf der Theaterbühne oder an filmischen Drehorten! Das eigene Ich schaut sich in seinen Möglichkeiten und in seinen Verhinderungen an.

Als ich in Rom bei den Dreharbeiten von Bertoluccis Film IL CONFORMISTA dabei sein durfte, hatte ich bei einigen Szenen den Eindruck, ich hätte mich selbst so noch nie in einem derart weitläufigen, für eine andere Art von Leben gemachten Haus gesehen. Und als ich in den Safa Palatino Studios, an der Piazza dei Santi Giovanni e Paolo, hinter dem Colosseum sah, wie Orson Welles eben noch hinter der Kamera stand (ganz in der Rolle eines coolen Profis) und dann, kaum, dass man sich versehen hatte, als diabolisch anmutender Shylock aus Shakespeares THE MERCHANT OF VENICE von einer Mauer herunterblickte, war mir, als hätte ich bislang nur winzige Ausschnitte dessen, was man Leben und Welt nennt, wahrgenommen.

Die Frage nach dem Geheimnis des schöpferischen Prozesses insistierte geradezu penetrant. Und sie streckte in viele Richtungen ihre Fühler aus.

Gibt es immer ein Initialerlebnis, an dem sich die Kreativität erstmals entzündet? Darauf erhielt ich einige autobiographische, in die eigene Kindheit zurückgehende Aussagen von Wissenschaftlern und von Künstlern. Zum

Beispiel von dem Ethnologen Claude Lévi-Strauss. Wir sprachen über die Bedeutung der frühesten Kindheitserlebnisse für die Entscheidung des eigenen Lebenswegs. In einer seiner frühen Aussagen erkannte er das Leitmotiv seiner späteren Interessen. Als Zweijähriger habe er behauptet, lesen zu können. Als Beweis dafür führte er an, dass er beim Betrachten der Ladenschilder *boulanger* (Bäcker) und *boucher* (Metzger) etwas lesen könne, weil das, was der Schrift nach ähnlich war, nichts anderes als ›bou‹ heißen konnte. Darauf habe er später sein strukturalistisches Denken aufgebaut: Es war »die Suche nach den unveränderlichen Elementen unter den Verschiedenheiten an der Oberfläche«. Warum aber erkennt das Kind diese Gemeinsamkeit in den Anfangssilben? Entscheidend ist nicht das isolierte, weit zurückliegende Erlebnis, sondern das, was daraus im Laufe der Jahre entstanden ist und sich mit Bedeutungen umlagert hat.

Deren Erkundung und Archäologie berührt immer auch die »heiligen Orte«. Michel Leiris erzählt, wie er sich eines Tages, zusammen mit seinem Bruder, hinter den verschlossenen Türen des Aborts (den man ja auch einen »gewissen Ort« nennt) wie in einem *Männer*haus irgendeiner Insel Ozeaniens gefühlt habe. Wie die Eingeweihten, die von Mund zu Mund die Geheimnisse und Mythen ihrer Kultur weitertragen, so bastelte auch er mit seinem Komplizen an einer Mythologie und suchte nach den Antworten auf die ihn beunruhigenden Rätsel: »Mein Bruder, auf dem großen Sitz thronend wie ein Eingeweihter höheren Grades, und ich, der Jüngere, auf dem gewöhnlichen Nachttopf, der die Rolle eines Schemels für die Neulinge spielen mochte. Die Wasserspülung und das Loch waren schon als solche mysteriöse und in der Tat gefährliche Dinge, denn als ich beim Spielen einmal wie ein Zirkuspferd um die Öffnung herumtrabte, passierte es mir, dass ich mit dem Fuß hineingeriet, und meine zu Hilfe gerufenen Eltern hatten große Mühe, mich wieder loszubekommen. Wären wir älter gewesen und etwas gebildeter, hätten wir nicht gezögert, eine direkte Verbindung zu den Gottheiten herzustellen.«

Über Jahre hinweg erzählte ich allen Ethnologen, denen ich begegnete, Geschichten, die belegen, wie Ethnologen bei ihren ersten Reisen einem inneren Bild folgten, das sich in der Kindheit geformt hatte. So erinnert sich Georges Balandier in AFRIQUE AMBIGUË einer Fotografie, die seinen Onkel, einen Holzfäller in Gabon, zeigt und neben ihm einen eingeborenen Jäger, der in seinen Händen den Kopf eines Gorillas hält und damit zu spielen scheint. Beim Anblick dieses Jagdbildes schworen sich Georges und sein Freund, später einmal in eine fremde Kultur aufzubrechen, um diesen *unbesiegbaren* Onkel, »Symbol männlicher Stärke und des Abenteuers«, aufzusuchen. »Ist es«, so fragt er sich, »die Erinnerung an diese Szene der Kindheit, die mich schließlich genau zu diesem Ort in Gabon geführt hat ...?« Mit dieser Frage verschafft er sich den Zugang zu der Erkenntnis, dass in jeder Deutung anderer Kulturen die Entdeckung der eigenen Geschichte beschlossen liegt. Wird der Ethnologe die Zeichen lesen können und bereit sein, sich zu ihnen zu bekennen?

Von Anfang an fühlte ich mich zu dieser subjektiv fundierten, an das eigene Erleben gebundenen Ethnologie hingezogen. Es ist doch evident, dachte ich, dass der Ethnologe, selbst wenn er glaubt, bewussten Forschungsinteressen nachzugehen, dabei auch einem unbewussten

Begehren folgt. Auf scheinbaren Neben- und Abwegen nähert er sich so (oft genug von ihm selbst und den anderen unbemerkt) den Zentren seines Erkenntnisinteresses. Er lenkt und wird gelenkt. Er lässt sich verführen und wird geführt. Seine inneren Bindungen öffnen und verschließen ihm die Augen. Gemäß welcher Erlebnismuster sie dies tun, kann nur die Erforschung des eigenen *Heiligen* – dafür galt es immer auch neue Umschreibungen zu finden – erschließen. An den Orten, an denen man lebt, schreibt, malt oder forscht, sucht man etwas, was man *dort* nicht verloren hat.

1978 bin ich zu Besuch bei Michel Leiris.

Noch im Flur stehend erzählte er mir, dass sich die kleine Tochter seiner nordafrikanischen Haushälterin eines Tages vor das Porträt gestellt habe, das Francis Bacon von ihm gemalt hatte und das nun nahe der Eingangstür hing. Die Tochter habe ihr Gesicht so lange verzerrt und noch etwas mit den Händen nachgeholfen, bis sie sich in dem Bild wiederfand. Sie erkannte im Augenblick dieser imitatorischen Anverwandlung den Porträtierten, deutete auf den leibhaftigen Leiris und sagte, zu ihrer Mutter gewandt, »C'est Michel!«, und rannte dann sogleich, sich schützend, in ihre Arme.

Der *Zufall* hatte es gewollt, dass bei zwei meiner späteren Besuche, 1983 und 1996, auch Francis Bacon aus Anlass seiner Ausstellung in der Galerie Maeght-Lelong und im Musée National d'Art Moderne in Paris war. Seit vielen Jahren schon fühlten sich Leiris und Bacon im dichterischen und malerischen Auseinanderfalten und Zerlegen von Wirklichkeitsschichten eng miteinander verbunden, auch gerade in den Phasen radikalen Selbstzweifels und im Gefühl des Misslingens.

Einmal schrieb Bacon an Leiris, als Dichter erkläre er ihm, was der Maler machen wolle, selbst dann, wenn es ihm nicht gelingt. Leiris habe wie kein anderer Worte für sein Tun gefunden und ganz nebenbei noch mit Missverständnissen aufgeräumt und klargestellt, dass er kein Expressionist ist. Bacons tiefe Bewunderung für Leiris hatte mir in der Zeit, in der ich eine Biographie über ihn schrieb, den Zugang zu diesem Raum gegenseitiger Hochachtung geöffnet.

Mehr und mehr verstand ich, dass Leiris von allen, die damals nach neuen Wegen suchten, von den wegweisenden Künstlern, von Picasso und Masson bis zu Giacometti und Miró, geliebt wurde, weil er selbst als Künstler dachte und fühlte. Weil er Brüche und Umschichtungen in den Formen gestaltete.

Mit seinem Werk habe er, bekannte Leiris bei diesem Besuch, und dies nicht zum ersten Mal, angestrebt, eine »weniger verwehende Gestalt« zu entwerfen, als er selbst sei und als die er sich auch wahrnehme. Schreibend habe er sich in eine Zeitlosigkeit projiziert. In der Art und Weise, wie er schreibend in die Tiefenstrukturen der Sprache eingedrungen sei, erwiderte ich, habe er sich nicht nur in eine Zeitlosigkeit projiziert, sondern sei auch den Spuren einer zeitunabhängigen Wahrheit gefolgt. Und so habe er Konturen des Unfassbaren, Unbewussten und Imaginären freigelegt.

Wir sprachen dann darüber, wie sich der Aufprall des Unverstandenen, Unbekannten und Fremden im Echoraum des eigenen Verlangens, der Begierden und Sehnsüchte ereignet. Eröffnet worden war dieser Echoraum von den Dichtern und Malern Segalen, Gauguin und Rimbaud. Sie alle flohen zu den entlegensten Punkten der Erde und kehrten, als folgten sie einer geheimen, aber vorgeschriebenen Umlaufbahn, wieder zu ihren Ausgangspunkten im alten Europa zurück.

Assoziationen sind bei Michel Leiris sehr eng an sprachliche Kombinationen geknüpft, ohne dass sich diese von politischen Botschaften, einem Bekenntnis zur Revolution und einer humanen Gesellschaft ablösten. Sie stehen als Mitteilungswunsch gleichrangig neben den Auskünften des Autors über Träume, Ängste, Leiden und Verfehlungen.

Dichtkunst und Lebenskunst wollte er zur Deckung bringen. Damit sei er aber gescheitert. Auch das wiederholte er an diesem Tag. Herausgekommen sei beileibe kein Bild eines vollkommenen Lebens. Nur gesteigerte Verwirrung.
    Leiris vergleicht Züge seines artistischen Spiels einer Selbsterforschung mit dem Auftritt eines Illusionskünstlers, der alle für sich auf der Bühne agieren lässt. Ein professioneller Blender, Initiator eines Verwirrspiels. Er aber richtet sich darin nicht selbstgefällig ein, sein Feind ist die Blendung und Verblendung. Er folgt einer selbstauferlegten Strenge gegenüber den Verlockungen der bloßen Selbstliebe, des dekorhaften Ausschmückens und der nur impressionistischen Beschreibung von Erlebnismomenten.
    Mit seinem exzessiven Bekenntnis zur Subjektivität erhoffte er sich nichts mehr, als dass die Chancen, Objek-

tives zu sagen, steigen würden, je subjektiver er schreibe. Das Objektive war für ihn nichts Vorfindbares.

☆

Mein Austausch mit Leiris intensivierte sich noch einmal 1980. Ich hatte ihn wieder zu Hause besucht und war danach mit dem Verleger der Éditions Gallimard verabredet, hatte ich doch inzwischen den Qumran Verlag für Ethnologie, Kunst und Literatur gegründet und mir zum Ziel gesetzt, Leiris' ethnologisches und literarisches Werk als eine Einheit vorzustellen. Leiris hatte mir sein Einverständnis gegeben, mich aber gebeten, noch offiziell um die Rechte anzufragen und die Bedingungen für einen Vertrag zu verhandeln.

Die Sekretärin führte mich gleich zu Monsieur, der mich herzlich begrüßte, nach Details meiner geplanten Ausgabe fragte und ob ich mit Leiris schon das Nötige besprochen hätte. Ja natürlich, sagte ich, ich käme gerade von ihm und er sei mit allem einverstanden. »Ja, wunderbar. Wie viel Vorschuss können Sie denn als kleiner Verlag für die Rechte bezahlen?« Ich holte meine Brieftasche heraus, legte 1000 Francs auf den Tisch und begleitete die Aktion mit einem, wie ich hoffte, entwaffnend schlichten *Voilà!*. Sein Gesichtsausdruck schwankte zwischen Erstaunen und Erheiterung. »Wissen Sie, wann das letzte Mal ein Verleger mit Bargeld gekommen ist?«

»Nach dem Ersten oder dem Zweiten Weltkrieg?«

»Nach dem Zweiten, 1946. Es war der spanische Verleger, der um die Rechte von Camus' DER FREMDE bat. Ich habe sie ihm gegeben. So kann ich sie Ihnen für Leiris nicht verweigern.«

Freudig kehrte ich, mit der guten Botschaft, wieder zu Leiris zurück. Wir streiften noch, nachdem wir auf den *Pakt* angestoßen hatten, seine augenblicklichen Vorlieben in der Literatur, er erzählte, dass er gerade wieder Mallarmé, Rimbaud und Max Jacob lese, dass er glücklich über die Freundschaft mit Limbour und Desnos sei, den Schriftsteller Bataille und den Ethnologen Métraux sehr vermisse. Ich sprach ihn dann auf seinen Vergleich an, den er einmal gezogen hatte zwischen dem Dichter und dem Matador. Dank dieses Vergleichs war ja das Bild der Literatur als *Arena* entstanden.

In die Windungen der Sprache verschlagen – das will uns dieses Bild lehren – sind die Sätze des Dichters. Sie sind Angriff und Sturz. Ein »schwindelerregendes Pendel«, eigener Schrei und Niedergeschrien-Werden. Wenn der Dichter, wie der Matador, noch *kerzengerade* steht, hat ihn die Angst schon am Kragen gepackt. Und es liegt an seinem Geschick, dem Todesstoß auszuweichen, *die Formel* zu finden, der *Spielregel* eine Form zu geben. Gleich einem Matador spielt der Dichter den Ikarus oder den Don Juan, der nur dank einer außergewöhnlichen Kraft die endgültige Vernichtung abzuwehren vermag.

Einige Monate später *pilgerte* ich wieder, dieses Mal mit den fertigen Qumran-Bänden im Gepäck, zum Quai des Grands-Augustins 53bis. Bei mir trug ich die jeweils fünfzig nummerierten Exemplare seiner Bücher. Geduldig signierte er sie, so, als würde er bei jedem neu ansetzenden Namenszug seinen Namen kalligraphisch noch einmal erfinden: in DIE LUST AM ZUSEHEN und in GROSSE SCHNEEFLUCHT, in BACON PICASSO MASSON, in DAS BAND AM HALS DER OLYMPIA und in WÖRTER OHNE GEDÄCHTNIS.

Wir kamen noch einmal auf Francis Bacon zu sprechen und umkreisten die Art und Weise, in der Bacon die Wirklichkeit in Schichten zerlegt, die scheinbare Einheit eines Gesichts und eines Körpers verschoben und zerschnitten hat. In einer solchen Sicht auf die Wirklichkeit sei Literatur die Suche nach der verlorenen Totalität, einer Totalität, in der auch wieder »der gleißende Komet der Revolte« zur Entfaltung komme und den Weg in die Zukunft weise. Dabei lachte er ein wenig, war das doch das Pathos einer vergangenen Zeit.

Kurz vor dem Aufbruch vertraute er mir noch ein Detail an, das er zur Illustration seiner grenzenlosen Ungeschicklichkeit und Untauglichkeit für das gesellschaftliche Leben vorbrachte. Es bezog sich auf seine Ernennung zum wissenschaftlichen Mitarbeiter des Musée de l'Homme. Er wusste, wie wichtig es war, vor der Kommission einen auch äußerlich guten Eindruck zu machen – und gerade hier, in dieser Situation, zog er zwei verschiedenfarbige Socken an, was allen sofort auffiel, da er erhöht auf dem Podium saß und in der Aufregung beständig die Hosenbeine hochzog. Dies war umso komischer, da er sich doch stets äußerst korrekt anzog.

In MANNESALTER hat er dies in seiner ganzen Kompromisslosigkeit so beschrieben: »Körperlich bin ich mittelgroß, eher klein. Ich habe braune Haare, kurz geschnitten, damit sie sich nicht in Locken legen, auch aus Furcht vor einer beginnenden Kahlköpfigkeit. Soweit ich es beurteilen kann, sind die charakteristischen Züge meiner physiognomischen Erscheinung: ein sehr steiles Genick, das vertikal wie eine Mauer oder eine Steilküste abfällt, klassisches Erkennungszeichen (will man den Astrologen Glauben schenken) der unter dem Zeichen eines Stieres

Geborenen; eine entwickelte, ziemlich bucklige Stirn mit übertrieben knotig hervorstehenden Schläfenadern. Diese breite Stirn steht (nach der Lehre der Astrologen) mit dem Zeichen des Widders in Beziehung; tatsächlich bin ich an einem zwanzigsten April geboren, also gerade an der Grenze dieser beiden Zeichen: des Widders und des Stieres. Meine Augen sind braun, die Lidränder gewöhnlich entzündet; meine Gesichtsfarbe ist lebhaft; schäme mich einer ärgerlichen Neigung zum Rotwerden und zum Hautglanz. Meine Hände sind mager, ziemlich behaart, mit sehr ausgeprägten Adern; meine beiden Mittelfinger sind an den Enden gekrümmt und müssen wohl irgendeine Schwäche oder Nachgiebigkeit in meinem Charakter bezeichnen.

Mein Kopf ist reichlich groß für meinen Körper; im Verhältnis zu meinem Rumpf habe ich etwas kurze Beine, und die Schultern sind zu schmal im Verhältnis zu den Hüften. Ich gehe mit vorgebeugtem Oberkörper; wenn ich sitze, habe ich die Neigung, den Rücken krumm zu halten; meine Brust ist nicht sehr breit, und ich habe kaum Muskeln. Ich kleide mich gern mit einem Höchstmaß an Eleganz; der Fehler wegen, die ich an meinem Körperbau aufgezählt habe, und weil meine Mittel, ohne dass ich mich arm nennen könnte, recht begrenzt sind, finde ich mich jedoch für gewöhnlich von Grund auf unelegant; es graut mir davor, mich unversehens in einem Spiegel zu erblicken ...«

Darüber hatte er sich auch mit Francis Bacon ausgetauscht, dessen Bilder auf unvergleichliche Weise den Menschen bloßstellen und der sich in diesem Wunsch zur Entblößung, zur extremen subjektiven Durchdringung der scheinbar in sich kohärenten Wirklichkeit eng mit Leiris verbunden fühlte. Lust sei unmöglich zu definieren, aber sie sei dem Grauen sehr nah, sagt er einmal und fragt sich, ob in ihm ein Dämon der Zerstörung wohne. Bacons Blick lege sich, sagt Milan Kundera, wie eine »brutale Hand« auf das Gesicht und versuche, von dessen Wesen, von »jenem im tiefsten Innern verborgenen Diamanten« Besitz zu ergreifen.

Dem Maler, der auf solche Weise den »verborgenen Diamanten« eines Menschen zu entdecken hoffte, würde ich nun gleich gegenüberstehen. Ich hatte freudig zugestimmt, an einem Film über Leiris für den Westdeutschen Rundfunk mitzuarbeiten. Leiris reagierte sehr zurückhaltend, war ihm doch ein Posieren vor der Kamera zuwider. Dennoch sagte er schließlich zu. Verabredet waren wir in seinem Büro im Musée de l'Homme. Ein Kameramann und ein Tontechniker standen bereit. Ich ging in dem mir inzwischen schon sehr vertrauten Flur vor Leiris' Büro auf und ab. Sein Büro war winzig – allerdings mit Blick auf den Eiffelturm.

Da kam Francis Bacon, stellte sich sogar mit seinem Namen vor, welch eine geradezu unwirklich erscheinende bescheidene Geste. Leiris habe ihn *geschickt*, er sei, anders als er es fest vorgehabt habe, doch nicht in der Lage, vor der Kamera Auskunft über sich zu geben. Er, Bacon, solle es bitte für ihn tun. Als einen Freundschaftsdienst, den er sehr gerne erfülle. Was habe er schließlich Leiris nicht alles zu verdanken, vor allem auch in einer besonders schweren Krise. Und ich hätte seinem Freund – das habe ihm Leiris gesagt – glaubhaft versichert, dass seine Bücher mehr als nur zerstreute Splitter seien, dass seine ethnologischen und literarischen Bücher eine Einheit bilden und dass meine Edition dies auch widerspiegele.

Als ich mich von Francis Bacon nach einem *wunderbaren*, im Sinne von: mich verwundernden Gespräch verabschiedete, zu schüchtern, zu gebannt auch von seiner Präsenz, um ihn noch ins Café de Musée (»Le Totem«) einzuladen, ließ er seinen Mantel auf dem Bürostuhl liegen, und es war, als sei er leibhaftig geblieben.

Eine Geste von einer Magie, wie ich sie auch bei Joseph Beuys erfahren durfte: Was er auch tat oder sagte, es hatte eine geradezu schamanistische Kraft. Die Bilder, die wir für eine Foto-Edition ausgesucht hatten, zeigten ihn als Verschwindenden: Am Strand von Kenia hatte er mythische Tiere, Zeichen und Symbole in den Sand geritzt, die die nächste Welle wieder verwischte. Auf anderen Bildern verschwand er selbst wie ein Kräutersammler hinter den Sträuchern im Wald. Das Verschwinden, Verwischen und Übermalen, diese palimpsesthafte Mehrflächigkeit in Beuys' SANDZEICHNUNGEN und in den Bildern Arnulf Rainers.

Geprägt von vergleichbarer Magie und Unwirklichkeit in der Begegnung war auch das Zusammentreffen mit dem großen Filmemacher Jean Rouch, am gleichen Ort wie mit Francis Bacon, dem Musée de l'Homme. Ich hatte ein Spielfilm-Drehbuch DAS KARUSSELL UNTERM EIFFELTURM. ODER REISE INS INNERE AUSLAND entworfen. Die alles entscheidende Szene des Films spielte im Ausstellungsraum der Masken, Fetische und Riten der Dogon. Der Regisseur und Kameramann und ich waren unsicher, wie wir die Szene aufnehmen sollten. Da blieb ein Mann neben uns stehen und schaute zu, was wir da vor den Vitrinen machten, angesichts der Ausstellungsstücke, die Kunde gaben von einer längst vergangenen Zeit und dem mythenumrankten Sigi-Fest, das nur alle sechzig Jahre stattfand, sich über sechs Jahre erstreckte und in der Zeit von 1966 bis 1973 von Jean Rouch filmisch festgehalten worden war.

»Aber Monsieur Rouch«, so ging ich mit weit geöffneten Armen auf ihn zu. In einem geradezu vertrauten Ton antwortete er:

»Ich komme gerade von Michel Leiris, und er hat mir Ihre deutsche Ausgabe seines Tagebuchs PHANTOM AFRIKA gezeigt. Und jetzt sind Sie hier! Was machen Sie? Erzählen Sie.«

Ich fasste die Idee des Films kurz zusammen: Ein Mädchen löst sich während einer Metrofahrt von ihrer Mutter, die ganz mit sich und ihrem noch ungeborenen Kind beschäftigt ist und kein Ohr für die Fragen ihrer zwölfjährigen Tochter hat. Kurzentschlossen, die neue Welt für sich alleine zu entdecken, springt sie an einer Station, unmittelbar bevor die Tür wieder schließt, aus dem Wagen. Man sieht noch den Schrecken im Gesicht der Mutter und die hilflose, im Ansatz steckengebliebene Geste, das Kind zurückhalten zu wollen.

Wie in Trance folgt das Mädchen, dem natürlich noch die Hilflosigkeit und Beklemmung anzusehen sind, den anderen Reisenden auf der Rolltreppe. Und schon gewinnt, beim Verlassen der Station, das Gefühl der Befreiung die Oberhand. Geradezu traumwandlerisch geht, ja, läuft es auf ein Karussell zu, das ganz in der Nähe des Eiffelturms aufgebaut ist, schaut in die Gesichter anderer Kinder. Fremdheit und Vertrautheit überlagern sich.

Im Karussell bewegt sich jetzt die Welt um *sie*, die werdende junge Frau, *sie* ist hier der Mittelpunkt. Noch dreht sich alles in ihrem Kopf, während sie die Gondel verlässt und, wie von fremder Hand geführt, hinauf zum Vorplatz des mächtigen Musée de l'Homme und schließlich durch eine riesige Tür ins Innere geht, ohne zu wissen, dass die Welt, die hier gezeigt wird, von der Vergangenheit ihres westafrikanischen Vaters, den sie nie kennengelernt hatte, erzählt.

An diesem Tag ist sie mit ihrer französischen Mutter aus Marseille zum ersten Mal nach Paris gekommen, um Verwandte zu besuchen, auch in der Hoffnung, hier vielleicht neue Freunde zu finden.

So steht nun also jetzt eine Schauspielerin in der Rolle des Mädchens vor Glasvitrinen, in denen sich höchst eigenartige, ja befremdliche Gegenstände befinden.

Wir wussten nicht recht, wie wir die Masken und das damit verbundene Ritual glaubwürdig dem Mädchen erklären sollten, auf keinen Fall zu eng ethnologisch gefasst, aber natürlich auch nicht oberflächlich, so als handle es sich bloß um Verkleidungen, wie beim Karneval.

»In diesem Augenblick nun also sind Sie, lieber Jean Rouch, wie aus dem Nichts erschienen, ja, es hat schon etwas von einer Erscheinung an sich. Würden Sie für den Film die Rolle des Erzählers übernehmen und dem Zuschauer das Mädchen mit seiner eigenen Vergangenheit vertraut machen?«

»Es ist, als hätte mein Leben eine unerwartete Erfüllung gefunden. Filmen und Leben werden eins.«

MICHEL LEIRIS

VERSTECKSPIELEN IM TAGEBUCH

1988, zwei Jahre vor seinem Tod: Ich bin mit Michel Leiris in seiner großbürgerlichen Wohnung, mit Originalen seiner Maler-Freunde an den Wänden, verabredet, um mit ihm noch einen Band unveröffentlichter oder schwer zugänglicher Texte zu besprechen.

Entdeckt hatte ich in der Zwischenzeit mir lieb gewordene Prosa, Gedichte, Skizzen und Essays, die ihm zum Teil gar nicht mehr gegenwärtig waren. Erstaunt, schmunzelnd auch, blätterte er die Seiten durch, die ich mitgebracht hatte. Manches überflogen wir nur. Über einige seiner Skizzen wie PARIS MINUIT von 1926 oder TALKIE von 1929 zeigte er sich, mit einer kleinen Verzögerung, besonders glücklich.

Da fiel sein Blick auf WAS *SPRECHEN* HEISST, von 1944. Er erinnerte sich, und er erinnerte sich nicht. Alles war noch gespeichert – die Bedrückung und die Haltung des Widerstands –, aber nicht gleich abrufbereit. »Erzählen Sie«, sagte er, »wie liest sich der Text heute, nach so langer Zeit?« Und ich erzählte, wie ich den Text gelesen und mich die Berichte über die legendäre Theateraufführung von Picassos poetisch-absurd-surrealem Stück WIE MAN WÜNSCHE AM SCHWANZ PACKT in seiner und Louise Leiris' Wohnung gebannt hatten.

Leiris hatte darin die Rolle des *Plumpfuß* angenommen – was ihn selbst überraschte. Da er mir einmal auf meine Frage, wer er hätte gerne sein wollen, ohne jedes Zögern geantwortete hatte: »Fred Astaire«, warf ich spontan und assoziativ, auch etwas verwegen ein: »Kein Plumpfuß also.«

Übergangslos erzählte ich dann, wie mich seine verantwortungsvolle Haltung der Sprache gegenüber natürlich auch heute um nichts weniger berühre als früher. Zugleich aber, sagte ich, sei die Sprache in WAS SPRECHEN HEISST zielgerichteter als in seinen Beiträgen zum Surrealismus, in seinen ethnopoetischen Texten und in seinem ›Autobiographischen Projekt‹.

Leiris betonte, dass die »extreme Rigorosität«, auf der er in diesem Text besteht, als ein Leitmotiv seines Schreibens stets gegenwärtig geblieben sei. »Wissen Sie, sie ist doch immer beides: eine des Handelns *und* eine der Sprache gegenüber. Auf der Ebene des Handelns führte die *Rigorosität* zu Solidaritätsbekundungen bei Demonstrationen und Besetzungen, zum Beispiel im Musée de l'Homme. Ach, Sie wissen das ja, Ihre Solidarität habe ich nicht vergessen. Die Bekundung der Solidarität war mir immer wichtig, bei Reisen nach China und Kuba. Und in engagierten Texten für Aimé Césaire oder Jean Genet oder Pierre Guyotat. Natürlich führte dies auch zu Spannungen, wenn zum Beispiel WAS SPRECHEN HEISST auf das Handeln ausgerichtet war, die Rigorosität gegenüber der Sprache sich aber gegen jede Einengung im Schreiben und Assoziieren wehrte.«

CE QUE *PARLER* VEUT DIRE. Oktober 1944. Michel Leiris' Blick fällt in diesem Text auf das Schicksal, das die Sprache während der vierjährigen Zeit der Unterdrückung und der Propaganda-Maschinerie zu erleiden hatte. Zu jener Zeit des zwangsläufigen Verbergens habe man sich daran gewöhnt, seine Zunge im Zaum zu halten. »Wirklich ein ›Sich-Gewöhnen‹?«, frage ich. »In der Tiefe herrscht doch die Verzweiflung, die Spaltung, der Riss.«

Auch wenn ich damals, als wir uns über diesen Text verständigten, sein 1992 erschienenes JOURNAL noch nicht kennen konnte, spürte ich doch, was er in einer Notiz vom 7. Dezember 1944 geschrieben hatte: »Mit der Befreiung Frankreichs wieder in meine Teilnahmslosigkeit von früher zurückgefallen. Man könnte meinen, dass diejenigen, die sagen, es ging doch den Neuropathen während der vierjährigen Besatzung besser, recht haben.« Es ist die Freiheit des Schriftstellers, auch die plötzlich auftauchende Neigung zur Lust am Leiden zu bekennen.

Trotz der Vertrautheit mit Leiris' Werk bin ich doch nie der Idealisierung seines Blicks auf die Welt und auf sich selbst verfallen. Dies wäre ja gerade so gewesen, als hätte ich seine radikale Selbstinfragestellung und sein Bekennen missachtet, unterlaufen.

Als Mann des Wortes schulde er es sich, jemand zu sein, der zu seinem Wort steht. Dies war ganz aus dem Inneren seiner Seele heraus gesprochen, ein Appell an sich selbst, an den Teil in sich, der sich einen Angsthasen nennt. Diese Selbsteinschätzung zieht sich durch seine literarischen autobiographischen Texte und auch durch sein Tagebuch PHANTOM AFRIKA.

Am Ende des Gesprächs an diesem Tag sagt er mir, tieftraurig, er glaube, dass er seinen besten Freund verraten würde, wenn man ihm mit Folter drohe.

Es sollte mein letzter Besuch sein. 1990 ist Leiris gestorben. Ich weiß nicht, ob ihm sein Wunsch erfüllt worden war, bei seinem Begräbnis solle die zeitlebens von ihm geliebte Oper Verdis, UN BALLO IN MASCHERA, gespielt werden. Nach seinem Tod ist der Band LEIDENSCHAFTEN erschienen, über den wir uns beim letzten Besuch noch intensiv ausgetauscht hatten.

Angesprochen hatte Leiris das JOURNAL, das später, wenn er auf keine Fragen mehr antworten müsse, veröffentlicht werden solle. »Es wird Sie überraschen, vielleicht beglücken, vielleicht enttäuschen, ich wage es nicht vorherzusagen, obwohl ich Sie und Ihre Wertschätzung meiner selbstbekennerischen Haltung kenne. Danke für all Ihre liebevolle Zuwendung mir und meinem Werk gegenüber. Schön, dass wir das Wort vom ›Autobiographischen Projekt‹ gefunden haben. Besuchen Sie mich doch wieder, wenn Sie in Paris sind.« Dazu war es dann nicht mehr gekommen. Aber das mir von Leiris mit etwas rätselhaften Worten angekündigte JOURNAL 1922–1989 traf einige Zeit später ein und begleitete mich monatelang.

Noch einmal ein Tagebuch von ihm. Mit Aufzeichnungen von Träumen, Wünschen und Phantasien, von Demütigungen und gelebten oder bloß imaginierten Neigungen und Perversionen.

Das Tagebuch ist ein Skandal für die Vernunft. Nicht nur, dass es dem Treiben des Irrationalen so unendlich viel Raum gibt, es feiert oder aber brandmarkt auch all die kleinen Manien und Idiosynkrasien eines Lebens – und darin ist es ganz unberechenbar.

Wieder begegne ich beim Lesen ihm, dem sicher radikalsten literarischen Bekenner des vorigen Jahrhunderts, der sich als Privatperson zumeist mit einer undurchdringlichen Schutzzone umgab und geradezu zwanghaft auf Distanz bedacht war. Er war jemand, der sich auf exemplarische Weise verweigerte und offenbarte, sich verhüllte und entblößte. Dieses Versteckspiel war die Spielregel seines Lebens.

Eine noch unbekannte Dimension dieses Versteckspiels sollte mich im JOURNAL erwarten – das hatte Leiris sicher gemeint, als er beim Abschied gesagt hatte, vielleicht würde mich die Lektüre enttäuschen, sicher aber überraschen. Natürlich fand ich erst einmal auch hier seine Selbsteinschätzung als eines ängstlichen, in seinen Gewohnheiten und Verhaltensformen eingefahrenen Menschen wieder, wie er sie in seinen bisherigen autobiographischen Bänden beschrieben hatte.

    Mit welchem Bekenntnis sollte nun das JOURNAL über alle Formen des Selbstsezierens und des schonungslosen Umgangs mit sich selbst hinausgehen? Zuerst einmal sind es die Träume, die in diesem JOURNAL alle geistigen und emotionalen Bewegungen miteinander verknüpfen. Auf sie kann sich der negative Held – ein hoffnungsloser Pessimist – offenbar noch am ehesten verlassen. Und die Träume sind es auch, die meine Begegnungen mit Leiris stets begleitet haben: angefangen bei meinen eigenen Träumen vor über vierzig Jahren, in denen ich Expeditionen mit Leiris unternahm; bis zu einem Traum unmittelbar nach meinem letzten Besuch: Ich sollte einen Vortrag über ihn und sein Werk halten und wollte dies auf eine besonders leichtfüßige Art und Weise tun und einen früheren Traum erzählen. Also der Traum im Traum, vor der Lektüre von Leiris' Traumerzählungen und seinem Bekenntnis, er habe nur ein wenig *geträumt*, viel Zeit verloren, gebummelt! Er sei so einsam, als wäre er ausgesetzt, so entblößt wie ein Armer, so verloren wie ein Hund. Daher habe er die Zuflucht des Tagebuchs gewählt: ein Ort, an dem der Gehetzte Zuflucht sucht. Einmal sagte ich zu Leiris: »Ist das nicht paradox, da sucht man Zuflucht in der Sprache. Und sie ist doch um nichts sicherer. Wer hat sie schon radikaler infrage gestellt als Sie? Die Sprache muss ein Dichter wie Sie doch allererst erfinden. Den Anfang machten Sie ja schon als Kind: ›reusement‹ sei angemessener als ›heureusement‹ hatten Sie der Mutter gesagt, die Sie korrigieren wollte. Das habe ich nie vergessen.«

»Wie schön, dass Sie mich daran erinnern, an das Spiel mit Zinnsoldaten und meinen in jenem Augenblick zum ersten Mal sichtbar gewordenen Wunsch, Schriftsteller zu werden. Einer, der die Sprache mit vollem Risiko, auf eigene Faust, erfindet. Ihr bis in die feinsten Verästelungen nachspürt, gleichsam ihre Chemie und Alchemie, die Formeln ihrer Magie entdeckt, bevor sie sich als Medium des Ausdrucks eignet.«

Dies blieb Leiris' Credo.

Das JOURNAL nun, das er mir angekündigt hatte, ist ein Dokument der Anläufe gegen Demütigungen, die »niemals ajourgeführte Chronik einer niederdrückenden Fahrt auf eine Luftspiegelung zu« (eine Formulierung, die ich tagelang wie ein Mandala vor mich hin summte). Und immer wieder sein Versuch, im geschriebenen Wort dem sich Verflüchtigenden Kontur zu geben, die Schwäche des Ich auszugleichen.

»Ich sollte mein Leben riskieren.« Das hatte mir Leiris einmal gesagt und dabei auf einen wiederkehrenden

Traum verwiesen, und jetzt lese ich den in die Reflexion verwobenen Traum hier, in diesem nach seinem Tod erschienenen Band: »Ich sollte mein Leben riskieren, das Maximum aufs Spiel setzen ... Ich bin ein Punkt, der sich entlang einer Linie bewegt. Ich erzeuge diese Parabel: Mein Porträt entwirft ein Profil wie der Ring auf einer Scheibe. Die Scheibe zerbricht, das ist der Tod; das Porträt ist beendet. Mein Leben ist eine Art Sonderkabinett gewesen.«

Es war sein Freund André Masson, der aus den Buchstaben seines Namens ein Dreieck geformt hat, unter das Leiris schrieb: »Dies ist mein eigenes Tauchbecken.«

Leiris' Gesicht: von Bacon in Schichten zerlegt und gegeneinander verschoben; von Picasso als äußerst fragil dargestellt und von Giacometti wie ein Klotz, geradezu monumental gezeichnet.

Alle seine Selbstporträts tauchen in Notaten (über das ganze JOURNAL verstreut) immer wieder auf. Einmal spricht er von der »Sehnsucht nach der Männlichkeit eines Matadors« und von dem Gefühl der Demütigung, angesichts der Schwäche seines Körpers. Er vermerkt auch die Bemühungen, diese Defizite auszugleichen – sei dies nun durch die Exzessivität des Schreibens oder durch sporadische Aufschwünge zur sportlichen Betätigung.

Am Ende bleibt nur das Labyrinth der Sprache und des Textes. Der Text: ein unwegsamer Zufluchtsort, ein Ort des persönlichen Heiligen und der eigenen Mythen, die in der Psychoanalyse geopfert würden. Einmal hatte er mir, als wir über Psychoanalyse sprachen, von dem zwiespältigen Gefühl ihr gegenüber erzählt. Sie versuche, in dem Labyrinth, in dem er lebe und aus dem heraus er schreibend sich bewege, eine zweifelhafte *Ordnung* zu schaffen. Zugleich hätte er ohne sie die schlimmsten Krisen nicht überlebt. Kratzt denn die Analyse – wovor schon viele Künstler und Schriftsteller sich fürchteten – an der Kreativität? Trocknet sie am Ende, fragte ich, die schöpferische Quelle sogar aus? Aber ist in dieser Angst nicht auch ein vager Widerstand gegen die Aufdeckung früher psychischer Verletzungen und Traumata zu sehen, ein Zurückschrecken auch vor dem Ungewissen und Unvorhersehbaren?

Aber letztlich tut, darin schienen wir uns einig zu sein, niemand diesen Schritt, wenn ihn seelische Not nicht dazu zwingt: der unvorhergesehene Tod des Vaters, der Mutter, einer Schwester, eines Bruders, eines Freundes; die dramatische Trennung des oder der Geliebten oder andere traumatische Erlebnisse. Es können auch die vielfachen Formen des Alters sein. Da übernimmt der Therapeut die Rolle eines Dialogpartners, eines Begleiters auf Zeit.

Heute, aus einem gewissen Abstand, denke ich: Die Stunden, in denen im Zimmer des Therapeuten Gespräche stattfinden, können auch die Form einer Orchestrierung von Stimmen und Stimmungen, von Schreien, Klagen und Klageliedern, auch von nachklingenden alten Liebesliedern, emotionalen Aufgewühltheiten und Ekstasen (von Außer-sich-Sein) annehmen. Auch Theatralisches ereignet sich im therapeutischen Raum. Performances. Resonanzen, in Szene gesetzt. Herzklopfen, Schweißausbrüche, Verstörtheiten. Ja, und doch: Manchmal dachte ich, Psychoanalysen werden zu sehr abgedrängt auf das Terrain des Gestörten und Pathologischen. Ich sehe sie heute stärker in der Nachbarschaft von Theater- und Konzertbesuchen, von versäumten oder wiederbelebten Begegnungen mit Beckett und Ionesco, Pattie Smith, Bob Dylan, David Bowie – oder Maria Callas.

Welche Rolle nimmt da der Analytiker ein? In welchen Verkleidungen und mit welchen Masken tritt er auf die Bühne des Geschehens im inneren Bild des Analysanden? Ist er real, persönlich anwesend, oder nur als eine Art Vertreter für Unbewusstes, für sprachliches und gestisch-mimisch-mimetisch In-Szene-Gesetztes und für Symbolisches? Mit-Initiator einer gleichschwebenden Aufmerksamkeit?

Damals, als wir über die Bedeutung der psychoanalytischen Kur für Michel Leiris in seiner suizidalen Phase sprachen, sagte er, dass er zuweilen auch eine Feindseligkeit ihr gegenüber empfinde, wenn er daran denke, dass sie ihm einiges von der Magie genommen habe, mit der er die heiligen Orte und Objekte seiner Kindheit umhüllte. »Es war dieser *mythische* Bereich, dessen Erforschung mich doch auch am Leben erhalten hat.«

Jetzt finde ich diese Vorstellung im JOURNAL wieder, wenn er notiert, wie er versucht habe, sich eine Kontur zu geben: in den entlegensten Windungen und Überlagerungen seines Lebens, seiner Mythen und der Sprache. Ein »primitives Porträt« habe er von sich gezeichnet, um seinem Sein *Konsistenz* zu verleihen. Es ging ihm nicht darum, die Vergangenheit nur wiederzukäuen, sondern darum, sie wiederaufleben zu lassen und ihr eine Wahrheit abzuringen. Nie gäbe es, hatte er in unserem letzten Gespräch eher nebenbei bemerkt, eine gegenwärtige Erfahrung, es sei denn, sie bestünde darin, sich zu erinnern.

Die Suche nach der verlorenen Kindheit ist endlos, die Erinnerung bricht immer irgendwo ab, bei der Suche nach dem eigenen Daseinsgrund, Dreh- und Angelpunkt der Begierden und Verfehlungen. Vielleicht sogar der Versuch, im Leben einen Fahrplan zu entdecken. Ein Logbuch auch. Dialoge mit imaginären Gesprächspartnern. Nicht nur, dass die Schilderungen seines Selbstmordversuchs einen zentralen Stellenwert einnehmen und (was kaum als Zufall angesehen werden kann) in der Mitte des JOURNALS stehen. Das JOURNAL wird immer mehr Austragungsort dieses einen Themas: das Zulaufen auf den eigenen Tod.

Die schon früh aufgestellte Formel »Einfach nichts lässt mich vergessen, dass ich sterben muss« wird zum Leitmotiv. Darin gleicht es der Partitur des Lieds vom Tode. Indem er die Partitur schrieb, sich der Todesmelodie anvertraute, und dies im Rahmen eines großen Plans, des ›Autobiographischen Projekts‹, wird der Tod als Phantasie *inmitten* des Lebens *lebbar*.

Dieses Tagebuch schreibt sich tatsächlich als Buch in die vergehende Zeit ein, hält die Tage probeweise in den Worten fest: ein angesichts der Schnelligkeit der Ereignisse *nachträgliches* und angesichts der Unerbittlichkeit des nahenden Todes *vergebliches* Unterfangen. Nur die

Fiktion des *einen Buches* und einer das Geschehen umgreifenden, chronifizierenden Schrift gibt dem Autor die Kraft, gegen den Tod anzuschreiben.

Einmal wagte ich, als wir über die Form des Tagebuchs, beginnend mit Rousseaus BEKENNTNISSEN, sprachen und ich mich etwas ungelenk in einem sich von Satz zu Satz steigernden Pathos verlor, eine kühne Volte: »So wie Sie die Rolle des Chronisten Ihrer Befindlichkeiten bedingungslos ernst nehmen und Ihren Obsessionen folgen, sprengen Sie den engen Rahmen der Ich-Bezogenheit. Und – das ist vielleicht das Erstaunlichste – machen so das Zeitgenössische transparent. Indem Sie radikal Ihrer Einsamkeit folgen, schildern Sie auf exemplarische Weise die Einsamkeit des nach-modernen Menschen.«

»Aber Sie wissen, dass ich ein Leben lang darunter gelitten habe, immer nur von mir zu schreiben und keinen Roman mit einem Helden geschaffen zu haben, der nicht ich selbst bin.«

»Sie haben immer nur in dem gelebt, was Ihnen die Sprache ermöglicht und erlaubt hat. Das letzte Mittel, dem Sie in der Verzweiflung vertrauten, war ja stets das Bekenntnis und die Poesie. Ihr Werk sind *Sie*. Vermittelt über die Sprache.«

An diesem Tag:
Noch ein letzter Blick zurück auf Leiris' ganz besonderen Zugriff auf die Wirklichkeit in der Radikalisierung der subjektiven Perspektive.

»Meinen Sie tatsächlich – Leiris stellte eine Frage wie ein offenes Buch in den Raum –, es sei nicht zufällig gewesen, dass ich mich als Surrealist der Dakar-Djibouti-

Expedition angeschlossen habe und der Ethnologie fortan treu geblieben bin?«

»Unumstößlich fest bin ich davon überzeugt. Und dass in Ihnen fortan Ihr ›ethnologisches Auge‹ immer mitgesehen hat. Und dass es in engster *Freundschaft* mit dem dichterischen Auge lebte.«

Und ich fügte noch hinzu: »Ihr Wunsch hat sich erfüllt.«

MIT MICHEL FOUCAULT UND NATHALIE SARRAUTE

IN DEN FALTEN DER WORTE

Paris 1974:

Ich besuche eine Vorlesung von Michel Foucault. Ein riesiger Saal. Gefüllt mit Studenten und Studentinnen, aber ebenso mit feinen Herren, vor allem aber Damen. Mit welch einer Aufmerksamkeit sie jedem Wort des Vortragenden folgen und jedes zweite Wort aufzuschreiben scheinen. Ich überlasse mich Foucaults Redefluss und einer mich beeindruckenden Diszipliniertheit im Sprechen. Ich schreibe nichts auf, habe aber schon sehr bald einen klaren Eindruck von dem, was sich mir als Frage herausgeschält hatte: Raymond Roussels einzigartiger Zugriff auf das Real-Imaginäre.

Geduldig stelle ich mich in die Reihe der Fragenden und schaue die ganze Zeit über auf seinen Kopf, der von keinem der vor ihm stehenden Menschen verdeckt wird. Als ich an der Reihe bin, empfängt mich ein mir freundlich zugewandtes Gesicht, das mich so überwältigt, dass es mir schäbig vorgekommen wäre, nur eine vorgefasste Frage zu stellen. Ich fange einfach an zu sprechen: wie sehr mich der souveräne Stil seines Vortrags überzeugt und dass ich mich von seinem Gedanken- und Redefluss einfach hätte mitreißen lassen. Und füge noch hinzu, dass ich vor ein paar Tagen Michel Leiris getroffen und wir auch über den Dichter Raymond Roussel und dessen tragisches Ende gesprochen hätten. »Ich hätte Sie gerne gefragt, wo Roussels kompliziertes Verfahren an eine erzählerische Grenze kommt und sich in einem Raum verfängt, in dem die einzige Orientierung der erste und der letzte Satz der Erzählung sind. Ich wüsste gerne von Ihnen mehr über dieses imaginäre Gefüge, in dem sich alles abspielt. Grenzt das nicht an Beliebigkeit, der man irgendwann nicht mehr zu folgen vermag? Oder würden Sie sagen, dass dies nicht gegen Roussel spricht, sondern gegen uns, dass wir noch einen Schritt weitergehen müssen, in unserer inneren Öffnung hin zu einer neuen poetischen Seinsweise?«

»Hier ist meine Adresse. Wir vereinbaren ein Treffen. Und Sie erzählen mir von Leiris, ja?«

»Ich danke Ihnen für Ihre Zugewandtheit. Welch eine Freude, hier bei Ihnen gewesen zu sein.«

Eines Tages ergab sich tatsächlich die Gelegenheit, Michel Foucault noch einmal zu treffen und dieses Mal, wie vorgesehen, mit ihm ein paar Worte über Michel Leiris zu wechseln, an dem er besonders das »Gleiten der Worte« bewundert hatte, Worte, die »die Dinge anstecken und sie mit monströsen und staunenswerten Gestalten überlagern«.

»Mit Ihrem Weitblick«, sagte ich zu Foucault, »haben Sie natürlich sofort erkannt, dass Leiris in den ›Falten‹ der Worte sowohl die Spuren eines individuellen wie auch menschheitsgeschichtlichen Gedächtnisses entdeckt hat. Ich habe es jetzt über so viele Jahrzehnte miterleben dürfen, wie minutiös er die Untiefen der Seele auslotet, im Wunsch, im Singulärsten noch die Umrisse eines Allgemeinen zu sehen und zu zeichnen.«

Foucault fühlte sich sofort wieder, nach diesen nur wenigen Worten, heimisch in Leiris' Welt und schlug den Bogen zu Raymond Roussel. »Schön, dass Sie mich damals auf Roussel, diesen ›großen Magnetiseur der Moderne‹ angesprochen haben. Sie fehlen uns, diese Meister des Wortes, Roussel und Leiris. Ich erinnere mich auch an Jacques Lacans Lob, keiner kenne sich hier besser aus als Leiris. Ich wäre gerne näher mit ihm vertraut gewesen. Ein bisschen habe ich versagt.«

»Fast wortgleich hat mir Marc Augé geantwortet, als ich ihn fragte, ob er Leiris gut gekannt habe und ob er bei seinem Begräbnis anwesend gewesen sei.«

»Sicher hat er auch hinzugefügt, bei manchen Schriftstellern oder Denkern, die man verehrte, habe man versäumt, mehr in ihrer Nähe zu sein.«

»Ja, er hat es gesagt. Wissen Sie, verehrter Herr Foucault, manchmal spielt einem aber auch der ›Zufall‹ in die Hände. Einmal, als ich mit Leiris in seinem Büro des Musée de l'Homme zu einem Gespräch fürs Fernsehen verabredet war, kam an seiner Stelle Francis Bacon. Leiris habe ihn geschickt, er könne doch nicht, wie versprochen, vor laufender Kamera über sich selbst sprechen. ›Die Gespräche mit Michel Leiris‹ – so begann dann Bacon, Auskunft zu geben – ›haben mich sehr darin bestärkt, meine Art von Malerei zu entwickeln. Vom subjektiven Standpunkt aus hat Leiris einen interpretierenden Realismus geschaffen, der eigentlich nicht möglich ist ...‹«

Foucault fragte mich dann noch, wie ich eigentlich dieses Wörtchen *streng*, sogar im Superlativ, verstehe: in André Massons Formulierung, Leiris' Werk sei das »strengste unserer Zeit«. Sicher sei es keine Strenge im üblichen Sinn, sagte ich. Vielleicht sollte man besser von seiner extremen Beharrlichkeit sprechen. Wie er Selbst- und Fremdethnographie immer als Einheit sah und dabei versuchte, »keinen Schmu zu machen«, wie er einmal sehr leger gesagt hat. Es sei also keine Strenge im typischen Sinn des Ordnung-Schaffens. Sie sei verschwistert mit der Leichtigkeit, dem Tänzerischen, dem Pathos der Oper und den Formen des Exzessiven und Grenzüberschreitenden in den Riten.

Und hier schließe sich doch auch der Kreis zu der Äußerung von Henri Lefebvre, Leiris sei vielleicht in der Jagd nach dem Unfassbaren bis zur äußersten Grenze gegangen.

»Jetzt, lieber Monsieur Foucault, da ich Ihnen davon erzähle, fällt mir auf, wie oft selbst die souveränsten Künstler, Schriftsteller und Philosophen das Wörtchen ›vielleicht‹ einfügten, wenn sie Aussagen über Leiris machten. Auch Simone de Beauvoir sagte, als wir über ihn sprachen, ohne ihn und sein Buch MANNESALTER hätte sie vielleicht nie den Mut für ihre eigene Biographie gehabt. Nur Lacan schien unerschütterlich in seiner Gewissheit, keiner habe sich in der Sprache und der Welt der Wörter besser ausgekannt als Leiris.«

Etwas unsicher, ob ich so weit gehen dürfte, machte ich dann aber doch einen Anlauf und sagte, Leiris hätte sich bestimmt sehr über seinen Besuch im Musée de l'Homme gefreut. »Vielleicht hätte er Ihnen sogar sein Lebensgeheimnis anvertraut.«

»Sein Lebensgeheimnis?«

»Seine Bekenntnismanie war ja nur ein Umkreisen des Ausgesparten, ohne es selbst je benannt zu haben: Zette, seine Ehefrau, war gar nicht die Schwester von Kahnweilers Ehefrau, sondern ihre leibliche Tochter, also die Stieftochter Kahnweilers. Das hat tiefgreifende Folgen für die Frage nach Wahrheit und Unwahrheit in seiner Autobiographie. Plötzlich erscheinen die im Namen der Wahrheit gegebenen Bekenntnisse als Versteckspiel, Performance, Theater, Oper. Zur Verkürzung des genealogischen Abstands. Als er 1925 Picasso mitteilte, dass er Zette heiraten wolle, sagte Picasso: ›Nun, Leiris! Sie werden auch ein Geheimnis heiraten!‹« ...

Michel Leiris umgab ein Geheimnis, in dessen Nähe man zu sein wünschte. Wie aber war das möglich, so schüchtern, wie er sich gab, von Selbstzweifel und Selbsterniedrigung geplagt, konnte er doch schwerlich Phantasien des Begehrens auslösen. Oder doch? In dem Sinn, in dem man von einem Text sagt, er begehre den Leser. Zwischen Leser und Text mag sich eine Lust-Beziehung, ein Verhältnis der *jouissance* entfalten. Wie viele Künstler und Schriftsteller ganz offen eine solche lustvolle Beziehung mit Leiris pflegten, am Körperlichen vorbei, so als sei sein Werk sein Körper, ein Sprachkörper, von dem sich Bacon, Picasso, Miró, Masson, all die Schriftsteller und Philosophen, Psychoanalytiker und Ethnologen ergriffen zeigten!

Und so verwunderte es mich denn auch nicht, dass Nathalie Sarraute an einer Stelle in unserem Gespräch scheinbar unvermittelt drei Worte in den Raum stellte: »Und Michel Leiris?« Erst einmal nimmt man ja aus dem Blickwinkel der Literaturgeschichte etwas die beiden Schriftsteller Trennendes wahr: die Gruppierungen der Surrealisten, denen sich Leiris lange Zeit zugehörig fühlte, oder des *nouveau roman*, mit dem Nathalie Sarraute aufs Engste verbunden war. Worauf also gründete Sarrautes Frage »Und Michel Leiris?«: War es die Sprachbesessenheit und das bedingungslose Aufspüren der Tiefenstrukturen in den Wörtern und Sätzen?

Nathalie Sarraute hatte ich nach Leiris' Tod besucht. Viele Verabredungsversuche waren dem Treffen vorausgegangen. Als ich dann plötzlich vor ihr stand, begann ich, eher aus Unsicherheit, von meiner Mutter zu erzählen, nachdem ich, wie zur Begrüßung, gesagt hatte: »Sie haben so viel Ähnlichkeit mit meiner Mutter, so zerbrechlich und so fein«, und sie mich mit einer wie aus einer anderen, fernen Welt kommenden zärtlichen Stimme aufgefordert hatte: »Erzählen Sie.«

Wir trafen uns kurz vor ihrem 100. Geburtstag 1999 in der Avenue Pierre 1er de Serbie. Würde der Hinweis auf meine Mutter unser Gespräch über Literatur am Ende eher blockieren? Und könnte es für sie tatsächlich von Interesse sein, das Biographische mit einzubeziehen?

Nathalie Sarraute, 1900, ein Jahr vor Leiris, nördlich von Moskau geboren, hat mit Unterbrechungen von 1902 an bis zu ihrem Tod in Paris gelebt. Im Alter von zwei Jahren war sie in Begleitung ihrer Mutter in die französische Metropole gekommen. Bis ihr Vater schließlich auch nach Frankreich emigrierte, pendelte sie zwischen Iwanowo und Paris, wo sie 1918 ihr Studium begann, neben Geisteswissenschaften auch, aus einer Laune heraus, Jura studierte.

Ihr Herz schlägt für die Literatur. Sie wird auf die Werke von Proust, Joyce und Virginia Woolf aufmerksam und weiß sogleich, dass diese Erfahrung ihr Leben bestimmen wird. Ihr Wunsch, selbst zu schreiben, setzt sich durch. Sie wird alle Versuche, ihre Texte biographisch herzuleiten – zum Beispiel ihre literarische Fixierung auf den Redefluss in Verbindung mit ihrer Tätigkeit als Strafverteidigerin zu sehen –, kategorisch ablehnen. Jede Art der Bekenntnismanie (etwa im Sinne von Leiris) war ihr fremd. Wie unterschiedlich doch die Wege waren, die Sarraute und Leiris, beide Verehrer von Marcel Proust, von hier aus gegangen sind! Das Psychische, sagt sie, sei nicht zu definieren und lasse sich nicht in Kategorien pressen. Die Psychoanalyse interessiere sich nicht wirklich für Literatur.

Stimmte das wirklich? Aber sollte ich mich auf ein solches Für und Wider einlassen? Unangetastet davon blieb ja dennoch die Frage, auf welche Weise das Biographische, vielleicht auch unbeabsichtigt und untergründig, Eingang in den Text findet.

Das sich im Schreiben vollziehende Wechsel-Spiel von Erinnern und fiktionaler Gestaltung wird vom kritischen Autor zu Recht mit Misstrauen betrachtet. Nathalie Sarraute geht weiter und stellt sich quer: In ihren Texten, hatte sie behauptet, erführen wir nichts (oder nur sehr wenig) von ihr – und privat auch nicht, »denn ich bin nicht so, wie ihr euch ein ›Ich‹ vorstellt«.

Sollte ich von hier aus den Bogen schlagen zu Michel Leiris' Initiation ins Autobiographische in seiner Schrift MANNESALTER und zu seiner monumentalen SPIELREGEL oder aber eher zu den Schriftstellern, die ich in ihrer Nähe sah? Zu Friederike Mayröcker, die von Sarrautes

Biographielosigkeit spricht und dass sich ihr Leben auf die »Bleistiftspitze des Schreibens« hin *zuspitze*. Mayröckers Verabschiedung vom konventionellen Roman, die Zersplitterung und Montage und die dominierende Rolle des Rhythmus haben ja bei ihr, wie auch bei Elfriede Jelinek, ein großes Vorbild in Nathalie Sarraute. Jelineks Schnitttechnik ist allerdings unvergleichlich härter, die Redeformen und Sprachversatzstücke stoßen aneinander, blocken sich gegenseitig ab.

Gedankenspiele waren das. Assoziationen. Einübungen in ein mögliches Gespräch. Auch Ausdruck einer Unsicherheit. Sollte ich im Gespräch die Gemeinsamkeiten und die Unterschiede tatsächlich zur Sprache bringen?

Nathalie Sarraute hatte lange gezögert, bevor sie einem Treffen zustimmte. »Keine Geständnisse mehr.« Was sie zu sagen habe, so gab sie mir zu verstehen, finde sich in ihren Büchern. Die sind ohnehin, trotz ihrer *Gesprächigkeit*, eher wortkarg, in sich gekehrt; litaneihaft in den Wiederholungen. Und wieder die Frage: Wo bleiben die Empfindungen in ihren Texten? Ein wichtiger Hinweis war, dass sie an der *Entstehung* von Empfindungen interessiert sei. In ihrem zweiten Roman PORTRAIT D'UN INCONNU finden sich keine Hinweise auf äußerliche Ereignisse, keine konkreten Spuren des Erlittenen als Jüdin während des Krieges. Sie schreibt gegen jede Form von Betroffenheitsliteratur an und gegen die Vorstellung, Engagement und Widerstand müssten in den Texten einen Niederschlag finden. Sartre wird diesen Roman, voller Hochachtung, die »Parodie eines Enthüllungsromans« nennen. War das der Augenblick, um die Besonderheit von Leiris' ›Autobiographischem Projekt‹ und die Verehrung ins Spiel zu bringen, die Sartre und Simone de Beauvoir Leiris entgegenbrachten?

Da erzählte sie von ihrer tiefen Abneigung gegen sogenannte Identitäten und streifte ihr zu keiner Zeit erloschenes Interesse am Ich als eines brüchigen, vielstimmigen Gebildes. Einmal hatte sie geäußert, während des Schreibens denke sie nie an das, was sie selbst sei, und sie sehe auch keine Personen vor sich. Sie habe Angst, niemand könne oder wolle ihre Texte lesen, die Wirbel und Knoten auflösen, das »innere Murmeln« in ihrem Inneren hören. Was war dran an der Kritik, sie begehe mit ihrem hermetischen Schreiben einen »Mord am Roman« und einen »Mord am Leser«, dem diese Wort-, Satz- und Gesprächsfetzen zugemutet werden?

»Wie hört sich das heute für Sie an, wenn Sie daran zurückdenken?« – »Ich weiß nicht.« – »Ich sehe eine von der Sprache und deren Zauber besessene Schriftstellerin am Werk, die dem Wunder zuschaut, wie sich Worte auf dem weißen Papier formen. Einmal schrieben Sie doch: *Worte sickern als feines Rinnsal zitternder Tröpfchen herab, schlagen sich auf dem Papier nieder.*« Die Dichterin als eine Erkunderin der unterhalb des Gesagten verlaufenden Prozesse und Bewusstseinsströme.

Die ganze Zeit über hatte Nathalie Sarraute auf einer Couch im Wohnzimmer gelegen. Auf einmal knüpfte sie wieder an unsere Eingangsszene an, richtete sich zaghaft auf und schaute mir in die Augen, etwas länger, als zu erwarten gewesen wäre, und wiederholte ihr leise gesprochenes »Erzählen Sie von Ihrer Mutter.« – »... beinahe wären wir mit einem Schiff, der berühmten Wilhelm

Gustloff, für die sie ein Ticket hatte, untergegangen. Bevor ich geboren wurde ...«

Vielleicht war es gerade diese Umkehrung – dass ich sie über *meine* Biographie einlud, von der *ihren* zu erzählen –, die ihr grundsätzliches Misstrauen gegen das Autobiographische aufweichte. Ihr berühmter Satz »Ich habe keine Biographie« war vielleicht nur eine Schutzhaltung gegen unerwünschte Eindringlinge. Zumindest ein Test.

Als sie mir in ihre OEUVRES COMPLÈTES schrieb, sie sei glücklich über diese Begegnung, dachte ich, sie kann nur eine Figur gleichen Namens in ihrer Romanwelt gemeint haben. Eine Freundschaft gar? Durch was begründet? Durch die empfundene Ähnlichkeit mit meiner Mutter? Vielleicht auch durch ihre Bemerkung in unserem Gespräch, jedes Mal stoße sie beim Schreiben auf eine noch nicht ausgedrückte Empfindung und setze immer wieder neu an.

Ist das nicht erstaunlich angesichts der von ihr so oft wiederholten Beschreibung ihrer *Kälte*, *Frostigkeit* gar, und angesichts der Kritik, die ihr vorwarf, die Empfindungen zu vernachlässigen? Sie insistierte ja stets darauf, dass sie nichts von dem, was im Werk sei, aus dem Leben, aus erfahrenen Empfindungen genommen habe. Es gebe aber Augenblicke, Lebensstücke, die eingelagert seien. Sie erzählt, sehr belebt, wie sie sich immer alle Texte laut vorlese und sie dabei bearbeite. Ich frage sie, ob sie mit George Steiner einverstanden sei, der einmal geschrieben hat: »Es ist, als würde das Gedicht, das Gemälde, die Sonate, einen letzten Kreis um sich ziehen, um den Raum der Autonomie zu sichern.«

»Das ist schön ausgedrückt.« – »Ich liebe diesen Satz sehr.« – »Ich auch.« – »Der romantische Schriftsteller

Joseph von Eichendorff hat einmal von einer ›eigentümlichen Grundmelodie‹ gesprochen, die jedem Menschen in tiefster Seele mitgegeben sei und die er sein Leben lang zu gestalten versuche. Wenn Sie auf Ihr Leben und Ihr Werk zurückblicken, könnten Sie dann dieser Bemerkung zustimmen?« – »Das ist schön.«

Schließlich frage ich sie, ob es für sie beim Schreiben auch manchmal diese Augenblicke der Einfachheit gebe, selbst wenn sie ihre Texte sehr streng gearbeitet hat. Nein, es gebe keine Leichtigkeit. Es sei immer hart und schwierig gewesen. »Es war nie genau das, was ich wollte.« Die eigentliche Arbeit mache sie immer im Café. Sie fühle sich dort wohl und habe den Eindruck, vollkommen allein zu sein. »Ganz weit weg von den mir Nahestehenden, ohne irgendein mich betreffendes Geräusch wahrzunehmen.«

Und dann dieses Bekenntnis:

»Niemals habe ich gedacht, ich bin eine Schriftstellerin, ich möchte eine Schriftstellerin sein. Es kam von allein. Ich mochte es zu arbeiten, selbst die Schulaufgaben in Französisch, ich mochte es, mit der Sprache zu arbeiten, mit dem Text, es machte mir Spaß. Es kam von allein. Ich hielt mich nicht für eine Schriftstellerin. ... Und Michel Leiris? Sagen Sie: Wie war es bei Michel Leiris?«

Und so erzählte ich, wie der kleine Michel sich selbst als Erfinder der Sprache erlebte, als ihm ein Zinnsoldat fast am Boden zerbrochen wäre und er das unfassbare Glück mit dem vehementen Ausruf *reusement* willkommen hieß.

Während der ganzen Zeit unseres Gesprächs hatte Nathalie Sarraute ihren Blick auf mich gerichtet. Ihre Worte klangen, als spräche sie aus einer anderen Welt. Es war wie in Leonard Cohens OLD IDEAS und YOU WANT IT DARKER oder in Bob Dylans TEMPEST. Noch im Gegenwärtigen gesprochen oder gesungen, aber schon durchweht vom Hauch des Jenseits. Ein in Worte, Töne und Melodien geformtes Klopfen an das Tor des Unendlichen.

Nathalie Sarraute schaute mich an und doch auch an mir vorbei, als sie sagte: »Für mich ist der Tod völliges Verschwinden von allem. Und ich akzeptiere ihn vollkommen.« (Welch eine Entsprechung dieses Verschwinden in einem technischen Missgeschick fand: Ich hatte den Stecker des Mikrofons zu locker in die Buchse gesteckt, sodass man statt des Gesprächs fast nur noch ein Rauschen – der Todesnähe? – vernahm. Als sie mein Entsetzen bemerkte, sagte sie: »Dann machen wir es noch einmal!« Später im Studio konnte man das Gespräch durch technische Kunstgriffe doch noch retten. Reanimieren?)

Mehr zu mir selbst sprechend, hatte ich am Ende des zweiten Gesprächs noch einmal gesagt: Manchmal ist ein Leben fast schon zu Ende, bevor es begonnen hat. Die Möglichkeit, mit einem Schiff in die Freiheit aufzubrechen, war zum Greifen nah, und sie wäre doch der Tod gewesen.

Appendix

Auch bei den Begegnungen mit Michel Butor spielte unsere Nähe zu Michel Leiris eine wichtige Rolle. »Eine dialektische Autobiographie«, so hatte er einen Aufsatz über Leiris betitelt.

1984 kündigte der französische Kultusminister Jack Lang an einem Tag der Frankfurter Buchmesse seinen Besuch in meinen Qumran-Verlagsräumen an, um Butor einen Preis zu verleihen. Der Minister kam, eskortiert von zwei Polizeiwagen, in den beschaulichen Bäckerweg. Es war noch nicht die Zeit des Handy-Wahns und der Selfie-Manie, also schaute man dem Gegenüber ins Gesicht und warf dann und wann neugierige Blicke auf die großformatigen Originalfotografien, die Leonore Mau von Dichtern wie Jean Genet, Ingeborg Bachmann und Unica Zürn, von Borges, Ungaretti, H. C. Artmann, Oswald Wiener ... und natürlich von Hubert Fichte gemacht hatte. Weitere Ausstellungen von Künstlern-Schriftstellern, im Umfeld der Buch-Editionen von Beuys und John Cage, sollten folgen.

In den *Verlagsräumen*? Es war nur ein langgestreckter Raum, zum Teil ausgefüllt von der Metallplatte einer ehemaligen Bäckerei, an den sich, verwinkelt, eine mit drei Ledersesseln, einer Couch und einem Tisch ausgestattete Kammer anschloss. Um in sie zu gelangen, musste man in den Hausflur treten, vier Treppenstufen zum Keller hinabsteigen, durch eine höchstens ein Meter sechzig hohe Tür in den Garten gehen und dann über einen Steg in einen anderen Trakt des Hauses eintreten.

Die Herren der chinesischen Delegation, die wir zuerst in den Garten führten, warfen bewundernde Blicke auf die alte Hausfassade, gingen sie doch davon aus, dass hinter allen Fenstern Lektoren, Vertriebschefs, Werbefachleute und Sekretärinnen saßen und dass, durch dicke Wände abgetrennt, Druckerei-Maschinen ratterten, um Millionen von Leiris-Exemplaren zu drucken. Später dann würde DAS BAND AM HALS DER OLYMPIA auf Lastwagen verladen und in alle Welt versandt werden …

KOSMOS
PARIS

Ein freier Tag lag vor mir. Durch die Stadt flanierend, dachte ich wieder an die erste Begegnung mit E. M. Cioran, dem »Brüll-Philosophen« und »Fragment-Mensch«, dem Ekstatiker der Nichtigkeit, des Niedergangs und des Katzenjammers.

In seiner beengten Mansardenwohnung in der Rue de l'Odéon, in der er so verloren wirkte, obwohl er schon *ewig* hier lebte, fühlte ich mich zu Anfang auch verloren. Am resopalbedeckten Küchentisch begann er ganz heiter und voller Witz davon zu erzählen, wie alles scheitert, scheitern muss und dass dies auch richtig so sei. Das Leben sei ein Fluch – und wie sagt er es? Mit inbrünstiger Leidenschaft und einem Funkeln in den Augen.

Und in seinen Büchern? In einer schlackenlosen Poesie wird alles mit metaphysischer Schärfe zum Ausdruck gebracht. Der Autor hat die Erfahrung des Ungeheuerlichen und Unheimlichen genossen und hat mit dem Schrecken einen vertrauten Umgang gepflegt. Einmal vertraute er mir in einer heiteren Atmosphäre an, er sei nur der *Sekretär* seiner Empfindungen, nur das Sprachrohr und der Diener des Erleidbaren. Eigentlich wisse er nicht, welch »diabolischer Durst« ihn daran hindere, den *Vertrag* mit seinem Atem zu kündigen. Er schreibe nur, wenn er im Zustand der Verlassenheit, der Verzweiflung und des *cafard* sei. Immer gehe man doch durch das Ich zugrunde, das man sich zulegt.

Wie oft ihm das Wort *sinnlos* über die Lippen ging und

wir dabei so ausgelassen waren! Wieso hatte er mir überhaupt sein Arbeitszimmer und Schlafzimmer gezeigt, mit dieser unentwirrbaren Mischung aus Büchern und oft getragenen Strümpfen, Hemden und Hosen?

Jetzt erinnerte ich mich auch wieder der Worte Ciorans, dieses in die Sprache vernarrten Philosophen, der 1937 aus Rumänien gekommen war und bis zu seinem Tod in Paris geblieben war: »Wissen Sie, die Pariser Schriftsteller sind Dorfbewohner. Obwohl ich Beckett gerne habe, besuche ich ihn nicht. Warum? Weil er in einem anderen ›Dorf‹ wohnt, mitten in Paris!«

Das wirft ein schillerndes Licht auf den *einen* Kosmos Paris, den man sich aufgesplittert in monadenartig bewohnte Viertel vorstellen kann. So selbstbezogen die Schriftsteller, Maler und Musiker auch in ihrer topographisch festgelegten Welt lebten, büßten sie doch nie ihr starkes Gefühl ein, das *eine* Paris zu vertreten, ja zu sein. *Ein* Paris, aber zerstückelt. Und dieses Gefühl möchte auch der Paris-Flaneur Patrick Modiano, dessen Schreiben sich dem Rhythmus des Gehens angepasst hat, vermitteln: in dem einen durchstreiften Viertel ganz Paris mit seinen profanen und geheimen, intakten und beschädigten Ordnungen zu bewohnen.

Ihm zur Seite erobert der Ethnologe Marc Augé, ob zu Fuß oder mit der Metro, die Stadt mit einer immer wieder neu entflammten Neugierde. Ich tat es ihm gleich, folgte den von ihm gewählten Routen durch die städtische Ober- und Unterwelt und schlüpfte in seine Doppelexistenz: als Erforscher außereuropäischer Kulturen (Elfenbeinküste, Togo, Lateinamerika) und als urbaner Feldforscher in den westlichen Gesellschaften.

Sehr früh schon hatte er seinen Blick gerichtet auf die Vermischungen von Orten und Nicht-Orten, also von bewohnten Räumen und von Transiträumen, die man, wie zum Beispiel die Flughäfen, nur durchquert, ohne den Wunsch zu verspüren, sich in ihnen länger als nötig aufzuhalten. Mit ihm lesend zu reisen heißt immer auch, in die Rolle des Ethnologen und Schriftstellers zu schlüpfen, die Grenzen zur Poesie, zum Roman und zur Fiktion hinter sich zu lassen und die experimentelle Recherche der Stadt, ihrer Avenuen, Parks und Tiefenschichten in die Forschung mit aufzunehmen. In Marc Augé hatte ich auch den Erforscher eines ganz besonderen Pariser Durchgangs- und Übergangsorts und eines flexiblen Modells des französischen Lebensstils, des *Bistros*, zu schätzen gelernt.

Wo sollten wir uns dieses Mal treffen? Es boten sich der für seine legere Weiträumigkeit und unaufdringliche Schönheit beliebte Jardin du Luxembourg und ein nicht zu lautes Bistro an einem seiner Eingänge an. Ich verband beide Orte, Gegen-Orte und Gegenfiguren zu der Welt meiner realen Kindheit, miteinander, brach schon Stunden vor unserem Treffen auf, vorbei am Café de Flore und dem Théâtre de l'Odéon, und betrat den Jardin wie eine vertraute Welt. Schreibend und lesend folgte ich den Impressionen Marc Augés, die sich zuweilen vermischten mit dem Geschehen um mich herum:

Leise vor sich hinsprechend, dann und wann begleitet von tastenden Handbewegungen vor ihrem Gesicht und entlang ihres Körpers, geht eine junge Frau in einem bunten, frühlingshaften Kleid an mir vorüber. Dabei kreuzt sie einige Male die Wege eines Mannes in einem schon den Sommer herbeilockenden farbigen Hemd, der, nach seiner Haltung und Mimik zu urteilen, ganz offensichtlich ebenso in einem, wenn auch wortlosen Gespräch mit sich selbst versunken ist. Als beide dies bemerken, sie sich also in Umrissen widergespiegelt sehen, streifen ihre Blicke einander, verweilen für ein paar Sekunden im Umfeld der Augen des Gegenübers. Dabei deutet der Mund von ihr und von ihm ein verhaltenes Lächeln an. Zaghaft und doch unübersehbar.

Bevor sie, jeder auf seine Weise, ihre Wege fortsetzen, in einem Augenblick des Innehaltens, richtet der Mann noch ein Wort an die Frau, ein wenig wie zur Seite gesprochen, um nicht aufdringlich zu wirken. Verstehen (oder richtiger: erahnen) kann ich eine Zahl und zwei Wörter, *13 Stunden Sonne*. Aus ihrem Mund erreicht mich das Wort *nachdenken*.

Der Mann verabschiedet sich mit einer Handbewegung. Dies ist der Augenblick, in dem ich einem inneren Impuls nachgebe, aufstehe, beiläufig weiter in mein Notizbuch schaue und dem Mann folge. Er geht in Richtung des Ausgangs Odéon. Am großen eisernen Tor angelangt, hält er inne und kehrt schließlich wieder um.

Unweit der Stelle, an der sie sich getrennt hatten, erblickt er die Frau auf einer Bank (unmittelbar neben der meinen), vertieft in ein Buch. Einzelne Passagen begleitet sie mit Handbewegungen, die offensichtlich die Handlung des Buches expressiv unterstützen sollen. Zögerlich geht der Mann auf sie zu und bleibt dann einige Meter vor ihr stehen. »Störe ich Sie? Darf ich mich neben Sie setzen? Entschuldigen Sie, dass ich frage, was lesen Sie? Oder bin ich da zu neugierig?« Er hat einfach ein paar Fragen aneinandergereiht, ohne eine Antwort abzuwarten, vielleicht aus Angst, auf eine der Fragen eine Absage zu bekommen und damit alles zu vermasseln, oder auch nur, weil es seinem Temperament so entspricht. Ihr scheint es zu gefallen und sie verknüpft, sichtlich belebt, ihre Antworten ebenso bunt miteinander. »Ich gehe meine Rolle noch einmal durch. Aber ja doch, setzen Sie sich, unsere Wege haben sich ja ohnehin schon einige Male zufällig, oder auch nicht, gekreuzt. Das ist ein Theaterstück. In der Strichfassung, wie wir das nennen. Schon arg zerfleddert von den drei Wochen Proben. Schnitzlers REIGEN. Kennen Sie das Stück?«

»Ich habe mich noch gar nicht vorgestellt. Ich bin José.«

»… und ich Mithra.«

»Mithra, das ist schön. Hm … Ich … hm … gehe auch meine Rolle durch. Ich bin Tänzer. Aus Brasilien. Mögen Sie mir von dem Theaterstück erzählen?«

»Zwei Menschen treffen sich. Sie wollen sich lieben. Vielleicht so wie viele Pärchen hier auf den Bänken.«

»Ist Mithra nicht der Name einer persischen Gottheit?«

»Vielleicht hatte meine Mutter, die sich in Mythen und Religionen gut auskannte, vielleicht hatte sie die Phantasie, ihr Mädchen sollte ein göttliches Kind sein. Und mein Vater? Ich denke, er fand es auch verlockend, sein Kind mit diesem Namen, der übrigens auch Freund bedeutet, anzusprechen.«

Der Mann erzählt von seinem Vater, der Brasilianer sei, und seiner Mutter, einer Französin aus Aix-en-Provence. Dort sei er auch geboren.

Aufgeregt antwortet sie, sie sei in Isfahan geboren, ihre Eltern hätten sich in Brasilia kennengelernt und in New York gelebt. Nach der Trennung sei ihre Mutter, und sie mit ihr, nach Paris gegangen. Seine Mutter sei auch, sagt der Mann, dieser Phantasie gefolgt. Sie werde bei der Premiere seines Stückes dabei sein. In einer Woche. Ob sie nicht auch kommen möge?

Natürlich hatten die beiden längst bemerkt, dass ich nur unbeteiligt getan hatte, in Wahrheit aber ihrem langsam in Fahrt gekommenen Gespräch gefolgt war. Sie nahmen mich sicher als einen Statisten in einer Nebenrolle ihres Stücks wahr. Mit einem Lächeln und einer kleinen als Abschiedsgruß gedachten Handbewegung brach ich auf.

Ich hatte noch genügend Zeit, um mir noch einmal Marc Augés Impressionen zum Bistro zu vergegenwärtigen. Würde ich auch gleich mit diesem ethnologischen Flaneur eintauchen in einen Austausch von erst einmal nichtssagenden Worten und einem vielsagenden Schweigen? Die Bistro-Besucher tauschen in der Regel eher nur schweifende Blicke miteinander – und bleiben dabei anonym. Sie folgen vorgegebenen Ritualen und haben in jedem Augenblick die Freiheit, sich von ihnen abzukoppeln, wenn das eigene Leben woanders hinwill.

Kaum hatte ich mich an einen Fenstertisch in dem verabredeten Bistro gesetzt, war auch schon Marc Augé eingetroffen. Ich sagte, dieser Besuch käme mir wie ein Abschiedsbesuch vor, bei dem ich Orte des Glücks und der Trauer durchstreife oder sie nur berühre. Wohnungen, Cafés, Plätze, Straßen und Brücken des Aufbruchs und des Schreibens, zerbrochener Liebesgeschichten, endgültiger Abschiede, besonders betrüblich für mich sei der Tod von Michel Leiris.

»Waren Sie bei seinem Begräbnis?«, fragte ich Augé.

»Nein. So gut kannte ich ihn nicht. Leider. Manche Schriftsteller verpasst man einfach. Erst im Nachhinein erkennt man das Versäumnis. Das Bistro symbolisiert ja dieses Kommen und Gehen und auch aneinander Vorbeigehen, trotz der Nähe.«

»Ich erinnere mich an Ihre schöne Formulierung, das Bistro sei ›ein Mischling, der sich aufgemacht hat, die Welt zu erobern‹. Man müsste vielleicht ergänzen: ... und dabei auch vieles und viele Menschen verpasst. Paris mit seinen Bistros symbolisierte – wenn ich das erwähnen darf – von früher Jugend an die für mein Leben notwendige Gegenwelt. Und dann aus innerer Notwendigkeit der Aufbruch in die außereuropäische Fremde, zuerst in den Nahen Osten. So wie Sie zur Elfenbeinküste und nach Togo aufbrachen.«

»So entstand bei mir eine europäisch und außereuropäisch ausgerichtete Doppelexistenz.«

»Manchmal schlägt das Pendel mehr zu der einen oder der anderen Seite hin aus.«

»Im Bistro rücken beide Gefühle ganz nah zueinander: Innen- und Außenräume und Zwischenräume.«

»... überall Gemenge, Gemische, Schichtungen ...«

»Sie erinnern mich daran, dass zuweilen schon der Name eines Bistros genügt, um weit entfernte Phantasien, Sehnsüchte, auch Trugbilder der Vergangenheit wieder vor meinen Augen vorüberziehen zu lassen. Ein Bahnhof wie Gare de Lyon intensiviert noch dieses Fluidum des Kommens und Gehens, ebenso im Außen wie in der Innenwelt der vorüberziehenden Bilder.«

In diesem Gefühl, uns an einem Durchgangsort – auch im übertragenen Sinn auf das ganze Leben bezogen – aufzuhalten, verbrachten wir noch einige Zeit, sprachen über die Zukunft der Ethnologie und brachen dann, gut gelaunt und belebt, auf, nicht ohne uns gegenseitig der Freude zu versichern, wenn wir uns bald einmal wiedersehen würden.

Das Gespräch fand seinen Widerhall auch während der folgenden Spaziergänge und in den Gedanken an das bevorstehende Treffen mit Jorge Semprun. Durch Marc Augés Frage, warum ich in Paris sei, war ich noch aufmerksamer geworden auf die Wege, die mich durch die Stadt führten, zu Orten, mal willentlich, mal sie nur *zufällig*, auf dem Weg woandershin, streifend. Voller Erwartung ging ich noch einmal zur Rue Dauphine, wo ich, unter dem Dach, gelebt hatte, wusste noch den Code der Haustür auswendig und stieg die endlosen Treppen, als führten sie geradewegs zum Himmel, hinauf, blieb an der Wohnungstür stehen, dachte zurück an die Morgen, an denen ich, windhundgleich, hinab und hinauf geeilt war, um das warme und knusprige Baguette zu holen und es auf den inzwischen von der Geliebten gedeckten Tisch zu legen, fragte mich, ob der Raum wohl wieder bewohnt war und, wenn ja, von wem, ein Geräusch war nicht zu vernehmen.

Wieder zurück auf der Straße, drehte ich meine Runden über die geliebten Place de Furstenberg und Place Dauphine, und wie von einer unsichtbaren Hand geführt, gelangte ich zum Quai des Grands-Augustins, stand, absichtslos, vor dem Haus von Michel Leiris, der längst schon gestorben war. Niemand würde mir heute öffnen. Was würde es nützen, wenn ich der Concierge sagte, wie oft mir hier schon von dem Dichter Einlass gewährt worden war. Ich wisse, dass er tot sei, aber vielleicht sei es mir dennoch erlaubt, noch einmal, wehmütig und um meinen Erinnerungen freien Lauf zu lassen, das Treppenhaus zu betreten. Ich sei gar nicht so vermessen, einen letzten Blick in den Flur der Wohnung werfen zu wollen, dorthin, wo ehemals das von Francis Bacon gemalte Porträt meines *Freundes* hing und in dem die Tochter der Haushälterin, ihr Gesicht verzerrend, ihn erkannt hatte: »C'est Michel!«

Vor dem Haus stehend und diesen Gedanken folgend, fiel mir eine der Selbstcharakterisierungen ein, die mir Leiris bei meinem letzten Besuch anvertraut hatte: »Mein ganzes Leben ist so völlig durchkonstruiert«, hatte er gesagt. Aber waren das nicht auch die Worte von Jorge Semprun, den ich heute in ein paar Stunden treffen würde? In WAS FÜR EIN SCHÖNER SONNTAG hatte er doch geschrieben, sein Leben sei kein zeitliches Fließen, sondern etwas Strukturiertes, »schlimmer noch: etwas sich Strukturierendes, eine sich selbst strukturierende Struktur«.

Wie würde es sein, ihm plötzlich gegenüberzustehen? Sollte ich vielleicht, um mir den Eintritt zu erleichtern, ihm als Erstes sagen, dass ich gerade, vor Leiris' Haus stehend, mir in Erinnerung gerufen hätte, wie er und Leiris sich selbst charakterisierten, und ich mich gefragt hätte, worin ihre Gemeinsamkeiten – wie sie sich selbst erlebten – bestanden hätten, bei so unterschiedlichen Lebensgeschichten.

Vor Sempruns Haus umgab mich ein ähnliches Gefühl von etwas Unwirklichem wie eben noch am Quai des Grands-

Augustins. Dort war das Tor verschlossen. Würde das Tor, vor dem ich jetzt stand, sich je öffnen? Fraglich erschien es mir. Vielleicht war es nur eine Attrappe? Oder eine Fata Morgana? Auch so wie mir damals das Tor zu den Filmstudios in Rom erschienen war, das sich dann aber, wie von Geisterhand geführt, geöffnet hatte? Ist auch jetzt eine Geisterhand im Spiel?

Ein gewaltiges Tor öffnet sich, unerwartet, macht den Weg frei, in einen Innenhof, zu einem Aufzug, der direkt zu Jorge Sempruns Wohnung, ausschließlich zu dieser einen Wohnung in der Rue de l'Université, führt.

Welch eine Herzlichkeit fast vom ersten Augenblick an. Von dem Augenblick an, da sich unsere Blicke begegneten, wir einander in die Augen sahen und meine erste Frage den Punkt traf, um den sein Leben kreist. Zugleich bemerkte ich eine Abwesenheit und Gedankenverlorenheit in seinem Gesicht. Eigentlich habe er gar keine Zeit, hatte er am Telefon gesagt. Er sei mit Filmaufnahmen beschäftigt.

Rechtfertigen konnte ich mein Kommen nur mit meiner Liebe zu seinem Werk, der Vertrautheit mit den Figuren seiner Bücher und deren Leben. Kaum hatte ich das Aufnahmegerät angestellt und die erste Frage formuliert, veränderte sich Jorge Sempruns Gesichtsausdruck und alles deutete darauf hin, dass er jetzt ganz anwesend, nur in dieser Situation war. Er schien vergessen zu haben, dass er keine Zeit hatte und eigentlich in Gedanken woanders war.

Unser Gespräch fand seine Mitte in dem Wort *Neugierde*: den Blick weiterhin nach vorne gerichtet zu halten, sich nicht völlig dem Gefühl des sich verflüchtigenden, des in Rauch sich auflösenden Lebens hinzugeben. Wo aber kann sich die Neugierde festhaken, das Leben wieder antreiben und den Blick auf Veränderungen freigeben? Das sei, sagt Semprun, im Lager der entscheidende Impuls gewesen, weiterzuleben und auf kleinste Zeichen der Neugierde zu achten. Gegen allen Widerstand. Und selbst nach den Ereignissen in einer zutiefst unmenschlichen Umgebung wäre eine »Aura poetischer Trauer« möglich gewesen. Das habe auch Primo Levi über Liana Millus Erzählung DER RAUCH ÜBER BIRKENAU gesagt. Das gehe über eine persönliche Erfahrung hinaus, es sei eine kollektive Erfahrung.

Die immer wieder neu zu entfachende Neugierde habe ihm, ebenso wie Ruth Klüger und Primo Levi, das Leben und den Versuch, die Vergangenheit zu bearbeiten, ermöglicht. Für ihn sei es, wenn auch nicht von Anfang an, aufs Engste ans Schreiben gebunden, ob in Spanisch oder Französisch, an welchem Ort auch immer, stets müsse er sich alles schwer erarbeiten. Weder in einem Land, einer Stadt, ob Paris oder Madrid, noch in einer bestimmten Sprache fände er leicht eine Heimat. Aber wenn, dann nur in der Stadt als einem geistigen, kulturellen Ort. Da entstehe für ihn ein Gefühl von Zuhause.

Einmal sagte er, im Verlauf des Schreibens komme immer deutlicher die Erinnerung zurück und jedes Mal könne er mehr sagen. Ich fragte mich: Was ist dieses *Mehr*? Liegt es eher auf der Seite des Geschehens oder eher auf der Seite der Imaginationen und der Assoziationen, die durch die Erinnerung angeregt werden? Und gibt es nicht immer auch eine gegenteilige Tendenz, dass sich das Ungeschriebene heftiger verweigert, wenn man immer dringlicher an seine Türen klopft? Und was bedeutet dieses *Mehr* für den Blick auf das Zukünftige?

»Ich glaube, Sie haben recht. Je mehr man schreibt, desto mehr kommt das Gedächtnis zurück, für mich jedenfalls. Jeder Schriftsteller hat seine persönliche Erfahrung, jeder Schriftsteller, der in einem Konzentrationslager gewesen ist, hat eine spezifische, kreative Erfahrung. Meine Erfahrung ist: Je mehr ich schreibe, desto mehr Gedächtnis gibt es. Aber vielleicht ist dieses Gedächtnis, diese Vergangenheit auch dichter und schwieriger zu erfassen und zu bändigen, sie ans Licht kommen zu lassen, je länger ich schreibe. Vielleicht, das weiß ich noch nicht.«

Jedenfalls sei er sicher, dass man unendlich über diese Erfahrung schreiben könne. Und dass immer Neues hervorkomme, nicht Neues als Erfahrung, als Geschehenes, sondern Neues als Assoziation, als Imagination, auch als Verständnis des Geschehenen. Warum? Weil wir zum Verständnis der aktuellen historischen Bedingungen und der Zukunft Europas auch über diese Vergangenheit nachdenken müssten.

»Das erinnert mich auch an etwas, was Michel Leiris einmal gesagt hat, man müsse die Erinnerung und das subjektive Schreiben auf die Spitze treiben, damit sie in Objektivität umschlagen. Ich glaube, wenn sich das Schreiben exzessiv der Erinnerung und der Selbst-Vergewisserung überantwortet, entsteht daraus die Kontur der ›Objektivität‹, so etwas wie eine kollektive Gedächtnisarbeit.«

Einmal hatte Semprun geschrieben, für ihn seien die Literatur und das Schreiben Formen, um den Tod in sich aufzuheben, zugleich aber auch eine Rückkehr zur eigenen Erfahrung des Todes. Gibt es also eine *Verlebendigung* und zugleich eine Transzendierung des Todes im Schreiben? Diese Erfahrung des Todes sei für ihn heute viel lebendiger als in den zwanzig Jahren, in denen er nicht geschrieben hat und gar keine Erinnerung daran haben wollte.

Wir umkreisen dann die Bedeutung, die zum Beispiel ein einfacher Baum im Umfeld eines Konzentrationslagers annehmen kann, verkündet er doch vielleicht den Beginn oder das Ende eines Zyklus der Natur. Oder noch bedeutungsvoller das Gespräch mit einem SS-Mann über einen Baum und wie dies sogar das Bild eines zwar grausamen und doch augenblickshaft humanen Wesens aufscheinen ließ. Über die blühende Knospe erfährt sich der inhaftierte Semprun als Teil der Natur, die, so kommt es ihm vor, seines Blickes bedarf, um zu existieren, und dann doch auch ohne diesen Blick genauso schön sein dürfte. Und dennoch: Vielleicht werde der Baum, seit er ihn berührte und ihn schreibend in der Imagination weiter lebendig hielt, noch *realer*.

Wir waren uns darin einig, dass wir unsere Bastion des Ich ein Stück weit verlassen und uns in Einheit mit der Natur wissen müssen, um die Schönheit der Natur erfahren und uns von ihr ergreifen lassen zu können. Und dennoch ist es an uns, ich-betont aktiv zu werden und daran zu glauben, dass *wir* es sind, die mit unserem Blick auf die Welt deren Existenz mitbestimmen.

Dann eine überraschende Volte: Vielleicht sei es dieses Gespräch, das uns heute – uns miteinander austauschend – zur Dialektik zurückkommen lasse. Es gebe diese zwei Aspekte der Wirklichkeit: »Die Welt existiert ohne meinen Blick, aber die Welt kann ohne meinen Blick nicht verändert werden. Es ist sicher, dass die ewige Welt meinen Blick nicht braucht, aber die soziale Welt, die historische Welt ist nichts ohne einen individuellen Menschen, ohne den Willen, auch den Willen zur Macht. In der Praxis ist die Welt nicht möglich ohne die menschliche Erfahrung und Tätigkeit. Es gibt also diese zwei Aspekte, die man philosophisch gut unterscheiden kann.«

»Die von Ihnen angesprochene Mentalität erinnert mich an eine schöne asiatische Geschichte mit drei Mönchen, die baden gehen und ihre Mäntel in den Wind hängen und einem Fisch und einem Vogel zuschauen. Der eine äußert sich eher abfällig über das Geschehen, sein Mantel wird vom Wind weggerissen. Der andere ist erstaunt und begeistert von dem Geschehen, dessen Mantel wird auch weggerissen. Und der dritte schaut einfach nur, ohne etwas zu sagen, sein Mantel bleibt hängen.«

»Das ist eine schöne Geschichte.«

Dann schlagen wir noch einen weiten Bogen zu Sempruns Selbstverständnis als Dichter und ob er darin so etwas wie seine *Identität* gründe. Nein, er habe keine Identität. Er denke an sich nie als an einen Dichter. Einerseits sei das Schreiben für ihn jetzt vielleicht noch wichtiger als früher. Andererseits aber könnte er heute das Schreiben auch lassen, wenn es etwas gäbe, das für ihn auf einmal bedeutungsvoller wäre. Eigentlich sei er gar kein wirklicher Schriftsteller.

»Wir sprechen zusammen, dann gehe ich, bleibe allein, nehme meine Papiere und fange wieder an zu schreiben, was ich heute unterwegs erlebt habe. Aber dann kommt ein Telefonanruf von einem Freund, den ich seit fünf Jahren nicht gesehen habe, er kommt aus Venezuela oder aus Argentinien, von einer fernen Reise. Und dann bin ich mir bewusst und sicher, dass diese Seite, die ich geschrieben habe, wunderschön ist und das, was ich wollte. Das kann ich dann vergessen, das Haus verlassen und zu diesem Freund, der nur ein paar Stunden in Paris ist, gehen, kann im Caféhaus eine Stunde verlieren.«

»... oder gewinnen.«

»Oder gewinnen, natürlich. Ich glaube, ich gewinne sie. Aber das macht kein echter Schriftsteller. Glauben Sie, Flaubert hätte das gemacht? Für alle Schriftsteller in der Welt, von Amerika, von Nordamerika bis Südamerika, ist Flaubert *der* Schriftsteller. Und Sartre hat ihm ich weiß nicht wie viele hundert Seiten gewidmet. Das macht ein Flaubert nicht, er verlässt nicht die Seite von SALAMBÔ, die er geschrieben hat, weil jemand anklopft und sagt, ich möchte mit dir über das und das reden. Ich bin in diesem Sinne kein wirklicher Schriftsteller. Und dann stellt sich auch wieder Ihre Frage: Gibt es etwas, das moralisch verantwortet werden muss? Ich hatte eine kommunistische und marxistische Periode in meinem Leben, aber was dahinter war, das ist noch immer da. Es gibt Werte, die wichtiger sind als das persönliche Leben und Überleben. Und diese Werte sind für mich heute genau dieselben wie diejenigen, als ich achtzehn Jahre alt war und von der Gestapo in Frankreich verhaftet wurde. Diese Werte sind, das kann man ganz einfach sagen: Freiheit und die Autonomie des menschlichen Wirkens und Denkens. Und dafür muss man alles, sollte man, kann man alles heiligen. Ja, das ist für mich genauso wie in jüngeren Jahren.«

Vielleicht sei er, sage ich, doch in dem Sinn ein Schriftsteller, wie es Danilo Kiš einmal formuliert hat: jemand, der keinen Tag das Schreiben verlässt, der jeden Tag mit der Schrift, mit dem Schreiben verbunden bleibt. In diesem Sinn verlasse er doch, auch wenn er mit einem Freund aus Venezuela zusammen ist, nicht seine Art zu sehen, zu denken. Wichtig sei ja, füge ich noch hinzu, als Dichter immer der eigenen Sprache treu zu bleiben und nicht in Ausweichsprachen abzugleiten.

Mit meiner Definition sei er, sagt Semprun, einverstanden. Sonst wäre man ein Amateur, ein Dilettant, kein Schriftsteller. Er stimme mir zu, dass der Schriftsteller die Sprache nicht wechseln dürfe, gleichgültig, ob man in der Zeitung oder an einem Roman oder Essay schreibt, dass man keine Ausweichsprache benutzt. »Nicht dieses Chamäleonhafte.« Am Ende sei es auch der Schriftsteller, mehr als der Intellektuelle, der am überzeugendsten von der Gegenwart und der Zukunft der Gesellschaft sprechen könne. Und vor allem der Dichter.

»Denken Sie an den Vers von Paul Celan ›Nördlich der Zukunft‹. Also, die Dichtung ist immer nördlich der Zukunft, über der Zukunft und in der Zukunft.«

Wieder einmal auf dem Weg zu Paul Nizon. Ich streife das Quartier Saint-Denis, wo ich damals wohnte, als ich das erste Mal in Paris war. Die Schönen in den Hauseingängen, vor Bars und Restaurants waren inzwischen noch vollbusiger geworden, silikongestählt, wie Goldbarren trugen sie die Brüste vor sich her. Als seien sie Betonsäulen, so standen sie auch vor elenden Hofeinfahrten, links und rechts von überquellendem Abfall eingerahmt. War ihr Leben damals ein anderes gewesen?

Ich hatte noch zwei Stunden Zeit, vertiefte mich in Bücher zu Paris, die allesamt Liebeserklärungen waren, auch wenn sie die Einsamkeit und das Abweisende der Stadt nicht aussparten.

Manche Schriftsteller zeigen sich überwältigt von der Schönheit und Erotik des Ortes und schrecken doch auch zurück vor dem Glazialen dieser Schönheit, dem Erfrieren nahe, besonders ausgeprägt bei Paul Nizon. Seit seiner Übersiedlung 1977 von Bern nach Paris, nach frühen ersten Stippvisiten, durchstreift er, wie Modiano und Marc Augé, die Stadt und hat davon auch in seinen JOURNALS Zeugnis abgelegt. Die Stadt? Natürlich ist es Ciorans *Dorf*, in dem er lebt. Ganz in den Anfängen noch in Montmartre, dann der *Aufstieg* ins 1. Arrondissement, in die Nähe des Palais Royal, des Louvre und der Tuilerien. Hier, wo die Stadt noch »Flügel hat«, entfaltet Nizon seine Poetik im Wechselspiel von Gehen und Schreiben, von Sprache und Leben. Nur im Schreiben in seinen legendär gewordenen Schreibateliers, die er sich immer wieder besorgte, könne er Fuß fassen; im Leben sei er ein Sich-Verlierender.

Seine existentielle Panik projizierte er in die Stadt. Die erlebte Kälte sei auch ein Reflex seiner eigenen Verfassung und dieses Fremdseins gewesen. Sein Ich gehe ihm immer wieder verloren. Die Bücher des *Wortmillionärs*, wie er sich einmal nannte, *fahnden* nach seinem Leben in Paris, als deren Gefangener er sich gerne sieht.

Zugleich aber scheint er sich, am Leitfaden seiner Phantasien, mit der Stadt und ihrer Kälte versöhnen, ja sie umarmen zu wollen. Die von der Leidenschaft des Stadt-Nomadisierens Besessenen nennen sich zuweilen, wie Nizon, *Gefangene*. Und dies voller Euphorie und Pathos, so als beraube sie die Stadt nicht der Freiheit, ganz im Gegenteil: Sie verstehen sich als von der Einzigartigkeit Ergriffene, in die Freiheit (und die Einsamkeit) Gestoßene.

»Grandios-rigoros« nennt er seine Romane, Erzählungen und JOURNAL-Bände, sie seien »frei, wild, zart, in eigener Sache, aber zeitdurchtränkt«. Wenn er einmal sagt, das Leben schreibe seine Bücher, dann heißt dies auch: Paris schreibt diesen Stadt-, Künstler- und Existenzroman, diesen Schönheits- und Totalitätstraum. Er sei ein Sager, der sich immer alles vorsagen müsse, weil er sich sonst leer, ja inexistent vorkomme. Existenzbegründend sei sein Freiheitsbuch CANTO (»ein Überschwang«) gewesen.

Sein elegantes Auftreten hatte mich dazu angeregt, mich auch ein wenig so zu kleiden und mir noch einen Anzug von Yamamoto zu kaufen, dessen Hosen allerdings so weit geschnitten waren, dass man darin ein bisschen wie ein Clown aussah.

Sind die Stadtnomaden alten Stils Geschichte? Wie viel ist noch lebendig von dem Paris-Mythos als »Hauptstadt des XIX. Jahrhunderts«, von dem Walter Benjamin sprach, und dem Willen zur mythischen Selbstüberhöhung? Die Jahrhunderte haben Paris die Gestalt eines *Palimpsests* verliehen. Der *eine* Pariser Stadtmythos hat sich aufgelöst in eine Vielzahl neuer Stadtmythen und Trivialmythen. Wie viel ist darin noch erhalten von der verehrten dichten Aura des Vergangenen und des Imaginären?

Auf welche Weise können die Schriftsteller auf die Veränderungen in Paris reagieren? Indem sie der Stimme der Imagination folgen, trotz des alles überwuchernden

Bilderstroms des Realen. *Auf nach Paris*. Und auf ins innere Paris.

Wir bedürfen eines anderen – ob Mann oder Frau –, in dem wir uns als Schreckbild und als liebenswert sehen. Im Lauf der Zeit wird es ein mit vielen Leben beschrifteter Spiegel.

Manche Stellen des Spiegels werden im Laufe der Jahre matt, und viele Leben, die man erfuhr, verlieren sich in den Weiten des Erlebnisraumes. Einst von grenzenloser Neugierde erfüllte Begegnungen können die Dichte und den Widerhall nur über eine sehr begrenzte Zeit hinweg bewahren. Was bleibt, ist zuweilen nur ein Flackern, gebündelt in dem schlichten »Es war einmal«.

So ist es mir ergangen mit dem seelenverwandten schreibenden Weltreisenden Cees Nooteboom, lange Zeit überquerten unsere Nachrichten die Ozeane. Aber ist vielleicht nur einfach eine schreibmüde Hand daran schuld, dass wir nichts mehr voneinander hören? Sind es auch schreibmüde Hände, die eines Tages das weit ausholende Gespräch mit dem 1939 in Südafrika geborenen Schriftsteller und Maler Breyten Breytenbach verblassen ließen? Wir hatten 2001 bei der »Literaturbegegnung in Schwalenberg« auf eine ernste und zuweilen doch auch spielerische, einem Atemholen vergleichbare Weise über die von ihm oft mit Todesangst verknüpfte Erinnerung an seine langjährige Isolationshaft gesprochen. Konnten wir den notwendigen Metamorphosen, in denen sich durch das Vergessen auch neue Lebensenergien manifestieren, eine Sprache verleihen? Und wie ließ sich die Kraft der Literatur und der Malerei in Worte und Bilder fassen? Einmal warf er die Formulierung »die Hand, die singt« in den Raum. Das habe ich nie vergessen. Ich hätte ihn besuchen sollen, in Paris oder auf der Insel Gorée vor Dakar.

Und der Austausch mit Elfriede Jelinek? Fand er, das kann doch sein, ein ganz natürliches Ende darin, dass eine Begegnung nicht ausreicht, um die Fäden des Schreibens weiterzuweben? Die Sprachspiele, die sie, ohne jeden Plan, erfinde, zerrten sie, hatte sie mir anvertraut, hinter sich her, so wie ein Hund seinen Besitzer. In ihrem Fall schnüffle die Sprache an jeder Ecke.

Aus solchen Bildern entfalteten sich bei unserem ersten Treffen, Anfang 2000, Annäherungen an das *Schwallartige* ihres Schreibens, wie sie – verwundert über sich selbst, da sie doch im Leben ein schweigsamer Mensch sei – nachdenklich und doch auch erheitert sagte.

In ihrem Einfamilienhaus in Hütteldorf, nahe Wien. Kaum war ich eingetreten, waren wir schon in Hängestühlen – Hollywood-Schaukeln als Einsitzer – versunken und schauten ins Grüne. Alles war ganz leicht und heiter und dabei thematisch konzentriert auf die Literatur und das Theater.

Schließlich wechselten wir zu einem flachen Tisch und nahmen auf einer Couch Platz. Vor dem Gespräch musste noch der Hund versorgt werden ...

Wir lassen uns von der Sprache, von Assoziationen und Verknüpfungen und von poetologischen Ansätzen leiten. Alles in großer innerer Bewegtheit, zuweilen fast übermütig.

Die Jahre vergingen.

Auf einmal gab es dann einen äußeren Anlass, um den Austausch wieder aufzunehmen, die Verleihung des Literaturnobelpreises. Ich gratulierte und wünschte ihr, der Preis möge ihr Schreiben nicht stören, erzählte ihr von meinem Besuch bei Hans Werner Henze und bei Nathalie Sarraute und wie sie, Elfriede Jelinek und ihre Literatur, in Marino und in Paris bei den Gesprächen fühlbar gegenwärtig gewesen seien. »Und wissen Sie, dass die ehrwürdige Buchhandlung La Hune ein ganzes Fenster mit Ihren Büchern und Porträts gestaltet hat?«

Dann erwähnte ich noch, dass der Berlin Verlag gerne eine erweiterte Fassung unseres Gesprächs publizieren möchte, unter dem Titel ›Schreiben ist wie Kotzen‹.

Wir korrespondierten. Schließlich signalisierte sie, sie habe nichts gegen eine gemeinsame Publikation, bitte aber um etwas Geduld. »Erst einmal muß ich mich beruhigen. Derzeit kann ich nicht einmal meinen Namen schreiben ...« Und sie unterschreibt die E-Mail so:.

stets das Ihre:

```
~..~----\9
(oo)____/
 ww ww
~~~~~~~~~~~~~~~~
```
http://www.elfriedejelinek.com

Und dann ein paar Tage später: »... Ich kann es nur im Moment nicht ertragen, sozusagen ex cathedra als Nobelpreisträgerin (das kommt mir immer noch nicht über die Lippen) mich da wichtigzumachen und wichtig zu machen mit meinen ›Weisheiten‹. Ich brauche zuerst etwas Abstand. Liebe Grüße, E.«

Gerne hätte ich den Faden wieder aufgenommen, den sie in unserem ersten Dialog über Ingeborg Bachmann und deren Formulierung »Poesie des weiblichen Geschlechts« gesponnen hatte. Sie bezeichnete sich selbst als *Raubvogel*, auf der Suche nach Sätzen, die sie weiterführen. Fasziniert sei sie von Bachmanns *Assoziationszwang* und ihrer *Subversion* gewesen. »Wenn sie ›Damenmode‹ irgendwo liest, liest sie sofort ›Damenmorde‹ ... Indem sie die Poesie des Weiblichen beschwört, erzählt sie gleichzeitig Geschichten, wie ein kleiner Bub ihr begegnet und sagt: ›Du, ich zeig dir was.‹ Und sie schaut hin, und er haut ihr eine runter. Diese entsetzliche Erfahrung von Demütigungen machen Männer auch, aber sie verarbeiten sie nicht so wie Frauen, weil sie all ihre Demütigungen als Individuen erleiden, während die Frauen sie immer als Gruppe erleiden. Es ist nie eine, die geohrfeigt wird, sondern es werden immer alle geohrfeigt.«

Elfriede Jelinek sagt, ihr Interesse sei auf die Stelle gerichtet, wo sie den Riss spüre. Ingeborg Bachmann habe in *Malina* diesen Riss buchstäblich dargestellt, »den Riss, der sich in der Wand auftut und in den das Subjekt hineingeht, weil es keinen Ort hat, wo es sexuelles Subjekt und sprechendes Subjekt zugleich sein kann ... die Frau muss sich, wenn sie spricht, ein männliches Ich zulegen. Das hat keine vor ihr in dieser Weise formuliert.«

Wie heute daran im Zeichen der *écriture feminine* anschließen?

Auf welch unterschiedliche Weise sich doch die Räume öffneten, die ich betrat, wenn ich bei Schriftstellern und Schriftstellerinnen zu Besuch war. Manchmal war man unmittelbar in deren Lebens- und Arbeitsraum oder ging erst einen langen Flur entlang oder durch das Kinderzimmer hindurch. Oder durch labyrinthische Veranden, über die man zum Beispiel in Paul Nizons Pariser Wohnung, in der Rue St. Honoré, gelangte. Die Räume, die sich mir beim Einsteigen in *Kapseln* des Schreibens öffneten, verrieten zumeist gleich von Anfang an, wie viel sie preisgeben wollten vom Intimen.

Friederike Mayröcker – deren Wohnung in der Wiener Zentagasse sie wie eine zweite Haut umgab – hatte mich in einen Raum gebeten, von dem man nicht sagen konnte, wofür er ursprünglich einmal bestimmt war: Ein als Bett oder Couch gedachtes Gestell war mit Büchern, Manuskripten, vollen und leeren Medikamentenpackungen und mit Kleidern zugedeckt, ebenso der Tisch, an dem es aber eine etwa zwanzig bis fünfundzwanzig Zentimeter freie Fläche gab. »Ich habe für unser Gespräch und Ihr Aufnahmegerät alles freigeräumt«, sagte sie voller Stolz, dies vollbracht zu haben. Wir setzten uns auf zwei dicht nebeneinander stehende Stühle; die anderen waren von hochgetürmten Büchern belagert. Obwohl wir mehrere Stunden zusammensaßen und ich viel Wasser getrunken hatte, traute ich mich nicht, ihre Toilette aufzusuchen, da ich befürchtete, dass es ihr peinlich wäre.

Wie auch im Gespräch mit Nathalie Sarraute sitze ich so nahe bei ihr, dass ich sie fast berühre. Sie spricht leise, behutsam, gleichbleibend in Ton, Timbre und Melodie. Musikalisch wie ihre geschriebenen Sätze. Auch dies verbindet Friederike Mayröcker mit Nathalie Sarraute. Die freundliche Zugewandtheit, Höflichkeit und Noblesse der beiden Dichterinnen machen den Raum des Sprechens weit und berühren zugleich in jedem Augenblick das Innehalten. Oft ist mir, als erzwinge ihre mit so viel Bedachtsamkeit errungene Sprache Augenblicke des Schweigens.

Bedachtsamkeit und Distanz. Und zugleich ihre Erfahrung, in einem Strom von Worten sich aufzuhalten. Und so solle auch der Leser von Worten »sich überschwemmen« lassen. Die zwei Gedichte, die sie mir zum Abschied schenkt, enden mit: »Und träumte: <u>die Spatzen sind auf dem Wasser gestanden</u>*; den Funken der Engel entschwebt, usw., von Nachtschmetterlingen umflort, <u>man tut gar nichts, man ist einfach allein.</u>«

Wären es nur diese Worte, genügten sie, um mir einen Eindruck von ihrer Lust des lyrischen Sich-Überschwemmenlassens anhaltend zu vermitteln. Und ebenso von der Last des Alleinseins.

Wir sprechen, nachdem wir uns über ihre Dichtung ausgetauscht haben, noch über unsere erste gemeinsame Lesung mit Ernst Jandl, unter anderem aus Anlass der Festschrift für Helmut Heißenbüttel AUS WÖRTERN EINE WELT. Das war in den achtziger Jahren. Von welcher In-

---

* Die Unterstreichungen finden sich so bei Friederike Mayröcker.

nigkeit selbst der Abschied von *Fritzi* (wie sie von Freunden vertraulich genannt wird) ist. Vielleicht glauben sie auch auf diese Weise in eine intime Nähe zu ihren »kindlichen Paradiesen« zu kommen.

Zurück in Paris. 11. September 2019. »Bacon en toutes lettres«, im Centre Pompidou. Bacon, Leiris und Bataille, Joseph Conrad, T. S. Eliot, Nietzsche und Aischylos »im Gespräch«. Aufs Engste miteinander verbunden über die leidenschaftliche Erkundung der *terra incognita* von Leben, Besessenheit, Ekstase, Kunst und Tod.

Das Gespräch führen in dieser Ausstellung das Bild und das Wort, die Malerei, die Philosophie und die Literatur. Ein unendlicher Raum an Resonanzen und Echos.

Ich bin sicher, diesen grenzenlos weiten Raum in den Begegnungen mit Leiris und dem einen Zusammentreffen mit Bacon lediglich erahnt zu haben. Erst im Verlauf des Schreibens erschlossen sich mir Teile ihrer Universen. Ich konnte sie zu Beginn noch gar nicht von innen heraus mit Wissen über die Vielfalt an Verknüpfungen erfüllt haben. Das sollte das Leben dann probeweise unternehmen.

War es Übermut, der mich einst bedenkenlos in die fremde Welt einer europäischen Metropole aufbrechen ließ, von der ich kaum ein Vorwissen hatte und die weder auf der geistigen noch der seelischen Landkarte der Eltern und Dorfbewohner verzeichnet war? Wenn, dann waren es die vagen Konturen eines Mythos, der von berühmten Malern, Sängern und Philosophen Kunde gab und den ich in mir trug, als ich 1968 zum ersten Mal mit einem Moped nach Paris aufgebrochen war, ein Mythos, der mit jedem weiteren Aufenthalt und all den Begegnungen immer mehr Gestalt annahm.

Als ich jetzt, Jahrzehnte später, nahezu synchron, meinen Ausweis (Adresse Temporaire 45 rue A. Dumas, c/o Wintermeyer) für die Bibliothèque Nationale und – danebenliegend – großformatige Farbbilder der Bibliothèque wiederfand, fragte ich mich in einer diffusen Erregung: War der auf dem Foto des Ausweises abgebildete junge Mann mit dem für sein Alter viel zu ernsten Gesicht und der riesigen Brille (als müssten durch sie die Augen alle Bände der Bibliothèque wie ein Blitz durchdringen und erhellen), war dieser zu früh zu ernst gewordene Jüngling nicht maßlos überfordert von den gigantischen Ausmaßen allein des Lesesaals mit den hochgetürmten Bücherregalen und, darüber, den eingelassenen Gemälden und Fenstern? War er dem, was ihn umgab, überhaupt gewachsen, hier (an diesen edlen Tischen mit den ehrfurchterregenden hohen Stehlampen, umgeben auch von verzierten Säulen) zu sitzen, er, dem der Vater das Buch am liebsten aus der Hand gerissen hätte, um ihn aufs Feld zum Unkrautjäten zu jagen? Hier zu sitzen, wo sich die großen Philosophen und Schriftsteller aus aller Welt ein Stelldichein gaben? Spaltete er sich vielleicht insgeheim in ein Bauernkind, das gelernt hatte, einen Traktor zu fahren, und in einen Bibliotheksbesucher, der mit den anderen Besuchern und den Büchern auf Du und Du stand?

    Eine Art Abkommen zwischen zwei Welten? Ein Vertrag? Ein Geheimvertrag?

PARIS UND ANDERSWO.
PETER HANDKE

POESIE UND LEIDENSCHAFT

28. Juni 2018. Heute ist er aus Chaville angereist. In der Villa an der Rehwiese liest er aus dem Werk des sorbischen Dichters Kito Lorenc. Ein liebenswürdiger Zug von ihm, aus seiner Innigkeit mit sich selbst herauszutreten und sich einem anderen Mann des Wortes zu unterstellen. Das hat er so mit einigen Dichtern, wie zum Beispiel auch mit dem verehrten Ernst Meister, gemacht, Dichtern, die ebenso in Metropolen wie an kulturellen Peripherien beheimatet sind.

Heute ist er ganz heiter. Gelöst. Als läge die schwerste Zeit seiner Kämpfe hinter ihm. Nur manchmal blitzt seine allseits gefürchtete Feindseligkeit in ihm auf, vor allem dann, wenn niemand sie erwartet, zum Beispiel gegenüber dem alten Weggefährten Claus Peymann, den er einst für sein »erzählerisches Theater, weiträumig« und als *Hervorrufer* rühmte. »Setzen Sie sich doch hier neben Peter«, sagt der Suhrkamp-Verlagsmann und Herausgeber seiner Werk-Edition, Raimund Fellinger. Daraufhin der Dichter abfällig zu Peymann: »Auch das noch!« Aber eigentlich ist es eine Liebeserklärung, nur verschlüsselt, ins Gegenteil verkehrt. Er nennt ihn liebevoll und doch auch mit einer in ihm verankerten Distanzierung den *Lichtempfindlichen* und den *Beleuchter*.

Es ist ein Spiel, das er mit sich selbst, mit und in den Kammern seiner Seele, treibt und den anderen als Rätsel aufgibt. Es ist das Rätsel der Sphinx.

Einige Begegnungen waren uns beschert gewesen. Begonnen hatte es in den 1970er Jahren, in denen wir beim »Steirischen Herbst« in Graz lasen und die Texte in der Zeitschrift MANUSKRIPTE veröffentlichten. Deren Herausgeber Alfred (Fredy) Kolleritsch war einer seiner engsten Freunde. Ihm widmet er einen poetischen Herzensgruß, nachdem Fredy nach monatelangem Koma wie durch ein Wunder wieder erwachte und noch einmal Gedichte schrieb.

Eines Tages verwehrte man Peter Handke – es war die Blütezeit des »Steirischen Herbstes« – den Zugang zu einer Lesung. Da sagte er leise und doch erregt und mit rotem Kopf zu den Polizisten, die die neugierige Menge abdrängten, er sei es, der hier lesen werde. Da er, der neunundzwanzigjährige *Hippie*, in ihren Augen nicht wie ein bedeutender Schriftsteller aussah, meinten sie, das könne jeder behaupten – und im Übrigen solle er zum *Lesen* ins Caféhaus gehen. Er trat einem von ihnen ans Schienbein, und sie verhafteten ihn. Ich stand unmittelbar neben ihm, denn auch ich sollte lesen, hielt Ausschau nach Fredy und erzählte ihm davon. In der Polizeistation ließen sie uns nicht zu ihm. Später wurde er wegen *Amtsehrenbeleidigung* angeklagt.

In der Grazer Zeit besuchte ich ihn auch zu Hause. Ein großformatiges Bild – ein Engel geleitet ein Kind über den Fluss – empfängt den Besucher beim Eintreten in das geräumige Wohnzimmer. An einen Flur kann ich mich nicht erinnern, mir ist, als habe man gleich vor der Couch und dem Bild gestanden, in seiner Villa in Kronberg im Taunus, damals, 1972.

Zu lang ist es her, als dass man der Erinnerung ganz vertrauen sollte. War auf dem Bild, das ein Kind über den Fluss geleitet, wirklich ein Engel zu sehen oder habe ich ihn, mir wünschend, hinzugedacht? Und war es wirklich ein Kind oder ..., ich kann es nicht beschwören. Versichern aber kann ich, dass wir, ich und Bernhard Landau, freundlich empfangen wurden. Von dem Dichter und *Hausherrn*.

Peter Handke hatte, auch wenn er traurig war, eine aufrechte Haltung. In jedem Haus, sagte er, wohne ein König, der sich manchmal sogar zeige. Und fügte hinzu: *Jeder Blick wartet auf den trauernden Gegenblick.* Es gibt eine innere Stimme, die ihn leitet und seine Worte ganz klar werden lässt, auch wenn sein Mund etwas Unfreies hatte. Wie bei uns allen, im Laufe der Jahre.

Wir brechen auf. Ich hole in einer Mischung aus Aufregung und Heroismus das Letzte aus meinem Buckelvolvo heraus, als wolle ich seinen betont langsamen Bewegungen, die er schon recht meisterlich beherrscht, die maßlose Geschwindigkeit entgegensetzen. Auf dem Rücksitz witzelt Bernhard Landau, ein exzentrischer, in einer *gloire universelle* eingehüllter Schriftsteller: »Gut, Peter, dass du nicht vorher noch durch den Wald spazieren gehen willst.«

Er bleibt, wie immer, ernst und konzentriert, ohne dass man erfährt, auf was eigentlich. Wahrscheinlich auf das Leben im Ganzen. Er hat eine Einladung von Suhrkamp für ein großes Fest im obersten Stockwerk des Interconti. Hesses STEPPENWOLF soll, international aufgeputzt, verfilmt werden. Er möchte die Hauptdarstellerin, eine unantastbare Bellezza, kennenlernen und bittet seinen Verleger Siegfried Unseld, ihn vorzustellen. »This is ... a german writer.« Mitleidig schaut die Frau ihn an: noch ein junger Mensch, der Schriftsteller werden möchte ... Sie hatte kein Gespür für sein »mystisches Abenteuer«. Er betrank sich und tanzte Walzer und Tango mit Bernhard. Sie waren das bessere Paar.

Kaum, dass wir uns heute an diesem sommerlichen Abend an einem Tisch im Garten begrüßt haben – nur Ulla Berkéwicz, die liebenswürdige Gastgeberin der großen alten Schule und die Dichterin, die sie geblieben ist, die Wirrnisse der Verlagszeit hinter sich lassend (wunderbar weiträumig ihr gerade erschienenes Buch: ÜBER DIE SCHRIFT HINAUS), ist schon da –, fragt er mich, wie es der »Gräfin« gehe. Wer ist die *Gräfin*? Soll ich es wirklich erzählen? Es ist eine Falle, mich in ein sachliches Auskunftgeben hineinzuziehen und vom Drama vor vielen Jahren abzulenken. *Drama* und »vor vielen Jahren« – noch viel zu distanzlos diese Wörter. Inzwischen ist mehr als ein Jahr vergangen.

»... erst einmal muss ich mich beruhigen. Derzeit kann ich nicht einmal meinen Namen schreiben«, an diese Zeilen, die mir Elfriede Jelinek am 11. Oktober 2004 sandte, erinnerte ich mich, im November 2019, nachdem auch Peter Handke den Literatur-Nobelpreis erhalten hatte, und ich fragte mich, welcher Art wohl die Turbulenzen gewesen sind, die er erlebte und ob er sich selbst ein Bild von dem machte, was ihm noch bevorstehen konnte.

Angesichts der Dimension seiner politischen Stellungnahme zu Serbien erscheint sein persönliches Befinden erst einmal als unerheblich und ist doch unablösbarer Teil des Strudels, den die Stockholmer Entscheidung auf vielen Ebenen hervorgerufen hat. Von der Diskussion einiger seiner Aussagen war nicht nur die Frage nach seinem Werk vollständig überlagert worden, sondern auch die nach dem augenblicklichen Erleben des Autors. Sollte aber die jede singuläre Erfahrung übersteigende Diskrepanz zwischen Schreiben in Zurückgezogenheit und einer alle Dimensionen sprengenden Ehrung nicht, zumindest für eine gewisse Zeitspanne, Aufmerksamkeit beanspruchen dürfen?

Ich frage mich, ob Peter Handke gut daran getan hat, seine Welt zu verlassen, um sich *dort* einem Ritual zu unterwerfen (sich »zum Narren« zu machen, wie dies Simone de Beauvoir und Sartre einst nannten), einer Zeremonie zu folgen, für die er nicht geschaffen ist. Alle Ehrungen eines solchen *Kalibers* verführen den Ausgezeichneten (der sich doch, wie Handke, als *Einzigen* sieht), den offenen Prozess des Schreibens zu unterbrechen, ihn vielleicht sogar unwiederbringlich zu zerstören, sich in alte Debatten nicht nur drängen zu lassen, sondern, darüber hinaus, frühere Positionen eher noch zu manifestieren, anstatt weiterhin der *Wandlung*, der er sich doch leitmotivisch verschrieben hat, zu folgen. E. M. Cioran hatte vom Ruhm als der »größten Strafe des Menschen« gesprochen.

Zumeist gilt Handkes Werk als eines der Selbstbezogenheit und Selbstgerechtigkeit. Aber tut dieses Autor-Ich nicht alles, um die Verengung zu transzendieren und zu transformieren und dem *Gewicht* der Welt Geltung zu verschaffen? Ist es nicht ein auf sehr singuläre Weise von Welthaltigkeit erfülltes Werk, oder grundsätzlicher gefragt: Welches Ich könnte dies nicht mit gutem Grund für sich beanspruchen, ist doch jedes Ich vom ersten Augenblick der Geburt an und bereits zuvor (über den mütterlichen Resonanzkörper) Teil dieser Welt?

Den vielleicht überzeugendsten Beweis für die ganz besondere Art von Welthaltigkeit seines Schreibens, außerhalb seiner Romane, kann man in den BEGLEITSCHREIBEN sehen, die er den Dichtern Konrad Bayer, Friederike Mayröcker, Ernst Meister, Tomas Tranströmer, Dimitri Analis und Adonis, Alfred Kolleritsch oder Kito Lorenc zugedacht hat, und in seiner Freude am Übersetzen, einem Eintauchen in fremde Welten, eine schöne Form der Unterwerfung auch, und zugleich eine Erhebung, im Sinne einer Erforschung des Terrains.

Unübersehbare Grenzen werden dem Autor-Ich gesetzt von den seelischen und lebensgeschichtlichen Bedingtheiten und Einschränkungen, wie sie zum Beispiel bei Peter Handke in seinen sich durchhaltenden Beleidigungen, Reizbarkeiten und Wutausbrüchen zum Ausdruck kommen. Der Größerformatierung seines Werks im Weg stehen kann auch seine Vorstellung, dass sich die Beschreibung des Politischen bedingungslos der dichterischen Beschreibung von Welt zu unterwerfen habe. Eine extrem ausgeprägte literarische Souveränität mag dazu verleiten, sie auch auf die Beschreibung und Beurteilung von Verbrechen, persönlichen Schicksalen und Kriegen zu übertragen und dabei eine mögliche Verzerrung historischer Eigengesetzlichkeit und Wahrheit in Kauf zu nehmen.

Für mich wäre es eine gute Gelegenheit gewesen, in den Chor der Ankläger Peter Handkes einzustimmen und die sich anbietende Projektionsfigur für meine Wut zu nutzen, ihn – zu Recht oder Unrecht – als fragwürdigen

Serbien-Agitator anzuklagen, um in ihm auch, jenseits des Politischen, einen, wenn ich es abgekürzt und unvollständig so benennen darf, Liebesräuber mit anzuklagen. Auf diese Weise wäre es ein Leichtes gewesen, mich, zumindest augenblickshaft, von meiner mit Trauer vermischten Aggression zu befreien, nicht nur gegen ihn, sondern auch gegen mich, der ich den *Liebesraub* nicht verhindert hatte und nicht stark genug war, um sein Verlangen nach ihr zurückzuweisen.

Die früheren Begegnungen und der Austausch mit gemeinsamen Freunden legten es nahe, ihm meine Freundin auf dem Weg zum Café de Flore in Paris vorzustellen, ohne sein und ihr Begehren erahnen zu können. Meine sich anbahnende Selbstzerstörung – den Zerwürfnissen der Leidenschaft (oder, um mit Stefan Zweig zu sprechen, der »Verwirrung der Gefühle«) bedingungslos zu erliegen und der Phantasie zu folgen, ihn zu erschießen – insistierte einige Zeit. Als ich dann aber verstand, dass ich auf diese Weise die Schönheit der Leidenschaft und der Poesie verraten, ja entwürdigt hätte, konnte ich meine Liebe zur Poesie (und auch der seinen) und meine (und auch seine) besonders ausgeprägte Lust am Unterwegssein wieder ganz neu und dauerhaft beleben, und es bedurfte keiner Projektionsfigur mehr für das erfahrene und doch selbst zu verantwortende Unglück.
    Jetzt kann ich die Geschichte auch erzählen.

... wie es der *Gräfin* gehe? Ich antworte nicht, lache nur. Für den alten Schmerz ist jetzt hier sowieso kein Raum. Nur nicht in die Rolle eines Schalterbeamten wechseln, den man nach den Abfahrtszeiten der Züge fragt. »Sag schon, wie geht es ihr. Ist sie wieder mit jemand zusammen? Und du, mit wem bist du?« Er will es nicht wirklich wissen, nur so tun und seine eigene Erinnerung an das, was mit ihm geschehen war, als eine ferne Vergangenheit abtun.

Seine ewigen Verführungen mit Gesten und selbstgepflückten Pilzen und erträumten Poesien! Und dann die Abbrüche. Und Aufbrüche. Woanders hin. In die Literatur. Ins Schreiben. Weg von der Geliebten. Nein, müsste ich zu ihm sagen, fühl doch in dir selbst deinem Schmerz und dem der anderen nach, glaubst du wirklich, ich antworte dir auf deine Frage? Ich lache nur. Es ist die bessere Alternative. Und dann spreche ich seine Reise-Erzählung NOCH EINMAL FÜR THUKYDIDES an und dass ich oft gedacht hätte, diese hier von ihm erschriebene poetische Geographie hätte er fortführen sollen. »Ja, aber das schreibt man nur einmal.«

Inzwischen ist Sophie gekommen und sein alter Freund Peter Hamm – alles fügt sich heute so (fast) bruchlos. Ich muss zweimal hinschauen. Ist er es wirklich, der Zornige? Einmal sagt er zu mir: »Wir mit unserem grauen Haar.« Ich traue meinen Ohren nicht. »Jetzt sprichst du schon von *unserem* Haar. Es ist immer noch deins und meins.« Ertappt fühlt er sich in einer Gefühlsregung. »Ach, man sagt doch so.« Und das aus dem Mund des Dichters! Den man in diesen Augenblicken lieben muss, wie er eine schlichte Regung einfach so mitteilt. Wie damals, als ich ihn einige Male im Café de Flore in Paris sah. Berührt war ich von der Innigkeit, mit der er sich der ihm gegenübersitzenden Frau zugewandt hatte. Als sie ihn für einen Augenblick allein ließ, lehnte er sich erschöpft zurück, und eine tiefe Traurigkeit legte sich über sein Gesicht. Ein Engel wischte sie weg, ich hätte es beschwören können, gerade in dem Augenblick, als sie zurückkehrte und sich lächelnd wieder an seine Seite setzte. So versuchte er seine eigene Überzeugung zu widerlegen, dass niemand ihn *sehe*, niemand ihn *erkenne*. Niemand soll wirklich wissen, wie es in ihm aussieht. Ganz gelingt es aber nicht. Bei aller Faszination, die er der Verwandlung entgegenbringt und von ihr auch erzählt, öffnet er uns doch nur einige wenige Außentüren zum Verborgenen.

»Wird er bei ihr bleiben?«, hatte ich Fredy gefragt. – »Vor ein paar Tagen hat er mir am Telefon gesagt, er beginne jetzt wieder mit einem neuen Roman.« Da öffnete sich schon der Raum für ein neuerliches Wünschen, gestützt darauf, dass mir Fredy erzählt hatte, Peter begehre die Frauen immer nur als fremde Wesen und dass sie ihm schnell lästig werden, wenn sie um ihn herum sind und die Ideen für das neue Buch schon anfangen, Gestalt in ihm anzunehmen.

Ist es so, dass er eines Tages, für die Geliebte ganz unerwartet, ihr einfach mitteilt, sie solle gehen? Vielleicht lacht sie noch und hält es für einen schlechten Scherz, den er aus Übermut gemacht hat, um die unfassbar große Liebe ein wenig zurechtzustutzen. Und sie fügt noch spielerisch, wie auf einer Bühne, hinzu: »Ja, ich gehe, ich gehe *mit dir*, für immer.« Und er wiederholt die Aufforderung zu gehen, dieses Mal schon eine Spur entschiedener. Dann verlässt er selbst das Haus, nicht ohne ihr noch im letzten Augenblick, ihr über die Schulter schauend, zu sagen: »Wenn ich zurückkomme, möchte ich allein sein.«

Dies kann, in dieser Heftigkeit, nicht nur mit der Sehnsucht nach dem Schreiben zu tun haben. Es ist ein grundsätzliches Aufkündigen der Dauer.

Vielleicht ist es in der Heftigkeit vergleichbar mit der plötzlichen Aufkündigung der Bindung an das Kind, wenn die Mutter freiwillig in den Tod geht. Besonders schmerzlich für das Kind, das sich gerade der Welt mit Herz und Seele geöffnet hat. Tief irritiert bleibt das Kind zurück und seine Beziehung, die es später – zum Mann geworden – zur Frau aufnehmen wird, bleibt ein Leben lang auch davon geprägt.

Als er einmal erzählte, dass ihn seine Mutter, trotz ihrer leiderfüllten Lebensbedingungen, in dem Glauben gelassen hatte, er sei aufgehoben, und wie sie sich dem Leid zum Trotz einen erhabenen Gang zugelegt hatte, dachte ich an meine Mutter, die nach der Flucht immer, auch wenn sie putzen ging, offen ihren Goldreif trug. Alle sollten sagen: »Das ist die mit dem Goldreif.« Mit dem WUNSCHLOSEN UNGLÜCK hat der Dichter dann dem Leben seiner Mutter Maria eine Gestalt verliehen, die sie überdauert. Meine Mutter Ida ist mit diesen Zeilen in der Welt der Wörter lebendig geblieben:

Ich heiße Ida Klawé
und wohne auf dem Kahné

Als man das Kind Ida am ersten Schultag fragte, wie es heiße und wo es wohne, hat es diesen Reim erfunden. Nun steht dieser Reim hier, aufgeschrieben von mir, ihrem Sohn, der über ihr Leben schreibt, während er immer noch auf der Suche nach dem seinen ist. Der Sohn setzt fort, was seine Mutter begonnen hat. Sie verließ ihre preußische Heimat aus Not, er *flieht* in der Gestalt des Reisenden.

Einmal erzählt Peter Handke in NOCH EINMAL FÜR THUKYDIDES die Geschichte der Kopfbedeckungen in Skopje und spricht von einem kleinen Epos – wenn es denn gelinge. Mit einer Liebe zum Detail schaut sich der Reisende die Kopfbedeckungen der an ihm vorübergehenden Menschen genau an, verweilt mit seinem Blick bei einer Gebirgsüberquer-Mütze oder einer Moslemkappe. Die Sonderbarkeiten nehmen kein Ende; jeder Passant ein ganz *Eigener*. Wie er selbst. Der Erzähler findet Zuflucht bei der Formel des Undsoweiter und fügt dann noch im allerletzten Augenblick hinzu: *All das schöne Undsoweiter. All das schöne Undsoweiter*. Ach ja: für ihn vielleicht ein beiläufig dahergesagtes Wort. In der Liebe aber, hätte ich ihm sagen wollen, gibt es manchmal ganz plötzlich kein Undsoweiter mehr.

Das unterbrochene Undsoweiter ruft wieder das Bild in Erinnerung, wie die Ehefrau in Truffauts Film DIE SÜSSE HAUT ihren Ehemann erschießt, nachdem sie entdeckt hat, dass er sie betrügt. Mit einem riesigen Gewehr, das sie unter ihrem Mantel versteckt hält, geht sie in das Restaurant, in dem er immer zu Mittag isst, und knallt ihn wie ein wildes Tier nieder – und so liegt er dann auch da. Die Literatur und der Film bieten unendlich viele, dramaturgisch ausgefeilte Inszenierungen von Zerwürfnissen an.

Einmal spielte meine Phantasie verrückt und gaukelte mir vor, indem ich einen *Dichter der Wandlung* erschieße, lasse ich sein Werk noch einmal auf tragische Weise erstrahlen.

Dann aber setzte sich die Gewissheit durch, dass es damit getan sein sollte, die Tat nur zu träumen und den Traum immer wieder zu träumen, bis er sich von allein verflüchtigte, ohne dass mich ein weltliches Gericht, auch eines fernen Tages nicht, zur Verantwortung ziehen könnte. »Es war ja nur ein Traum«, würde ich sagen.

So legt er, zum Glück, weiterhin die Äpfel zum Trocknen auf den Tisch. An den Wochenenden fährt er nach Paris, in die Stadt der Liebe, nimmt im Flore einen Espresso und schaut vielleicht eine Frau an.

Von der Zugfahrt zurück ins Landesinnere erzählt er in THUKYDIDES in einem einzigen Satz, der sich wie ein reißender Strom nicht aufhalten lässt. Man sieht den Reisenden vor sich und man sieht mit seinen Augen aus dem Fenster des Zuges auf das fein gegliederte japanische Schilf. Man sieht die Schneeflocken, die um sich selber spindeln.

Der Wunsch, das Undsoweiter mit tastenden, sich bedächtig den Dingen nähernden Worten zu erfühlen, da holt es mich wieder ein, sein Undsoweiter. Nein, kein Undsoweiter, auch kein Irgendwieandersweiter.

Geschah alles einfach so, und er wurde nur *zufällig* zum Mitspieler eines Szenarios, das begann, als ich ihm auf dem Boulevard Saint-Germain, nahe der Place de l'Odéon, *zufällig* begegnete und ich *sie* ihm vorstellte und sie danach sagte: »Ich wusste gar nicht, dass Peter Handke so groß ist.« Ein in Alltäglichkeit eingehülltes erstes Berührtsein.

In den folgenden Monaten kam sie noch einige Male, wie aus heiterem Himmel, auf diese mehr als flüchtige Begegnung zu sprechen und fragte, ob wir *ihn* wohl wieder mal treffen würden, zufällig. »Erzähl mir von ihm.« Unschuldig, eher unbedacht und dumm erzählte ich aus der emotionalen Mitte des Erlebten: Bei einer gemeinsamen Lesung in Graz sagte er, so bestimmt und klar, zu einem Zuhörer, der ihn angegriffen hatte, einen Satz, den ich nie wieder vergaß: »Wenn du so redest, bist du selber damit gemeint.« Diese wenigen Worte erlangten in diesem einen, und keinem anderen, Augenblick eine Bedeutung, die über die Jahre hinweg anhielt, sich immer wieder erneuerte. Die Wahrheit ist sicher auch in ihm noch aufgehoben und wirksam. Mir steht der Satz so lebendig vor Augen, als hätte er ihn gestern erst gesagt. Es ist der Klang dieses unscheinbaren Wortes *selber* – von ihm etwas stärker als die es begleitenden Wörter betont –, das lange in mir nachhallte. Und dann das eher unbestimmte *gemeint*, das alles offen ließ. Was jemand sagt, weist auf ihn zurück.

Einmal ging ich ziellos durch einen Park und schaute, wenn ich nicht gerade in einem Gedichtband blätterte, den Schwänen oder den ziehenden Wolken zu und machte dann an einem Spielplatz Halt, an dem die Kinder besonders gerne auf einem riesigen Trampolin hüpften oder in einem Netz von Schnüren und Seilen ihre Körper als Schlangen ausprobierten. Ich stand bestimmt schon eine Stunde lang so da, als zwei Jungen heftig miteinander zu streiten anfingen und im Ringkampf ihre Kräfte maßen. Der zu Boden gegangene Junge akzeptierte seine Niederlage nicht, nahm eine Handvoll Sand und schmiss sie dem anderen ins Gesicht. Der nannte ihn daraufhin *Kröte*.

Wenn du so redest, bist du selber damit gemeint, rief ich ihm zu. Daraufhin nahm dieser ebenfalls eine Handvoll Sand und warf sie mir ins Gesicht.

Peter Handkes Auftreten schien immer von allem Überflüssigen gereinigt. Er möchte, so jedenfalls stellte es sich mir damals dar, nur aus dem Sein heraus sprechen, nie sich an der Sprache versündigen, das Gerede-Ich zum Verstummen bringen. Woher kam diese Berührungsangst vor dem Unreinen in den alltäglichen Konventionen?

Nach einer Begegnung mit ihm in Graz träumte ich: Wir waren auf den Mont Ventoux gestiegen. Davor hatte ich mit ihm zusammen Kräuter gesammelt, die wir auf einem Markt verkauften. Dann wechselte der Schauplatz, und wir erklommen den Berg, um Opfer zu bringen, vorneweg er. Im Schlepptau einige noch lebende Urväter des Dichtens und Vertreter eines ekstatisch-poetischen Surrealismus, die gerade Zwiesprache mit der Finsternis hielten – so legte es der Traum nahe.

Eben noch stiegen wir gut gelaunt den Berg hinauf, da ist alles schon verloren, die Freude des Aufstiegs und des Zusammenseins. Das Wetter hat radikal gedreht, in wenigen Minuten nur sind wir eingeschneit, kein Weitergehen, nicht mal mehr einen Schritt. Das eloquente Sprechen kommt den mit der Sprache Vertrauten jetzt als eisiger, schrill pfeifender, mit tiefgefrorenem Regen beschwerter Wind entgegen, vereist ihre Münder, Augen und Ohren, keiner sieht mehr den anderen, und die Nacht bricht, ohne uns auch nur eine Minute des Gewahrwerdens zu gönnen, über uns herein und hüllt uns in vollkommene Dunkelheit.

Handke überlebt, weil er die selbstgepflückten Blumen und Kräuter in seinen Taschen ganz fest umklammert und sich mit aller Kraft vorstellt, wie er sie einer Angebeteten überreicht; Hubert Burda überlebt auch, weil er, mit Handke verehrungsvoll verbunden, seine Arme ineinander verschränkt und so die Körperwärme am besten speichert; Michael Krüger, weil er auf jeden Fall noch sein Gedicht vollenden will; Fredy Kolleritsch, weil er immer genügend Schnaps mit sich trägt ...

Der Traum breitet sich gleichzeitig in alle Richtungen aus, Figuren sind hier und dort, im Gestern und im Heute, auch längst verschwundene, getötete, verbannte Menschen scheinen vital zu sein – wie eh und je. Der Traum hat etwas Enthemmendes. Auch dieser Traum.

Am Rande von Aix-en-Provence (dessen prächtiges provençalisches Herz nur noch schwer atmet, so dicht ist der Verkehr geworden), nehme ich den Weg, den auch Peter Handke damals einschlug, die Route Paul Cézanne nach Le Tholonet. Zuerst aber bin ich am Tag zuvor noch einer anderen Spur gefolgt – der Spur einer früheren Reise – zum Schloss des Marquis de Sade in Lacoste. Ich war erstaunt: Gerade doch war ich noch wie ein Todgeweihter, der sein Leben noch einmal im Schnelldurchlauf vor sich abspult, über Autopisten durch ganz Norditalien und entlang der Côte d'Azur gefahren; gerade noch war fast alles so verquer zum Lebendigsein des Menschen, und jetzt breitet das Leben seine Arme ganz weit aus. Es war eine Höllenfahrt, mit einem Abstecher in dem legendären Hotel in Cannes (auch dies, als sei es mein letzter Lebenstag oder aber mein erster). Nun also waren dieser Alltag des Wahnsinns, eine kaputte Arbeits- und Lebenswelt und eine ebenso kaputte Welt des Überflusses und der Verschwendung wie ausgelöscht.

Nach nur ein paar Tagen im Lubéron und im Angesicht der Sainte-Victoire sind die Erregungsszenarien der modernen Welt verschwunden, und die Welt scheint eine andere, zumindest weiß man nichts mehr von diesen Perversionen und Selbstzerstörungsmaschinerien, nichts mehr von Syrien, Istanbul, Kairo und dem nun offensichtlicher als je zuvor gewordenen Überwachungsterror.

Jetzt also auf dem Weg zum heiligen Berg, der Sainte-Victoire!

Vor mir öffnen sich die Wege zu Orten und Landschaften, die so lange wie vom Erdboden, ich meine: aus meiner Wahrnehmung, verschwunden waren. Als ich den gepflasterten Weg hinauf zum Schloss des Marquis de Sade ging, gab es tatsächlich nichts außer diesem Weg – und diesem von gewaltigen Steinen gebildeten Durchgang, gerade breit genug, um ihn passieren zu können. Wie bei allen heiligen Orten muss man sich (sollte sich zumindest) beim Eintritt klein machen, bücken oder auf Knien gehen, sich als demütig erweisen, der Gnade des Eintritts bewusst.

Handke schreibt von der Sainte-Victoire, sie sei nicht die höchste Erhebung in ihrer Umgebung, wohl aber die *jäheste*. Das gilt auch für de Sades Schloss. Verlieh Cézanne dem Berg Licht und Farbe, schuf de Sade mit dem Schloss einen Ort des Dunkels, inmitten des gleißenden Lichts. Handke nennt die Helligkeit und den »dolomitischen Glanz des Kalksteins« erstaunlich und befremdlich, er steht einfach nur da, er ist so, wie er ist. Alles Weitere sind unsere Zutaten, entspringen nur unserem Wunsch, etwas mit etwas anderem zu vergleichen. Da erscheint dann schnell etwas dem gewohnten oder dem erwarteten Blick als fremd. Allein schon die Annäherung ans bloße Anschauen fällt uns schwer.

Nun also fügte es sich, dass auch ich an einem Julitag die Route Paul Cézanne in östliche Richtung ging (ich gebe zu, dass ich zuerst ein Stück weit fuhr und inmitten des Verkehrs keine Spur von Stille empfinden konnte). Im Zugehen auf den Berg löste sich die scheinbar starre Fläche zusehends auf, und ich sah fließende Formen und Gestalten, auch Gesichter, und sie wurden zu inneren Bildern, sogar zu *einem* Bild, so als öffnete sich der Berg von einer etwas zurückversetzten Stelle aus und nähme den Betrachter in sich auf.

In der Nacht vor der Abreise hatte ich geträumt:

Ich steige auf eine Leiter und schlage mit einem Besen heftig gegen die Decke, um mich lautstark bei den über mir wohnenden Menschen zu beschweren und sie dazu zu bewegen, ihr Getrampel einzustellen. Aber meine Schläge machen so gut wie keine Geräusche. So entscheide ich mich, ausgerüstet mit einer Rohrzange, nach oben zu gehen und, notfalls brutal, an ihrer Tür zu *klopfen*, bis man mir öffnet. Den Frauen, die herauskommen, gebe ich zu verstehen, dass ich sie umbringen werde. Dann gehe ich in die Wohnung, sage dem Mann, dass ich seine Freude, mit zwei Frauen zu leben, verstehe. Er nickt zustimmend und bittet mich um Pfefferminzöl, das er dringend benötige. Als er aus einem Nebenraum zurückkommt, trägt er ein Atemgerät. Ich setze mich zu seinen Eltern und rede mit ihnen.

Dann breche ich auf, um ihm aus meiner Wohnung das Öl zu holen. Ich gehe aber nicht in die darunterliegende Wohnung, sondern aus dem Haus heraus und suche nach meiner Wohnung in der Nähe. Dabei verirre ich mich immer mehr. Schließlich habe ich sogar den Namen meiner Straße vergessen, sodass ich noch nicht einmal nach ihr fragen kann. Es ist ein Viertel in Paris, labyrinthisch, mit verwinkelten Gassen. Da fällt mir der Straßenname, Rue Dauphine, ein, und ich wende mich an einige Passanten. Die Auskünfte weisen mich in entgegengesetzte Richtungen. Ich gehe durch einen angsteinflößenden Tunnel, auch durch Gassen wie in Venedig und Amsterdam.

Schließlich wird es schon hell, Prostituierte, Nachtschwärmer und Arbeiter vor ihrer Frühschicht sind auf den Straßen unterwegs und sitzen in den Bistros. Wir korrigieren zusammen meine Texte.

Ich mache mich wieder auf, um nach meiner Wohnung zu suchen, und bemerke, dass ich meine Erzählung vergessen habe, und gehe zurück. Der Kellner sagt, auf dem Tisch liege nichts mehr, aber er suche im Abfall nach ihr. Er kommt mit einem Stapel Bücher zurück.

Eine Stunde lang schaue ich nun schon vom Hotel Villa Flori auf die Oberfläche des Comer Sees und bin sicher, dass sie vom Regen gekräuselt wird, auch wenn meine ausgestreckten Hände davon unberührt bleiben. Ich sehe sogar, wie der Regen vom heftigen Wind gepeitscht wird, so wie damals auf dem Meer in der Bucht von Lepe.

Phantasien des Unterwegsseins: Landwärts zu gehen, niemand freut sich darauf mehr als der von Sehnsucht und Lust getriebene Seefahrer. Talwärts zu gehen, wer besetzte diesen Abstieg mit mehr Phantasien als der, der den Berg bis zum Gipfel bestieg. Stadtwärts zu gehen, wen beglückte das gegen Ende der Woche mehr als den nach wieselnden Menschen Ausschau haltenden Landbewohner. Im Fernweh fliehen wir den Tod. Immerfort aufbrechen. Wohin?

Einige Monate später kehrten meine Augen zum Anfang von Peter Handkes Reise-Erzählung NOCH EINMAL FÜR THUKYDIDES zurück, um erneut den ersten Satz zu lesen, der von großer Schlichtheit ist und scheinbar völlig Nebensächliches mit einer exakten Orts- und Zeitangabe verbindet. Ich dachte: Üblich sind solche Orts- oder Zeitangaben bei wichtigen, auch historisch bedeutsamen Ereignissen. Bei ihm aber ist es nur ein verwelkt wirkendes Blatt, das er am 23. März 1987 unter Efeu an einer Hausmauer entdeckte. Sollte sich das Blatt tatsächlich in die Lüfte gehoben haben, als der Schatten eines Menschen darauf fiel? Und seine Flügel geöffnet haben, an diesem Tag, der sich als ein der Poesie verwandter erwiesen hätte?

Sichtbar wird ein Universum, das von Tieren und Pflanzen gestaltet wird und dem sich der Mensch als Zuschauer und Zuhörer, als ein mit den fünf Sinnen Begabter, hinzugesellen *darf*. Die Natur scheint ganz gut ohne den Menschen auszukommen. Und doch ist da der Reisende, der sich auf das andere zubewegt, der nahe einem Felsabgrund übernachtet und dem *Heiligen* begegnet, der irgendwann aufgebrochen ist, der irgendwo ankommt, weiterreist, zögert, innehält, Altes aus sich *herausatmet, wegatmet.*

Im Augenblick des Herausatmens macht der Reisende den Raum sehr weit für die Anmut der Dinge, der Pflanzen, der Tiere und der Menschen, wird offen für *Aufblitzmomente*, für die Zartheit und Zerbrechlichkeit der Gesten und Bewegungen. An geographisch fixierbaren Orten, Regionen und Landschaften, bei deren Nennung uns die schicksalhafte Geschichte von Kulturen entgegenschlägt. Aber mehr noch: auch imaginäre Orte, Chiffren auf einer Landkarte des Unbewussten, Topoi einer Seelenlandschaft und einer poetischen Geographie.

Da ist der Reisende, der rasantes Geschehen wahrnimmt. Und dort der Reisende: bedächtig, meditativ. Er geht. Beobachtend achtet er auf den inneren Reflex. Er beschreibt das Berührtwerden. Er erforscht den Echoraum. In ihm erfüllt oder bricht sich seine Sehnsucht nach belebter Schönheit.

Miniaturmalereien und Mikro-Epen auch.

Jetzt erinnere ich mich wieder an den Tango, den Handke mit Bernhard im Interconti tanzte. Und an unsere rasante Autofahrt. Wie in einem Film mit Jean-Paul Belmondo rasten wir über die Autobahn von Kronberg nach Frankfurt. Und eines Tages, einige Zeit später, rief unser gemeinsamer Freund Bernhard wieder an und sagte, komm, lass uns Peter einen Besuch in Paris abstatten. Ohne uns anzumelden, wie man das zu jener Zeit so machte, fuhren wir los. Über dem Rücksitz meines Volvo war eine Leselampe installiert, und so hatte Bernhard während der ganzen Fahrt aus einem Buch von Peter vorgelesen. Frühmorgens waren wir in Paris angekommen, gingen gleich in die Hallen, frühstückten, tranken Wein zu den Croissants, saßen mit übermüdeten Prostituierten und Arbeitern, die schon ein stundenlanges Malochen hinter sich hatten, zusammen und dachten nicht daran, den Schlaf nachzuholen – wir waren ja in Paris! Auch in Peters Paris!

Ich las noch einmal seine Zeilen zum todbeherrschten Gedicht. Der Tod, sagt er, die Gedichte vor Augen, mache den Grundton aus, aber das Leben gäbe nicht kampflos auf.

Von einer Frau schreibt Peter Handke, sie sei die Frau seines Lebens, sogar die *Geschichte* seines Lebens gewesen. Kann man ihm glauben? Oder meint er mit *Geschichte* einfach nur etwas von ihm Erfundenes, Erzähltes? Wie die erzählte Phantasie einer Hochzeitsreise ins japanische Nara.

Diese Frau ist Jeanne Moreau, schon lebens- und liebeserfahren, weltläufig und ihm voraus in schwer kalkulierbaren Anziehungs- und Abstoßungsbewegungen. Als er 1944 in Kärnten geboren wird, sieht sie bereits, sechzehnjährig, in Paris Jean Anouilhs ANTIGONE und Racines PHÈDRE. Ein rührendes Foto 1974: sie im Pullover, verschreckt schaut sie in die Kamera, wie ertappt mit diesem schüchternen Jüngling, der ein ernstes, Souveränität nur vortäuschendes Gesicht aufgesetzt hat, beide haben den rechten Arm auf dem Restauranttisch mehr abgelegt als aufgelehnt. Was sie verbindet, scheint weniger die Nähe als vielmehr Distanz zu sein, berührungsfern. Kaum vorstellbar, dass sie sich überbordende Liebesbriefe geschrieben haben sollen. Vielleicht, um auf diese Weise sich die Liebe zu inszenieren. Jeanne Moreau war bestens eingeübt durch ihre Rollen in DIE KATZE AUF DEM HEISSEN BLECHDACH, in JULES UND JIM, in VIVA MARIA, in DIE LIEBENDEN oder in GEFÄHRLICHE LIEBSCHAFTEN und vielen anderen Filmen. Sie hat »das Spiel in sich«, hat er schnell bemerkt und lernt von ihr. Er will sich etwas von der Schwere, die er mit sich trägt, abtrainieren.

So als sprächen sie synchron auf einer imaginären Bühne, soll er an sie geschrieben haben, sie sei »seine erste und letzte Liebe«, und sie soll geantwortet haben, er sei die Liebe ihres Lebens. Austauschbare Dialogrollen, wie auf einer Probebühne gesprochen. Nebeneinander seien sie galoppiert, bemerkt sie. Zurück bleiben das Geräusch und die nach Fortsetzung verlangende Szenenfolge »galoppierender Pferde«, die aber, jedes für sich, nur ihrem eigenen Weg und ihren eigenen Interessen folgen, wie *die* Moreau freimütig bekennt, in Liebesbeziehungen sei sie ein Monster, man dürfe ihr nicht trauen. Und Peter Handke?

Wenn er heute zurückblickt auf die Begegnungen mit seinen Frauen, ist in ihm das Gefühl stärker, dass er sich in die Liebesgeschichten hat hineintreiben lassen oder dass er sie, beladen mit Wünschen und Phantasien, herbeigeführt hat? Und auf welche Weise lösten die Frauen einander ab? Gaben sie sich die Dramen wie den Stab beim Staffellauf in die Hand oder waren die Dramen immer nur bei ihnen, nie bei ihm?

Auf einem weiteren Foto, da war er zweiunddreißig, schaut er ernst in die Kamera, ein wenig verbissen auch, nicht wie ein Verliebter. Vielleicht sollte niemand in seinem Gesicht das Begehren sehen. Die Schauspielerin neben ihm trägt ihre Sinnlichkeit direkt ins Auge der Kamera. Sie scheint sich bei dem Apparat fast besser aufgehoben zu fühlen als bei ihm.

Es gab und es gibt da in mir ein Gefühl oder eine Art Anmutung von Nähe zu Menschen, die mir eigentlich fremd sind und die mir mit nur einer Geste, einem Gesichtsausdruck oder einer Körperhaltung die fremde Welt ihres Lebens nahebringen konnten, sodass ich sie nie wieder vergaß.

Nun ist es gerade Peter Handkes Empfindsamkeit, die Art und Weise, in der er auf kleinste Regungen und Bewegungen reagiert, die mir ein Rätsel aufgibt, wenn ich sehe, wie er sich in die politische Wirklichkeit der Gewalt und des Tötens einmischt und Partei für Personen ergreift, die auf eine Weise in Macht und Zerstörung verstrickt sind, die fremder ihm nicht sein könnten. Nicht nur stehe ich staunend davor, wie er das Abgrundtiefe, das ihm da entgegenkommt, aushält, sondern auch der Verachtung und dem Zorn standhält, die man ihm entgegenbringt.

Er, der Metropolen-Flaneur und Betrachter von Atlanten, Globen und geographischen Poesien, im Dickicht von Zerstörung und Auslöschung! Er, der sich vom Zarten (vielleicht mehr in der Natur der Pflanzen als der Menschen) berühren lässt, als Handelnder im Angesicht des Rohen! Sticht er auf diese Weise selbst in seine Wunde, so wie es Jugendliche tun, wenn sie sich die Haut ritzen, um den übermächtigen seelischen Schmerz nicht zu spüren? Versteht er, dass seine Poesie in diesem Umfeld der Gräuel nicht stimmig sein konnte? Zumindest gestreift muss ihn der Gedanke doch haben.

Vielleicht hatte er aber nur Sehnsucht nach der Rolle des Gescheiterten, des Tragischen, Vertriebenen und für immer Vereinsamten. So führte er und so führt er *den Kampf gegen sich selbst*. Einmal, als er davon sprach, er müsste dabei sein, wenn etwas zu Ende geht, kam es mir vor, als wollte er, dass auch in ihm etwas zu Ende geht: dieser Kampf gegen sich selbst.

Er und seine Väter. Seine Mutter versuchte er zu retten. Die Väter gab er verloren: den von seiner Mutter mit Herablassung gestraften Schein-Vater und den leibhaftigen Vater, an den sich noch nicht einmal seine Tötungsphantasien anhaften konnten. Dazu war er zu fern, zu unbekannt, auf andere Weise auch ein Niemand.

Die eine Hand reich ich dir, Peter, zum Gruß, die andere zum ..., ich weiß es nicht.

Haben seine Geliebten eigentlich einige ihrer Kleider und Schuhe bei ihm zurückgelassen – in der Hoffnung, die Insignien der Lust erweckten wieder seine erloschene Sehnsucht?

Heute Abend zu Besuch bei Pablo Nizon. Wie elegant er immer noch ist, der Sager, der sich alles vorsagen muss, weil er sich sonst leer und inexistent vorkomme. Es stört auch nicht, dass seine Jacke jetzt spannt (so sagt man doch, oder?). Wir sprechen auch über Handke.

»Weißt du, wie es ihm geht?«

»Stell dir vor, lieber Pablo, in vielen Träumen kam Peter vor. Letzte Nacht träumte ich: Wir stehen nebeneinander und verabreden uns für eine Wanderung. Ich verliere ihn dann aus den Augen und frage einen Freund, der auch mit uns zusammensteht. Er sagt, man wisse bei ihm nie, wann er käme, schließlich sei er einfach da. Für morgen sei verabredet, in die Steiermark zu fahren und ein großes Schnitzel zu essen. Beim Aufwachen erinnerte ich mich an eine Fahrt mit Fredy, der mir das Haus seiner Eltern auf dem Land zeigte. Während wir so fuhren und er von seiner Familie erzählte, sah ich Sätze eines Romans von Josef Winkler vor mir, als seien sie Teil der Landschaft, wie Bäume, Steine und Felder, und ich glaubte noch einmal die mir aus meiner Kindheit vertrauten Schreie sterbender Tiere zu hören und wie sie im Kauen der Essenden verstummten. ›Das Mahl ist die Spekulation mit der Ewigkeit‹, hatte er geschrieben. Und dass der gewürzte Rauch, der von der Feuerstelle aufsteigt, die Seele ist. ›Wo gekocht wird, waltet Ewigkeit.‹«

Und wieder ein schöner Sommertag. Und wieder eine Frau und ein Mann an einem Tisch im Freien, unter dem Himmel. Als ich heute noch einmal die Eingangssätze in seinem SOMMERDIALOG las, dachte ich: Was gibt es mehr zu sagen über die Liebe? Über die Liebe vielleicht nicht mehr, wohl aber über ihre Bedrohung und ihr Ende.

Das Bedrohende scheint von *außen* zu kommen, man sieht, wie es sich nähert: »Ich wusste gar nicht, dass Peter Handke so groß ist.« Die Worte, so beiläufig sie auch von *ihr* gesprochen schienen, waren doch erfüllt von einem noch vagen inneren Bild des Sich-Sehnens. Die Bedrohung kam auf leisen Sohlen daher. Aber sie kam gar nicht von außen, sie erwuchs im Innern.

Die Menschen sind besessen von dem Wahn, von Feinden umgeben zu sein, und ersinnen so viele Waffen, dass sie die Welt gleich zehntausendfach in die Luft jagen können. Peter Handke hätte noch so groß, *riesengroß*, sein können, meiner Liebe mit Marica hätte er nichts anhaben können, wenn sie noch in sich geschlossen gewesen wäre, wie in den Jahren zuvor, als die Geliebte, unauslöschlich, die Worte »Ich bin gekommen, um Liebe zu verbreiten« gesagt, nein, nicht gesagt, dem wilden Meer vor unseren Augen zugerufen hatte.

✯

Als Peter Handke eine Zeit lang ohne feste Adresse umherzog, tat er dies nicht, weil ihm jemand Einblick ins verschlossene Drehbuch seines Lebens gewährt hätte. Er nennt es eine *Zwischenzeit* – im gelebten Augenblick freilich ist es einfach Zeit, eine Folge von Jetzt und Jetzt und Jetzt. Dass ihm die Heimatlosigkeit als *größte Errungenschaft* erschien, lässt sich auch nur im Nachhinein sagen. Wieder heimgekehrt, ist der Raum geweitet. Scheinbar nur?

Die Weite hat er immer gesucht. Auch um den inneren Beengungen Raum zu geben. Wie erheiternd seine Befreiungsaktionen sein konnten, erlebte ich einmal in Köln. Nach seiner Lesung mit Rolf Dieter Brinkmann in der Aula der Uni waren wir zusammen in die Wohnung eines Malers gegangen. Was als freundliche Geste des Künstlers gedacht war, geriet zu einer ausgelassenen Aktion: Brinkmann goss ein Glas Rotwein auf eines der Bilder, und Handke nahm irgendwas in die Hand, das wie eine Pistole aussehen sollte, und *feuerte* drauflos.

Cap Verde am Berliner Lietzenseepark

Liebende als die letzten tollkühnen Reisenden

Dick eingepackt in ihre Mäntel gehen die Menschen heute am Wasser entlang, die einen schlendernd, die anderen eilig, die einen von links nach rechts, die anderen von rechts nach links. Einige wenige fahren mit ihrem Rad. Auf einem eigenartigen Gerät, das Pedale wie ein Fahrrad hat, sich aber gar nicht vorwärtsbewegt, stand eine Frau mit wilden Haaren und weißen Kopfhörern. Alles an ihr schien nur einem Gesetz, dem des Lebens, zu folgen.

Sie ist es, die Fogo und den Vulkan hierhergezaubert und den Lietzenseepark in CAP VERDE verwandelt hat. Ist sie im Park, singen die Vögel etwas lauter und sind noch heiterer als sonst, flirten gar nicht heimlich miteinander. Wenn sie da ist, haben die Kinder mehr Spaß am Spiel, und die Gebrechlichen tanzen mit ihren Rollis. Vera verlagert den Park an den Atlantik, wo ein kräftiger Wind alles wegbläst, was überflüssig ist und traurig macht. Ihr schönstes Geschenk aber ist eine Wundertüte mit viel Chaos drin, die sie über alle, die gerade in ihrer Nähe sind, ausschüttet, Glück verströmend. Wer mit Vera ist, ist auf Reisen.

Es begann eher unfreiwillig. Sie sang eine Melodie, variierte sie, tanzte dazu. Sie erzählte von ihrem Lebensmut, wie sie, gegen alle Vorhersagen der Ärzte, überlebt hatte, von ihren Bühnenauftritten – und ihren Eskapaden. Mit ihr zu sein hieß tatsächlich, auf Reisen zu sein. In Paris, auf Tahiti und im Lietzenseepark.

Die Liebe macht aus denen, die ihr folgen, die letzten tollkühnen Reisenden, die blühende Landschaften erobern und Todeswüsten durchqueren. Staunend wie mit Kinderaugen schauen sie sich zu, als seien sie die Ersten, die diesen Weg gehen.

Schwergewichtige Frauen sitzen auf einer Bank, nebeneinander aufgereiht, entfalten eine bunte Plastikdecke, packen sie an den Zipfeln und werfen sie wie ein Lasso auf den Rasen. Die Männer verteilen gefühlte zwanzig Kilo Fleisch, Brot und Käse und schenken sich ein, Wein oder Saft?, die Kinder tollen umher, die Frauen essen nicht, trinken nicht, auch reden sie nicht, sie sitzen nur einfach da.

Ein vielleicht dreijähriger Junge stellt sich keck vor mir auf, schaut mich unbeirrt an, so als wollte er sagen, wer von uns beiden hält dem Blick des anderen länger stand. Als er von der Mutter gerufen wird, läuft er in der entgegengesetzten Richtung davon. »Er macht sich ja schon früh selbständig«, sage ich im Vorübergehen zu ihr und sie antwortet mit einem *Ach*, in dem das Bedauern über die sich anbahnende Ablösung unüberhörbar ist.

»Ich schlage vor, wir legen die Sache groß an. Klein werden die Dinge von allein.«

Das war Ninas Aufbruchssignal zu einer Reise zwischen Café Einstein und der Paris Bar, Venedig und Oma Ilses Wohnung am Bodensee. Der Roman, den wir an diesen Orten schrieben, trug lange Zeit den Titel »Nina geht aus«, bestand doch darin ihre Lieblingsbeschäftigung. Ohne dass die mit dem Flanieren verbundenen Phantasien im Laufe der Zeit weniger Raum eingenommen hätten, kam doch, recht unerwartet, noch etwas anderes hinzu.

Es begann mit unserem Aufenthalt in der Wohnung von Oma Ilse und den Telefonaten mit ihr, in denen sie von einer möglichen *Umsiedlung* (wie sie es nannte) in ein Pflegeheim sprach. Fortan schweiften unsere Gedanken nicht nur um das Nachtleben in der Paris Bar, im Rum Trader und der Raucher-Lounge des Savoy, sondern auch um die Ausgestaltung einer ganz anderen Art von Altersheim.

Der Roman hieß jetzt »Die Bushaltestelle«, ausgehend von der Vorstellung, im Gelände des Heims eine Bushaltestelle einzurichten, zu der man mit den Menschen mehrmals am Tag ging, mit ihnen über die Zielorte sprach und die Erinnerungen an ehemals dort Erlebtes aktivierte. Alles war wie früher, die Vorbereitungen auf die Fahrt, die Beachtung der Fahrpläne und das Lösen von Fahrscheinen. Es fiel dann überhaupt nicht auf, dass kein Bus kam, waren doch alle in Gedanken schon auf Reisen, sobald es zur Haltestelle ging. Mehrmals am Tag telefonierten wir mit Oma Ilse und erzählten ihr von unseren Plänen, die sie begeistert aufgriff. »Ihr geht doch aber auch noch in die Paris Bar?« – »Aber ja doch.«

Es war ein Balanceakt, den Nina und ich jeden Tag neu zum Schwingen brachten: zwischen unseren sehr verschiedenen Lebensformen, ihrer Liebe zu ihrem Körper und ihrer stundenlangen Auswahl der Kleider vor jedem Ausgehen, ihren täglichen Recherchen zu den französischen Filmen in der Tradition von Louis Malle, Truffaut und Chabrol und meiner Konzentration auf die laufenden Projekte und meiner eher nachlässigen Art, mich zu kleiden, abgesehen nur von einem Yamamoto-Anzug, den ich Wim Wenders zu verdanken hatte, ein Anzug, der aber für die meisten Menschen einen solchen Namen nicht verdiente und von ihnen auch, nur mit größtem Wohlwollen, als *nachlässig* eingestuft wurde.

Gerade das gefiel ihr, war sie doch umschwärmt von glatten Model-Typen, von denen sie sich nur gelangweilt fühlte. Ihr Traum war das Schreiben eines Romans und Drehbuchs für einen Film mit Catherine Deneuve. Daran schrieben wir auch weiter.

Begonnen hatte es, wie mit Vera, im Lietzenseepark. Zufällig joggten wir nebeneinander. Im Stehen! Es waren zwei Dinge, von denen sie wie elektrisiert war: dass ich sie, als sie einen Anruf auf ihr Smartphone bekam, gefragt hatte, ob ich sie störe und vielleicht einen der beiden fest fixierten Tretroller kurz verlassen solle. Hinzu kam, eine Spur spektakulärer noch, dass ich zu den von ihr geliebten Regisseuren – über die wir beim plötzlich einsetzenden Regen unter einem Baum sprachen – noch Ulrike Ottinger hinzufügte und ihr anbot, zusammen Ulrike zu besuchen. »Dass du Ulrike kennst! Es ist mein großer Wunsch, in ihrem nächsten Film mitzuspielen. Und dass du mich nicht stören wolltest, wo *ich* es doch war, die dich mit dem Anruf störte! Macht man das so in der Welt, in der du lebst? Und liebst? Ich würde gerne heute Abend mit dir ausgehen. Magst du? Und wohin?« Ich zögerte keine Sekunde und sagte, wobei ich überhaupt nur erst zweimal dort war:

»In die Paris Bar. Würde dir das gefallen?«

»Hast du es von meinen Lippen abgelesen?«

Als ich dann am Abend vor ihrer Haustür auf und ab ging, wurde ich langsam unruhig. Würde sie wirklich kommen, oder hatte sie das nur so gesagt? Mir fiel eine Frau auf, die etwa so groß wie Nina war und auch in der

Nähe des Hauses hin und her ging. Aber wie sie angezogen war! Mit Overknees und High Heels und ganz in Schwarz, wo ich doch gerade noch mit einer Frau in einem weißen Jogginganzug, weißen Turnschuhen und einer weißen Schirmmütze gesprochen hatte. Wie synchron gesteuert, blieben wir in einem Augenblick voreinander stehen und berührten uns einen Wimpernschlag lang.

Bald schon hatten wir in der Paris Bar unseren festen Tisch. Einmal holte Nina, kaum, dass wir uns hingesetzt hatten, aus einer Stofftasche einen Fotoband hervor, stand aber gleich wieder auf und fragte, ob ich sie zur Toilette begleiten würde. »Du schützt mich, ja?« Manchmal ertrug sie die Blicke der Männer nicht. Blicke, die sie oft genug gerne in sich aufsog und sich darin verzehrte. Manchmal aber hätte sie sich bei ihrem Anblick erbrechen können.

Sie wollte, dass ich vorangehe. So trafen die fremden Blicke mich. Ich versuchte, ihnen auszuweichen. Ich wusste, dass die Männer glaubten, durch mich hindurchsehen zu können. Gleichzeitig mussten sie sich eingestehen, dass nie einer außer mir sie zur Toilette begleitete. Quer durch den Raum.

»Kannst du mal nachschauen, ob auch kein Blut im Waschbecken und kein Urin auf dem Boden rund um die Toilette ist?« Sie stellte sich wie ein Krieger vor beide Türen. Schnell hatte ich realisiert, dass die Damentoilette heute für Nina unzumutbar war, wie sie das nannte. »Lass mich in der Herrentoilette nachschauen.« Ich stopfte die überall herumliegenden Kleenextücher fest in den Eimer, wischte mit ein paar Tüchern das Waschbecken und den Toilettenrand ab. »Jetzt ist es okay. Geh rein. Ich stell mich vor die Tür.«

»Kommst du morgen mit nach Paris? In den Louvre? Offiziell ist er geschlossen. Ein Kurator, der mich ohnehin was fragen will, ein Trick vielleicht, lässt mich rein. Ich würde die üblichen Massen, die mir den Blick auf die Bilder verstellen, nicht ertragen.«

»Welche Bilder willst du dir anschauen?«

»Auf denen du siehst, wie das Kunstwerk geboren wird. Alle verschmelzen miteinander: der Maler mit dem Pinsel in der Hand, mit dem Modell, mit dem Betrachter und dem Werk. Das Auge darf sich ganz der Lust und der Liebe hingeben.«

Eine neue Liebe zeigte sich von einer anderen, auch abgründigen Seite, die auf den Tod hinwies, *nicht* um das Leid zu beenden, sondern um die Leidenschaft in ihrer höchsten Form zu verewigen. Ihr Verlangen bestand darin, mit dem Geliebten gerade im Augenblick erfüllter Lust gemeinsam den Tod zu wählen, weil ihr die Vorstellung einer Zeit *nach* der Lust unerträglich schien. Das war der große Auftritt des Todes, zumindest als Phantom. Sayata zog immer den Augenblick, da sie ihre Zunge von der des Mannes löste, unendlich lange hinaus, aus Angst, ihre Einsamkeit nicht zu ertragen.

Ich würde mich ihr nicht entziehen können. Das stand unwiderruflich fest. Ich wusste es vom ersten Augenblick an. Sie war gekommen, um Liebeslyrik des Orients zu hören. Den Abend hatte der in vielen Kulturen erfahrene und belesene Ilija Trojanow kuratiert – und mit ihm wollte sie auch anschließend aufbrechen. »So geht das nicht, Ilija!«, rief ich ihm zu. »Stell uns wenigstens einander vor.« – »Das ist Sayata.« Wir schauten uns an und tauschten die Adressen aus, bevor sie Ilija entführte.

Ich würde mich ihr nicht entziehen können. Das stand schon beim ersten Blickwechsel fest, ohne dass ich auch nur die geringste Vorstellung von der Wucht gehabt hätte, mit der sie gegen die geistige und seelische Übermacht ihres Vaters aufbegehrte, gerade auch dann, wenn sie verführerisch mit dem Schleier um ihr Gesicht und ihren Körper spielte, während sie auf mir saß, und mit der gleichen Wucht zurückgeschleudert wurde in die ihr verordnete Unterwürfigkeit, erstarrt und wie aus meinem Gesichtsfeld verschwunden schien, bis sie wieder zurückfand zu ihrer Poesie und ihrem pulsierenden, begehrenden Körper, Suren mit großer Inbrunst sang und sie mit Liedern europäischer und außereuropäischer Bands vermischte. Dann kam die CD THE TRANSGLOBAL AND MAGIC SOUNDS von László Hortobágyi hinzu. Ich hatte die CD entdeckt und ihr geschickt. »Dass diese Musik sich von dir auf den Weg zu mir gemacht hat! Seit Monaten bin ich auf der Suche nach ihr, seitdem ich sie im Radio gehört habe. Wann kommst du zu mir?«

Nach ein paar Tagen bereits schlug sie ein Treffen vor. »Wenigstens unsere Augen sollten sich morgen schon wieder begegnen«, meinte sie mit einem verspielten Unterton. Ihr Zug habe in Frankfurt kurz Aufenthalt, vor der Weiterfahrt nach Stuttgart, wo sie ihre Freundin besuche. »Ich werde da sein«, sagte ich und wusste da noch nicht, wie sich dieses »Da-sein« in meiner Phantasie gestalten sollte.

Einer Dame bei der Zugauskunft versuchte ich mein Anliegen verständlich zu machen: Ich bräuchte, sagte ich, und dies vielleicht etwas zu hastig, einen Zug von Frankfurt, der in Kassel ankommt, kurz bevor der Zug, der morgens als Erster in Berlin losfährt, in Kassel eintrifft, und es wäre gut zu wissen, auf welchem Gleis der Zug aus Berlin in Kassel zur Weiterfahrt nach Frankfurt eintrifft und ob dieses Gleis weit entfernt von dem sei, an dem der Zug aus Frankfurt ankommt.« »Ich verstehe nur Bahnhof«, war ihre knappe Antwort. »Sie wollen von Berlin über Kassel nach Frankfurt oder wollen Sie von Frankfurt über Kassel nach Berlin? Und beide Fahrten möchten Sie miteinander kombinieren? In meinen Augen macht das keinen Sinn.«

»Sie haben recht, die Liebe macht keinen Sinn. Sie geht verschlungene Wege. Ich will meine Noch-nicht-vielleicht-auch-nie-Freundin, die in Berlin losfährt und mich in Frankfurt kurz treffen möchte – ein Augen-Date sozusagen –, überraschen, indem ich in Kassel in ihren Zug einsteige. Dafür aber muss ich in Kassel sein, bevor ihr Zug dort einfährt.«

»Warum sagen Sie das nicht gleich! Jetzt kann ich was für Sie und die Liebe tun.«

»Könnten Sie zur Not auch was am Fahrplan drehen?«

»Natürlich. Wir sollen doch in erster Linie für die Kunden da sein. Vor allem in Fällen wie dem Ihren. Werden Sie mir mal erzählen, ob es geklappt hat? Fragen Sie einfach nach Suzanne Albers.«

»Mache ich.«

Mythisches Weben der Seelenfäden
Sehnsüchtiges Erwarten
Züge kommen und gehen
Aber nur einer entscheidet
Über Weh oder Entzücken

Die Gleise bleiben stumm
Oder werden eingehüllt von
Einem weißen Lachen
Das Signalsystem der Züge
Funktioniert wie gewohnt
Oder es bricht zusammen

Ich eilte durch die Gänge der Großraum- und der Abteilwagen, entdeckte aber nicht das Gesicht, wie ich es nach dem vielleicht zehn Sekunden dauernden Blickwechsel in Erinnerung hatte, und auch nicht ihr tiefschwarzes Haar oder irgendein anderes Detail ihrer Erscheinung. Am Ende des Zuges angelangt, hielt ich kurz inne und ging dann, jetzt mit größerer Geduld, aber auch einer unverkennbaren Enttäuschung, zurück. Ich hatte das letzte Abteil fast schon hinter mir gelassen, da blieb ich stehen und sah eine schlafende Frau, eingehüllt in eine Strickjacke und ein Tuch, unter dem eine kleine Ecke ihres silberfarbenen Laptops hervorlugte. Die Passagiere um sie herum lasen Zeitungen oder verschickten und beantworteten SMS. Ich schaute das verhüllte Wesen lange an, unsicher, ob sie es wirklich war. Ihre Augen waren ja verhüllt, ebenso das Haar. Nur die überaus zarte, mehr abwesende und woanders als hier in diesem Zug beheimatete Erscheinung ließ mich, eher kühn, auf sie schließen.

»Sayata, bist du es?«

Es dauerte eine Ewigkeit, bis sich die Unbekannte regte, erst das Tuch und dann die Strickjacke von ihrem Gesicht heruntergleiten ließ. Es sah fast so aus, als würden die Stoffe von ihr abperlen. Von ihr und ihren Träumen oder Traumgedanken. Sie sprach lange kein Wort, und ihr Blick schien nun an mir abzuperlen. Wahrscheinlich misstraute sie dem, was sie sah, und der im Raum umherschwirrenden Frage »Sayata, bist du es?«.

Dann wanderten ihre Augen wieder vom Boden des Abteils entlang meines Körpers in die Höhe meiner Augen und verweilten dort.

»Ja, ich bin es. Und du bist es. Bist du geflogen oder hast du dich vom Dach des Zuges abgeseilt wie ein Posträuber vergangener Zeiten?«

»Ich bin ein Double eines berühmten Magiers.«

»Auf den warte ich schon lange, damit er an meiner Herkunft etwas herumzaubert.«

»Ich versuche mein Bestes.«

Ich hatte Früchte, Papaya, Ananas, Feigen und eine Kette aus Afghanistan mitgebracht, schlug ihr vor, zusammen in den Speisewagen zu gehen und dort alles auszubreiten. Dem Kellner gab ich gleich beim Eintreten ein fürstliches Trinkgeld, bat ihn um Teller und Besteck und bestellte Säfte, Kaffee und Tee und sagte: »Bitte alles gleichzeitig.«

Bei der Einfahrt in den Frankfurter Bahnhof tat ich so, als steige ich aus, küsste sie und ging, sie im Arm haltend, zur Tür, lachte dann und kehrte mit ihr, sie fester noch umschlingend und ihr die Traurigkeit von den Wangen wischend, zu unserem Tisch zurück. In Stuttgart rief sie ihre Freundin an, um ihr zu sagen, sie käme erst morgen.

Nur zehn Tage später brach sie in ein Dorf in der Nähe von Aleppo auf und löste ein altes Versprechen ein, einige Tage mit der Familie eines Freundes in einem Zelt zu leben. Wir vereinbarten, dass wir jeden Tag ungefähr zur Zeit des Sonnenuntergangs miteinander *telefonieren*:

die Gedanken und Worte in die Ferne schicken und uns öffnen für die Gedanken und Worte aus der Ferne. Sie und ich sollten aufschreiben, was wir gesendet und was wir empfangen hatten. So machten wir es.

»Ich bin am Flughafen. Eine Zwischenlandung in Istanbul. In drei Stunden habe ich einen Weiterflug. Zu dir. Den Sand noch in den Augen und im Mund, an den Kleidern und auf der Haut. Holst du mich ab?«

In Windeseile, ja wirklich in Windeseile, suchte ich nach einem libanesischen Wein, libanesischen, türkischen und italienischen Vorspeisen, Fladenbroten und französischen Baguettes, nach Orchideen und Flieder, nach Tiramisu und belgischem Konfekt, breitete alles in Schalen und auf Tellern auf dem bunten persischen Tuch aus, das ich in den mittleren Raum meiner Wohnung am Frauensteinplatz gelegt hatte. Die Stufen, die vom ersten Stock zu mir in den zweiten führten, schmückte ich mit den Blumen, klebte etwa zwanzig Seiten weißen Papiers zusammen und schrieb in großen Lettern darauf:

SAYATAS LAUFSTEG

Zweimal spielten wir Lotto und beide Male gewannen wir. »Ziehst du zu mir?«

»Oder du zu mir?«

Die Würfel entschieden es.

Mit Sayata war die Liebe ein dauerndes Aufeinanderfliegen – und ein Abschiednehmen, das sie selbst schon tausendfach geübt hatte: Von sich verabschiedete sie sich ständig. Wir alle verlassen uns ein Stück weit in den Nächten, wenn die Seele andere Orte in anderen Zeiten aufsucht und für ein paar Stunden geheimnisvolle Verbindungen eingeht, ehe sie am Morgen, manchmal etwas erschöpft, zurückkehrt.

Ich wollte meinen Freunden erzählen, wie ich sie erlebte. Aber die verschiedenen Ansichten von ihr ergaben kein Bild, keines, das mit Vertrautem in Beziehung zu setzen war: Sie macht dich verrückt. Sie gehört dir mehr, als dir je eine Frau gehörte. Sie gehört dir weniger als ein Staubkorn in der Luft. Sie ist für dich erreichbarer, als dies je eine Frau für dich war. Sie ist so unerreichbar wie ein noch nicht entdeckter Planet, für dessen Erkundung keine Vorstellung von Zeit und Raum ausreicht.

Hunderte von Kerzen breitete sie vor dem Bett aus und entzündete sie wie in einem geheimen Ritual. Während der Liebe rutschte die Decke ins Lichtermeer.

Sie sitzt wie eine Königin vor dir. Du könntest sie mit Diamanten schmücken und ihr die Füße küssen, hast aber Angst, dass sie dich in einem unerwartbaren Augenblick zurückstößt – wie in einem schlechten Film. Sie sitzt wie ein Häufchen Elend vor dir, in ihrer grauen ausgewaschenen Strickjacke, mythisch das schwarze, wallende Haar, geschmückt mit einer Magnolienblüte, in Jeans, die sie wie einen Teeny aussehen lassen. Ihr gelbes T-Shirt verkündet den Frühling, es ist aber Winter.

Sie mochte nicht sprechen. Nicht, dass sie nichts sagte. Sie sprach sogar sehr gerne und lebhaft. Alles Reden geriet ihr zu einer Abfolge von Auftritten. Zuweilen inszenierte sie ihr Leben als ein heiteres Stück. »Fahren wir zur Kirschblüte nach Kyoto?«

Niemand nahm das brüchige Eis wahr, auf dem sie tanzte. Sie wirbelte wie ein Derwisch umher, und alle Menschen und Dinge drehten sich mit ihr. Sie erschöpfte sich dabei. Die Umstehenden aber kehrten nach und nach wieder zu ihrem unterbrochenen Smalltalk zurück, zogen genüsslich an ihren Zigaretten und nippten lässig an ihren Gläsern.

Sie war außer-sich und suchte den Weg zurück-zu-sich. Der Weg war versperrt. Immer schon? Genau darüber wollte sie nicht sprechen. Versuchte sie es trotzdem, hatte sie keine Freude daran. Was ihr am nächsten war, hatte sich am weitesten von ihr entfernt. Uneinholbar für die Worte. Abgedriftet in einen namenlosen Raum. In ihm aber wurde über Leben und Tod entschieden, und genau darüber konnte sie nicht sprechen – und nicht schreiben.

Von Anfang an spürte ich das Ende, auch wenn wir Liebe miteinander machten, die ganze Nacht und den nächsten Tag. Ich war glücklich. Und ich war zuweilen hilflos. Wenn es ihr gut ging, schwebte sie über den Wolken. Wenn sie abstürzte, riss sie mich mit sich. Während ich noch, ungeübt, im Bodenlosen Halt suchte, war sie schon wieder woanders, heiter, verschickte SMS in alle Welt, skypte und chattete lachend. Eine Freundin in Italien, eine Nichte in London, einer, der von irgendwoher fragte, ob er ihr Freund sein dürfe.

Die Weltgemeinschaft der Facebook-Freunde war für sie wie geschaffen. Sie trat in den virtuellen Raum ein, wenn es ihr *blendend* ging, und sie zog sich zurück, wenn sie sich schlecht fühlte.

Sie bestimmte über Nähe und Distanz zum anderen. Sie öffnete und sie verschloss sich, ganz nach Belieben, ohne sich rechtfertigen zu müssen. Sie war sie *selbst* und vergaß, wie oft sie sich *selbst* schon verloren hatte. Wenn sie sich nah war, war sie immer auch ganz woanders. Auf dem Dasein lief sie Schlittschuh, drehte Pirouetten und rutschte immer wieder aus.

Eines Tages brachte ich sie zum Flughafen. Nach ein paar Minuten in der S-Bahn wandte sie sich zu mir wie zu einem x-beliebigen Fahrgast: »Ich verlasse dich.« Nur widerwillig wechselte sie noch ein paar Sätze mit mir. Ich solle doch besser beim nächsten Halt aussteigen und zurückfahren. In der Nacht rief sie aus Paris an und weinte jämmerlich. Das erste Mal erlebte ich sie so. Ich hatte ihr diese Tränen nicht zugetraut. Ein paar Tage später rief sie wieder an und sagte, sie habe Sehnsucht nach mir ... Das war das einzige Mal, dass sie von Sehnsucht sprach.

Alles, was du über sie denkst, ist falsch. Alles, was du ihr vorwirfst, zielt an ihr vorbei: Sie ist nie dort, wo du sie siehst. Wo du sie nicht siehst, hält sie sich vielleicht gerade auf. Aber du weißt es nicht, und sie weiß es auch nicht.

Seit Wochen liegt sie den ganzen Tag über im Bett. So wie andere ins Büro gehen, geht sie ins Bett. Die Decke ist immer etwas aufgeschlagen, damit es nicht so viel Mühe macht, darunterzuschlüpfen.

Man könnte meinen, sie nehme das Leben schwer. Weit gefehlt. Eher im Gegenteil. Sie segelt, mit vollem Risiko, in stürmischer See, an den Klippen vorbei, an denen andere zerschellen. Sie blickt sich lachend um. »Glück gehabt. War wohl so vorgesehen.«

Alles, was du in ihr siehst, ist sie nicht. Alles, was du nicht siehst, ist sie vielleicht – gerade eben gewesen. Oder später? Sie holt sich einen Latte Macchiato und dazu ein

Croissant. Mehr bräuchte sie eigentlich nicht. Nur den schaumigen Kaffee löffeln und die Süße auf der Zunge zergehen lassen. Ansonsten Schlafen und Liebe machen. Und was dazugehört: die Hitze, das sich Verströmende und der süße Geruch der Körper. Die Ohnmacht. Das Abtauchen in ein Meer, in dem die Körper für immer eins sind. Die Zungen sollen sich umschlingen, für immer. »Deine Feuchtigkeit ist auch meine, und meine soll deine sein.«

Die Liebe macht ihr Spaß. Und auch der Tanz und die Musik und die Gedichte, wenn sie klingen, wenn sie wie Musik sind. Und den tiefen Schacht ahnen lassen, in dem jedes Leben versinkt.

»Das schwarze Loch in meinem Innern wird sich nie auffüllen. Die Materie dieser Welt reicht dazu nicht aus. Ein Stoff von ganz anderer Art müsste erfunden werden.«

»Was glaubst du, wie das Loch entstanden ist? Ist es eine Art Krater? Oder wie soll ich mir das vorstellen?«

»Ich weiß nicht.«

»Ist das Loch dort, wo du etwas verloren hast? Was in dir versunken ist und diese Leere hinterlassen hat?«

»Ich ...«

»Ist das schwarze Loch immer da?«

»Nein, es ist nicht immer da. Zumindest nehme ich es nicht immer wahr.«

»Wenn sich das Loch nicht auffüllen lässt, wie kannst du dann mit dem maßlosen Erschrecken über seine Existenz in deinem Innern leben?«

»Ich tue es. Ich lebe doch. Wenn ich mehr über dieses schwarze Loch wüsste, wäre das Grauen vielleicht geringer. Und wäre vielleicht irgendwann ganz von alleine verschwunden.«

»Manchmal gelingt es dir doch. Alle, die dich sehen, wie du heiter durch die Welt tanzt, beneiden dich und wünschten, so wie du zu sein.«

»Sie wissen nichts von einer inneren Krypta. So hat das ein Freund bei sich beschrieben.«

»Von was?«

»Trägt nicht jeder eine unsagbare Trauer in sich? Und eine innere Gruft? Für mich ist das ganz normal. Ich lebe so. Komm, wir gehen essen. Es gibt Grund zu feiern.«

Niemals kann man sicher sein, wohin sie einen führt: ob zu einer Hochzeit oder einer Trauerfeier, einem Besäufnis oder einem Begräbnis. An irgendeinem Schalter in ihr knipst sie die Liebe an. Oder den Tod. Sie erhellt den Raum mit ihrer Schönheit, und sie verdunkelt ihn für endlos erscheinende kurze Augenblicke mit ihren Gedanken an die Gruft.

Sie liebt dich, sie liebt dich nicht – mit ihr ist die Liebe ein Kleeblattspiel, das du immer verlierst. Sie wiederholt tausendmal »Ich liebe dich«, und dann, auf einmal, ist der Satz in ihr ausgelöscht. Bist du mit ihr eins, ist dieses Eine dort, wo *sie* ist, wo sie tanzt und stürzt, stolpert, steigt und fällt. Trittst du einen Schritt zurück oder zur Seite, spürst du sie schon bald nicht mehr. Du bist Schnee von gestern, Regen, der an ihr abperlt, Putz, der von den Wänden fällt. Du bist ihr fremd geworden, auch wenn sie dich noch küsst. Unsagbar fremd. Sie vermisst dich nicht, weil sie *dich* nie gesehen hat. Wirklich warst du für sie nur, solange *du* es nicht als reales Wesen warst. Sie hat keinen Wunsch, zu dir zurückzukehren, weil sie nie bei *dir* war, gar nicht weiß, wo sie *dich* findet. Du bist ein Fremder in endloser Fremdheit.

Die Liebe zu sich selbst und zum Geliebten löscht sie wie ein Licht aus.

Sie ordnete die Bücher in den Regalen, die Wäsche und die Kleider im Schrank, den Schreibtisch mit den wenigen Papieren und Andenken, ein paar Bilder von ihren Eltern, Freunden und ihrer Nichte, die ihr entgegenlachte. In einer kleinen Kammer stellte sie die herumliegenden Kartons übereinander, hob schmutzige Bettwäsche, Handtücher und T-Shirts vom Boden auf und legte alles so sorgfältig zusammen, als müsste es nur noch gebügelt werden.

Sie brachte das Bad auf Hochglanz, staubsaugte den von ihr mattglänzend lackierten Holzboden der beiden Zimmer und den Teppichboden der Diele. Dann stellte sie den Staubsauger zu den anderen Putzsachen in die Kammer, ging zu ihrem Kleiderschrank, ordnete ihre italienischen und orientalischen *Gewänder* (wie sie oft sagte) und nahm einen Stoffgürtel, den sie vor Jahren selbst hergestellt hatte, sorgsam in die Hand, ging in die Küche und setzte sich an den runden Tisch, auf dem immer eine Kerze und vier kleine grüne und violette Vasen mit ausgesuchten, handverlesen wirkenden Blumen standen.

Der Gürtel hatte monatelang bei mir über unserem gemeinsamen Bett gehangen und uns miteinander verbunden, uns umschlungen, bis sie ihn eines Morgens, bevor sie ging, unter dem Vorwand abgenommen hatte, er verstaube zu sehr. Darin war kein gutes Omen zu sehen.

Mit größter Akribie zog sie einige Fäden aus dem Gürtel, als operierte sie Nervenbahnen im Gehirn, führte dann neue Fäden ein und verknüpfte diese auf kunstvolle Weise miteinander. Dann ging sie ruhig in ihr Schlafzimmer, öffnete das Fenster und stellte sich in ihrem rosa

Seidenpyjama so dicht an die Brüstung, dass sie fast das Gleichgewicht verloren hätte.

Sie schlenderte noch einmal durch den Flur, verstaute die Schuhe in einem kleinen Holzschränkchen, wischte mit dem Ärmel des Pyjamas über die Oberflächen, schloss die Wohnungstür ab, nahm den Teekessel vom Herd und klappte den Herddeckel herunter, holte die angebrochene Flasche Milch aus dem Kühlschrank, entleerte sie in die Spüle und ließ solange Wasser nachlaufen, bis sie sicher sein konnte, dass sich die Milch restlos aufgelöst hatte.

Sie öffnete den Geschirrschrank, berührte ihre Lieblingstasse zärtlich und ließ die Finger ihrer rechten Hand mehrmals über die Oberkante gleiten. Sie stellte sie zurück, genau dorthin, wo sie immer stand. Danach ging sie in ihr Schlafzimmer, schloss das Fenster wieder und legte sich hin. Alles war wohlgeordnet. Sie wollte heute einfach nur einschlafen. Sonst nichts. Wenn sie wieder aufwachte, wollte sie so tun, als sei nichts gewesen.

Sie wollte jetzt eins werden mit ihren Gedichten. Sie hatte ihren CD-Player auf Repeat gestellt. »Global songs«.

Eines Tages stand sie, ohne zu wissen, wie viel Zeit vergangen war, wieder auf und übte sich erneut ein in das, was man Leben nennt.

Sie ist eine Raumseglerin, im Höhen- und im Steigflug, im Weltraum grenzenloser Poesie – und Fremdheit.

François Truffauts Film JULES UND JIM hat einen furiosen Anfang – bevor alles am Abgrund endet. »Von jetzt an wird gelächelt«, sagt Jeanne Moreau (als Catherine) zu Jules und Jim.

Einmal sah ich in einem Film, wie eine Frau die Kleider der Vorihrgeliebten wie Leichen in einem Koffer aus dem Haus trug, und mir kam es vor, als sei ihr Ausdruck verstörter gewesen, als wenn sie alles am alten Platz belassen hätte. Ist das nicht erstaunlich, dass sich um alltägliche Dinge (wie Kleider, Schuhe und Handtaschen) gleich in mehreren Schichten die unterschiedlichsten Bedeutungen und Gefühle – Zorn, Trauer, Freude, Glück – legen, oder sollte man sagen: schichten? Und den Wörtern geht es nicht besser.

Letzte Nacht träumte ich von einer toten und dennoch ganz nahen Geliebten. Vor mir sah ich fiebrige Trugbilder. War in der Halluzination eine Rettung für beide beschlossen? Beim Aufwachen stand mir ein Wort – *Verheißung* – wie die Leuchtreklame in Soho vor Augen. Die Verheißung, dass der Tod nicht endgültig und das Gesicht der Geliebten der *Herrlichkeit der aufgehenden Sonne zugewandt* ist, dass ein Licht, gepaart mit einem Geheimnis und einem Versprechen, möglich ist.

Wer hat denn nun – frage ich an der Schwelle vom Traum zum Wachzustand – die frühzeitlichen Zeichnungen in die Wände der Höhle eingeritzt, die Toten, die Lebenden auf dem Weg zu den Toten? Und werden wir die Botschaften je entziffern?

Sie habe ihn verlassen – oder war es am Ende er, der den Schritt auf labyrinthischen Wegen unbewusst getan hatte? –, brabbelte ich vor mich hin, »ach, egal, ich hab's vergessen«. Einmal wünschte ich mir, so wie Belmondo in AUSSER ATEM zu sprechen. Aber hat man dann nicht alles verraten, das Leben und die Liebe?

Einige Jahre später, an einem noch herbstlichen Tag im beginnenden Winter, ging ich zu einem Weinberg mitten in Paris. Nicht ganz im Zentrum gelegen, aber noch in der Stadt, nur ein paar Schritte hinter den Staffeleien der Maler auf der Place du Tertre von Montmartre. Den Wein, der von dort kommt, habe ich nie gekostet. Ob er genießbar ist, vielleicht sogar nach Paris schmeckt, weiß ich nicht.

Ich setzte mich auf ein Mäuerchen, nur aus Stein und Erde gefügt, schaute über die schnurgeraden Reihen und die sorgsam an den Drähten festgebundenen Reben bis hin zur Porte de Clignancourt und vergaß doch nicht das geschäftige Treiben, das sich in meinem Rücken abspielte.

Als ich eben mit dem rechten Ärmel meines Mantels die dünne Schneeschicht von dem Mäuerchen wischte, machte es mir Freude zu sehen, wie sich einige der in der Luft umherirrenden Flocken auf den kahlen Weinreben niederließen und andere ihren Flug fortsetzten. Sie erinnerten mich in ihrer Leichtigkeit, aber auch Verlorenheit, an die Transvestiten in der Rue des Trois Frères. Wenn ich morgens die Mansarde verließ, war meine Irgendwienoch-Freundin Annemarie längst schon unterwegs, nicht ohne dass wir uns zuvor noch geliebt hatten.

Den Geruch ihres Körpers überall, ja, überall, auf meiner Haut, ging ich dann in ein Café an der Place des Abbesses, bestellte einen Kaffee und ein Croissant. Meistens las ich eine Zeitung und schenkte dem Geschehen um mich herum nur gelegentlich meine Aufmerksamkeit. Eines Tages aber fielen mir einige bunt bemalte Vögel in Phantasiegewändern auf, die sich nahe dem Café aufgestellt hatten, ein paar Mal an meinem Tisch, der unter einem Heizstrahler stand, vorbeigehuscht und dann in einem Bistro schräg gegenüber verschwunden waren.

Mit nur wenigen Minuten Abstand war ich ihnen gefolgt. Aber weder an der Theke noch an einem der Tische waren sie zu sehen. Ich bestellte einen Espresso und benutzte den Gang zur Toilette, um mich weiter umzuschauen. So entdeckte ich schließlich einen kleinen, kaum einsehbaren Raum. Eine wohlige Wärme kam mir entgegen. Und ein Kichern, eigentlich mehr ein Schnattern. Ich ließ mich davon nicht abhalten und fragte, ob ich mich auf den einzig freien Platz setzen dürfe. »Du bist aber ein komischer Transvestit. Sollen wir dich erst mal richtig einkleiden?«

»Ich würde einfach nur gerne bei euch sitzen und wenn ich euch lästig bin, wieder verschwinden.«

Ich las und schrieb ein wenig. Beim Rausgehen bezahlte ich für alle einen Kaffee. Bei meinem nächsten Besuch war der Raum leer. Nach vielleicht einer halben Stunde traten zwei Afrikaner ein, vollgepackt mit Eiffeltürmen, Pudelmützen und Elefanten, die sie mir anboten. Ich blieb ruhig sitzen. Dann kamen die drei Transvestiten, gaben mir einen Schmatz auf den Mund »für den Kaffee«, warfen den Afrikanern ein paar Scheine auf den Tisch, griffen sich meinen vor mir liegenden Stift und masturbierten damit den Elefanten. Ein Afrikaner rasselte dazu stereotyp die Taka Taka ...

Als ich *ihr* ganz in der Nähe der Staffeleien auf der Place du Tertre von Montmartre, wohin ich inzwischen des Öfteren gegangen war, das erste Mal begegnete, hatte sie gleich den Wunsch geäußert, mir ein Gedicht vorzulesen. Es war dann aber im Laufe der Zeit nicht nur dieses einzelne Geflecht aus Worten, das uns der Zeit entrückte, es konnte auch eine Bank im Jardin du Luxembourg sein, sobald wir auf ihr Platz genommen hatten. Zuweilen wurde die Poesie aufgesogen von purer Lust. Ich lernte, dass die Poesie auch einem Vogel gleichen kann, der sich auf jeden Ast, den er erwischen kann, setzt. Und dann fliegt er weiter. Er ist nicht zu fassen. Und die Lust? Ist sie auch von solch flüchtiger Natur?

Einmal hatten wir an der Ecke Rue Dauphine, Rue Saint-André-des-Arts vor einer mit fernöstlichem Schmuck gefüllten Auslage gestanden. Unsere Augen hefteten sich, synchron gesteuert, an eine prunkvolle, aber nicht überladene Halskette. Wir baten den Inhaber, uns den Schmuck aus dem Fenster zu holen. Er legte ihn um ihren Hals und sagte, es sei ein Hochzeitsschmuck aus Nepal. So hatte die Kette einen neuen Platz gefunden, und wir waren, fernöstlich, ein Lebenspaar.

Der sich nach und nach einpendelnde Wechsel von dörflichem und städtischem Leben hatte unserer Liebe ein unverwechselbares Gesicht verliehen. Wenn wir in Paris waren, schweiften unsere Erinnerungen zu dem weichen moosbedeckten Waldboden, zu dem erdigen Geruch des Landes und dem salzigen Geschmack des Meeres.

Ich hatte *sie*, die Dichterin, nie *Süße* oder *Schatz* genannt. Unangemessen wäre es der Stadt der Liebe und der Wildheit der Natur gewesen. Ich weiß nicht mehr, ob ich den Namen *BabyBlue*, den ich gelegentlich gebrauchte, einem Song entlehnt hatte oder ob er mir einfach so in den Sinn gekommen war, wegen des Blaus ihrer Augen oder wegen des Blaus des Meeres und des Himmels, der auf der Insel fast so nah wie in Mao, Timbouktu oder Gao schien.

Sie war auf dem Land geboren und hatte viele Jahre ihrer Kindheit bei ihrem Großvater verbracht. Ihre Eltern hatten sie eines Tages, wie schon so oft zuvor, zu ihm gebracht und gesagt, sie führen in die Stadt. Sie waren stets am Abend zurückgekehrt, nie ohne ihr etwas mitgebracht zu haben. Sie öffnete die Verpackung des Geschenks immer gleich, kaum, dass sie es in den Händen hielt. Dieses Mal aber kamen sie nicht zurück. Jeden Tag fragte sie ihren Großvater, wann Papa und Mama sie abholen würden. Sie waren *heimlich* nach Deutschland gegangen. Wir sprachen oft über diesen *Betrug*. Vor allem, wenn wir auf der Insel waren.

Dort hatten wir uns ein Heimkino geschaffen, zu Anfang noch mit VHS-Kassetten, die uns Freunde schickten. Die Welt der Hohen Kunst mischten wir aber auch mit spanischen Telenovelas, die damals gerade in Mode kamen und den Alltag der Hausfrauen mächtig durcheinanderwirbelten. In der *Oase*, so nannten wir unseren Garten, pflückten wir die reifen Bananen, Papayas, Feigen und Orangen, liebten uns und schrieben bis zum Nachmittag. Wenn die Sonne nicht mehr so heiß brannte, brachen wir zum Meer auf. Am Abend bereiteten wir uns die köstlichsten Speisen zu und schrieben ein Kochbuch für Liebende.

Ob uns die Strahlungen von Tschernobyl auch hier auf der Insel erreichen würden? Wir konnten es uns nicht vorstellen. In Paris hörten wir die Franzosen sagen, Tschernobyl mache am anderen Ufer des Rheins Halt. Der Fluss sei die natürliche Grenze zur Stadt der Liebe. Was der Rhein vermochte, konnten der Atlantik und das Mittelmeer schon lange, dachten wir. In Paris nannte ich sie manchmal »mon trésor« – ein Schrank nur aus Glas und Muscheln, in dem ich meine (verschlüsselten) Wünsche aufbewahrte. Ich glaube, ich hatte das Wort in einem kitschigen Liebesfilm aufgeschnappt.

Im Süden gerieten wir zuweilen in einen wahren Verblödungstaumel, wenn wir immer wieder mit Howard Carpendale ICH SAG EINFACH HELLO AGAIN sangen und uns die allererste Staffel von BIG BROTHER reinzogen, während der Regen, vom Wind gepeitscht, waagerecht auf die Scheiben traf und das Meer so wild gegen den Felsen schlug, als wolle es uns noch das letzte bisschen Boden unter den Füßen wegreißen. In Paris sangen wir zuweilen die Lieder von Jacques Brel und wurden so melancholisch wie er.

Eines Tages, wir hatten das Haus schon verlassen und die Räder aus dem Unterstand geholt, war *sie* noch einmal umgekehrt, weil sie etwas vergessen hätte, wie sie sagte. Ich schwamm ins offene Meer hinaus, und als ich zurückkam, lag sie unter einem Felsvorsprung, vertieft in ein Buch.

»Warst du nicht im Wasser?«
»Nein.«
»Soll ich dir ein Eis mitbringen, ein Trufo Plus?«
»Nein.«

Ich hätte immer so weiterfragen können, sie hätte zu allem Nein gesagt, denn sie las ja *ihn*, und nicht nur sein Buch. Sie träumte sich in seine Welt hinein. Und sein Buch gab die Richtung vor: die Wandlung, wie er das nannte.

An diesem Tag schwamm ich dreimal zum Felsen hinaus, und mir war jedes Mal, wenn ich zurückkam, als hätte sie sich keinen Zentimeter von der Stelle wegbewegt, selbst die Haltung der Beine (das eine gestreckt, das andere leicht angewinkelt und darübergelegt) schien unverändert. Ein wenig hilflos und gespielt locker fragte ich, wovon das Buch denn handle, und ich sagte »das Buch«, so als sei es austauschbar und mir gänzlich unvertraut. Ungeduldig hielt sie mir den Umschlag vor die Nase, wie es jeder tut, der nicht weiter gestört werden will, und wie ich es selber damals auch gemacht hatte, als Marica mich einmal fragte, was ich da lese, und ich ihr die tausend Seiten mit jenem befremdlichen Titel, der vom Geist im Widerstreit mit der Seele handelte, hingehalten hatte und sie nur meinte, was das denn heißen soll – und dann verließen wir unsere damaligen Geliebten, reisten erst nach Tunesien und zogen schließlich nach Amsterdam.

Die Absurdität ihrer Geste machte mich wortlos, hatte sie das Buch doch beim Auspacken demonstrativ auf das Handtuch, neben die Sonnencreme und den Bikini, gelegt. Ich fing an, meine Sachen zusammenzupacken, um allein zurückzufahren, den steinigen Weg entlang des wuchtigen und bedrohlichen Berges, dann die Schotterstraße hinauf zum Dorf, wo mich die alten Leute mit anfeuernden Rufen erwarten würden. Unentschieden blieb ich noch stehen, schaute regungslos zum Meer hinaus, zum Felsen, den gerade einige junge Männer, mit dem Schwung einer Welle, erklommen hatten. Möchtest du einen Absatz vorlesen, fragte ich, nein, es war nicht Ich, eine Stimme in mir fragte es. Ohne jede Betonung, um nur nicht die Spur einer Regung zu zeigen und das Verzaubertsein nicht zu gefährden, begann sie zu lesen. »Aber das sind die Eingangssätze, du bist doch schon viel weiter.« – »Ich habe wieder von vorne angefangen.«

Von da an fuhr jeden Tag ein Bündel dieser Seiten, handelnd von der Zeit, als das Wünschen noch geholfen hat, mit uns. Und es fuhr die Trauer um den einen verpassten Augenblick mit, in dem ich sie aus den Augen verloren hatte. Ihr war es so vorgekommen, als hätte ich mich von ihr abgewendet. Aber ich hatte nur kurz an ihr vorbeigesehen. Eines Tages fragte sie mich, warum denn alles, was ich einmal als schön an ihr empfunden hätte, jetzt nicht mehr zähle. Sie sagte *alles*, denn die *Kleinigkeit* betraf ihre ganze *neue* Welt, die in den anderen Kleidern sichtbar werden sollte. Die alten, die sie so sehr geliebt hatte, mochte sie nicht länger tragen. Nur aus Wehmut hatte sie die bunten Röcke und Blusen noch im hintersten Winkel des Kleiderschranks aufgehoben.

»Aber du hast sie doch immer so geliebt.«
»Habe ich auch.«
»Und jetzt?«
»Jetzt ist es eben anders.«
»Sind sie dir zu folkloristisch?«
»Ich gehe runter zum Meer. Am Abend bin ich wieder zurück.«

Es war dieser eine Augenblick, in dem ich vielleicht zum ersten Mal nur meinem eigenen Blick verhaftet war, ohne diesen einen Schritt mit ihr gegangen zu sein, diesen Siebenmeilenstiefelschritt, in dem ihre Phantasien des Sichwandelns unumkehrbar stark geworden waren.

Wie viel Zeit blieb mir noch? Noch genügend Zeit, um mir das Verglühen der Liebe verwundert anzuschauen?

Einmal noch waren wir, ausgelassen, vom Meer zurückgekehrt (vielleicht das erste Mal wieder, ohne dass uns das besagte Buch begleitete), da griff ich ihre Zärtlichkeit auf und machte einen Vorstoß. Ich nahm Schuld auf mich, selbst da, wo ich ganz sicher war, alles gut gemacht zu haben; im Glauben, dies würde ihre Liebe wieder neu entfachen – eine ziemlich abstruse Idee. »Ach, ich habe gedacht, ich sei schuld daran, dass es zu Ende geht«, sagte sie mit einem Lächeln, das andeutete, wie entlastet sie sich fühlte. Aber natürlich änderte dies nichts an ihrer Entscheidung. Und ich trug nun, ohne jeden Grund, eine Schuld mit mir herum. Wie lange noch?

Ein andermal, als ihre Gedanken schon bei *ihm* waren, sagte ich zu ihr und hoffte, sie damit wiederzugewinnen: Wir sind noch *vor* der Liebe, wir sind *Präliebende*. Das Wort war bewusst gewählt, hatte doch der Dichter und Ethnologe Michel Leiris einmal davon gesprochen, dass die Riten prätheatralisch seien. Und besessen waren wir wahrlich voneinander gewesen. Jetzt aber gehe es darum, sagte ich, geradezu beschwörend, miteinander in Liebe zu leben. Sie hörte die Worte mit einem Ohr, das andere Ohr aber wartete sehnsüchtig auf die von ihm aus der Ferne gesprochenen Liebesbotschaften.

»Sag, liebst du mich nicht mehr?«

»Ich weiß nicht.«

»Liebst du mich weniger als früher?«

»Ich weiß nicht.«

»Aber wie ist das möglich? Du musst doch wissen, ob du mich nicht mehr liebst oder ob du mich weniger liebst als früher.«

»Ich weiß nicht.«

Nur die Erinnerung an eine glückliche Zeit lässt den Verlassenen noch am anderen kleben.

»Wann wusstest du, dass du mich nicht mehr liebst?«

Immer der gleiche Dialog: Der eine insistiert und will alles genau wissen. Der andere ist in Gedanken längst schon woanders und nur noch genervt von Fragen, die eine weit zurückliegende Vergangenheit betreffen. »Bist du dir auch ganz sicher?« Ist das Fragen denn nicht endlich vorbei?, denkt sie.

So muss es auch meinem alten Freund Alain gegangen sein, als er noch einmal, da waren die Würfel längst schon gefallen, eine Anstrengung unternahm: »Aber ich liebe dich immer noch.« Es hätte nur noch gefehlt, dass er vor ihr niederkniete. Abgründiger und zugleich banaler hätte ihre Antwort nicht ausfallen können: »Da kann ich dir auch nicht helfen.«

Gelegentlich telefonierten wir noch miteinander. Einmal sagte sie, am Hafen angelangt hätte sie sich gefragt, was sie da eigentlich mache, und hätte ein Taxi nehmen wollen, es sei aber keines mehr aufzutreiben gewesen. Auf der Fähre habe sie sich entschieden, wieder zurückzufahren, aber es sei am Abend keine Fähre mehr gefahren. So hätte alles seinen Lauf genommen. Gegen ihren Willen, sagte sie. Ich glaube: gegen ihren Willen, und ich glaube, nein, mit ihrem Willen.

Die Geschichte hat ein trauriges Ende genommen, genauer gesagt: ein tödliches. Mit einem riesigen Gewehr, mit dem man sicher auch auf Wildtierjagd gehen könnte, erschießt die Ehefrau ihren Mann, der gerade, wie meistens um die Mittagszeit, in einem Pariser Lokal speist und Zeitung liest. Sie ist ihm auf die Schliche gekommen und erträgt nicht länger die junge Frau, eine Stewardess, in seinen Armen.

Hauptsächlich wegen zweier Szenen hat mich dieser Film von Truffaut (LA PEAU DOUCE) nie wieder losgelassen, seit ich ihn in den 70er Jahren zum ersten Mal sah. Zu Beginn war ich fixiert auf den dramatischen Schluss und wollte genauer wissen, in welcher Gefühlsregung – ob hastig, übererregt mit feuerrotem Kopf oder aber ganz ruhig und mit fahlen, vielleicht schon erloschenen Gesichtszügen – sie in das Lokal eintrat und abdrückte, hätte doch auch mich einmal die phantasierte Tötung des Liebesräubers für Augenblicke kopflos machen können.

Dann aber, bei nahezu jedem weiteren Mal, da ich die DVD, in den unterschiedlichsten Situationen (längst abgekoppelt von dem mir widerfahrenen Liebesraub) in das Gerät legte, schaute ich den Film nur bis zu der unheilvollen Entzweiung des Ehepaars an.

Konzentriert hatte ich mich jetzt aber auf die Szene unmittelbar vor Beginn der Liebesgeschichte zwischen dem Schriftsteller Pierre Lachenay und der Stewardess Nicole, wie sie zusammen den Aufzug im Hotel Tivoli nehmen, er sie wenige Minuten nach dem Aussteigen anruft und sie fragt, ob sie vielleicht noch etwas mit ihm an der Hotelbar trinken möge. Die Bar sei längst schon geschlossen, ob er denn nicht wisse, wie spät es sei! So beendet sie rasch das Gespräch. Der Mann, verloren in einem kaum erleuchteten Zimmer. Da klingelt das Telefon. Nicole entschuldigt sich für ihre etwas abrupte Ablehnung des Dates. Sie verabreden sich für den nächsten Tag. Wie ein Kind, das den versprochenen Roller jetzt doch bekommt, macht der etwa Fünfundfünfzigjährige alle Lampen in seinem (für damalige Verhältnisse eleganten, für unseren heutigen Geschmack eher muffig erscheinenden) Zimmer an und springt ausgelassen auf das Bett.

Das unerwartete Versprechen und das Zusammensein am nächsten Abend in einem Restaurant schaffen einen imaginären Raum, jenseits aller lebensweltlichen Verstrickungen. Am Morgen, es ist schon hell, werden sie für einen Augenblick vom beginnenden Alltagsleben der Stadt berührt. Eine Straßenbahn kreuzend, die ihnen auf einer dieser typischen, *traumhaften* Lissabonner Straßen entgegenkommt, schweben sie davon.

Das plötzlich erleuchtete Hotelzimmer und der beginnende Tag in dieser Stadt, die ich auf den Spuren des Dichters Fernando Pessoa (sein BUCH DER UNRUHE wie ein Log- oder Fahrtenbuch lesend) so oft schon erlaufen hatte, trugen mich nun aber in Gedanken auch zu einem Freund und engen Weggefährten in den Turbulenzen des Lebens, ein Liebhaber des Denkens und Erforschens, der seit einigen Jahren immer wieder in Portugal lebte. Die von Erwartungen erfüllten Szenen in Truffauts Film führten mich zurück auf eine Insel, wo ich zeitweise lebte, allein oder mit Freundin, und wo mich Christian, allein oder mit Freundin, des Öfteren besuchte. Alles, was wir taten, war lustvoll und exaltiert, das Reden über Philosophie und Quantenphysik oder über die Liebe und Sexualität, aber auch über Alltägliches wie das Schwimmen im wilden Atlantik und die Mountainbike-Rennfahrten zurück die steile Straße zum Dorf hinauf, wo uns die alten Leute am Platz mit Anfeuerungsrufen empfingen. Einmal, als Christian mit seiner Freundin Lerinha auf die Insel kam und sie beide von der Fähre hinuntergingen, war zuerst eine Komposition aus einer riesigen Gitarre, seinem blonden Lockenkopf und ihrem breiten Lachen zu sehen. Ihre Mutter war eine brasilianische Schamanin, und sie las Tag und Nacht Rilke, Erich Fromm und Nietzsche. Ein andermal kam er, der Künstler und Verehrer spiritueller Meister, mit einer vielleicht-hier-auf-der-Insel-zur-neuen-Freundin-werdenden Frau. Die erste Nacht über hatten sie in der Küche gesessen und geredet. »So wird das nichts«, sagte ich am Morgen zu den beiden und machte uns Frühstück mit Orangen und Papaya aus dem Garten hinter dem Haus.

Nie nachgelassen hat meine Faszination, ihm dabei zuzuschauen, wie er sich der Liebe, den Denkformen, Theorien und Literaturen annäherte und dabei einen vielgestaltigen Austausch für seine *Denkbar* entwickelte. Es gelang ihm stets, aus verfestigten Positionen ein offenes Terrain für das Denkbare, bis dahin aber für undenkbar Gehaltene zu formen. So löste er ein, was Stephen Hawking etwa so formuliert hatte: Wir sind auf der Welt, um der Schöpfung Widerhall zu geben.

Ohne eine Frau an seiner Seite hätte Christian dies nur für einen eingegrenzten Widerhall gehalten. Seine Nähe zu sich selbst findet er in experimentellen, künstlerisch anmutenden Lebensentwürfen mit Frauen, deren Namen immer schon etwas von dem Zauber ahnen lassen, der sie umgibt und in den er mit nie erloschener Neugierde eintaucht.

Lange Zeit konnte ich keine Liebesfilme mehr sehen, selbst schlichte und kitschige Kussszenen waren mir unerträglich. So versuchte ich es mit Filmen, in denen vor allem gehasst und getötet wurde. Aber das griff mich auf eine andere Weise an, verletzte andere Schichten meiner empfindsam gewordenen Seele, die einst mein sicherer Begleiter selbst durch Todeswüsten gewesen war.

Nur wenn das Hassen und Töten eingebunden war in ein großes Schicksal, in ein Drama griechischen Ausmaßes, vergaß ich mein bescheidenes Leid. So erging es mir mit Claude Sautets abgründigem Film DAS MÄDCHEN UND DER KOMMISSAR. Wenn man ihn einmal gesehen hat, bleiben die Bilder unauslöschlich. In Romys Gesicht sieht man in jedem Augenblick bereits die Vorboten unglücklicher Verstrickungen in der Liebe. Wie sehr sie für ihre Liebessehnsucht zu bluten haben würde! In diesem Film ist ein seelisch verelendeter Polizist davon besessen, sie zu zerstören. Dann aber erschießt ihn der Kommissar und opfert sein Leben für das ihre.

Als ich zum ersten Mal mit der Phantasie spielte, *ihn*, den Dichter AM FELSFENSTER MORGENS und Liebesräuber zu erschießen – und die Phantasie hatte etwas Besänftigendes an sich, ich fühlte die Freiheit, es tun zu können –, sah ich den Film wieder, wie *zufällig*. Die Begegnung zwischen Michel Piccoli und Romy Schneider war von Anfang an auf tödliches Scheitern angelegt, dagegen war doch meine Situation eher banal: eine Geliebte geht von einem Mann zu einem anderen, sie trennen sich, und alles verläuft im Sand. Liebe, Eifersucht. Ständig irren Menschen umher, wenn sie verlassen und betrogen wurden.

Einmal machte ich einen Umweg über Claude Chabrols Film DIE ZWEIGETEILTE FRAU, in dem ein junger Mann den Geliebten seiner Frau erschießt und seine Tat mit der Begründung rechtfertigt, der alte Lüstling habe sie verdorben. Ungewöhnlich daran ist: Der junge Mann lässt die Rechtfertigung von seiner eigenen Frau vorbringen. Sie muss sagen: Der Alte hat meinen lieben Mann zu der Tat getrieben – und damit, heldenhaft, meine Ehre wiederhergestellt. Unerträglich sei ihm die Vorstellung gewesen, der Alte habe sie von vielen Männern vor seinen Augen benutzen lassen. Der Ehemann folgte also nur, so sollte man vor Gericht die Tat sehen und beurteilen, seinem hohen Ethos. Er wischte etwas von dem Schmutz weg, den das Ungeheuer auf seine Frau abgeladen hatte. Die drastische Rede, eingebunden in eine wirksame Opferhaltung, überzeugte die Richter, und sie billigten ihm bei der Bemessung des Strafmaßes mildernde Umstände zu.

Aus welchem Grund hätte ich auf ein vergleichbares Einsehen hoffen dürfen? Hätte ich denn überhaupt beweisen können, dass es keine normale Eifersucht war, die mich zu meiner Tat getrieben hatte? Hätte ich diejenigen, jeden Einzelnen von ihnen, die über mich richten würden, überzeugen können, dass meine tiefe Verbundenheit mit diesem Wesen es mir verboten hätte, sie für eine Affäre preiszugeben, und dass meine Tat auch ein Rettungsversuch in *ihrem* Sinne gewesen wäre? Ich wollte sie nicht stürzen sehen, wusste doch »alle Welt«, dass es ihm vor allem um »so'n Abenteuer mit 'ner Frau« ging. Hätte ein Richter für solche Feinheiten einen Sinn gehabt, und wenn, hätte er dafür im Gesetzbuch einen Paragraphen ausfindig machen und daraus mildernde Umstände ableiten können? Wohl kaum. Ich hätte also mit vollem Risiko handeln müssen.

Wenn es wahr ist, und davon gehe ich aus, dass wir nur zu den Menschen in Beziehung treten, in denen wir eigenes Gelebtes und Ungelebtes erkennen, dann wäre sein Tod, wenn ich ihn herbeigeführt hätte, auch ein Mord an mir gewesen.

Sind nicht alle unsere Begegnungen mit Hoffnungen und Erwartungen prall gefüllte Versuche, das eigene Rätsel und das des anderen zu lösen, Versuche, die immer in Ernüchterung enden? Vielleicht brechen so viele Männer aus diesem Grund frühzeitig die Vertrautheit mit der Geliebten ab, befreien sich aus der Nähe, bevor ihnen die Enttäuschung von außen entgegenkommt. Ich dagegen beharrte noch lange – und dann kam die Ernüchterung auf vermeintlich »leisen Sohlen«.

Man zeigt uns das Drehbuch, nach dem wir agieren, erst nachdem die Szene gedreht ist.
    Nicht anders ergeht es dem Reisenden. Wenn er dann wieder heimkehrt, erscheint ihm der Raum geweitet.

Einmal kamen die Dichter des fernen Kärnten gleich aus entgegengesetzten Richtungen auf mich zu. Aus Klagenfurt, mit einem Umweg über Mexiko, schickte Josef Winkler die eine Zeile, er schreibe einfach nur, mehr könne er über sein Tun nicht sagen. Welch eine Lust er verspürt an den großen Beschwörungen des vom Zu-Ende-Gehen dominierten Lebens und seiner andächtig dem Blut zugewandten Haltung (dem Blut der Tiere, Christi Blut und dem Blut, das dem Kind aus Nase und Mund fließt)! Nie wird er müde zu beschreiben, wie sich das Blut mit den Tränen des Kindes vermischte und einen mythisch-religiösen Raum bildete. Manchmal glaubte ich, während ich dies las, die salzigen Tränen des Kindes auf meinen Lippen zu spüren. Ich weiß nicht, ob ich so weit gehen möchte, wie es seine Zeilen nahelegen, dass sich meine Seele zusammenzog und für Augenblicke zur Kinderseele wurde. Vielleicht für *einen* Augenblick, um dem damaligen Geschehen in der Kindheit ganz nah zu sein.

Aus Paris erreichten mich Annouchkas verschlüsselte Zeilen zu einem anderen Kärntner Dichter. Es war der geheimnisvolle *Er*, dessen Buch, von *Schönauge* wie ein Kleinod behandelt, uns auf den Fahrten zum Meer begleitet hatte. Sollte ich Annouchka (die schüchterne, dabei hellwache Frau, von deren so vollkommenem spitzbübischem Lachen ich nie wusste, ob sie nur ihre Schüchternheit spielte), sollte ich sie, die in der Liebe Erfahrene, fragen, was das sei mit der Liebe und deren plötzlichem Ende?

Für den nächsten Tag *ins Auge gefasst* hatten wir ein paar Stunden am späten Nachmittag im Café de Flore. Stattdessen saßen wir nun schon am Morgen im Bistro der Gare de l'Est. Ich hatte Annouchka gleich in der Früh angerufen und ihr von der letzten afrikanischen Nacht erzählt und ihr gesagt, ich führe bereits an diesem Morgen zurück nach Deutschland. Eine zweite Nacht würde ich in dem Appartement einer befreundeten Filmregisseurin nicht ertragen.

»Weißt du, Annouchka, es war wunderbar, ganz Paris vom fünften Stock aus. Und in dem Atelierraum ein riesiges Bett, ein paar Korbstühle, ein großer Tisch, Regale mit Film-Büchern, eine Stereoanlage und Filmplakate an den Wänden. Ich hörte Jacques Brel, war also in Paris *und* auf den Marquesas.«

»Du Glücklicher!«

»Ja, bis kurz nach Mitternacht. Dann begann die afrikanische Nacht. Ich stopfte die Ohren zu und legte über die Ohropax die Kopfhörermuscheln, beschallte mich mit Musik von Gurdjieff, die nun wetteiferte mit Disco-Pop. Heute Morgen erzählte ich gleich der Concierge davon. Jede Nacht, sagte sie, ohne erkennbare Erregung, machten dreißig, vierzig Leute Party in dem Zwei-Zimmer-Appartement, dann rufe ein Nachbar die Polizei, die fordere die Leute zur sofortigen Ruhe auf und drohe mit Strafen, für einen Augenblick sei Ruhe, dann gehe es wieder von vorne los. So war es. Ich will nicht wegfahren, ohne dich getroffen zu haben.«

»Ich mache mich sofort auf den Weg. Was hältst du von dem Bistro, von wo wir uns in die Ferne träumen können? Ist doch Poesie. Oder?«

»Hier und im Anderswo-Sein.«

Daran knüpften wir, einige Wochen später, wieder an. Uns schreibend.

Schaute ich in die Fotografien von Annouchkas Gesicht, die ihren Briefen, zusammen mit Landschaftsfotografien, beilagen, fragte ich mich: Bist du es, in amorpher Gestalt, oder sind es Steine und Pflanzen in einem? Noch am Tag, an dem die Bilder kamen, stellte ich sie in die Sonne, sodass ich sie immer anschaute, wenn ich zum Fenster ging, dort, wo auch Brechts Gedicht DER BLUMENGARTEN *(Am See, tief zwischen Tann und Silberpappel / Beschirmt von Mauer und Gesträuch ein Garten ...)* in einem goldenen Rahmen steht. Bald schon wird es vergilbt sein.

Letzte Nacht ging ich im Traum durch endlose Gänge eines Flughafens, so menschenleer wie in einem Bild von de Chirico. Ich trug einen Koffer mit mir, setzte mich auf eine Bank, öffnete ihn und wollte nachschauen, was ich hineingepackt hatte. Er war leer.

Dann fand ich mich wieder in stets wechselnden Landschaften, in denen fremdartige Gestalten umherschweiften. Als ich ihnen so zuschaute, fühlte ich mich wie das Kind, das voller Staunen den Luft- und Wortblasen folgt, bevor sie sich auflösen. Zu jeder Figur erfand ich immerfort Geschichten. Ich wusste dann nicht mehr zu unterscheiden zwischen der gelesenen und der neu geschriebenen Geschichte. Ein Ende der Kombinationen war nicht in Sicht. Wie Vögel schwirrten die Wörter umher, erfreuten sich ihrer Freiheit und flogen weiter. Sie flogen zu Vera und Annouchka, die kurze Zeit die Sehnsuchtslücke füllten, die die junge Dichterin in mir hinterlassen hatte.

Ich schickte meine Geschichten in alle bekannten und unbekannten Wüsten und Steppen, in Wälder und auf Felder. Dann nur noch an die bretonische Küste – um Annouchka, die Strandläuferin, zu grüßen.

Liebe Strandläuferin, Meeresbetrachterin, Wolkenverschieberin, du versendest keine Mythen und keine Fotos mehr von geheimnisvollen Formen im Sand, und ich sende dir keinen Wind mehr von Tahiti. Ausgleichende Ungerechtigkeit.

Reisetage. Wohin auch immer. Zaghaftes Winken und dazwischen Ansätze für große Umarmungen aus allen Zügen und von allen Küsten dieser Welt.

Heute Nacht träumte ich, eine berückend schöne Frau sei wie aus dem Nichts aufgetaucht, habe einen Mann geküsst und sei wieder spurlos verschwunden. Die Begierde, auch gepaart mit Ärger und Zorn, wird in ihm geweckt und gibt von nun an alle seine Bewegungen und Gedanken vor.

Gleich beim Aufwachen weiß ich, dass du dem Mann den Namen Sperber verliehen hast und er mit der mythischen Figur des Orpheus gemein hat, dass er seine Geliebte, kaum, dass sie zusammengekommen sind, schon wieder verliert, sich aber mit der Trennung nicht abfinden kann und ins Reich der Toten aufbricht.

Orpheus – Inbild der Liebe und des Sich-Sehnens, auch der Macht der Musik und des Tanzes – betörte mit seinem Lyra-Spiel ja nicht nur (wer wüsste es besser als du!) die Menschen, Tiere, Pflanzen und Steine, auch die Götter. Und es war der Gott Hades, der ihm seine tote Geliebte, die Nymphe Eurydike, zurückgab – verknüpft mit der Bedingung, dass er beim Aufstieg in die Oberwelt vorangehen müsse und sich nicht nach ihr umschauen dürfe. Genau so tauchte auch in meinem Traum die Fremde vor dem Mann auf, und so wie Orpheus Eurydike nicht kommen hörte, so vernimmt auch der Mann ihre Schritte nicht und verliert sie erneut.

Metamorphose ist ein wahres Zauberwort. Das Wort, das als geheime Triebfeder in all diesen Bewegungen zwischen der Welt der Lebenden und dem Reich der Toten wirkt. Ihren Dreh- und Angelpunkt hat die Metamorphose in der Liebe.

Ich werde mit dem Schiff über Land fahren und an der bretonischen Küste landen und nach dir fragen und hoffen, dass man mir nicht zur Antwort gibt: ... die ist wieder nach Paris zurückgegangen. Dann werde ich mit dem Schiff nilaufwärts fahren und über Mopti zu dir gelangen.

Wir werden miteinander reden, als machten wir eine Dampferfahrt auf dem Wannsee oder dem Nil. Vorgestern schrieb ich dem Freund-Nicht-Freund GAG, er richte sich in unseren Gesprächen oft so ungestüm, grundlos auch, gegen mich, schickte den Brief aber nicht ab, ich möchte ihn ja nicht verletzen, es genügt, wenn er es ununterbrochen tut – und sich dann dafür entschuldigt. Jetzt aber bin ich erst einmal ganz selig über seine Worte »Genieße den Wind«.

Die Liebe ist für nichts verantwortlich. Verantwortlich sind, wenn davon überhaupt die Rede sein kann, nur diejenigen, die nach ihr greifen und dann von ihrem Duft süchtig werden. Fortan sehnen sie sich, wenn der Reiz zu verblassen beginnt, nach den erlebten Aufschwüngen – Sonnenverstärkern gleich –, und auch nach den Abstürzen, die aus Donner und Blitz wahre Unwetter machen. Diese Abwärtsbewegungen üben einen zweifelhaften Sog auf sie aus, erzeugen doch gerade sie das Gefühl, als rasten die Naturgewalten unmittelbar durch ihre Seelen und ihre Körper hindurch. Spricht man deswegen von Liebenden als von Rasenden?

Von außen gesehen erscheint die Sache eher harmlos: Eine Frau verfällt einem Mann und droht daran zugrunde zu gehen. Sie spricht von Liebe und vermeidet das Wort Verfallenheit. Sie bleibt dem Mann treu, obwohl er sie quält. Wenn sie von Zukunft spricht, glaubt ihr Ex immer noch, sie meine eine Zukunft mit ihm.
»Wann fliegen wir?«
»Gar nicht. Ich fliege allein.«
»Bleib nur noch diese eine Nacht bei mir.«
»Nein.«
Heute Morgen schien mir, als hätte ich den Traum von vor zwei Nächten weitergeträumt – manche Traumkun-

dige halten es ja sogar für möglich, Träume ein Stück weit bewusst zu lenken und am Abend darum zu bitten, ein angeträumtes Thema weiterzuspinnen. Wieder war ich im Haus am Meer, nur dass dieses Mal nichts Bedrohliches in der Luft lag. Ein leicht bewölktes Blau des Himmels vermischte sich mit einem sanften Rot der untergehenden Sonne, und die heranrollenden Wellen umspülten geradezu zärtlich die kleinen Kieselsteine im schwarzen Sand des Strandes.

Auch wenn ich Annouchka nur noch in Gedanken schrieb, schaute ich doch tagelang im Briefkasten nach, ob sie mir wohl geantwortet hatte. Und mir war, als hätte ich den Traum, den ich ihr erzählte, weitergeträumt. Und in diesen Traum fand auch die Formulierung *unter Erde gepflügt* (deren Autor ich vergessen habe) Eingang: Der Schnee scheint wie *unter Erde gepflügt*, dringt durch alle Ritzen ins Haus und droht, mir alles zu nehmen. Das Haus stand im Süden, dort, wo es nie Schnee gab. Und wie hätte mir der Schnee alles nehmen können?

Alles? Einmal wollte ich von einem in den Bergen des Himalaya besonders angesehenen Mann, an dessen Höhle ich vorbeigekommen war, wissen, was ich jetzt machen solle, wo meine Liebe zerbrochen sei und ich kein einziges Ding mehr mein eigen nennen könne. Wirf es weg!, sagte der Weise beiläufig und ging weiter. Ich lief ihm hinterher: Ja, aber ich habe doch kein einziges Ding mehr, was soll ich da wegwerfen. Wenn es so ist, halt es eben fest.

Ich entwarf noch einen Brief. Einen letzten?

»Liebe Annouchka, heute spielen in meinem Kopf Wörter Fangen, so wie wir es als Kinder taten. Vor mir sehe ich Schriftzeichen, wie sie die Nähe und die Ferne zwischen der Erde und dem Himmel, zwischen dem Realen und dem Imaginären beständig neu auspendeln. Schriftzeichen zur Orientierung im Lebendigen. Natürlich ist das Lebendige widerborstig, fügt sich nicht gern dem Wort. Wir haben uns daran gewöhnt, den Kern des Lebendigen unser Selbst zu nennen. Und die Ströme des Selbst, sie fließen auch gegeneinander.

Die Vertrautheit mit der Welt, mit den Dingen, den Pflanzen und den Menschen ist – wer wüsste das besser als du – nicht einfach *da*. Sie stellt sich nur her, wenn wir das Licht, die Wolken, die Blumen, die Flüsse und die Berge umspielen. Wie weitgehend darf man den Berg aus der Natur herausnehmen und in die Welt der Menschen versetzen, ihn mit einer Kathedrale und einer Orgel (aus Felsen und Eis) vergleichen, in ihm ein Monstrum und zugleich etwas Würdevolles, Ehrfurchtgebietendes sehen? Der Berg *weggerafft in den Himmel* – ein von dem Dichter Jaccottet erfundenes Bild –, weggerafft zwischen Gegenstand, Bild und Trugbild?«

Der Brief blieb, unabgeschlossen, liegen. Dann, Monate später, ein neuer Anlauf, dieses Mal einer Phantasie nur folgend:

»... zuweilen werden wir von der Illusion beherrscht, als grüßten uns die Blumen, als tanzten sie, gleich Ballettfiguren, als gäbe es tatsächlich eine Anmut der Blumen, während es doch immer unsere Vorstellung und Einbildung sind, die diese Eigenschaft der Blume zusprechen. Unlösbar der Widerspruch des Dichters, der die Natur besingen will und zugleich ganz von ihr zurücktreten möchte.

Ich stelle mir meine Augen als das Auge der Filmkamera vor, das die Landschaft absucht nach einem Haltepunkt bei einem Fluss, der eine Stadt durchschneidet und dann zu einem Mann am Fenster seiner Wohnung schwenkt. Sobald Menschen auftreten, werden Landschaften verfälscht. Oder kommen allererst zu ihrer wahren Schönheit.

All die aufgesuchten Orte, die nicht mehr abtrennbar waren von den Phantasien, den erfüllten und unerfüllten Sehnsüchten, die sie umgaben.

Im Unendlichen berühren sich die Anfänge und das Ende.«

Wenn die Erfüllung der Sehnsucht naht, kündigt sich immer schon, mal sich vorbereitend und mal abrupt, ihre Zersplitterung an. Pablo Nizon erzählte mir einmal von sich und Maria und dass er glücklich darüber gewesen sei, sie nicht *haben* zu können, weil sonst »das Leuchten«, das von ihr auf ihn übergegangen sei, erloschen wäre.

Es war Paul Nizon, der auf so spielerische, flaneurhafte Weise einige meiner Liebesetappen begleitet hatte. Ich erinnere mich an den Tag, als sei er gerade erst gewesen, an dem ich mit ihm auf dem Markt in der Rue de Buci verabredet war. Seine Erscheinung verlieh dem Marktgeschehen einen ganz besonderen Zauber.

Bereichert wurde diese Erinnerung im November 2019, als sein von ihm so geliebtes Frühwerk CANTO noch einmal erschien und er in seinem Nachwort die neu gewonnene Freiheit, das Sichtreibenlassen in Rom (»die Quelle, die Taufe«) preist. Ich sehe ihn vor mir, nomadisierend durch Rom und Paris. Und wen traf er des Öfteren in Rom, mit wem gar hatte er den Titel CANTO *ausgeknobelt*? Mit Ingeborg Bachmann!

Meine Lieben waren zwar verblasst und hatten sich zerstreut und waren doch aufbewahrt in farbigen Brechungen. Funkelnd und zuweilen irrlichtergleich. Auf einmal tauchte dann ein Wort wie *beglückend* wieder auf. Wohin würde es zeigen?

Inzwischen ist *sie*, Schönauge, längst die Dichterin geworden, wie sie es sich gewünscht hat. Mit einer Feinheit und fluiden, tänzerischen Seitenbeweglichkeit im Denken und Schreiben von Gedichten, Romanen, Essays. Federleicht kommen mir die Worte entgegen.

Jetzt hat sie selbst Poetikvorlesungen gehalten, wie einst Ingeborg Bachmann. Und jeder Satz, den sie schreibt, folgt einem inneren Rhythmus, dem des Seelischen und des Dichterischen. Zugleich aber auch kämpferisch gegen »gusseiserne Begriffe« ist sie einer »Poetischen Vernunft« auf der Spur. Ihre Vorlesungen beschließt sie, wissend, dass Poesie *drängend* sein muss, wie es Etel Adnan sagt, mit einem Gruß an den »neuen Süden«, der immer »in Flügelweite« sei.

Davon lebt jetzt unsere verbliebene Emotionalität, außerhalb des aufgelösten Zusammenseins. Zuweilen übernehmen Dinge aus der Vergangenheit eine fetischhafte Rolle, die weit über das Gegenständliche hinausgeht. Die Objekte haben das Erlebte gespeichert, nicht die Dinge an-und-für-sich, sondern für uns, in uns, als Bild, als Schriftzug, zumal dann, wenn sie, wie zum Beispiel ein Paar Schuhe, so symbolhaltige Namen wie *Think*, Denk mal (Denkmal) tragen. Oder eine Schreibmaschine, ein Füllfederhalter, eine Kette *nepalesisch*, ein Schreibheft (*Blindband*, chinesisch), eine Jacke von »Comme des garçons« ... Einem Nomaden gleich, der sich an den Sternen und den Riffelungen im Sand orientiert, Paris herzklopfend durchstreifend, suchte ich einst nach der Kette, die – verhüllt sich offenbarend – für die Liebe stand.

Ein wenig verwunderlich ist es schon, dass phantasiebesetzte Objekte und Worte die Verzweiflung und die Wirrungen der Leidenschaft zu überleben vermögen.

Man muss seine Vergangenheiten in sich versöhnen (David Bowie)

– wenn die Zeit dafür gekommen ist.

Das Vergangene, das Glück und die Trauer, das Gelingen und das Scheitern, das Sprechen und das Verstummen sind beständig in uns als Widerhall lebendig, verwandeln sich, ohne je ganz zu verschwinden. Das individuelle Erleben wird immer auch, so unscheinbar, unbedeutend und für andere kaum wahrnehmbar es auch sein mag, Teil von Stimmungen und Mentalitäten, die das Individuelle übersteigen.

NACHSPIEL IN PARIS

»BONJOUR, I AM DONALD SUTHERLAND«

Es ist schon einige Zeit, oder wenn man genauer sein will, eine geraume Zeit her, da hatte es der Zufall, der *Zufall*?, wenn man nur wüsste, in welchen Fällen es erlaubt ist, von einem solchen zu sprechen, da hatte es sich also so gefügt, dass Patrick Healy, ein irischer Schriftsteller, Kunstkenner und Kunsthändler mit Bildern, deren Wert er mit untrüglichem Gespür auf Flohmärkten und in Kunstläden jeder Art erkannte, dass dieser würdige Nachfahr von James Joyce mir bei einem Glas Wein in der Coupole anbot, im Haus seines Freundes, eines kanadischen Malers, der gerade für einen Monat in seine Heimat zurückgekehrt war, zu wohnen, nicht nur zu wohnen, sondern das Haus im Marais auch zu *schützen*, wie er sagte. Ich solle in den Räumen essen und trinken und Musik hören, nicht allein, sondern mit Gästen, Künstlern, Schriftstellern, Musikern, Tänzern, Schauspielern. Es gäbe feinstes Geschirr, teuerste Gläser, beste Weine, Originalaufnahmen großer Opern und Konzerte, die gehört werden wollten, so wie das Geschirr benutzt und die Weine getrunken werden wollten. Ein Haus müsse bewohnt werden, sonst nehme es die Züge eines Toten an, sagte Patrick, wohl im Namen seines Freundes, der ihm die Worte sicher eingebleut oder, feiner gesagt, fest eingeschrieben hatte. Ob ich denn *geneigt* sei, so gewählt hatte sich Patrick ausgedrückt, die Aufgabe zu übernehmen. Am besten morgen schon, denn er müsse in der Nacht nach Tokio fliegen, wo ihn eine Galerie für eine nur durch kurze Pausen unterbrochene Lesung des gesamten *Ulysses* eingeladen hatte.

Ich packte eine Tasche mit den nötigsten Dingen, das waren für mich: ein großer Stapel weißes Papier und viele Stifte, schaute mich noch einmal um in der mit Büchern, Bildern und gehäuften Manuskripten vollgestopften Mansarde, so wie man sich eben eine Mansarde nahe von Picassos altem Bateau Lavoir an der Place Émile Goudeau vorstellt, warf einen letzten Blick auf die Bettcouch und den daneben stehenden Stuhl, dort, wo ich, buchstäblich bei Brot und Wein, mit Rolf Wintermeyer, dem Übersetzer und alten Freund seit Schulzeiten, die Übertragung der Werke von Michel Leiris ins Deutsche mit nie nachlassender Geduld und Akribie durchgegangen war.

Dann ließ ich den Blick, nicht ohne Wehmut, weiter hinauf zur Silhouette von Sacré-Cœur schweifen, bevor ich die geschätzten tausend Stufen hinunter zur mir lieb gewordenen Rue des Trois Frères ging und von hier aus vorbei an den Metro-Stationen Abbesses und Pigalle, wo ich so oft in ein Bistro eingekehrt war, ein Glas Wein getrunken und mir eine Havanna gekauft hatte, streifte das Musée Grévin, die Bibliothèque Nationale, von der ich einen Ausweis erworben und mit einem Foto versehen hatte, auf dem ich wie ein Sträfling aussah, weiter vorbei an den, seit Irma la Douce, legendären Les Halles – und *schon* empfingen mich, nach einem nicht gerade kurzen Fußmarsch, die Rue des Rosiers und die Rue Vieille du Temple.

Geduckt stand es da, in der engen Gasse, das aus gewaltigen unverputzten Quadern, wie es schien, ohne Zement zusammengefügte Haus. Die beim recht beschwerlichen Aufschließen knarrende Holztür war gerade hoch genug, dass ich in aufrechter Haltung eintreten konnte. Mit einem weiteren Schlüssel, der ebenfalls den Eindruck erweckte, als hätte ihn ein Schmied für ein Märchen- oder Ritterschloss des frühen Mittelalters oder, noch weiter zurückgehend, in unvordenklichen Zeiten angefertigt, mit ihm also öffnete ich die nächste Tür und durfte spätestens in diesem Augenblick sicher sein, über Nacht zu einem, wenn auch zeitlich begrenzten, Eigentümer eines, wie mir versichert wurde, der ältesten Häuser von Paris geworden zu sein.

Patrick hatte nicht übertrieben: Die edlen Schränke waren bestens bestückt mit fein geschliffenen, teils goldverzierten Gläsern, mit beschrifteten Tellern, Schüsseln und Silberbestecken aller Größen, sicher auch verschiedener Jahrhunderte, eingewickelten Stoffservietten mit Wappen, sicher auch unterschiedlicher Epochen, und alles für so viele Gäste gedacht, wie ich sie in meinem zugegebenermaßen kurzen und eher bescheidenen Leben noch nicht eingeladen hatte, und einem Weinkeller, den ich ohne Zögern auch dem französischen Präsidenten, dem verwöhnten Giscard d'Estaing, hätte vorzeigen können. An einer Wand in der Küche hingen, wie es sich gehört, kupferne Pfannen und Casseroles aller Größen. Die gusseisernen Töpfe standen links und rechts des Herdes. Ein Tisch aus Eichenholz mit vierundzwanzig schweren Stühlen und, im Vergleich dazu, filigran wirkenden Beistelltischen füllten das gesamte Esszimmer aus. Im Wohnzimmer standen ein runder Marmortisch, eine schwarze Ledercouch und Sessel aus weinrotem Leder.

Vor einer Wand war eine riesige Musikanlage installiert und dieser gegenüber eine gut bestückte, kostbare Bibliothek. Das Schlafzimmer machte den Eindruck, als seien die gewaltigen Steinblöcke um das überdimensional große Bett, um nicht zu sagen: Geliege, herumgeschichtet worden. Links und rechts des Kleiderschranks standen zwei Leuchten, die ein Licht, wie ich es nur von Vampirfilmen her kannte, verbreiteten.

Ich stellte die Musikanlage an, mit dem Bild vor Augen, wie ich in dem vor mir liegenden Monat, versunken in einer anderen Welt, nein, in vielen anderen Welten, alle Schallplatten durchhören und die Bücher der Bibliothek zumindest anlesen würde. Spät in der Nacht, eigentlich war sie schon fast zu Ende, ging ich ins Bett, schlief schlecht und hatte, noch milde ausgedrückt, einen Alptraum nach dem anderen. Kein Wunder in dem jahrhundertealten Gemäuer mit schießschartenähnlichen Fenstern, die wohl kaum zu öffnen waren und durch die noch nie ein Sonnenstrahl hindurchgedrungen war, in einem Bett, das hier geborene, hier gestorbene und hier, einst, von Liebe und Begierde entzückte Männer und Frauen getragen und erlebt hatte.

Umnachtet von Traumbildern, suchte ich beim Aufstehen Halt an allem, was mir im Wege stand, ging, gemäß alter Gewohnheit, zum Fenster, um es zu öffnen. Da gab es aber nichts zu öffnen. Ich machte mir einen Kaffee, zum Glück hatte ich mir eine Dose gemahlenen Kaffee eingepackt, setzte mich an den riesigen Esstisch und fing an zu schreiben.

Schnell hatte sich ein Tagesrhythmus eingespielt: durch die Straßen flanieren, einkaufen oder essen gehen, lesend und schreibend in Caféhäusern herumsitzend, Museen und Galerien besuchen, mich mit Freunden treffen, ihnen eine baldige Einladung ankündigend, und wieder zurückkehren ins Gemäuer, Musik hören und mir weitere Bände aus der Bibliothek vornehmen.

Da klingelt es eines Abends. Ich öffne, ohne zu fragen, wer es sei. »Bonjour, I am Donald Sutherland.« Er sei ein guter Freund des kanadischen Malers. Ob er ihn wohl sprechen könne. »Donald Sutherland ...«, brachte ich gerade noch heraus. Mein Gesicht verriet, dass ich meinte: *der* Donald Sutherland? Sollte ich so albern sein und mich outen als Bewunderer seiner schauspielerischen Verwandlungskünste, ob in WENN DIE GONDELN TRAUER TRAGEN oder in Fellinis CASANOVA, in Bertoluccis 1900 oder in der Rolle des Taschendiebs Agar im GROSSEN EISENBAHNRAUB, an der Seite von Sean Connery? Nur das nicht! Ihn einfach hereinbitten, aber mit welcher Begründung, oder eben nur als Geste und ihm einen Wein anbieten? Am naheliegendsten wäre freilich gewesen, ihn zu dem Abendessen einzuladen, das ich für acht Freunde am Samstag geben würde, ihm versichernd, dass es mir, und sicher auch allen anderen Gästen, eine große Freude wäre, ihn begrüßen zu dürfen, auch im Sinne seines Maler-Freundes, dem zu Ehren dieses Fest letztlich auch gegeben würde.

Die Bilder und die Szenen rasten durch meinen Kopf und fanden nicht den Weg zum Mund, der einfach nur hätte sagen müssen, welch eine Freude es mir bereite, dass er gekommen sei, und ob er mein Gast sein möge. Welch ein Versagen der Mundmuskulatur!

Ein nie wieder gutzumachendes Versagen? Oder aber ein Wink des Schicksals, einer Verheißung gar?

Einer *Verheißung*? War der leibhaftige Donald Sutherland der einzige Donald Sutherland? Oder nur einer der unter diesem Namen auf der Weltbühne auftretenden segensreichen Gegenspieler zu den Schreckfiguren und Peinigern der Kindheit, der an diesem Tag gekommen war, nicht um mich zu treffen, mir aber mit seinem Auftreten einen Hinweis darauf gab, dass es an mir gelegen hätte und immerfort liegen würde, ihn oder einen anderen Welteneröffner hereinzubitten, welche Art Gemäuer ich auch gerade bewohne.

Es gab viele Tage, an denen ich vollkommen sicher war, alle Personen und Figuren meines Lebens in ein Gespräch *miteinander* verwickeln zu können – ganz unabhängig davon, in welcher Lebensphase sie mir begegnet sind, unabhängig auch davon, an welche Orte es sie inzwischen verschlagen hatte. Die Phantasie scherte sich nicht darum, ob ich überhaupt eine reale Chance hatte, sie zu erreichen und ihnen eine Einladung zukommen zu lassen. Ich stellte mir vor, dass grundsätzlich jeder Szene, und erst recht der Szene eines solchen Zusammentreffens, etwas Überzeitliches eigen ist und wir in der Lage sind, sie aus den engen Grenzen von Raum und Zeit zu befreien.

Das Theater macht es uns ja vor: Da spielt sich ein Geschehen mit nur einigen wenigen Figuren auf dem begrenzten Raum der Bühne ab und reicht doch Jahrhunderte in die Vergangenheit oder gar ins Uranfängliche zurück, streckt die Fühler in die Zukunft aus und hat seinen wahren Ort vielleicht in Ägypten, Griechenland, Indien oder China, in Kalkutta, Bombay oder Shiraz oder gar an einem namenlosen Ort. Szenen können uns auf kleinstem Raum endloses Schweigen, Sturzfluten des Sprechens und Exzesse vorführen, die tief ins Innerste des Menschen reichen, in seine Welt der Lüste.

Ist nicht das ganze Leben ein In-Szene-Setzen, verbunden mit dem Wunsch, das Erlebte und die Wahrheitsangebote, die es macht, auf die Bühne zu bringen?

Das Ich in diesen *Erzählungen*, in diesem *Lebensroman* oder *Stück* oder *Projekt* hat sich dem Verschwenderischen des Lebens, des Denkens und Fühlens, der Begegnungen, der Abenteuer und Leidenschaften überlassen.

Da bewegen sie sich nun, Kopf an Kopf, Körper an Körper, einige der Dichter, Denker, Filmemacher, Schauspieler und Künstler, der Reisenden, Abenteurer und Liebenden, schauen einander an, reden miteinander oder aneinander vorbei, achten oder ignorieren sich – oder machen sich gegenseitig Szenen ...

Wer hat sich nur all diese Menschenleben, das eigene eingeschlossen, ausgedacht? Irgendwelche Schöpfungsbeauftragte und Gehilfen in den planetarischen Weiten müssen doch dahinterstecken. Sonst wären das Gewusel sicher noch größer und die monströsen Auswüchse einzelner Wesen, die das ganze Weltgeschehen an den Abgrund zu bringen versuchen, noch gewaltiger.

Hätte man vorab jeden Einzelnen gefragt, ob er sich zu denen, die bereits da sind, hinzugesellen wolle, und ehrlicherweise hinzugefügt, dass niemand vorhersagen könne, was das Leben so mit ihm vorhabe, hätten dann nicht viele – außer denen, die das Schlimmste, Krieg und

Zerstörung, durchzusetzen gedachten – eher darum gebeten, in ihrem Fall von der Schöpfungsidee Abstand zu nehmen? Zumindest in diesem geschichtlichen Augenblick, da solch eine katastrophische Unübersichtlichkeit herrscht?

Ist dann aber das Kind erst einmal in den Brunnen gefallen, also zur Welt gekommen, ist es zu spät. Von da an gilt es, alle Kräfte zu bündeln und dem Glück, das sich zumindest als Chimäre doch zeigen sollte, auf der Spur zu bleiben.

Wie viel Zeit bleibt dem Rück- und Vorausschauenden, letzte Versöhnungen noch ins Auge zu fassen? Genügend Zeit, um in gleichschwebender Aufmerksamkeit durch geliebte oder aber angstbesetzte Lebensstationen zu fliegen, sich im Erzählen ausgesparter Szenen wieder zu entsinnen und sie auf die innere Bühne zu bringen?

Denke ich zurück an den langwährenden freundschaftlichen Austausch mit Georges-Arthur Goldschmidt, erinnere ich mich noch, zum Glück jetzt in die Ferne gerückt, an seine eruptiven emotionalen Ausbrüche, denen ebenso plötzlich und unerwartet herzliche Entschuldigungen für die seinem Gegenüber zugefügten Kränkungen folgten. Als er mir schrieb »Jetzt für immer Ihr Freund«, hatte ich mich schon von ihm verabschiedet.

Angezogen hatte mich seine Art, das Leben, die Literatur und die Theorie (vor allem auch die der Psychoanalyse) zu *erzählen*. In den Gesprächen wurde diese Nähe und Anziehung auf harte Proben gestellt, wovon unser Buch SCHWARZFAHRER DES LEBENS ein beredtes Zeugnis ablegt. In der Folge seines dramatischen Erlebens in der Kindheit und Jugend fiel ihm das *vorbehaltlose* Reagieren auf die Fragen des anderen schwer. Selbst dann, wenn meine Fragen nur von Neugierde, von Wissenwollen, Begeisterung, Freundschaft, ja sogar von Liebe geprägt waren, wurden sie immer wieder von ihm mit Skepsis beladen.

Ein Jahr nach der Veröffentlichung unseres Buches schrieb er mir, er habe wieder darin gelesen und könne jetzt in ihm ein »zum Umdenken zwingendes Abenteuer des Geistes« sehen.

Einige Male war ich noch hin und her gerissen zwischen den Qualen, die er, der von seinen Lehrern Missbrauchte, mir zufügte, und dem Glück, das er gerade durch seine Übergriffe zeitversetzt in mir erzeugte, ein Glück, das darin bestand, mich ein weiteres Stück von dem übergriffigen Onkel meiner Kindheit zu befreien. Aus der Nähe betrachtet, ist er liebens-würdig, und er tut doch sehr viel, zuweilen alles, dafür, um sich als hassens-wert darzustellen. Im Umgang mit sich selbst ist er vielleicht noch viel grausamer. Wächst in ihm das Misstrauen, wenn ihm jemand inniger und dauernder, als ihm geheuer ist, zugewandt bleibt?

Oft konnte ich in der Nacht zusehen und zuhören, wie das Herz immer schneller pochte und ein Sausen und Brausen schriller Töne mich zu verschlingen drohte, und gerade da, als es kaum zu ertragen war, erwuchs in mir eine Freude, und ein Lachen bewegte mein versteinertes Gesicht, und ich wusste erst nicht, woher die Freude und das Lachen kamen. Sie entströmten einem Bereich, der auf einmal, nur wegen der Bedrohung!, zugänglich geworden war. Und in diesem Augenblick des ganz und gar unerwarteten Glücks – natürlich war ich ängstlich, ob es andauern würde – sah ich, wie alles, was ich erlebt hatte, fein aufeinander abgestimmt war: *Alles*, das war eine diffuse Angst, auf die sich das gegenwärtige Geschehen draufsetzte, drauflegte, draufschmiss.

Ich fragte mich, ob der Raum in meinem Innern (das noch besetzt war von Angst und Verlusten) schon offener für anderes Leben geworden war. Und ob dies der Grund für meine plötzliche Freude und das Lachen sein mochte.

›GAG‹ wollte mich zu der Erkenntnis bringen, dass ich sein Rätsel, das unlösbare Rätsel seines Lebens und Schreibens, nicht lösen kann, sosehr ich mich auch darum bemühe. So als hätte er mir mit jedem Schlag, den er mir versetzte, sagen wollen: Kapier doch endlich, mein Freund, dass du mich nicht fassen kannst, dass alles, was du auch sagst und zu erforschen versuchst, nichts mit meinem Selbstgefühl zu tun hat.

Und doch wusste ich, wie es in ihm aussah. Je länger ich mich in den geprügelten Jungen in ihm einfühlte, desto lebendiger wurde der von einem verstörten Onkel misshandelte Junge in mir.

Liegt nicht allem Schreiben der Wunsch zugrunde, sich selbst die eigene Existenz zu beweisen? Und denen, die man liebt oder nach denen man sich sehnt, mehr als nur einen wortlosen Hinweis auf das eigene Am-Leben-Sein zu geben?

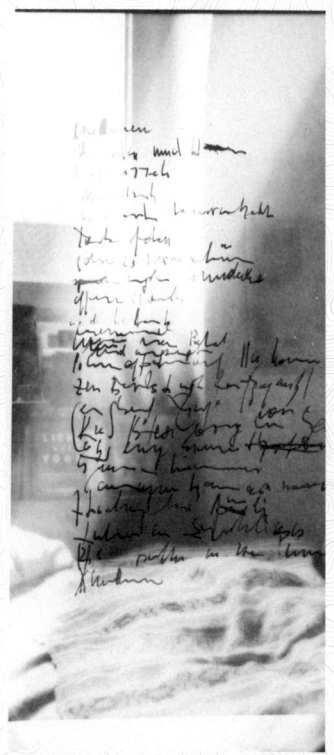 

Die Schrift und das Ich haben wieder neu zueinander gefunden und üben sich in Resonanzen.

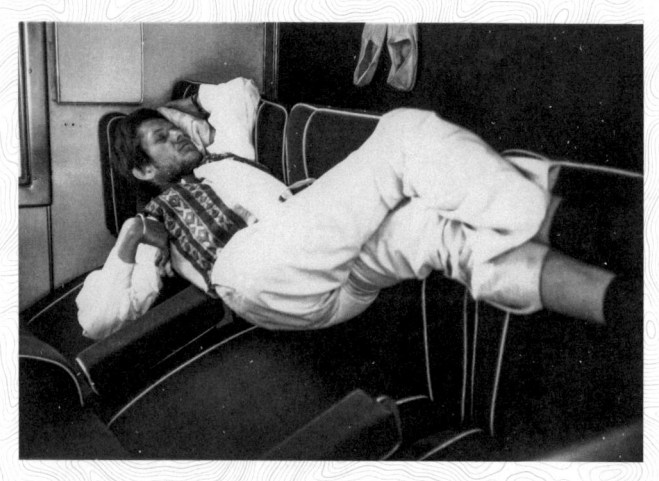

Der Zug sucht seinen Weg von Tanger nach Casablanca.

NACHWORT AUS GEGEBENEM ANLASS

Ein Unfall ist ein Fall. Und dies auf eine ganz besondere Art und Weise: Er unterbricht die bis dahin gelebte Kontinuität der Ereignisse. Der Erinnerungsstrom wird abrupt unterbrochen. Und es ist ungewiss, in welchem Ausmaß er sich »erholen« und wiederbeleben wird.

Wird das bis dahin auf Schritt und Tritt vom Schreiben begleitete Leben ärmer – oder vielleicht sogar, wer weiß!, reicher?

Dieses Nach-Wort ist zum Glück kein Nachruf. Höchstens in dem Sinne, dass ich mir selbst zurufe: »Glück gehabt!« Der Sturz war kein Sturz ins Boden- und Zeitlose, sondern hatte nur ein kurzes, von einem lebenserfahrenen Freund, Manfred Osterwald, entschlossen in Szene gesetztes Tages-Nachspiel im »Vivantes Klinikum« – der Name versprach eine bewegte Zukunft beim neuerlichen Umkreisen des Schreibtischs.

Eines Tages verabschiedeten sich die luftigen Abenteuer des Bodenlosen – auch bekannt unter dem Namen *Vertigo* – und öffneten den Raum für die letzte »luftige« Strecke vor der Buchveröffentlichung, der »Fahnenkorrektur«, wie dies der Name verheißt. Ganz so leichtfüßig allerdings ging es bei der Wiedereröffnung der Sprachräume nicht zu: Die über so viele Etappen begangenen Wort-Wege und ihre Geschichte(n) gewannen erst nach und nach wieder an Schärfe und Helligkeit.

Berlin im Juni/Juli 2020

DER KÜRZESTE WEG FÜHRT UM DIE WELT
ist im September 2020 als vierhundertneunundzwanzigster Band der ANDEREN BIBLIOTHEK erschienen.

Die Herausgabe lag in den Händen von Christian Döring.

Beim Lektorat wurde er unterstützt von
Ron Mieczkowski.

Die Fotos stammen aus dem Privatarchiv des Autors.

Dieses Buch wurde von Miriam Bloching, Berlin,
gestaltet und ausgestattet.
Den Satz übernahm Dörlemann Satz, Lemförde,
mit den Schriften Exchange Book und Canopee.
Die Herstellung betreute Katja Jaeger, Berlin.
Das Memminger MedienCentrum druckte auf 100g/m²
holz- und säurefreies, ungestrichenes Munken Pure.
Dieses wurde von Arctic Paper ressourcenschonend
hergestellt.
Den Einband besorgte die Verlagsbuchbinderei Conzella
in Aschheim-Dornach.

Die Originalausgaben der ANDEREN BIBLIOTHEK sind
limitiert und nummeriert.

1.–3.333   2020

Dieses Buch trägt die Nummer:

ISBN 978-3-8477-0429-4
AB – Die Andere Bibliothek GmbH & Co. KG
Berlin 2020